电力建设工程法律风险与防控

编　　著　闻　捷　谢仁海
参编人员　沙利民　胥振华　胡立平　祝瑞海　陈　钢
　　　　　陈士林　张海勇　王忠城　张荣幸　姜　威
　　　　　王明辉　钱　磊　王寂然

东南大学出版社
SOUTHEAST UNIVERSITY PRESS
·南京·

内 容 提 要

本书针对电力建设企业项目施工法律实务中的重点、难点和热点问题,将法律风险识别以及防范措施贯穿于整个电力工程项目建设的全过程,力图为电力建设企业提供专业的法律风险防控策略。本书实务操作性强,编排合理,行业特征与普遍适用性兼顾,不仅可以作为电力建设企业人员在工程项目建设中的法律风险防控指南,还可以作为一般类别建设工程企业人员学习、参考的依据。

图书在版编目(CIP)数据

电力建设工程法律风险与防控 / 闻捷,谢仁海编著. — 南京:东南大学出版社,2018.9
ISBN 978-7-5641-7877-2

Ⅰ. ①电… Ⅱ. ①闻… ②谢… Ⅲ. ①电力工程-建筑法-研究-中国 Ⅳ. ①D922.297.4

中国版本图书馆 CIP 数据核字(2018)第 170951 号

电力建设工程法律风险与防控

编　　著	闻　捷　谢仁海	责任编辑	刘　坚
电　　话	(025)83793329/83790577(传真)	电子邮箱	liu-jian@seu.edu.cn
出版发行	东南大学出版社	出 版 人	江建中
地　　址	南京市四牌楼 2 号	邮　　编	210096
销售电话	83794561/83794174/83794121/83795801/83792174/83795802/57711295(传真)		
网　　址	http://www.seupress.com	电子邮箱	press@seupress.com
经　　销	全国各地新华书店	印　　刷	江苏扬中印刷有限公司
开　　本	787 mm×1092 mm　1/16	印　张	17.5　字　数　445 千
版　　次	2018 年 9 月第 1 版	印　次	2018 年 9 月第 1 次印刷
书　　号	ISBN 978-7-5641-7877-2		
定　　价	50.00 元		

* 未经许可,本书内文字不得以任何方式转载、演绎,违者必究。
* 本社图书若有印装质量问题,请直接与营销部联系。电话:025-83791830。

序　言

　　经济社会的高速发展与电力建设这一基础性重点性工程的发展密切相关,面对施工过程中可能出现的各类纠纷,能否在现有法律制度体系内有效规避相应法律风险,将直接影响到电力建设企业的生存与发展。然而,我国当前电力建设市场结构并不协调,电力建设企业在项目建设过程中的竞争秩序缺乏长效规范与引导,有关电力建设的专门化法律制度尚不健全,这些都在很大程度上影响了电力行业的规范和快速发展。为此,电力建设企业只有重视工程建设中法律风险的防范,不断完善对法律风险的管理和控制,充分提升企业人员法律风险防范意识并切实强化其法律风险防范技巧,才能确保电力建设各项工作稳步推进。

　　本书针对电力建设企业项目施工法律实务中的重点、难点和热点问题,将法律风险识别以及防范措施贯穿于整个电力工程项目建设的全过程,力图为电力建设企业提供专业的法律风险防控策略,努力实现电力建设企业在工程项目建设过程中效益的最大化,促进电力建设行业的良性发展。

　　总体来看,本书具有以下特点:

　　第一,实务操作性强。本书主要致力于为广大电力建设企业在电力工程建设过程中提供专业的法律风险提示与实务操作指导,而非专门的理论化著述。因此,无论是风险识别、背景介绍、案例解读、法律分析还是措施提供等研究内容均以"实用"为导向。

　　第二,编排体系合理。本书每一项标题内容,都能直观地反映电力建设工程某一环节中涉及的具体法律风险要点。开篇首先罗列法律风险,再根据列明的风险内容选取了近年来权威发布的真实案例进行分析,并引用了相关法律依据,最后得出法律风险的防控建议,具有较强的可读性。

　　第三,行业特征显著。本书以电力建设企业的实际需要为出发点,通过对大量电力行业内的纠纷案例进行分析,较为全面地解读了其中的法律风险,并且通过提供防控措施,力图避免电力企业出现类似的法律风险。

　　第四,适用范围广泛。本书既突出体现了电力行业法律风险的特殊性,也兼顾了一般建设工程项目中法律风险的普遍性,因而不仅可以作为电力建设企业人员在工程项目建设中的法律风险防控手册,还可以作为一般类别建设工程企业人员学习、参考的依据,亦能满足法律行业从业人员执业过程中法律实务指引的需求。

　　由于时间仓促,加之编者水平有限,本书内容上存在不足或者错误之处在所难免,恳请广大读者提出宝贵意见。

目　录

第一章　工程招投标阶段的法律风险防控建议 ……………………………………… 001
第一节　电力建设工程招标阶段风险与防控 ………………………………………… 001
　　一、必须进行招标而未招标的风险与防控 ………………………………………… 002
　　二、招标形式不合法的风险与防控 ………………………………………………… 004
　　三、排斥或限制潜在投标人的风险与防控 ………………………………………… 005
　　四、招标文件编制、发售、修改、澄清的风险与防控 …………………………… 006
第二节　电力建设工程投标阶段风险与防控 ………………………………………… 008
　　一、投标人主体不适格的风险与防控 ……………………………………………… 008
　　二、投标人串通投标的风险与防控 ………………………………………………… 009
　　三、投标人低价投标、高价索赔的风险与防控 …………………………………… 012
　　四、投标人在投标中弄虚作假的风险与防控 ……………………………………… 014
第三节　电力建设工程开标、评标、定标阶段风险与防控 ………………………… 015
　　一、开标程序违规的风险与防控 …………………………………………………… 015
　　二、评标程序违法的风险与防控 …………………………………………………… 017
　　三、违规废标的风险与防控 ………………………………………………………… 020
　　四、定标阶段的风险与防控 ………………………………………………………… 021
第四节　电力建设工程合同签订阶段风险与防控 …………………………………… 022
　　一、中标通知书发出后未签订书面合同的风险与防控 …………………………… 023
　　二、确定中标后未按招投标文件签订合同的风险与防控 ………………………… 024
　　三、先签约后招标的风险与防控 …………………………………………………… 026
　　四、履约保证金违规缴纳的风险与防控 …………………………………………… 027

第二章　总承包合同的法律风险防控建议 …………………………………………… 030
第一节　EPC总承包模式的风险与防控 ……………………………………………… 030
　　一、电力建设工程范围约定不明的风险与防控 …………………………………… 030
　　二、发包人未按约定支付工程款的风险与防控 …………………………………… 031
　　三、国际电力建设工程保函适用不当的风险与防控 ……………………………… 033
　　四、PPP投资项目的风险与防控 …………………………………………………… 035
第二节　"黑白合同"的风险与防控 ………………………………………………… 036
　　一、实质性内容背离招投标合同的风险与防控 …………………………………… 037

二、非实质性内容背离招投标合同的风险与防控 …………………………… 038
　　三、"黑白合同"结算工程款的风险与防控 ………………………………… 039
　　四、设计变更产生"黑合同"的风险与防控 ………………………………… 041
第三节　履行总承包合同的风险与防控 …………………………………………… 041
　　一、工程项目经理选任不当的风险与防控 ………………………………… 042
　　二、工程项目部门印章使用不当的风险与防控 …………………………… 043
　　三、总承包人违法专业分包的风险与防控 ………………………………… 044
　　四、总承包人未规范管理指定分包人的风险与防控 ……………………… 047
第四节　总承包商安全管理的风险与防控 ………………………………………… 049
　　一、编制安全技术措施方案和安全专项施工方案的风险与防控 ………… 049
　　二、施工现场未有效安全管理的风险与防控 ……………………………… 050
　　三、安全事故总承包人责任承担的风险与防控 …………………………… 052
　　四、安全事故处理不当的风险与防控 ……………………………………… 054

第三章　分包、转包、挂靠法律风险防控建议 ……………………………………… 056
第一节　分包合同的风险与防控 …………………………………………………… 056
　　一、违法分包合同的风险与防控 …………………………………………… 056
　　二、指定分包合同的风险与防控 …………………………………………… 058
　　三、劳务分包合同的风险与防控 …………………………………………… 061
第二节　转包合同的风险与防控 …………………………………………………… 062
　　一、转包的民事风险与防控 ………………………………………………… 063
　　二、转包的行政及刑事风险与防控 ………………………………………… 064
　　三、非法转包的认定风险 …………………………………………………… 066
　　四、转包的其他风险与防控 ………………………………………………… 067
第三节　挂靠合同的风险与防控 …………………………………………………… 070
　　一、挂靠人与被挂靠人挂靠协议无效的风险与防控 ……………………… 071
　　二、被挂靠人与建设单位之间的建设工程施工合同无效风险 …………… 071
　　三、挂靠人对外行为的风险与防控 ………………………………………… 072
　　四、名为内部承包实为挂靠的风险与防控 ………………………………… 075
第四节　分包、转包、挂靠其他问题的风险与防控 ……………………………… 075
　　一、收取管理费的风险与防控 ……………………………………………… 075
　　二、务工人员闹事的风险与防控 …………………………………………… 076

第四章　工程质量的法律风险防控建议 ……………………………………………… 078
第一节　发包人原因导致工程质量缺陷的风险与防控 …………………………… 078
　　一、施工图纸错误的风险与防控 …………………………………………… 078

二、发包人采购的材料、设备导致工程质量缺陷的风险与防控 …………… 079
　　三、建筑主体和承重结构变动的风险与防控 …………………………… 081
　　四、发包人未经竣工验收擅自使用建设工程的风险与防控 …………… 082
第二节　施工单位原因导致工程质量缺陷的风险与防控 ………………… 083
　　一、总承包人的原因导致的工程质量缺陷的风险与防控 ……………… 084
　　二、分包人的原因导致的工程质量缺陷的风险与防控 ………………… 085
　　三、指定分包中工程质量缺陷的风险与防控 …………………………… 087
　　四、实际施工人原因导致的工程质量缺陷的风险与防控 ……………… 089
第三节　工程质量保修的风险与防控 ………………………………………… 090
　　一、质量保修期限约定不明的风险与防控 ……………………………… 090
　　二、质量保修期限过长的风险与防控 …………………………………… 092
　　三、保修责任约定不合理的风险与防控 ………………………………… 093
　　四、未按约定履行保修义务的风险与防控 ……………………………… 094
第四节　工程质量保证金的风险与防控 ……………………………………… 096
　　一、工程质量保证金金额约定的风险与防控 …………………………… 096
　　二、工程质量保证金扣留的风险与防控 ………………………………… 099
　　三、质量保证金无法及时收回的风险与防控 …………………………… 100
　　四、发包人扣除质量保证金的风险与防控 ……………………………… 103

第五章　工程造价的法律风险防控建议 ……………………………………… 106
第一节　工程计价方式的风险与防控 ………………………………………… 106
　　一、固定总价计价的风险与防控 ………………………………………… 106
　　二、单价合同计价的风险与防控 ………………………………………… 108
　　三、可调价计价的风险与防控 …………………………………………… 110
　　四、成本加酬金价格的风险与防控 ……………………………………… 112
第二节　工程价款调整的风险与防控 ………………………………………… 113
　　一、工程变更的风险与防控 ……………………………………………… 113
　　二、固定价、开口价的风险与防控 ……………………………………… 115
　　三、建筑材料差价调整的风险与防控 …………………………………… 117
　　四、约定变更价款的风险与防控 ………………………………………… 119
第三节　工程量计量的风险与防控 …………………………………………… 120
　　一、承包人工程预算漏项或错误的风险与防控 ………………………… 121
　　二、未完工工程工程量确定的风险与防控 ……………………………… 122
　　三、工程量计量依据约定不明的风险与防控 …………………………… 124
　　四、隐蔽工程工程量计量的风险与防控 ………………………………… 125
第四节　工程造价司法鉴定的风险与防控 …………………………………… 126

一、工程造价计价标准的风险与防控 ………………………………… 127
　　二、固定价鉴定的风险与防控 ………………………………………… 129
　　三、质量鉴定的风险与防控 …………………………………………… 130
　　四、工期延误损失鉴定的风险与防控 ………………………………… 132

第六章　工程签证的法律风险防控建议 ………………………………………… 134
　第一节　无效签证的风险与防控 …………………………………………… 134
　　一、工程签证要件不符的风险与防控 ………………………………… 134
　　二、签证主体不符的风险与防控 ……………………………………… 136
　　三、口头签证的风险与防控 …………………………………………… 137
　　四、逾期签证的风险与防控 …………………………………………… 139
　第二节　拒绝签证的风险与防控 …………………………………………… 141
　　一、签证无法送达的风险与防控 ……………………………………… 141
　　二、发包人拒绝签证的风险与防控 …………………………………… 142
　　三、监理人拒绝签证的风险与防控 …………………………………… 143
　　四、"竣工结算时一次性调整"签证的风险与防控 ………………… 144
　第三节　发包人不规范签证的风险与防控 ………………………………… 146
　　一、发包人签"情况属实"的风险与防控 …………………………… 146
　　二、发包人过失签证的风险与防控 …………………………………… 147
　　三、发包人恶意签证的风险与防控 …………………………………… 149
　　四、发包人签证形式不规范的风险与防控 …………………………… 150
　第四节　承包人不规范签证的风险与防控 ………………………………… 151
　　一、应办理而未办理签证的风险与防控 ……………………………… 151
　　二、固定总价范围内的签证的风险与防控 …………………………… 153
　　三、索赔期限外签证的风险与防控 …………………………………… 155
　　四、监理无效签证的风险与防控 ……………………………………… 156

第七章　工程索赔的法律风险防控建议 ………………………………………… 159
　第一节　发包人原因导致工程索赔的风险与防控 ………………………… 159
　　一、发包人逾期提供材料、设备导致工程索赔的风险与防控 ……… 160
　　二、发包人要求加速施工导致工程索赔的风险与防控 ……………… 162
　　三、发包人工程变更导致工程索赔的法律风险与防控 ……………… 164
　第二节　承包人原因导致工程索赔的风险与防控 ………………………… 167
　　一、承包人选定的分包人原因导致工程索赔的风险与防控 ………… 167
　　二、承包人擅自变更导致工程索赔的风险与防控 …………………… 172
　　三、承包人暂停施工导致工程索赔的风险与防控 …………………… 175

第三节　非人为原因导致工程索赔的风险与防控 …………………………… 177
　　　　一、情势变更导致工程索赔的风险与防控 ………………………………… 178
　　　　二、不利物质条件导致工程索赔的风险与防控 …………………………… 181
　　　　三、不可抗力导致工程索赔的风险与防控 ………………………………… 183

第八章　验收阶段的法律风险防控建议 …………………………………………… 187
　　第一节　不及时进行验收的风险与防控 ………………………………………… 187
　　　　一、不及时进行中间验收的风险与防控 …………………………………… 187
　　　　二、不及时进行分包工程验收的风险与防控 ……………………………… 191
　　　　三、不及时提交竣工验收报告的风险与防控 ……………………………… 194
　　　　四、竣工验收资料不完整的风险与防控 …………………………………… 196
　　　　五、总包拖延进行竣工验收的法律风险和防控 …………………………… 199
　　第二节　发包人未能组织竣工验收的风险与防控 ……………………………… 199
　　　　一、发包人不组织竣工验收的风险与防控 ………………………………… 199
　　　　二、监理单位、设计单位、勘察单位不参加竣工验收的风险与防控 …… 202
　　第三节　竣工验收过程中的风险与防控 ………………………………………… 204
　　　　一、未能对签证进行全面确认的风险及防控 ……………………………… 204
　　　　二、未能对工期延误进行确认的风险与防控 ……………………………… 207
　　第四节　竣工验收后的风险及防控 ……………………………………………… 209
　　　　一、未按发包人要求进行整改的风险与防控 ……………………………… 209
　　　　二、验收通过后未及时办理工程移交手续的风险与防控 ………………… 211

第九章　结算阶段的法律风险防控建议 …………………………………………… 215
　　第一节　发包人逾期不结算的风险与防控 ……………………………………… 215
　　　　一、发包人拖延支付预付款的风险与防控 ………………………………… 215
　　　　二、发包人拖延支付进度款的风险与防控 ………………………………… 219
　　第二节　价款结算结果确定约定不明的法律风险与防控 ……………………… 223
　　　　一、不能视为送审价结算的风险与防控 …………………………………… 223
　　　　二、承包人严格按照相关要求、方式履行相关程序，保证以送审价结算 … 225
　　　　三、以审计结果确定价款的风险与防控 …………………………………… 226
　　　　四、以发包方审核结果确定价款的风险与防控 …………………………… 228
　　第三节　竣工结算延迟的风险与防控 …………………………………………… 232
　　　　一、不及时提交竣工结算报告的风险与防控 ……………………………… 232
　　　　二、发包人拖延竣工结算的风险与防控 …………………………………… 233
　　第四节　造价鉴定的风险与防范 ………………………………………………… 235
　　　　一、造价鉴定依据的风险与防范 …………………………………………… 235

二、鉴定结论有异议的风险与防范 ································· 238

第十章　建设工程价款优先受偿权法律风险防控建议 ················· 241
第一节　建设工程价款优先受偿权保护范围的风险与防控 ············ 241
　　一、建设工程价款优先受偿权债权范围的风险与防控 ············· 241
　　二、发包人拖欠工程进度款情形下承包人主张优先受偿权的风险与防控 ··· 245
　　三、建设工程施工合同无效情形下承包人主张优先受偿权的风险与防控 ··· 246
　　四、工程价款结算约定不明情形下承包人主张优先受偿权的风险与防控 ··· 248
第二节　工程价款优先受偿权行使期限的风险与防控 ················ 249
　　一、已竣工情形下承包人行使优先受偿权期限的风险与防控 ······· 249
　　二、未竣工情形下承包人行使优先受偿权期限的风险与防控 ······· 251
　　三、未完工情形下承包人行使优先受偿权期限的风险与防控 ······· 253
　　四、合同解除、终止情形下承包人行使优先受偿权期限的风险与防控 ··· 254
第三节　建设工程价款优先受偿权行使方式的风险与防控 ············ 256
　　一、合同中承诺放弃优先受偿权的风险与防控 ··················· 256
　　二、执行异议之诉行使优先受偿权的风险与防控 ················· 258
　　三、建设工程被转让承包人行使优先受偿权的风险与防控 ········· 259
　　四、多个建设工程优先受偿权并存行使优先受偿权的风险与防控 ··· 261
第四节　建设工程价款优先受偿权其他问题的风险与防控 ············ 262
　　一、装修装饰工程中行使优先受偿权的风险与防控 ··············· 262
　　二、商品房出售情形下优先受偿权的风险与防控 ················· 263
　　三、以房抵工程款情形下优先受偿权的风险与防控 ··············· 265
　　四、司法查封情形下优先受偿权的风险与防控 ··················· 267

第一章
工程招投标阶段的法律风险防控建议

新形势下,党中央、国务院明确提出了"以开源、节流、减排为重点,确保能源安全供应,转变能源发展方式,调整优化能源结构,创新能源体制机制,着力提高能源效率,严格控制能源消费过快增长,着力发展清洁能源,推进能源绿色发展,着力推动科技进步,切实提高能源产业核心竞争力,打造中国能源升级版,为实现中华民族伟大复兴的中国梦提供安全可靠的能源保障"[①]的能源发展方针。电力作为基础能源,是关系到国计民生的基础产业,电力供应与电力安全事关国家战略发展与经济发展的稳定。

基于电力行业的基础性与重要性,特别是在"江西丰城发电厂事故"发生以后,电力建设的合法性、合规性也越来越被人们所关注,而"招投标"程序以"公开、公平、公正、诚实信用"为基本原则,一方面有利于打开市场,促进社会主义市场经济体制在电力建设领域的建立和完善;另一方面有利于加强监管力度,保障了关键领域重要工程施工的技术水平与质量要求。

《中华人民共和国招标投标法》自 2000 年 1 月 1 日颁布实施以来,国务院有关部委,各省、自治区、直辖市都陆续出台了一系列实施办法和管理规定,目的都是进一步规范招投标制度,形成了较为完整的招投标法律法规体系。但是随着经济的不断发展,在招投标特别是电力工程招投标制度实施过程中出现了大量新型的违法违规现象,不仅不利于公共利益与公共安全,也给电力施工企业带来了严重的利益风险。本章以工程招投标的法律防控建议为切入点,对于招标、投标、中标、签约过程中可能存在的风险予以提示,希望施工单位能够结合文中的防控建议,杜绝违法违规行为,以公共安全与利益为基础,维护企业自身的合法权益。

第一节 电力建设工程招标阶段风险与防控

招标是招标人希望他人根据公开的招标文件向自己投标的意思表示。在这一阶段,招标人需要完成组成招标机构、编制招标文件、发布招标公告、审查投标人资格、发售招标文件等工作,因此,基础而重要。然而,在实践中,很多施工企业对于招标阶段不够重视,往往造成招投标程序以及施工协议被认定为无效的法律风险,因此本节就电力工程招标阶段法律

---

① 国务院办公厅关于印发能源发展战略行动计划(2014—2020 年)的通知(国办发〔2014〕31 号)

风险予以提示,希望我们的施工单位能够注意防范。

一、必须进行招标而未招标的风险与防控

《招标投标法》第三条对于必须进行招投标程序的建设项目进行了规定,司法实践中,判断某涉案项目是否必须进行招投标也均以此为基本依据,因此作为施工单位,我们应当对哪些工程必须招投标,特别是未按照法律规定进行招投标程序所产生的法律风险进行了解与防控。

【法律风险】

如果不能判断工程性质,无法确定所涉工程是否属于必须招标范围,而仅是根据工作经验、行业习惯,配合发包人直接或议标签订合同,极有可能面临被认定所签订施工合同无效的风险。

【典型案例】

江苏某4MWp渔光互补发电项目,发包人通过议标形式与施工单位签订合同,项目总投资超过2亿元。鉴于行业惯例特别是项目规模较小的特点,施工单位并未要求进行正规的招投标程序。根据约定,施工单位垫资至项目并网发电,为保障施工款的支付,发包人就主合同的履行进行了股权质押担保,双方对于工期、质量、付款、违约责任等进行了进一步约定。

项目正常推进,但发包人资金发生恶化,至并网发电后无法按约支付工程款,施工单位起诉至法院索要工程款并要求对于质押股权进行依法处置。发包人单位提出"该工程属法律规定必须进行招投标的项目,由于未招投标而施工合同无效,作为从合同的担保合同无效,因此质押无效"的观点。对于施工单位而言,发包人单位已经产生付款履行困难,虽然通过"优先权"也能进行一定的利益保障,但质押股权的价值显然更高,如果施工合同被认定无效,那么意味着面临基本合同利益甚至垫资均不能收回的严重风险。

人民法院通过对工程性质、施工合同签订过程的调查,最终认为,该涉案工程是发电项目,属于《招标投标法》第三条规定的"关系社会公共利益、公众安全"的项目,应当且必须依法进行招投标程序,因此判定施工合同无效、股权质押担保合同无效。施工单位虽然通过诉讼保障了债权,但却因违反《招标投标法》的规定而面临执行困难。

【核心法条】

《最高人民法院关于审理建设工程施工合同纠纷案件适用法律问题的解释》

第一条 建设工程施工合同具有下列情形之一的,应当根据合同法第五十二条第(五)项的规定,认定无效:

(三)建设工程必须进行招标而未招标或者中标无效的。

《中华人民共和国招标投标法》

第三条 在中华人民共和国境内进行下列工程建设项目包括项目的勘察、设计、施工、监理以及与工程建设有关的重要设备、材料等的采购,必须进行招标:(一)大型基础设施、公用事业等关系社会公共利益、公众安全的项目……

《必须招标的工程项目规定》

第二条 全部或者部分使用国有资金投资或者国家融资的项目包括:

(一)使用预算资金200万元人民币以上,并且该资金占投资额10%以上的项目;

（二）使用国有企业事业单位资金，并且该资金占控股或者主导地位的项目。

第三条　使用国际组织或者外国政府贷款、援助资金的项目包括：

（一）使用世界银行、亚洲开发银行等国际组织贷款、援助资金的项目；

（二）使用外国政府及其机构贷款、援助资金的项目。

第四条　不属于本规定第二条、第三条规定情形的大型基础设施、公用事业等关系社会公共利益、公众安全的项目，必须招标的具体范围由国务院发展改革部门会同国务院有关部门按照确有必要、严格限定的原则制订，报国务院批准。

第五条　本规定第二条至第四条规定范围内的项目，其勘察、设计、施工、监理以及与工程建设有关的重要设备、材料等的采购达到下列标准之一的，必须招标：

（一）施工单项合同估算价在400万元人民币以上；

（二）重要设备、材料等货物的采购，单项合同估算价在200万元人民币以上；

（三）勘察、设计、监理等服务的采购，单项合同估算价在100万元人民币以上。

同一项目中可以合并进行的勘察、设计、施工、监理以及与工程建设有关的重要设备、材料等的采购，合同估算价合计达到前款规定标准的，必须招标。

《必须招标的基础设施和公用事业项目范围规定》

第二条　不属于《必须招标的工程项目规定》第二条、第三条规定情形的大型基础设施、公用事业等关系社会公共利益、公众安全的项目，必须招标的具体范围包括：

（一）煤炭、石油、天然气、电力、新能源等能源基础设施项目；

（二）铁路、公路、管道、水运，以及公共航空和A1级通用机场等交通运输基础设施项目；

（三）电信枢纽、通信信息网络等通信基础设施项目；

（四）防洪、灌溉、排涝、引（供）水等水利基础设施项目；

（五）城市轨道交通等城建项目。

【防控建议】

1. 我国法律基于工程质量、公共安全的立法初衷，对于涉及公共安全、公共利益的基础设施、公用事业的相关工程进行强制招投标的立法管理。因此，作为施工企业，特别是电力施工企业，大量的施工项目属于公共安全范畴，就更加不能忽视招投标程序的重要性。需要提醒各位施工单位的是，必须进行招标的强制性并不因行业习惯、第三方承诺等任何条件而消灭，除非满足法律关于可以不进行招标的特殊规定，并且实践中大量的"议标签约"行为也并不能满足该强制性程序要求。

2. 如果被认定为应当进行招投标而未招投标的，那么涉案的施工合同会被认定为无效，一方面会面临案例中施工单位遭受的执行风险；另一方面可能会因合同无效而面临违约责任不能有效追究等索赔风险甚至结算风险等（合同无效的法律风险详见本书其他章节）。因此作为施工企业，严格按照法律规定进行招投标程序也是自我利益的保护行为。

3. 除对于必须进行招标的项目进行规定外，法律法规对于哪些项目可以不进行招标也进行了规定，作为施工单位有必要进行了解并适用：

（1）《招标投标法》第六十六条规定，涉及国家安全、国家秘密、抢险救灾或者属于利用扶贫资金实行以工代赈、需要使用农民工等特殊情况，不适宜进行招标的项目，按照国家有关规定可以不进行招标。

（2）《招标投标法实施条例》第九条规定，除招标投标法第六十六条规定的可以不进行招标的特殊情况外，有下列情形之一的，可以不进行招标：（一）需要采用不可替代的专利或者专有技术；（二）采购人依法能够自行建设、生产或者提供；（三）已通过招标方式选定的特许经营项目投资人依法能够自行建设、生产或者提供；（四）需要向原中标人采购工程、货物或者服务，否则将影响施工或者功能配套要求；（五）国家规定的其他特殊情形。招标人为适用前款规定弄虚作假的，属于招标投标法第四条规定的规避招标。

二、招标形式不合法的风险与防控

作为电力施工企业而言，一般是作为投标人的角色"被动"参与招投标程序之中，但严格管理工程质量的背景下，许多发包人要求承包人通过招标形式选定分包单位，此时总承包单位角色就变化成为招标人。因此无论何种身份，对于整个招投标过程的风险把控均尤为重要。

【法律风险】

招标形式在法律规定中可以狭义地理解为对于"公开招标"或"邀请招标"的选择。我国法律规定，以公开招标为原则，以邀请招标为例外。针对部分项目，法律规定必须公开招标的，如招标人擅自邀请招标，则必然面临着行政管理部门的行政处罚，情节严重的将导致招标无效。因此，招标形式的选择也十分重要。

【典型案例】

2002年8月，西北某市为配合省级重点项目"西电东送"需要建设风力发电厂，为简化流程，方便选任及后续管理，该市计委直接向A公司、B公司在内的10家单位发出邀请招标函件，进行项目招标。后经评标，向A公司下发中标通知书，选定A公司为施工单位。B公司提出异议，认为市计委邀请招标违反法律规定，应属无效，后诉至法院。

法院审理查明，涉案项目属省级重点项目，按照《招标投标法》第十一条规定，原则上应当公开招标，只有存在法定特殊情形且经省、自治区、直辖市人民政府批准的情况下才能邀请招标形式。而案涉市计委在未依法办理批准手续的情况下，径直采用邀请招标的方式，违反法定程序，认定无效。

【核心法条】

《中华人民共和国招标投标法》

第十一条　国务院发展计划部门确定的国家重点项目和省、自治区、直辖市人民政府确定的地方重点项目不适宜公开招标的，经国务院发展计划部门或者省、自治区、直辖市人民政府批准，可以进行邀请招标。

【防控建议】

1. 电力施工项目很多属于国家或地方重点项目，对于该性质项目的承接或分包均应当符合法律规定的形式。强制招标项目中如属于法律所规定重点项目范围之内的，应当公开招标，如果法定的特殊情形需要采用邀请招标方式的，须报经项目审批、核准部门或有关行政监督部门批准。对于其他强制招标项目，可以自主选择公开招标或邀请招标方式。

2. 作为承包人，对于项目范围、项目性质应当客观判断，属于必须公开招标项目应当及时提醒发包人，如依法选择邀请招标形式的，应当及时至相关部门完成报批及备案。

三、排斥或限制潜在投标人的风险与防控

招标人通过发布招标公告邀请不特定的投标人进行投标,而投标资格条件属于招标公告的核心内容之一。招标公告对于投标资格的规定要在符合相关法律法规规定的基础上,满足招标项目的实际需求,在资质、业绩等条款的设置上应当客观、公正、合理且具有可操作性,禁止不合理或倾向性限制。

但是实践中,基于电力项目的本地保护主义或者考虑到管理成本较低的诸多因素,招标人往往通过对于投标人资格条件的"非一般性描述"完成对于特定对象的倾向性限制。作为投标人,应当掌握法律规定,在面对不公平待遇时善于自我维权;作为招标人,更加要严守法律规定,避免被认定招标无效的法律风险。

【法律风险】

《招标投标法实施条例》第三十二条明确罗列了属于以不合理条件限制、排斥潜在投标人或投标人的情形,下文具体分析:

(一)就同一招标项目向潜在投标人或者投标人提供有差别的项目信息;

(二)设定的资格、技术、商务条件与招标项目的具体特点和实际需要不相适应或者与合同履行无关;

例:电力设备采购项目,招标人在售后服务中要求,"两年内如果出现非招标人原因损坏,中标人有义务在24小时内完成免费更换,否则将承担招标人因此遭受的全部损失",该条件导致7家供应商报名,而仅有一家本地企业参与投标,其他供应商无法响应该要求,这就属于提出与合同的履行非核心要素的要求而变相限制投标人的情形。

(三)依法必须进行招标的项目以特定行政区域或者特定行业的业绩、奖项作为加分条件或者中标条件;

例:某风电项目公开招标,对于投标人在项目所在县具有施工经验的进行加分,获取本县区域内政府表彰的进行额外加分,最终造成本县的投标人因加分优势而中标。

(四)对潜在投标人或者投标人采取不同的资格审查或者评标标准;

(五)限定或者指定特定的专利、商标、品牌、原产地或者供应商;

例:某电力项目设备采购中,招标文件中技术部分由设计单位编制,设计单位在招标文件中的产品名称后标注了"编码号",且声明编码号是国家标准,任何一家供应商均未对此提出异议或质疑。但在评标过程中,评标委员会针对该"编码号"进行了调查,而且所谓"标价标准"的编码实际上仅为A供应商专有。由于该设备无技术专利,全国有几十家生产商,除"编码号"外,其他供应商都满足项目要求,且A报价高于其他供应商30%以上。设计单位该项为最终被认定为指定供应商、排斥其他投标人的招标行为。

(六)依法必须进行招标的项目非法限定潜在投标人或者投标人的所有制形式或者组织形式;

例:某电力工程设计招标公告中,表述"欢迎各位潜在投标商参加",并规定"购买招标文件时,请携带企业营业执照正本查验"。有一家投标商携带《事业单位法人证书》及相关材料来购买招标文件,招标代理公司以其未提供"企业营业执照"为由拒绝出售招标文件。

(七)以其他不合理条件限制、排斥潜在投标人或者投标人。

例:要求投标人的法定代表人本人必须亲自参加招标面试会;要求投标人预先承诺让利10%;等等。

【核心法条】

《中华人民共和国招标投标法》

第十八条 招标人可以根据招标项目本身的要求,在招标公告或者投标邀请书中,要求潜在投标人提供有关资质证明文件和业绩情况,并对潜在投标人进行资格审查;国家对投标人的资格条件有规定的,依照其规定。

招标人不得以不合理的条件限制或者排斥潜在投标人,不得对潜在投标人实行歧视待遇。

第二十条 招标文件不得要求或者标明特定的生产供应者以及含有倾向或者排斥潜在投标人的其他内容。

第五十一条 招标人以不合理的条件限制或者排斥潜在投标人的,对潜在投标人实行歧视待遇的,强制要求投标人组成联合体共同投标的,或者限制投标人之间竞争的,责令改正,可以处一万元以上五万元以下的罚款。

【防控建议】

1. 作为招标人,应当坚持公平、公正、无倾向性和无歧视原则编制招标文件,避免在主观上设定或客观上构成对于潜在投标人的排斥,各种基于项目需要而设置的限制性条件,应当具备合法充足的理由。

2. 如果基于安全或者管理角度考虑,有必要进行一些商务条款、技术条件或服务经验的限制时,建议不在招标文件进行规定,而是要求投标人进行投标承诺,再基于定标规则结合投标承诺进行中标单位的选择,避免招标文件被认定无效。

3. 作为投标单位,应当综合考量招标文件关于投标人资格的限定,比对评标方法,分析是否存在隐藏的限制投标人权利的条款。面对招标人的不合理、妨碍公平竞争的限制性条款,有权依法进行质疑或者投诉,甚至可以考虑通过诉讼途径进行维权。

四、招标文件编制、发售、修改、澄清的风险与防控

1. 招标文件的编制

【法律风险】

(1) 内容不真实、不完整、不准确,如:价格条款、技术要求、质量管理、验收规定等核心条款模糊、歧义等,将影响投标人的投标报价、技术安排等,就招标目的而言,将影响招标的顺利实施,甚至面临索赔;

(2) 招标文件隐含排斥或限制潜在投标人的内容;

(3) 评标办法和评标标准不公开;

(4) 废标条款内容不明确、不合理,妨碍公平竞争;

(5) 规定投标文件提交截止时间、投标保证金有效期等各环节时间安排不合理,阻碍投标活动顺利开展。

【典型案例】

某电力工程施工项目,共有A、B、C、D四家公司投标。定标后,未中标的D公司投诉提

出招标文件只规定本项目采用综合评分法评标,但是具体如何打分只字未提,其中工程施工报价评分标准,是在评标过程中临时商定,属于违法行为。经核实监管部门支持了投诉人主张,作出相应处罚。该案例就是招标文件中遗漏评标标准和方法所造成的法律风险。

【核心法条】

《中华人民共和国招标投标法》

第十九条 招标人应当根据招标项目的特点和需要编制招标文件。招标文件应当包括招标项目的技术要求、对投标人资格审查的标准、投标报价要求和评标标准等所有实质性要求和条件以及拟签订合同的主要条款。

国家对招标项目的技术、标准有规定的,招标人应当按照其规定在招标文件中提出相应要求。招标项目需要划分标段、确定工期的,招标人应当合理划分标段、确定工期,并在招标文件中载明。

2. 招标文件的发售

【法律风险】

(1) 向不同投标人发售招标文件的资料内容、交付时间、解释与答复内容等存在实质差异,导致投标人信息不对称,违背公平原则;

(2) 发售地点、时间、价格安排不当,本身隐含着一种倾向性或具有排斥性。

3. 招标文件的修改与澄清

【法律风险】

(1) 招标文件澄清或修改的内容不符合要求。部分招标人事无巨细,凡需调整一律采用澄清或修改方式,给投标人增加负担;部分投标人明知招标内容需要变动但碍于程序复杂就将错就错,造成后续评标和签订合同困难。

(2) 招标文件澄清或修改的时间不符合要求。部分招标文件规定的澄清和修改时间过于提前,导致在规定时间内无澄清或修改,待后来需要调整时因逾期而无法调整。部分又过于滞后,导致投标人不能及时响应。

(3) 招标文件澄清或修改的方式不符合要求。部分澄清与修改不发布公正公告或书面通知,而仅是口头通知,容易造成遗漏通知或无法证明完成通知的风险。

【核心法条】

《中华人民共和国招标投标法》

第二十三条 招标人对已发出的招标文件进行必要的澄清或者修改的,应当在招标文件要求提交投标文件截止时间至少十五日前,以书面形式通知所有招标文件收受人。该澄清或者修改的内容为招标文件的组成部分。

【防控建议】

1. 作为招标人,以合法招标为目的,有必要坚持公平招标的基本原则,在招标文件的编制、发售、修改、澄清过程中,要注重合法性与合理性相结合,并且充分考虑可执行性。特别是在招标文件的修改与澄清过程中,不仅要保证内容的真实,更加要保障程序的公正。

2. 注重约定时间、法定时限的有效保障。对于招标公告中已经明确的如招标文件出售时间、投标保证金提交时间、投标文件截止期限等不宜擅自变动,避免被认定违规。对于《招标投标法》规定的如澄清、修改招标文件的时限至少保证在招标文件规定的提交投标文件前十五日以上的相关法定时限,应当予以遵守。

3. 在对于投标人提出问题进行答复时应当注重方式方法。面对投标人的疑问,可以采用发送澄清或修改文件、组织标前会集体澄清等方式。在回答问题时严格遵守《招标投标法》第二十二条规定,只能针对具体问题作出明确答复,而不应提及或写明提问者的姓名,不得涉及问题的来源,防范泄露已获取招标文件的潜在投标人名单引起的风险。

第二节　电力建设工程投标阶段风险与防控

投标是对招标的响应,是投标人根据招标文件编制投标文件并提出希望中标的意思表示。法律意义上,投标是一种要约,投标人形式上未按规定制作投标文件,结果上未对招标文件进行实质性响应,未在招标文件所规定期限内提交投标资料,以及投标人存在串标、围标、骗标等违规行为的,轻则被认定投标被拒绝或产生无法中标的不利结果,重则面临罚款甚至被追究刑事责任的后果。

对于电力施工单位而言,参与投标是工程承接阶段不可避免的重要环节,重视该阶段法律风险的防范,才能保证合法中标的成果。

一、投标人主体不适格的风险与防控

【法律风险】

满足投标文件要求的潜在投标人也不一定都能够依法参加投标,因为在投标活动中,经常会出现母子公司同时参加投标、总分公司同时参加投标、企业分支机构同时参加投标以及投标过程中发生的企业注册事项变更、改制、合并、分立等多种因素,在特殊情况下,如果不了解相关法律规定,很有可能被取消投标资格。

结合相关法律法规及司法实践,我们总结出可能会被认定为投标人主体不适格的情况主要有:

1. 法定代表人相同的法人主体参加同一招标项目;
2. 母公司与全资子公司、控股公司参加同一招标项目;
3. 同一个公司的若干分支机构参加同一招标项目;
4. 不同投标主体授权来自于相同供应商;
5. 为前期项目已提供设计、监理的单位参与同一项目施工投标;
6. 投标人不具备法定的资质条件或招标文件规定的合格投标人条件。

【典型案例】

某电厂建设项目招标,有 A、B、C、D 四家单位报名参加投标并购买招标文件,但在投标时间截止前,C、D 两单位表示放弃投标,造成投标人数达不到法定最低数量的状况。此时招标方为节省时间与成本,希望从 A、B 两家中选择,即表达出希望两家公司各自找一家单位参加本次投标。A、B 公司为提高中标可能,鉴于招标人及另一方均同意该方案,就各自找了同集团的另一家施工单位参加投标,此时此次招投标得以顺利进行。经评选,A 公司中标。B 公司对结果不符,向监管部门进行投诉,经调查,本次招标存在违规情况,被认定无效。

本案例中,在投标人不足三家的情况下,即使投标人同意,也因违反《中华人民共和国招标投标法》二十八条禁止性规定而无效。在投标人不足三家时,投标人寻找陪标单位,即使招标人同意,也不能排除违规投标的认定。

【核心法条】

《中华人民共和国招标投标法》

第二十八条　投标人应当在招标文件要求提交投标文件的截止时间前,将投标文件送达投标地点。招标人收到投标文件后,应当签收保存,不得开启。投标人少于三个的,招标人应当依照本法重新招标。

《中华人民共和国招标投标法实施条例》

第三十四条　与招标人存在利害关系可能影响招标公正性的法人、其他组织或者个人,不得参加投标。

单位负责人为同一人或者存在控股、管理关系的不同单位,不得参加同一标段投标或者未划分标段的同一招标项目投标。

违反前两款规定的,相关投标均无效。

【防控建议】

1. 通过案例,我们可以发现,实践中我们参与的许多招标活动均由一个集团的多个子公司共同参与,那么此种情况下是否会被认定为违反《中华人民共和国招标投标法实施条例》就成为施工企业较为关心的问题。通过对于《中华人民共和国招标投标法实施条例》第三十四条的解读,我们发现,招标人与投标人之间存在利害关系可能影响到招标程序的公正性,是法律所禁止的。而在各投标人之间,法律规定仅限制了同一负责人或者存在控股、管理关系的单位进行同一项目的投标行为,对于共同母公司的单位并未加以限制,即对于同一集团下属多个子公司共同参与投标的活动并未加限制,但作为投标人而言,如果被认定了该情形下存在可能影响到招标公正性的行为的,则会被认定投标无效。

2. 在投标过程中发生企业改制、名称变更情况时,该如何处理?如果仅是名称、住所、法定代表人的变化,不影响企业资质及履行能力,则有权继续参加招标投标活动,但需要针对变化情况及时书面告知招标人。如果投标人发生合并或分立,或者与招标项目有关的许可证、项目证书等发生变化,则在向招标方书面报备后,由招标人对于是否仍具备招标资格进行重新审核。如果仅是组织形式的变化,一般情况下,直接由变更后的企业继续参加招投标活动。以上各种变化,均需携变更资料及相关证明及时至招标人处进行备案审核,否则存在被认定违反《中华人民共和国招标投标法实施条例》第三十八条相关规定、影响招标公正性而被认定投标无效的风险。

二、投标人串通投标的风险与防控

串通投标也称围标,是指几个投标人之间进行提前约定,通过一致的恶意抬高或压低投标报价的手段进行投标,目的是通过限制竞争,排挤其他投标人,最终促使某个利益相关方中标。电力工程实践中,投标人为获取中标,进行串标的行为十分多见,隐蔽且多样,认定和查处难度较大。我国招标投标法及实施条例对于串通投标行为明令禁止,且严厉打击。作为招投标参与人,电力施工单位有必要了解法律关于串标行为的立法精神、禁止性规定,避免进入串标误区。

【法律风险】

结合我国《中华人民共和国招标投标法》第五十三条的规定,串通投标所产生的风险包括:(1)中标无效;(2)单位罚款,按照中标项目金额千分之五以上千分之十以下计算;(3)直接负责人罚款,按照单位罚款数额百分之五以上百分之十以下计算;(4)没收违法所得;(5)资格限制,即取消相关责任主体一年至二年内参加依法必须进行招标的项目的投标资格;(6)追究刑事责任。

由此可见,我国对于串通投标的打击是坚决且严厉的,作为投标人应当对串标行为与合法的投标行为有所区分,避免因法律误区而遭受相关处罚,同时面临其他单位的串标邀请时,应当有效识别,严格遵守法律规定,避免法律风险。

《中华人民共和国招标投标法实施条例》对于串通投标的认定进行了明确规定:

1. 有下列情形之一的,属于投标人相互串通投标:

(1)投标人之间协商投标报价等投标文件的实质性内容;

(2)投标人之间约定中标人;

(3)投标人之间约定部分投标人放弃投标或者中标;

(4)属于同一集团、协会、商会等组织成员的投标人按照该组织要求协同投标;

(5)投标人之间为谋取中标或者排斥特定投标人而采取的其他联合行动。

2. 有下列情形之一的,视为投标人相互串通投标:

(1)不同投标人的投标文件由同一单位或者个人编制;

(2)不同投标人委托同一单位或者个人办理投标事宜;

(3)不同投标人的投标文件载明的项目管理成员为同一人;

(4)不同投标人的投标文件异常一致或者投标报价呈规律性差异;

(5)不同投标人的投标文件相互混装;

(6)不同投标人的投标保证金从同一单位或者个人的账户转出。

3. 有下列情形之一的,属于招标人与投标人串通投标:

(1)招标人在开标前开启投标文件并将有关信息泄露给其他投标人;

(2)招标人直接或者间接向投标人泄露标底、评标委员会成员等信息;

(3)招标人明示或者暗示投标人压低或者抬高投标报价;

(4)招标人授意投标人撤换、修改投标文件;

(5)招标人明示或者暗示投标人为特定投标人中标提供方便;

(6)招标人与投标人为谋求特定投标人中标而采取的其他串通行为。

【典型案例】

某单位电厂工程招标项目的评标过程中,评标专家发现,五家投标的施工单位中,四家的报价基本一致,甚至两家完全一样,且这两家公司投标文件中档案员的名称完全一致,串标嫌疑很大。但仅就该点内容还不足以据此认定两家公司的串标行为,毕竟报价相同、档案员相同的可能性还是存在的。经过评标专家的进一步耐心细致地比较、分析,发现两家投标人的投标文件核心内容字体、错漏、打印痕迹等均完全一致,评标委员会认为该两家投标人行为符合《中华人民共和国招标投标法实施条例》关于"视为串标"的认定,遂取消其投标资格。

【典型案例】

被告人周某、陆某某代表广西某电力建设工程有限公司与张某某商谈并签订协议,由周某找多家有资质单位参与盐城某风力电站项目工程的投标,并约定工程投标所有支出由张某某支付,中标后工程交由张某某等人施工。后被告人周某联系江西某建设公司的刘某某、湖南某工程有限公司的闫某某、浙江某公司的被告人马某某等人参与围标。最终,该工程由广西某电力建设工程有限公司中标,项目中标总金额为人民币 27 569 354 元。

法院认为:被告人张某某、周某、陆某某、刘某某、闫某某、马某某相互串通投标报价,损害招标人、投标人利益,情节严重,究其行为已触犯刑律,均构成串通投标罪。判定各被告人有期徒刑及罚金不等。

【核心法条】

《中华人民共和国刑法》

第二百二十三条 投标人相互串通投标报价,损害招标人或者其他投标人利益,情节严重的,处三年以下有期徒刑或者拘役,并处或者单处罚金。

投标人与招标人串通投标,损害国家、集体、公民的合法利益的,依照前款的规定处罚。

第二百三十一条 单位犯本节第二百二十一条至第二百三十条规定之罪的,对单位判处罚金,并对其直接负责的主管人员和其他直接责任人员,依照本节各该条的规定处罚。

【防控建议】

1. 串通投标不仅侵犯其他投标人或集体、国家的合法权益,而且对社会主义市场经济下的公平竞争秩序构成了挑战,风险巨大,不仅要承担被认定废标以及罚款的处罚,甚至面临刑事责任的追究。因此作为投标人,应当严守《中华人民共和国招标投标法》相关规定,首先做到不组织围标及串标,其次对其他单位或人员的"帮忙"需求,要坚决拒绝,避免为情面而铤而走险。

2. 现阶段,许多招标项目使用"电子评标系统",通过其中"雷同性分析"功能,发现了部分投标人的投标文件普遍存在如下问题:(1)"标书之间具有相同的硬件信息"(即不同投标人投标文档在同一台电脑中形成);(2)"标书文件具有相同的电脑机器码"(即不同投标人编制报价文件等资料在同一台电脑中形成);(3)"软件加密锁码"相同(即不同投标人文件电子档是使用相同的造价软件加密锁而形成的,即使使用不同的电脑)。上述问题大量而多次出现在电子招投标程序中,业已被各评标委员会列入"串通投标"的行为认定之中,因此投标企业如果面临电子招投标程序,应当更加慎重。

3. 实践中,我们发现部分单位以"陪标"作为一种常规交易,或收取一定费用或以此作为一种"感情交流"的方式。该行为显然有违招投标相关的法律规定,风险极大。在必要时,如果必须参与某项招标,无论出于何种目的,建议投标单位"独立"于其他投标人,独自进行相关材料的准备,独立报价,相关程序独立参与,避免第三方全权代理或共用材料与人员的情况发生。

4. 角色转换后,如果作为招标人,则应当合理利用法律规定,对于投标人可能存在的串标行为进行甄别,对于存在串标嫌疑的应当要求其进行澄清,不能合理解释的应当从严认定。加强投标信息的保密工作、加强招标过程的透明度,可以积极开展电子招投标,并逐步建立投标人的信用管理体系,强化投标人的横向评审与比较,发现串标行为,严肃依法处理。

三、投标人低价投标、高价索赔的风险与防控

最低价中标评标法是符合我国招标投标法律规定的方法之一，理论上它能最大限度地节约建设资金，以招标人投资收益最大化为初衷。但在我国的招投标实践中，由于种种原因，最低价中标法的应用往往走样变形，背离初衷，很多企业为了能够获得中标资格，必然会进行价格上的竞争，甚至利用"最低价中标评标法"实施"恶意最低价"投标。

投标人利用招标投标规则，进行充分判断，进行合理低价投标，或者在中标后实施正当的索赔是在电力建设市场所能被接受以及符合相关法律规定的，但是如果部分施工单位，利用规则漏洞，恶意进行低价投标并高价索赔，则面临严重法律风险。

【法律风险】

所谓"恶意低价投标"是指投标人恶意降低投标价格或者串通其他投标人共同采用低于成本的价格投标。

这往往是投标人投标策略的应用，投标人先以"低价"作为诱饵和手段，抢夺中标机会，在中标后的合同履行期间，投标人（中标人）往往会向发包人单位摊牌，以种种理由强调其履约困难，要求追加合同价款，如果不能达到目的，许多中标单位会利用高价索赔甚至偷工减料等手段非合理甚至不合法地弥补自己所谓"损失"，更加极端情况下，部分施工人甚至以停工、恶意延期竣工等恶劣手段威胁发包人（招标人）增加费用，从而获得额外利润。这种行为显然是违背招标投标公平、公开原则的，是对于良好市场秩序的扰乱，不仅对于其他投标人构成了不正当竞争，对于招标人也产生了极大的利益损害，甚至对于工程的质量、工期等均产生严重影响，应当予以限制及打击。

当然，该行为自身也存在一定的法律风险：

1. 被认定为低于成本价投标，从而作废标处理

《中华人民共和国招标投标法》第三十三条规定"投标人不得以低于成本的报价竞标"，据此《招标投标法实施条例》第五十一条进行了进一步阐明，"有下列情形之一的，评标委员会应当否决其投标：……（五）投标报价低于成本或者高于招标文件设定的最高投标限价……"的规定，如果评标委员会认定投标人存在低于成本价投标的情况，有权否决投标。

而且，《评标委员会和评标方法暂行规定》第二十一条也对于不合理低成本投标进行了限制性规定，评标委员会有权对于报价明显低于其他投标报价或者设有标底时明显低于标底的投标人，要求其作出书面说明并提供相关证明材料。投标人拒绝或不能有效证明的，其投标应作废标处理。

2. 被认定中标无效，签订合同无效

低于成本价投标无效，如果投标人经过招标程序已经中标，也并非意味着其"恶意低价"的行为已经逃脱了法律的规制，无论从最高院司法解释规定还是各地高院的审理意见来看，低于成本价中标而签订的建设工程施工合同应当认定无效。

《最高人民法院关于审理建设工程施工合同纠纷案件适用法律问题的解释》第一条明确规定："建设工程必须进行招标而未招标或者中标无效的"，建设工程施工合同无效。《招标投标法》对所谓"中标无效"规定有六种法定情形，其中之一为"投标人以他人名义投标或者以其他方式弄虚作假、骗取中标的，中标无效"。根据上述《招标投标法》第三十三条的规定，

以低于成本的报价竞标属于骗取中标的行为。所以低于成本价中标的合同，违反了我国《招标投标法》的强制性规定，应属无效。

《江苏省高级人民法院关于审理建设工程施工合同纠纷案件若干问题的意见》第三条明确规定中标合同约定的工程价款低于成本价，当事人要求确认建设工程施工合同无效的，人民法院应予支持。

法院认定的成本价是指企业个别成本，该成本价不具有公开性且无确定标准，在判断是否低于成本价时易形成争议。纠纷已经发生时一般会申请专家鉴定，但由于鉴定的依据是中标企业的生产规模、管理水平、自有机械设备情况、原材料采购成本及使用损耗控制、劳动力的组织和调度、融资成本等因素，而不能仅以国家定额作为依据，这种鉴定的难度很大。

3. 对于施工企业而言，低于成本价中标，虽然产生了中标的结果，但是随时面临着施工协议被认定无效的风险。并且在施工过程中，低利润无法保障合同的有效履行，对于索赔也受到合同内容的限制，擅自停工也许会得到暂时的利益，但是不利于后续合同的履行特别是有效结算、及时付款目的的达成，也不利于企业声誉。

因此，无论从市场竞争的角度考虑还是从风险防范的角度出发，我们都不建议施工单位实施该恶意低价投标的手段，而且与此同时也要防范分包单位恶意的低价竞争的行为。

【防控建议】

1. 作为投标人，应当尽量避免恶意最低价竞标，但适当低价也是一种竞争手段，不可避免。鉴于评标时评标委员会并不掌握投标企业的个别成本，因此基本仍然或也仅能是以国家定额标准及行业一般情况来判断投标人是否有低于成本竞标的嫌疑。所以投标人报价时不宜明显低于国家定额标准，包括总价和分部分项的单价都要注意这一问题。

2. 当面临评标委员会的澄清要求，或者进入诉讼程序应对法院的审查，投标企业应当准备充分的材料，以说明经改进生产技术、管理方式，本企业具有超过社会平均的生产能力。

3. 谨慎采用"漏项报价"的技巧。许多项目招标人只提供图纸及工作要求，并不提供工程量清单。这些项目中工程量及漏项的风险都由投标人承担。发包人往往在合同中明确约定："工程量清单中有标价的单价和总额价均已包括了为实施和完成合同工程所需的一切费用，以及合同明示或暗示的所有责任、义务和一般风险"，该约定实际上有违《建设工程工程量清单计价规范》，但实践中对于该约定的有效性存在一定争议，不少法院是按照实际约定进行判决的，此时全部漏项风险就归于承包人（中标人），如果承包人以漏项作为手段认为最终会按实结算的，则面临巨额亏损的风险。

因此，对于投标人而言，针对这类项目，在报价前一定要对招标文件、图纸、工程要求、工程量清单进行详细审阅，仔细进行现场考查，及时向招标人提出疑问并做好记录。要仔细核对施工图纸和招标人提供的工程量清单，明确是否可以增加遗漏的部分。在报价单上，应当尽量多列"暂列金额""暂估价""暂定项目"等暂定内容，合理估算风险费，尽量充分地应对不可预测的工程范围。

4. 及时并合理索赔

低价竞争对于承包人而言并非意味着无利可图，因为大量的利润在于施工过程中的高价索赔，因此在合理低价条件下，如何利用法律规定及合同约定进行合理索赔就成为承包人关注的热点问题。

承包人与发包人之间的索赔一般是承包人与发包人之间的建设工程施工合同,围绕工程量、工期、工程质量、工程价款、工程变更而产生的索赔。索赔的重要依据就是合同及签证单(该部分内容其他章节有介绍,暂不赘述),但需要提示各个施工企业的是,要有索赔意识,具有证据意识。

四、投标人在投标中弄虚作假的风险与防控

上文已经提到串通投标的法律风险,实践中,除了串通投标以外,还存在许多其他弄虚作假的行为,均被法律所禁止,且后果严重,在此有必要进行提示与防范。

【法律风险】

《中华人民共和国招标投标法》第三十三条规定"投标人不得以低于成本的报价竞标,也不得以他人名义投标或者以其他方式弄虚作假,骗取中标",第五十四条规定"投标人以他人名义投标或者以其他方式弄虚作假,骗取中标的,中标无效,给招标人造成损失的,依法承担赔偿责任;构成犯罪的,依法追究刑事责任"。

可见,以弄虚作假方式参与投标,一旦被认定,轻则取消中标候选人的资格、被认定中标无效,重则被追究民事赔偿责任甚至刑事责任。那么哪些行为一般会被认定以及追究呢,《中华人民共和国招标投标法实施条例》进行了列举式规定:

(一)使用伪造、变造的许可证件;

(二)提供虚假的财务状况或者业绩;

(三)提供虚假的项目负责人或者主要技术人员简历、劳动关系证明;

(四)提供虚假的信用状况;

(五)其他弄虚作假的行为。

除此之外,通过法律规定禁止受让或者租借等方式获取的资格、资质证书进行投标的,同样属于《中华人民共和国招标投标法》第三十三条规定的以他人名义投标之行为,被认定为骗取中标。另外,行贿中标特别是现实中经常遇到的夸大业绩的行为也均应当属于此范畴之内。

【典型案例】

某核电站采购项目招标文件中要求投标人提供投标货物有关生产许可证和产品鉴定证书(复印件)等资格证明文件,A公司中标并签订采购合同,履行供货义务后,发包人支付货款,后双方因验收及质量问题发生分歧,协商未果,A公司将部分设备拆除。

后查明,A公司提供的生产许可证为虚假伪造证件。

法院认定,A公司不具备招标文件关于投标人资格的限定条件,违背诚实信用原则,在其投标文件中使用伪造变造的生产许可证,属弄虚作假、骗取中标的行为,中标无效,双方采购合同无效,判决A公司返还设备款,并对于招标公司的全部损失予以赔偿。

【核心法条】

《中华人民共和国招标投标法》

第五十四条 投标人以他人名义投标或者以其他方式弄虚作假,骗取中标的,中标无效,给招标人造成损失的,依法承担赔偿责任;构成犯罪的,依法追究刑事责任。

依法必须进行招标的项目的投标人有前款所列行为尚未构成犯罪的,处中标项目金额千分之五以上千分之十以下的罚款,对单位直接负责的主管人员和其他直接责任人员处单

位罚款数额百分之五以上百分之十以下的罚款;有违法所得的,并处没收违法所得;情节严重的,取消其一年至三年内参加依法必须进行招标的项目的投标资格并予以公告,直至由工商行政管理机关吊销营业执照。

《中华人民共和国招标投标法实施条例》

第六十八条 投标人以他人名义投标或者以其他方式弄虚作假骗取中标的,中标无效;构成犯罪的,依法追究刑事责任;尚不构成犯罪的,依照招标投标法第五十四条的规定处罚。依法必须进行招标的项目的投标人未中标的,对单位的罚款金额按照招标项目合同金额依照招标投标法规定的比例计算。

投标人有下列行为之一的,属于招标投标法第五十四条规定的情节严重行为,由有关行政监督部门取消其1年至3年内参加依法必须进行招标的项目的投标资格:

（一）伪造、变造资格、资质证书或者其他许可证件骗取中标;

（二）3年内2次以上使用他人名义投标;

（三）弄虚作假骗取中标给招标人造成直接经济损失30万元以上;

（四）其他弄虚作假骗取中标情节严重的行为。

投标人自本条第二款规定的处罚执行期限届满之日起3年内又有该款所列违法行为之一的,或者弄虚作假骗取中标情节特别严重的,由工商行政管理机关吊销营业执照。

第六十九条 出让或者出租资格、资质证书供他人投标的,依照法律、行政法规的规定给予行政处罚;构成犯罪的,依法追究刑事责任。

【防控建议】

作为投标人的承包方,应当对于法律风险有所识别及判断,严厉打击及杜绝虚假投标行为。对于其他单位借用资质投标等行为也应当明确回绝,避免承担法律责任甚至被追究刑事责任。

第三节 电力建设工程开标、评标、定标阶段风险与防控

投标人按招标文件要求而提交投标文件后,招投标程序应当进入开标、评标阶段,在此阶段,招标人或其委托代理机构,应当完成各投标文件的评定,确定中标人。一方面,招标人应当了解该环节的法律风险,避免程序违规;另一方面,投标人应当了解防控建议的手段,特别是知晓如何在法律框架内最大限度维护自身权益。

一、开标程序违规的风险与防控

开标是指在招标投标活动中,由招标人(或委托代理机构)主持、邀所有投标人和行政监督部门或公证机构人员参加,在预先约定的时间和地点对投标文件当众开启的法定流程。

【法律风险】

1. 开标程序公开程度不足、程序混乱,直接造成不能有效保障开标程序的公开、公正原则,投标人无法对招标人的开标程序进行监督。

2. 未按照招标文件规定的地点与时间开标。按照《中华人民共和国招标投标法》相关

规定,开标与招标文件确定的提交投标文件截止时间的同一时间公开进行;开标地点应当为招标文件中已经预先确定的地点。违反该规定,极易造成投标人不能参加开标会的直接后果,深度影响为开标程序的公开、公正性受到质疑,甚至存在被认定为中标无效,以及面临行政处罚的相关风险。

3. 开标内容记录不全,投标人投诉或提出异议时,无法提供齐全的开标记录进行佐证。《中华人民共和国招标投标法》第三十六条规定要求,开标时,投标人有义务检查投标文件的密封情况,形式上也可以由招标人委托的公证机关检查并公证;程序上,开标工作人员对截止时间前收到的全部投标文件应当当众拆封,宣读投标人名称、投标价格和投标文件的其他主要内容,全部开标过程应当记录,并存档备查。

4. 部分招标人规定必须参加开标仪式或规定法定代表人必须参加开标仪式,该行为存在对投标人权利的不合理限制。

5. 招标人对于开标过程中的意外情况处理不妥当,容易引起投标人的质疑和投诉。

以上各项法律风险均指向开标过程的公开与公正性,无论是开标时间与地点的确定,还是开标程序的有序进行,甚至对于开标过程中意外的处理问题,均是由于招标人无法保障开标程序的公开性而产生的法律风险。对于投标人而言,上述情况的发生即必然有损于自身权益,应当在开标过程中注重程序意识与问题意识,对于质疑应当及时提出并记录在案,维护自身权益。

【典型案例】

某电力工程项目的招标潜在投标人共有A、B、C三家,开标时间为上午10时,在招标文件规定的投标截止时间前,A、B两家均递交了投标文件。上午9:30分时,招标代理机构接到C投标人的代表电话,说由于飞机晚点要求推迟一个小时开标。招标人认为,如果拒收C公司的投标,则投标人少于三个造成不能开标,如果重新招标,则时间来不及,工程进度无法保障,因此就与A、B公司协商将开标时间推迟至11:00。C公司赶到后提交投标文件,经综合评分C公司评分最高,成为排名第一的中标候选人。A、B两家投标人得知消息后均反悔,认为是招标人延迟开标的行为违法,进行投诉,要求取消C的中标候选人资格,重新招标。

行政监督管理部门认为,C投标人因故迟到,招标人应当拒绝接受其投标文件,即使其他投标人同意延迟开标,也改变不了该违法行为,因此对于招标人行为进行了处罚。招标人不得不重新招标。

该案件,招标人为了节省时间及避免后续的再次招标程序,与投标人协商后延迟开标时间,貌似经过投标人一致同意,实则是对于法律规定的违反,有损程序的公开、公正,欲速则不达,教训深刻。

【核心法条】

《中华人民共和国招标投标法》

第二十八条　投标人应当在招标文件要求提交投标文件的截止时间前,将投标文件送达投标地点。招标人收到投标文件后,应当签收保存,不得开启。投标人少于三个的,招标人应当依照本法重新招标。

在招标文件要求提交投标文件的截止时间后送达的投标文件,招标人应当拒收。

第三十四条　开标应当在招标文件确定的提交投标文件截止时间的同一时间公开进行;开标地点应当为招标文件中预先确定的地点。

《中华人民共和国招标投标法实施条例》

第四十四条　招标人应当按照招标文件规定的时间、地点开标。

投标人少于3个的,不得开标;招标人应当重新招标。

投标人对开标有异议的,应当在开标现场提出,招标人应当当场作出答复,并制作记录。

第六十四条　招标人有下列情形之一的,由有关行政监督部门责令改正,可以处10万元以下的罚款:

(四)接受应当拒收的投标文件。

招标人有前款第一项、第三项、第四项所列行为之一的,对单位直接负责的主管人员和其他直接责任人员依法给予处分。

【防控建议】

1. 必须保障开标程序的公开性、公正性,不仅在时间、地点上要与招标文件一致,而且全部的拆封、宣读等过程应当公开,进行完整记录,必要时可以进行公证。

2. 作为投标人如果遭遇程序不公,有权提出质疑、进行投诉。参与投标,应当注意细节,包括招标人是否完全按照招标文件进行开标、是否进行公开唱标、对于密封不合格的文件是否拒绝处理、对于瑕疵投标文件有无隐瞒、有无公开处理等。

二、评标程序违法的风险与防控

评标程序是指按照规定的评标标准和方法,对各投标人的投标文件进行评价比较和分析,从中选出最佳投标人的过程。评标是招标投标活动中十分重要的阶段,评标工作由评标委员会负责完成,评标是否真正做到公开、公平、公正,决定着整个招标投标活动是否公平和公正;评标的质量决定着招标的质量,招标人必须重视,而投标人更应当配合并监督,存在违规情形应当及时投诉处理。

【法律风险】

1. 评标委员会违规组成

评标过程中,评标委员会需要在对投标文件进行客观评价的基础上,推荐甚至受托决定中标人,因此其重要性不言而喻,评标委员会的组成必须符合法律规定,否则面临评标无效甚至被处罚的后果。对于投标人而言,了解相关规定是监督、维权,保证招投标公开、公正的前提。

(1) 按照法律规定,评标委员会应当由招标人的代表和有关技术、经济等方面的专家五人以上单数组成,其中技术、经济等方面的专家不得少于成员总数的三分之二。该规定一方面为了保证招标人能够就招标事项充分发表意见,另一方面专家人员的最低限设置,能够保障招标程序的专业、客观,避免招标人不当干预甚至在评标过程中变相排斥投标人。

(2) 相关法律对于专家的资格也进行了明确要求,即专家应当从事相关领域工作满八年并具有高级职称或者具有同等专业水平,且在国务院有关部门或者省、自治区、直辖市人民政府有关部门提供的专家名册或者招标代理机构的专家库内中确定。

(3) 形式上,一般招标项目可以采取随机抽取方式,特殊招标项目(所谓特殊招标项目,即技术复杂、专业性强或者国家有特殊要求,采取随机抽取方式确定的专家难以保证胜任评标工作的项目)符合法律规定的,可以由招标人直接确定。任何单位和个人不得以明示、暗示等任何方式直接指定或者变相指定参加评标委员会的专家成员。

(4) 按照法律规定,依法必须进行招标的项目的招标人非因《中华人民共和国招标投标法》和《中华人民共和国招标投标法实施条例》规定的事由,不得更换依法确定的评标委员会成员。该内容是对于专家委员会组成稳定性的保障,避免评标事项泄露等。

(5) 评标委员会与投标人有利害关系的,应当主动回避。

2. 评标标准和方法不当

评标的标准与方法是评标委员会评标的核心,是判断中标候选人的依据。《中华人民共和国招标投标法》要求评标委员会必须按照招标文件确定的评标标准和方法进行依法评标,这体现了《中华人民共和国招标投标法》所要求的公开原则,方便投标人和行政监督部门进行监督。但实践中,存在诸多违规之处,如:(1) 招标人公布方法与时间不当,甚至未在招标文件中进行明示;(2) 评标标准模糊或不合理,不具有操作性,甚至可能存在排斥投标人的可能;(3) 临时变更评标标准。以上各行为均可能导致招标无效,招标人存在被罚款处罚的风险。如果评标专家存在违规,则存在被取消专家资格的可能。

3. 招标人或投标人干预评标

评标是招标投标的核心环节,更加应当保障程序的公正与客观。评标委员会的干预一般来自于招标人、投标人或第三方。《中华人民共和国招标投标法》规定:(1) 任何单位和个人不得非法干预、影响评标的过程和结果;(2) 评标委员会成员不得私下接触投标人,不得收受投标人的财物或者其他好处,不得向招标人征询确定中标人的意向,不得接受任何单位或者个人明示或者暗示提出的倾向或者排斥特定投标人的要求;(3) 评标委员会成员和参与评标的有关工作人员不得透露对投标文件的评审和比较、中标候选人的推荐情况以及与评标有关的其他情况。

违反上述规定,中标无效,而且面临罚款甚至刑事责任的追究。

4. 实践中,存在诸多评标时间不足造成评标效果欠佳的情况,一般情况下,针对每个投标单位提供的数百页的投标资料,评审专家一般仅有不足 2 小时时间进行评析比对,而且大部分专家为临时选定,其对于所评工程也了解甚少,极易造成难以全面评审并仓促评标的结果,很难实现准确并择优选择中标人的原则。

【核心法条】

《中华人民共和国招标投标法》

第三十八条 招标人应当采取必要的措施,保证评标在严格保密的情况下进行。任何单位和个人不得非法干预、影响评标的过程和结果。

第五十条 招标代理机构违反本法规定,泄露应当保密的与招标投标活动有关的情况和资料的,或者与招标人、投标人串通损害国家利益、社会公共利益或者他人合法权益的,处五万元以上二十五万元以下的罚款,对单位直接负责的主管人员和其他直接责任人员处单位罚款数额百分之五以上百分之十以下的罚款;有违法所得的,并处没收违法所得;情节严重的,禁止其一年至二年内代理依法必须进行招标的项目并予以公告,直至工商行政管理机关吊销营业执照;构成犯罪的,依法追究刑事责任。给他人造成损失的,依法承担赔偿责任。

前款所列行为影响中标结果的,中标无效。

第五十六条 评标委员会成员收受投标人的财物或者其他好处的,评标委员会成员或者参加评标的有关工作人员向他人透露对投标文件的评审和比较、中标候选人的推荐以及与评标有关的其他情况的,给予警告,没收收受的财物,可以并处三千元以上五万元以下的罚款,对有所列违法行为的评标委员会成员取消担任评标委员会成员的资格,不得再参加任何依法必须进行招标的项目的评标;构成犯罪的,依法追究刑事责任。

第五十七条　招标人在评标委员会依法推荐的中标候选人以外确定中标人的,依法必须进行招标的项目在所有投标被评标委员会否决后自行确定中标人的,中标无效。责令改正,可以处中标项目金额千分之五以上千分之十以下的罚款;对单位直接负责的主管人员和其他直接责任人员依法给予处分。

《中华人民共和国招标投标法实施条例》

第七十条　依法必须进行招标的项目的招标人不按照规定组建评标委员会,或者确定、更换评标委员会成员违反招标投标法和本条例规定的,由有关行政监督部门责令改正,可以处10万元以下的罚款,对单位直接负责的主管人员和其他直接责任人员依法给予处分;违法确定或者更换的评标委员会成员作出的评审结论无效,依法重新进行评审。

国家工作人员以任何方式非法干涉选取评标委员会成员的,依照本条例第八十一条的规定追究法律责任。

第七十一条　评标委员会成员有下列行为之一的,由有关行政监督部门责令改正;情节严重的,禁止其在一定期限内参加依法必须进行招标的项目的评标;情节特别严重的,取消其担任评标委员会成员的资格:

(一)应当回避而不回避;

(二)擅离职守;

(三)不按照招标文件规定的评标标准和方法评标;

(四)私下接触投标人;

(五)向招标人征询确定中标人的意向或者接受任何单位或者个人明示或者暗示提出的倾向或者排斥特定投标人的要求;

(六)对依法应当否决的投标不提出否决意见;

(七)暗示或者诱导投标人作出澄清、说明或者接受投标人主动提出的澄清、说明;

(八)其他不客观、不公正履行职务的行为。

第七十二条　评标委员会成员收受投标人的财物或者其他好处的,没收收受的财物,处3 000元以上5万元以下的罚款,取消担任评标委员会成员的资格,不得再参加依法必须进行招标的项目的评标;构成犯罪的,依法追究刑事责任。

【防控建议】

1. 招标人或授权招标代理机构应当从严依法组建评标委员会,关于评标专家的资格限制。实践中,需要防止招标人利用该权利排斥潜在投标人或暗示中标人,评标委员会应客观评标,不受任何第三方影响。

2. 严格执行评委会回避制度与保密制度,避免出现招标甚至相关处罚的风险。作为投标人,有权进行监督与投诉,保障评标程序的公正进行。

3. 招标人应当根据项目要求,制定科学的评标标准,并全面地在招标文件中予以公示,招标文件中未作要求的事项,不能作为评分考虑的关键内容。

4. 投标人应当注意商务标和技术标的实质性响应,该部分内容亦为评标重点,报价审查的重点在于考量报价是否低于投标人的个别成本价。

5. 实践中,投标文件中难免出现各种偏差,评委会会根据法律法规及招标文件的要求判断是否属于实质性偏差。如果属于实质性偏差则属于废标情形,如果不属废标情形但属于招标文件规定的评标因素,则也不允许撤回或修改。

6. 应当合理设置评标流程,保证充足的评标时间,正确适用评标澄清程序。

三、违规废标的风险与防控

废标是指招投标过程中出现投标严重违规、重大变故取消招标等情形时,招标采购单位作出的全部投标无效的处理,废标会产生整个招标活动无效或终止的后果。

废标与投标无效及无效投标具有实质性区别,后两者不存在直接造成整个招标活动终止的后果,但往往间接造成投标人不足从而产生废标的风险,因此考虑到本文立足于投标人法律防控建议的需求,下文将无效投标及投标无效情形一并讨论。

【法律风险】

关于违规废标的风险,主要在于程序是否公正、依据是否充分:

1. 作出废标的废标决定缺少法律依据,招标文件也缺少相关规定,或者招标文件的废标条款规定模糊,不足以据此进行充分明确的判定,如"未按招标文件规定装订和密封的",该条款具有一定的解释灵活性,缺乏明确的废标标准,据此废标,认定难度较大。

2. 评委会执行废标标准不能一视同仁,缺乏公允。

3. 评标过程中过分强调标底的作用,错误地将标底作为限制报价的措施和决定废标的直接依据,另外在标底无法保密的情况下,标底的作用基本丧失。

以上问题的存在都将直接影响到招标结果的公正性,损害投标人的合法权益。实践中,容易被认定废标的行为主要有:

1. 投标书格式欠规范,不能与招标文件的要求一致,甚至完全偏离招标文件。

2. 投标报价存在明显问题:(1) 高于控制价或超过拦标价;(2) 投标金额与报价汇总表不一致,或者出现大小写不一致的情况;(3) 投标工程量与招标文件工程量清单不一致;(4) 组件所用人工费、材料费、机械费偏高或偏低,甚至存在矛盾情况。

3. 串标、欺诈、贿赂等手段骗取中标。

【核心法条】

《中华人民共和国政府采购法》

第三十六条 在招标采购中,出现下列情形之一的,应予废标:

(一)符合专业条件的供应商或者对招标文件作实质响应的供应商不足三家的;

(二)出现影响采购公正的违法、违规行为的;

(三)投标人的报价均超过了采购预算,采购人不能支付的;

(四)因重大变故,采购任务取消的。

废标后,采购人应当将废标理由通知所有投标人。

第三十七条 废标后,除采购任务取消情形外,应当重新组织招标;需要采取其他方式采购的,应当在采购活动开始前获得设区的市、自治州以上人民政府采购监督管理部门或者政府有关部门批准。

【防控建议】

1. 造成废标的原因包括来自于投标人、招标人甚至评标委员会，因此加强相关法律法规的学习，了解实体与程序的要求，是避免废标以及违规废标的基础。

2. 对于招标人而言，严谨制作招标文件，避免遗漏或错载重要内容，特别要详细明确投标文件的实质要求和条件。在评标特别是否决投标方面，不能干预投标委员会的决定，保障程序的客观公正性。

3. 应谨慎废标，应当从严掌握废标条件，实体上只有符合法定或约定废标条件的才可以废标处理，程序上招标人不具有废标的职权，仅能由评委会行使。应弱化标底的作用，不宜将标底作为废标的依据。

4. 对于投标人而言，要认真制作投标书，应当对招标文件提出的实质要求和条件作出响应。慎用低价策略，如个别成本的确低于社会平均成本，那么有必要在投标文件中进行合理地说明并提供相关证明资料，做好澄清的准备，否则有可能被废标处理。对于以工程安全、环保等目的进行的特殊规定，如部分地方规定安全施工费、环境保护费、文明施工费等费用不得参与让利，否则作废标处理，应当严格执行，避免被废标处置。

四、定标阶段的风险与防控

定标是招标人根据评标委员会评标报告、中标人推荐意见等确定中标人，向其作出承诺的行为，承诺的一般表现形式是向中标人发出中标通知书。

【法律风险】

在定标环节，风险的发生基本来自于招标人，常见风险包括：越权定标的风险、定标迟延的风险、违规定标的风险。

1. 越权定标风险，是指评标委员会在缺少招标人依法授权的情况下擅自单方定标，导致定标结果效力不确定。《中华人民共和国招标投标法》第四十条规定确定最终中标人的权利在于招标人，而评标委员会仅在招标人有明确单独授权或招标人文件中明确规定时才具有代为定标的权利。如无代理权进行定标，招标人又不予追认，则定标无效。

2. 定标迟延，是指未依法及时确定中标人和发出中标通知书，根据《评标委员会和评标方法暂行规定》第四十条规定，评标和定标应当在投标有效期内完成。不能在投标有效期内完成评标和定标的，招标人应当通知所有投标人延长投标有效期。拒绝延长投标有效期的投标人有权收回投标保证金。结合合同法的规定，招标人超过投标有效期定标的，即视为超过承诺期限，要约失效，该承诺视为新的要约，投标人有权拒绝。

3. 违规定标，是指招标人在评标委员会推荐的中标候选人范围以外，确定其他投标人中标且无合理理由的行为。该行为严重违反《中华人民共和国招标投标法》及《中华人民共和国招标投标法实施条例》的规定，使招标程序流于形式，如果是依法必须招标的项目，则中标无效，责任者面临罚款处罚甚至其他处分。

【典型案例】

某政府投资电力设备采购项目委托某招标代理公司代理招标，经评标，某研究所为拟中标供应商，投标人 A 公司提供出异议，认为该研究所不符合《中华人民共和国政府采购法》第二十二条关于税收与保险金的规定，要求取消其中标资格，自己排名第二，应当递补中标。

招标代理公司答复是该研究所已经提交相关证明材料,因此驳回异议。A公司不服,遂向省财政局投诉。财政局调查认为研究所的确不符合《中华人民共和国政府采购法》相关规定,不具备供应商条件,认定行为违法,但由于该供货合同已履行完毕,不具备重新招标的条件,遂仅对相关责任人进行了处罚。A公司认为招标人的行为有违公平诚信原则,起诉至法院,要求招标人赔偿直接经济损失2 000元、承担侵权赔偿责任50万元(间接损失)。本案的关键并不是定标的准确与否,而是排名第二的中标候选人是否必然递补中标的问题。

法院认为,A公司不能递补中标,《中华人民共和国招标投标法实施条例》第五十五条对于中标候选人因故不能中标的情况下处理办法的规定,招标人可以与排名在后的中标候选人依此签订合同,也有权决定不签订合同而重新招标,决定权在招标人。因此本案中A公司即使作为第二候选人,在研究所不能中标的情况下也不必然中标,不具备必然的可得利益,所谓侵权损失不成立,50万元赔偿不予支持。

【核心法条】

《中华人民共和国招标投标法实施条例》

第五十五条 国有资金占控股或者主导地位的依法必须进行招标的项目,招标人应当确定排名第一的中标候选人为中标人。排名第一的中标候选人放弃中标、因不可抗力不能履行合同、不按照招标文件要求提交履约保证金,或者被查实存在影响中标结果的违法行为等情形,不符合中标条件的,招标人可以按照评标委员会提出的中标候选人名单排序依次确定其他中标候选人为中标人,也可以重新招标。

《中华人民共和国招标投标法》

第四十五条 中标人确定后,招标人应当向中标人发出中标通知书,并同时将中标结果通知所有未中标的投标人。

中标通知书对招标人和中标人具有法律效力。中标通知书发出后,招标人改变中标结果的,或者中标人放弃中标项目的,应当依法承担法律责任。

第五十七条 招标人在评标委员会依法推荐的中标候选人以外确定中标人的,依法必须进行招标的项目在所有投标被评标委员会否决后自行确定中标人的,中标无效。责令改正,可以处中标项目金额千分之五以上千分之十以下的罚款;对单位直接负责的主管人员和其他直接责任人员依法给予处分。

【防控建议】

1. 评委会避免越权定标,投标人对于直接定标的结果,有权要求评委会出具授权手续。
2. 招标人必须且只能从推荐的中标候选人中确定中标人,且必须以评标报告为定标依据。
3. 招标人应当及时在规定的时间内确定中标人,及时按期发出书面中标通知书,不得拖延,不得随意更换中标人或向中标人提出额外要求。

第四节 电力建设工程合同签订阶段风险与防控

按照法律规定,招标人与中标人应当按照招标文件和投标文件订立书面合同,不得对招标文件的主要条款作出实质性修改,最终双方签订的合同应当与招标文件核心条款相一致,不得再行订立背离合同实质性内容的其他协议。但是在实践中，由于招标人或者中标人原因，存在大量的中标后不能签订合同或者未按照招标文件签订书面合同的情况。在买方市场，还存在大量的中标让利以及先签合同后补招标程序的情况，各行为均存在一定的法律风险，上述情况将在本节予以讨论。

一、中标通知书发出后未签订书面合同的风险与防控

《中华人民共和国招标投标法》第四十六条规定，招标人和中标人应当自中标通知书发出之日起三十日内，按照招标文件和中标人的投标文件订立书面合同。如果招标人或者是中标人一方拒绝订立合同，将承担缔约过失责任还是违约责任，以及合同的形式如何认定，目前的相关民事法律并没有进行明确具体的规定，因此存在较大争议。这两种责任的法律效果具有很大差异：一方面，如果认定承担缔约过失责任，则基于《中华人民共和国合同法》第四十二条的规定，造成不能有效缔约的责任主体因自身违反诚实信用原则应当赔偿对方因此造成的全部损失，该损失通常限于对方因信赖会与之订立合同而发生的相关支出；另一方面，如果认定承担违约责任，那么基于《中华人民共和国合同法》第一百一十三条的规定，违约方赔偿额应当相当于因违约给对方造成的损失，该损失包括对方在合同履行后可以获得的利益，但不得超过违约方订立合同时预见或应当预见到的损失范围。

两种观点虽然存在一定差异，但是这并非本章节讨论的重点，因为无论基于何种观点，已经能够明确的是，应当按照法律规定在中标通知书发出后签订书面合同，否则应当承担一定的赔偿责任。

【法律风险】

1. 招标人在中标通知书发出后，改变中标结果，无正常理由不与中标人签订书面合同。此时招标人不仅需要向中标人承担民事赔偿责任（笔者倾向于合同尚未成立，责任方应当承担缔约过失责任的观点），如果该项目属于依法必须进行招标的项目，那么招标人还将面临中标项目金额10‰以下的罚款，相关责任人将给予处分。另外，另行签订的合同由于未进行招投标程序而将产生合同无效的法律后果。

2. 中标人也经常存在中标后拒绝签订合同的情况，主要原因基本是中标后发现项目无利可图，基于笔者的观点，招标（要约邀请）、投标（要约）、发中标通知（承诺）都是缔约过程中的行为，法律规定应当在中标通知书发出后30日内签订书面合同，说明该合同应当属于"要式合同"，以签订书面合同为成立要件，乙方拒签行为属违背"先合同义务"，应当向对方承担损害赔偿责任。

另外，根据《中华人民共和国招标投标法实施条例》第七十四条，"中标人无正当理由不与招标人订立合同，在签订合同时向招标人提出附加条件，或者不按照招标文件要求提交履约保证金的，取消其中标资格，投标保证金不予退还。对依法必须进行招标的项目的中标人，由有关行政监督部门责令改正，可以处中标项目金额10‰以下的罚款。"

【典型案例】

2014年5月某A公司（原告）通过某市公共资源交易中心中标某B公司（被告）公开招标某工程。2014年6月9日，某B公司向某A公司发出中标通知书，并明确2014年6月29日前签订施工合同。某A公司收到中标通知书后，立即按照招标文件要求组建项目

管理团队,并组织相应的施工人员和周转材料,等待进场施工,其间多次催告某B公司要求签订合同,但均被拖延。2015年1月,某A公司获悉,某B公司规避某市公共资源交易中心在其他网站进行招标并已发布中标公示。某A公司因此起诉,要求赔偿各项损失488 876元。

法院审查认为,本案为缔约过失责任纠纷,缔约过失责任的赔偿范围以相对方的信赖利益损失为限,包括因缔约过错行为导致相对方财产的直接减少,即直接损失,也包括财产应增加而未增加的利益。某A公司作为中标人,其对与某B公司订立合同具有合理的信赖。而购买招标文件费用、制作投标文件费用,作为缔结合同的必要支出,属于某A公司的直接损失,某B公司应当赔偿。对于管理人员的工资损失,应当作为信赖利益损失,由某B公司赔偿。

【核心法条】
《中华人民共和国招标投标法》
第四十六条 招标人和中标人应当自中标通知书发出之日起三十日内,按照招标文件和中标人的投标文件订立书面合同。招标人和中标人不得再行订立背离合同实质性内容的其他协议。招标文件要求中标人提交履约保证金的,中标人应当提交。

《中华人民共和国合同法》
第四十二条 当事人在订立合同过程中有下列情形之一,给对方造成损失的,应当承担损害赔偿责任:
(一)假借订立合同,恶意进行磋商;
(二)故意隐瞒与订立合同有关的重要事实或者提供虚假情况;
(三)有其他违背诚实信用原则的行为。

【防控建议】
招标人及中标人在规定时间内签订书面合同,是《中华人民共和国招标投标法》的强制性规定,双方均应当严格遵守。在此阶段难免出现多种情况,如确实造成己方不能签订或履行合同,应当尽早采取协商方式进行解决,避免损失的扩大或被追究相关责任。

二、确定中标后未按招投标文件签订合同的风险与防控

中标通知书发出后,一方面存在因各自原因拒绝签订合同的情况,如上文所述,另一方面存在双方协商一致,或基于某一方压力,而签订的合同与招标文件存在着实质性差异,该行为属《中华人民共和国招标投标法》所禁止的,下面具体进行风险分析。

【法律风险】
基于价格、质量、工期、付款方式的原因,在中标通知书发出之后,招标人或中标人均可能提出对于招标文件进行细化或调整的要求。如果仅是对于招标文件部分内容的合同细化或完善,双方协商自愿,而并未违反招标文件实质性条款或其他强制性规定,则最终形成的合同效力不受影响。如果双方进行涉及实质性内容的谈判,订立背离合同实质性内容的协议的,则该约定或协议无效,应当以招标文件为准。所谓实质性内容应当包含中标单位、工程价款、结算方式、付款方式、质量、安全、保修等。

而且根据法律规定,招投标人不按照招标文件和中标人投标文件订立合同,合同的主要

条款与招标文件、中标人的投标文件的内容不一致,或者招标人、中标人订立背离合同实质性内容的协议的,由有关行政监督部门责令改正,可以处中标项目金额5‰以上10‰以下的罚款。

【典型案例】

2008年2月,江苏某四建公司通过招投标程序中标承建某B公司发包的某电力安装工程,双方签订《施工协议》,该协议中有关工程价款、工程质量的约定与经过备案的招投标文件的内容不一致,也未经备案。嗣后,四建公司以某B公司拖欠工程款为由提起诉讼,诉中就案涉工程款结算依据是依据《施工协议》还是招投标文件而产生争议。

法院认为:《中华人民共和国招标投标法》第四十六条第一款规定:"招标人和中标人应当自中标通知书发出之日起三十日内,按照招标文件和中标人的投标文件订立书面合同。招标人和中标人不得再行订立背离合同实质性内容的其他协议。"上述规定属于法律的强制性规定。所谓"背离合同实质性内容",是指在工程价款、工程期限以及工程质量等内容方面有所违背,而不是一般的合同内容变更或者其他条款的修改。本案某B公司与四建公司在工程招投标后签订的施工合同,有关工程价款、工程质量的约定与经过备案的招投标文件的内容不一致,属于招标人和中标人再行订立的背离合同实质性内容的其他协议。该合同违反了《中华人民共和国招标投标法》第四十六条的强制性规定,应认定为无效合同,遂判决依据备案的招投标文件结算工程价款。

【核心法条】

《中华人民共和国招标投标法》

第四十六条 招标人和中标人应当自中标通知书发出之日起三十日内,按照招标文件和中标人的投标文件订立书面合同。招标人和中标人不得再行订立背离合同实质性内容的其他协议。

招标文件要求中标人提交履约保证金的,中标人应当提交。

《中华人民共和国招标投标法实施条例》

第七十五条 招标人和中标人不按照招标文件和中标人的投标文件订立合同,合同的主要条款与招标文件、中标人的投标文件的内容不一致,或者招标人、中标人订立背离合同实质性内容的协议的,由有关行政监督部门责令改正,可以处中标项目金额5‰以上10‰以下的罚款。

【防控建议】

1. 对于招标人而言,严格按照招标文件进行合同的签订,避免进行实质性变更谈判甚至签订背离合同实质性内容的其他协议。

2. 对于投标人而言,即使存在变更关键内容的必要,也尽量避免通过签订与招标文件不一致的合同形式实现目的,可以考虑以施工过程中签证索赔等方式完成。

3. 实践中存在大量中标后让利行为,该行为存在被认定为"订立背离合同实质性内容的其他协议"行为的风险。之所以说是风险,是因为就实践判例及司法精神而言,并非只要中标方作出了让利承诺,变更了工程价款,就一定构成合同的实质性变更,导致让利的承诺无效,这其中还有一个从量变到质变的过程,各地对于何种幅度能够作为认定进行了实质性变更的标准也不一致,基本上各地在让利2%以上就均认定存在实质性变更行为。

三、先签约后招标的风险与防控

实践当中电力建设单位在选择承包单位的时候可能会存在这种情形,根据规定项目属于必须进行招标投标的项目,但由于内部工作需要的考虑,招标投标前,建设单位先通过内部招标的方式确定了承包单位,与之签订承包合同,然后再走公开招标或邀请招标的程序(基本上就是追认前面已经选定的承包单位)。那么这种本末倒置的方式可能存在哪些风险呢?

【法律风险】

1. 中标合同无效风险

如果招标人与投标人在招投标程序之前签订真实意图的建设工程施工合同,那么双方必然已经对于工程的施工范围、价款等实质性内容进行了磋商。该行为显然是属于在确定中标人之前进行实质性谈判的违规行为,违反了《中华人民共和国招标投标法》第四十三条的规定。

本质上,招标人与投标人在招投标程序前的实质性谈判,是一种违反法律关于招投标的强制性规定的串通投标的行为,"未招先定""明标暗定"有损于其他投标人的利益,根据《中华人民共和国招标投标法》第五十五条规定,中标合同无效。

2. 先行签订的建设工程施工协议无效风险

中标合同由于违反《中华人民共和国招标投标法》相关规定而被认定无效,双方在招标程序前所签订的建设工程施工合同也面临无效风险。由于双方招投标程序存在串通情节,因此招投标程序无效,而该工程从性质上看又属于必须招投标的项目,根据《最高人民法院关于审理建设工程施工合同纠纷案件适用法律问题的解释》第一条之规定,建设工程必须进行招标而未招标或者中标无效的,建设工程施工合同认定无效,因此双方先行签订的施工协议存在被认定无效的风险。

至于无效合同情况如何处理,特别是如何结算问题,本书其他章节中将具体阐述。

【核心法条】

《中华人民共和国招标投标法》

第四十三条　在确定中标人前,招标人不得与投标人就投标价格、投标方案等实质性内容进行谈判。

第五十五条　依法必须进行招标的项目,招标人违反本法规定,与投标人就投标价格、投标方案等实质性内容进行谈判的,给予警告,对单位直接负责的主管人员和其他直接责任人员依法给予处分。

前款所列行为影响中标结果的,中标无效。

《最高人民法院关于审理建设工程施工合同纠纷案件适用法律问题的解释》

第一条　建设工程施工合同具有下列情形之一的,应当根据《中华人民共和国合同法》第五十二条第(五)项的规定,认定无效:

(一)承包人未取得建筑施工企业资质或者超越资质等级的;

(二)没有资质的实际施工人借用有资质的建筑施工企业名义的;

(三)建设工程必须进行招标而未招标或者中标无效的。

【防控建议】

虽然实践中"明标暗定"的情况时有发生而且具有一定的现实需要,但是该行为所导致的是法律规定的违反,所产生的是中标合同、先行合同的无效风险。因此无论作为招标人或是投标人,均应当尽量避免该情况的发生。

特别地,作为投标人而言,面临市场的竞争压力,如果必须选择或配合以该方式完成项目的承接,那么必须做好以下几点防范:

1. 加强工程质量管控,保证在无效合同风险下,能够完成项目的施工任务,特别是积极配合完成项目的竣工验收,保证能够依据合同约定进行结算的前提。(《最高人民法院关于审理建设工程施工合同纠纷案件适用法律问题的解释》第二条规定,建设工程施工合同无效,但建设工程经竣工验收合格,承包人请求参照合同约定支付工程价款的,应予支持。)

2. 掌握合同无效情况下的结算原则问题,提高证据意识,保证能够证明或者法院能够查明双方所实际履行的合同文本,可以通过在往来签证、联系单、会议纪要中明确合同编号、合同依据等手段提示、明确合同版本与编号。

3. 基于结算协议的独立性,在完成施工任务后,积极与发包人进行结算,以签到书面结算协议为目的,保障合同无效风险下的结算有效性。

四、履约保证金违规缴纳的风险与防控

履约保证金是履约担保的一种方式,是对于各种不确定性风险进行防范以及考察中标单位履行能力的、一种特殊的督促中标人履行合同的措施,具有保障合同有效执行及有力防范风险的功能。在招标程序中,许多招标人为保障后续合同的有效履行,一般都会在招标文件中明确规定履约保证金的数额与缴纳方式,履约保证金的缴纳额度、方式、退还过程等存在的法律风险与防控为本节讨论重点。

【法律风险】

1. 是否采用履约保证金,由招标人自主决定,但应当在招标文件中予以明确规定,中标人违反招标要求拒绝缴纳履约保证金存在被取消中标资格的风险,对依法必须进行招标的项目的中标人,甚至面临中标项目金额10‰以下的罚款。

2. 履约保证金并不等同于投标保证金,未经约定不得将投标保证金直接转化为履约保证金。投标保证金与履约保证金在缴纳时间、额度、目的、退还要求等方面均不相同,本质上是为了保证招标投标程序的有效进行,许多招标人在招标文件中未规定需要中标人提交履约保证金,但在实际履行中,未退还投标保证金却直接强制转化为履约保证金,该行为显然是对于中标人合同利益的损害,是附加合同义务的表现。对于招标人而言,此行为无法实现保障合同有效履行的目的,对于中标人而言,有权拒绝缴纳或按法律规定要求退回投标保证金。

3. 无效合同下的履约保证金退还风险。因建设工程施工合同无效,根据合同法基本原则,因该合同取得的财产应当退还,因此,法院在判决履约保证金时都会基于合同无效返还给缴纳人,然而履约保证金的利息该如何起算,实践中存在较大争议,一般认为,应当从缴纳之日起给付利息,利息均计算为中国人民银行同期同类贷款基准利率。

4. 履约保证金退还风险。司法实践中对于履约保证金的性质存在一定争议，或者认为属违约金性质或者认为属定金性质，两者认定不同造就最终的返还结果及风险不同，结合大量司法判例，司法实践一般以双方合同约定为准，如果双方施工合同约定属定金性质，基本以定金的担保属性进行判决，除非个别地区存在例外的法律规定。如果以定金性质进行判断，对于中标人而言存在较大的履约风险，即如被认定存在违约行为，则该履约保证金存在被全部扣除的风险，而不论实际损失的大小。

【典型案例】

2011年5月6日，广西某投资公司就建设"广西某电厂"对外邀请电力施工队伍。2011年12月，喻某经人介绍与广西某投资公司进行了洽谈，并以挂靠广西某电力工程公司的名义与广西某投资公司达成了承包口头协议。喻某与广西某投资公司初步协商后，应广西某投资公司的要求，以汇款的方式于2011年12月29日向广西某投资公司缴纳了300万元的履约保证金。喻某缴纳保证金后，广西某投资公司并没有工程给喻某施工，经喻某多次向广西某投资公司追索均无果，无奈之下，喻某只能诉至法院。

法院经审理认为，喻某有意挂靠广西某投资公司承建该电力建设工程，喻某作为个人无承建电力建设工程的资质，其与广西某投资公司达成的建设工程施工合同初步口头协议，违反了《中华人民共和国建筑法》第二十六条"承包建筑工程的单位应当持有依法取得的资质证书，并在其资质等级许可的业务范围内承揽工程"的规定，为无效合同。根据《中华人民共和国合同法》第五十八条规定"合同无效或者被撤销后，因该合同取得的财产，应当予以返还"。为此判令广西某投资公司应返还履约保证金300万元给喻某。另外，广西某投资公司违约占用喻某资金，应当支付给喻某利息损失。因喻某对该工程合同初步口头协议的无效有过错，为此，广西某投资公司支付喻某利息损失应从起诉之日起计算，故依法作出上述判决。

【核心法条】

《中华人民共和国招标投标法》

第四十六条 招标人和中标人应当自中标通知书发出之日起三十日内，按照招标文件和中标人的投标文件订立书面合同。招标人和中标人不得再行订立背离合同实质性内容的其他协议。

招标文件要求中标人提交履约保证金的，中标人应当提交。

第六十条 中标人不履行与招标人订立的合同的，履约保证金不予退还，给招标人造成的损失超过履约保证金数额的，还应当对超过部分予以赔偿；没有提交履约保证金的，应当对招标人的损失承担赔偿责任。

《中华人民共和国招标投标法实施条例》

第五十八条 招标文件要求中标人提交履约保证金的，中标人应当按照招标文件的要求提交。履约保证金不得超过中标合同金额的10%。

第六十六条 招标人超过本条例规定的比例收取投标保证金、履约保证金或者不按照规定退还投标保证金及银行同期存款利息的，由有关行政监督部门责令改正，可以处5万元以下的罚款；给他人造成损失的，依法承担赔偿责任。

第七十四条 中标人无正当理由不与招标人订立合同，在签订合同时向招标人提出附加条件,或者不按照招标文件要求提交履约保证金的,取消其中标资格,投标保证金不予退还。对依法必须进行招标的项目的中标人,由有关行政监督部门责令改正,可以处中标项目金额 10‰以下的罚款。

【防控建议】

1. 对于招标人而言,如有收取履约保证金的需要,必须在招标文件中进行明确,对于缴纳时间及金额应当明确且符合法律规定,不能想当然认为投标保证金自然转化为履约保证金。实践中可以建立切实可行、完善有效的信誉评价机制和监督激励机制以替代必然缴纳履约保证金的规定。

2. 对于中标人而言,如果招标文件已经明确,则必须在规定时间内完成缴纳,避免被取消中标资格,如果招标文件中没有相关规定,则有权选择拒绝或者要求招标人提供对应的支付担保。

3. 严守合同条款,避免定金性描述。

第二章
总承包合同的法律风险防控建议

第一节 EPC 总承包模式的风险与防控

EPC 模式（Engineering-Procurement-Construction）即中文含义为设计-采购-建设模式，亦称之为建设工程一体化模式。简单来说，EPC 模式是指发包人与总承包人签订建设工程总承包合同，由总承包人负责对工程项目的实施、造价、质量、安全及进度等全过程进行统一控制和管理，按照合同约定完成建设项目，发包人仅仅针对建设项目的目标性、整体性及原则性等进行审查。

一、电力建设工程范围约定不明的风险与防控

电力建设工程项目范围的技术性较强，系电力建设工程项目施工的开端，其争议会引发一系列连锁事件发生纠纷，故电力建设工程范围的界定是个极为重要的内容。

【法律风险】

正因为电力建设工程项目范围的不明确或未约定，或者任意增加工程量而使得发包人与总承包人的工作界定模糊不清，导致后期各种索赔的产生，甚至有的发包人会认为因为未明确工程项目范围，从而导致延期付款或拒绝付款等法律纠纷的出现。

【典型案例】

2007 年 7 月，某总承包人与发包人签订《电力建设工程施工合同》，合同约定总承包人为发包人进行 35 kV 配电系统电气安装工程的建设，合同总价暂估 100 万元，工程总价采用竣工图纸实际工程量决算加签证办法决算，最后确定工程合同总价。总承包人在为发包人施工的期间，因发包人临时变更指令，增加部分合同之外的工程项目。事后，总承包人诉至法院，要求发包人支付工程款。

法院认为，本案双方争议的焦点为额外增加的工程项目是否实际全部履行。一方面，双方签订的《电力建设工程施工合同》，系双方的真实意思表示，且不违反相关的法律法规，合法有效。合同签订后承包人按约履行了合同义务，总承包人要求发包人支付剩余工程款诉求有理，依法予以支持。另一方面，虽然双方签订了合同，但总承包人出示的证据不能证明合同之外的工程项目已实际全部履行，无发包人增加工程量、工程范围的书面证据，总承包

人亦没有相应的工程量签证或其他书面证据。因此,总承包人要求发包人支付额外增加工程项目的工程款,依法不予采纳。

【核心法条】

《中华人民共和国合同法》

第八条 依法成立的合同,对当事人具有法律约束力。当事人应当按照约定履行自己的义务,不得擅自变更或者解除合同。依法成立的合同,受法律保护。

第六十条 当事人应当按照约定全面履行自己的义务。当事人应当遵循诚实信用原则,根据合同的性质、目的和交易习惯履行通知、协助、保密等义务。

第一百零七条 当事人一方不履行合同义务或者履行合同义务不符合约定的,应当承担继续履行、采取补救措施或者赔偿损失等违约责任。

《最高人民法院关于适用中华人民共和国民事诉讼法的解释》

第九十条 当事人对自己提出的诉讼请求所依据的事实或者反驳对方诉讼请求所依据的事实,应当提供证据加以证明,但法律另有规定的除外。

在作出判决前,当事人未能提供证据或者证据不足以证明其事实主张的,由负有举证证明责任的当事人承担不利的后果。

第九十一条 人民法院应当依照下列原则确定举证证明责任的承担,但法律另有规定的除外:

(一)主张法律关系存在的当事人,应当对产生该法律关系的基本事实承担举证证明责任;

(二)主张法律关系变更、消灭或者权利受到妨害的当事人,应当对该法律关系变更、消灭或者权利受到妨害的基本事实承担举证证明责任。

【防控建议】

1. 明确电力建设工程项目的范围。总承包人应当与发包人在合同条款中明确电力建设工程项目的范围,注意发包人可能并未明确电力建设工程项目范围,有无将一个完整的电力建设工程项目范围分成几段招标,使得各个标段范围的接口不明确,或者有无将发包人责任范围与总承包人责任范围混为一体。

2. 加强证据意识。总承包人一般处于较为弱势的一方,合同文本一般经发包人制订提供,要么接受,要么放弃,这是大多数总承包人无法规避的事实。因此,总承包人应当设立文件管理部门,妥善保管文本材料,及时进行备案管理,如变更通知单、现场验收单、建议报告单、往来邮件、函件等,工程量增加必须以书面形式往来,切不可采用口头约定的形式。文件材料亦是证据,证据的搜集和留存是绝对必要的,证据材料是法律纠纷出现时的重要保障和事实依据。

二、发包人未按约定支付工程款的风险与防控

电力建设工程合同中,发包人利用强势地位,强加于总承包人诸多不合理条款,并以重大罚则督促总承包人完成任务,而合同中的工程款支付节点及支付时间不明确往往会产生纠纷。

【法律风险】

工程款的支付时间是否到期、是否达到支付条件特别容易使双方扯皮,如合同中约定,

工程款支付时间为"主体施工材料进驻后支付至60％",主体施工材料具体指的是什么？"设备节能验收合格后支付至70％",设备节能验收指的是否是总承包人与发包人之间的验收？验收标准、验收环节基本均不明确。"发包人审核后支付至当月工程量的70％",发包人什么时候审核？会不会拖延支付？审核后几天支付？诸如此类,发包人可以利用许多理由拖延支付,导致总承包人的利益无法保障。

【典型案例】

2003年3月27日,总承包人与发包人签订《建设工程施工合同》。后双方就该项目签订《补充协议》,约定"总承包人自愿以自行完成工程总价款的30％购买该项目的办公楼用房,待发包人取得销售许可证后的15天内,双方正式签订售房合同,由于发包人未能过户给总承包人的,发包人承担全部责任和损失。"后总承包人查询到发包人早已取得涉案房屋的预售许可证,并且案外人办理了预告登记。总承包人遂起诉至法院,要求发包人交付涉案房屋,并办理过户手续。

法院认为,该案中总承包人与发包人签订的以房抵债协议,属于建设工程价款优先受偿权的范围,且案外人并未实际交付全部或者大部分购房款,因此涉案房屋的买受人无权取得房屋的所有权,判令发包人交付房屋并办理过户手续。

【核心法条】

《中华人民共和国合同法》

第二百八十六条　发包人未按照约定支付价款的,承包人可以催告发包人在合理期限内支付价款。发包人逾期不支付的,除按照建设工程的性质不宜折价、拍卖的以外,承包人可以与发包人协议将该工程折价,也可以申请人民法院将该工程依法拍卖。建设工程的价款就该工程折价或者拍卖的价款优先受偿。

《最高人民法院关于建设工程价款优先受偿权问题的批复》

一、人民法院在审理房地产纠纷案件和办理执行案件中,应当依照《中华人民共和国合同法》第二百八十六条的规定,认定建筑工程的承包人的优先受偿权优于抵押权和其他债权。

二、消费者交付购买商品房的全部或者大部分款项后,承包人就该商品房享有的工程价款优先受偿权不得对抗买受人。

三、建筑工程价款包括承包人为建设工程应当支付的工作人员报酬、材料款等实际支出的费用,不包括承包人因发包人违约所造成的损失。

四、建设工程承包人行使优先权的期限为六个月,自建设工程竣工之日或者建设工程合同约定的竣工之日起计算。

五、本批复第一条至第三条自公布之日起施行,第四条自公布之日起六个月后施行。

【防控建议】

1. 明确付款时间节点。一方面对发包人时间节点进行明确,如发包人收到承包人竣工资料后7日内完成审核;另一方面对发包人付款时间进行明确,如发包人审核后7日内完成工程款的支付。

2. 充分使用抗辩权。根据《中华人民共和国合同法》第六十七条的规定:"当事人互负债务,有先后履行顺序,先履行一方未履行的,后履行一方有权拒绝其履行要求。先履行一方履行债务不符合约定的,后履行一方有权拒绝其相应的履行要求。"总承包人在发包人迟延支付工程进度款的情形下,向发包人明确书面告知停工损失由发包人承担,且总承包人应敢于暂停施工。

3. 积极适用优先受偿权。《最高人民法院关于建筑工程价款优先受偿权问题的批复》中明确指出建设工程价款优先于包括银行抵押权在内所有抵押权以及其他债权。

4. 及时采取诉前保全。发包人可能无力支付工程款的,总承包人应果断采取诉前保全措施,对在建工程、股权、房屋、账号、设备及其他财产进行保全,避免总承包人的损失扩大。

5. 办理在建工程抵押。《最高人民法院关于城市房地产抵押管理办法》经征求全国人大常委会法制工作委员会、住房和城乡建设部意见,结合相关法律法规,在建工程属于《中华人民共和国担保法》规定中可以抵押的财产范畴。

三、国际电力建设工程保函适用不当的风险与防控

按照中国法律,保函作为保证的一种方式,从属于主合同,主合同无效的,保函也自然无效。但在国际电力建设工程承包中,保函是相对独立的,是一个独立的合同。保函尽管作为基础合同而开具,即使保函中有对此类合同的援引,担保人也与该合同无关,且不受其约束,保函所适用的规则也与合同所依据的准据法不同。

【法律风险】

见索即付保函是指由银行、保险公司或其他金融机构以书面形式出具的担保文件,要求在收到符合承诺条件的书面支付要求以及保函可能允许的其他情形,如判决或者仲裁裁决时予以付款。该承诺特点:只根据一方的要求或者该方的指示,而不考虑合同因素。有的总承包人没有正确地选择保函条款,而发包人道德品行败坏,即使总承包人按约履行了合同义务,而发包人无理索赔,利用见索即付的条件要求总承包人承担赔偿责任。上述情形一旦发生将给总承包人带来履约保函无效、合同违约、发包人恶意索赔等法律风险。

履约保函是指银行用书面形式承诺赔偿总承包人签订合同后可能产生的损失,主要是担保总承包人能够按照合同履行约定,防止总承包人在履约过程中毁约,发包人有权得到资金赔偿。其他国家通常采用合同额的10%,有效期到履约证书颁发后21天内返还的类似条款,但大多发包人为了保护自身利益,而约定更久的返还期限。履约保函主体一般为三方:发包人、总承包人和担保人。实践中,由于电力建设工程项目转包、挂靠及保函反担保等情形的发生,导致名义总承包人和实际承包人的主体身份不一致和反担保主体介入保函等情形,会造成履约保函主体之间的权利义务不清晰,容易混淆。如其他承包人或包工头个人借用合同总承包人的名义和资质挂靠进行招投标、签订合同或者转包的,导致实际承包人与名义总承包人不一致,保函上记载的是名义总承包人,而负责施工的是实际承包人,如果名义总承包人对实际承包人的管理脱轨或监管能力不足,那么名义总承包人可能因实际总承包人违约而面临极大的法律风险。

预付款保函主要是担保总承包人按照合同约定返还发包人垫付的预付款,发包人扣完预付款后即自动失效。如果总承包人没有及时递减额度,而又发生特殊情况,则总承包人可能被多索付。

工程保留金保函通常在合同中要求总承包人采用银行保函的形式,置换在押的保留金,

从而增加总承包人的工程流动资金,但发包人经常以各种借口,如清关清税等,故意拖延甚至拒绝发放保留金。

【典型案例】

2007年6月8日,中国某世界500强企业(总承包人)与某国发包人签订电力建设工程施工合同,工程造价3 000万美元,发包人提供钢筋水泥等施工材料。总承包人根据合同规定向发包人提供了300万美元的履约银行保函和150万美元的预付款银行保函。两份保函中都有此规定:本银行无条件且不可撤销的保证在发包人要求时不考虑总承包人,并且不参考任何总承包人提供的通知和提出的异议要求本银行不支付保函金额,在发包人要求时一次或多次支付不超过最高保函总金额300万美元。

2008年,因受世界经济危机的影响,发包人资金受到影响导致无法根据合同规定供应钢筋水泥等施工材料,同时也未能支付总承包人部分已审核的工程款398万美元,总承包人只有开始降低施工速度,并于不久后正式停止施工。同时发包人资金无法到位,重新开工日期无法确定,在双方协商无果的情况下发包人向银行发出提现保函的通知,要求提现总承包人的两份总额为450万美元的银行保函。

【防控建议】

1. 审核履约保函主体。选择保函主体应当从几方面进行,一是选择资质、信用及经营能力良好的发包人。投标前总承包人应当从多个方面搜集发包人的相关信息,对发包人进行尽职调查,不可为了投标而投标。二是选择合适的担保人。合适的保函担保人除了能够提供保函,其自身也会对发包人进行审核,如银行机构、专业担保公司、保险公司等。三是抵制电力建设工程项目的挂靠、转包行为。

2. 谨慎签发保函。总承包人应当对保函格式中的内容每一个文字进行认真研读。争取电力建设工程项目的进度完成而递减履约保函的数额,并与发包人办理减额手续,即使出现索赔,总承包人的损失也会相应递减。开具的保函中尽可能避免"见索即付"这类字样,尽可能在发包人书面索赔与银行支付之间留有一定的富余时间,以便存在缓冲期限,总承包人可利用该时间提起诉讼申请暂时冻结保函。如果发包人信用和财产相当有限,但又坚持总承包人开具金额过大且时间较长的"见索即付"保函,总承包人可以要求发包人开具付款反担保或者保函的限期选择为闭口形式,具体约定为工程项目竣工之日。

3. 积极主张权利。发包人坚持选择无条件保函的,则总承包人应要求发包人提供相应法律依据或者由发包人提供对等的支付工程款担保。总承包人在履行中尽量缩短履约保函的期限,用保留金保函来担保缺陷责任期的责任。如果发包人在履约过程中删除合同内容,导致合同金额存在实质性减少,则履约保函的金额也必须相应下浮调整。总承包人的预付款保函应当随电力建设工程项目的进度和预付款的扣除而减少,总承包人可以定期就减少值取得发包人的确认并书面通知担保机构,办理对应的减额程序,使得保函金额与其相符,减少在发生难以预测的情形时承担相关责任和被过多所支付的风险。

4. 按约履行合同义务并留存证据。保函的索赔源头在于总承包人的违约行为,故总承包人防控措施的重点应当是按约履行合同义务并保留相应证据,防止违约行为发生。一是总承包人应以书面的往来函件与发包人沟通,并加以发包人、发包人代表签字确认。二是总承包人应认真按照合同约定的时间限制履行,这些条款是总承包人的义务,更是总承包人的权利,而条款规定的时间期限又是对总承包人权利行使的一种约束,总承包人不按合同约定的时间期限行使相应权利的,则总承包人将承担放弃权利的法律后果。

5. 合理采取措施解决纠纷。总承包人在收到保函索赔通知后,应及时且正确地选择合理方式解决纠纷。一是积极地与发包人进行沟通,促使发包人撤回、放弃索赔。二是积极地与担保人进行沟通,让担保人严格审查索赔的证据材料,能避免赔付就避免赔付。三是及时提起诉讼,申请诉前或诉讼中的财产保全,暂停保函的赔付,待法院判决、裁定的结果生效后决定是否赔付,尽可能地避免给总承包人造成重大经济损失。

四、PPP 投资项目的风险与防控

PPP 全称为 Public-Private-Partnership,是指基础设施项目或公共服务类的建设,政府与社会资本合作,政府购买服务合同、特许经营协议为基础,由社会资本向公众提供相应产品与服务,提高质量和供给效率,最终使得合作各方达到比预期单独行动而更为有利的结果。但由于 PPP 属于新生事物,因法律制度不完善及实务操作经验不足等原因,在极大降低了政府负债风险的同时,亦增加投资人的风险。

【法律风险】

首先,PPP 项目的识别确认由政府机关完成,但近几年来也发现了不少虚伪的 PPP 项目,最终使得项目违反相关法律规定,从而影响电力建设工程项目的落实和收益。另外,PPP 项目需要在招募社会资本之前完成项目立项。根据《政府核准投资项目管理办法》《关于发布政府核准的投资项目目录的通知》以及电力建设工程项目所在地的投资项目的有关规定,立项申请涉及发改委、环保、国土、规划等相关部门。项目立项管理可以划分为核准和备案两类,企业投资建设政府核准项目目录内的项目,须按照相关规定报送有关项目核准机关进行核准,如果是投资建设核准目录外的项目,则实行备案管理制度。

其次,土地按期取得是 PPP 项目顺利实施的前提,由于 PPP 项目的公共服务属性,所需土地一般情形是政府以划拨方式提供给项目公司,受制于土地制度和征地行为的行政属性。土地征收属于行政行为,而征地的落实具有很大的难度。如果土地不能按期、按预算价格完成征收,将会引发电力建设工程项目后续的工作,特别是在边建设边征地的情况,建设时间节点将会拖延,从而引发施工单位的停工、窝工,导致延期索赔。一方面 PPP 项目由于工程量庞大,路线方案、工程地质条件、水文地质条件较初期预测有可能发生变化,有可能导致工程量增加、成本增加、工期延误的风险。另一方面选择采购方式和程序不当的风险包括项目采购方式选择和项目采购程序的法律风险。目前 PPP 项目采购程序规定了 PPP 项目可采用公开招标、竞争性谈判、邀请招标、竞争性磋商以及单一来源采购等五类采购方式及其适用条件,项目实施机构应当选择符合条件的采购方式并且按照相关采购程序实施采购。如果选择采购方式发生错误或采购程序不当,可能致使社会资本方中标结果归于无效。电力建设工程项目的资金需求量巨大,提款周期较长,融资是否及时、资金供应不足、利率及汇率的变化等不确定因素都有可能造成电力建设工程项目工期延误甚至被迫停止。

最后,政府对电力建设工程项目的价值、承受能力及实施方案中的数据及使用需求的预测,基本是建立在一种对以往市场数据分析以及对未来发展趋势的一种判断上,具有极大的不确定性。电力建设工程项目的实施过程中,法律政策会有变动且有可能偏离合同签订时

各方的预期目的,可能对合同的某一方发生严重不利的变动情形,就会造成电力建设工程项目成本增加、方案不可行或更改,也有可能会影响关联产业的发展,进而间接造成电力建设工程项目收益下降的情况发生。根据《中华人民共和国担保法》、国发〔2014〕62号文、国办发〔2015〕42号、财金〔2015〕57号文等相关规定:(1)政府承诺担保无效;(2)未经国务院批准,各级政府不得自行制定税收优惠政策。对违反法律法规而制定与企业及其投资者(或管理者)缴纳税收或非税收入挂钩的财政支出优惠政策,应当予以取消;(3)土地出让收入和支出实行严格的收支两条线,任何单位都不得以"招商引资"等各种名义减免土地出让收入,或者以土地置换项目、先征后返、其他补贴等形式变相减免土地出让收入;(4)政府不得承诺固定投资回报,严禁通过回购安排、保底承诺、明股实债等方式进行变相融资,将项目伪装成PPP项目。

【防控建议】

1. 正确识别项目要件。根据目前法律规定,各级政府将电力建设工程项目列入PPP备选项目及年度开发计划的,由本级财政部门联合行业主管部门一起筛选识别,进行财政承受能力论证和物有所值论证,通过两个论证以后,由本级政府出具项目立项的批复。

电力建设工程企业应及早核查PPP电力建设工程项目的文件及其有效性,对于确已通过PPP项目识别的电力建设工程项目,电力建设工程企业应在建设工程项目实施过程中,尽可能满足PPP电力建设工程项目所需的必备条件,防止被主管部门移除项目。

2. 妥善完成立项程序及前期方案。电力建设工程企业应当查明项目立项的有关法律规定,确保电力建设工程项目能够依据法律规定立项并且准确预判立项的工作量及各项投入,可以使得在电力建设工程项目中与政府各项权利义务分配上作出相对应的安排。电力建设工程项目前期必须经过专业的设计机构完成可行性研究,进行全面的勘查。

3. 严格使用采购方式及程序。相关物资的采购必须经过招标,应通过招标选择,以保障合同的法律效力。采购程序应严格规范操作,防止遭到投诉而受阻。社会资本方由投资方与总承包人组成共同体投标,应当确保项目按照"两标合一标"的模式操作。《中华人民共和国招标投标法实施条例》规定,投资人如果可以自行建设、生产或者供应,可不再另行通过招标程序选择建设、物资供应商等。

4. 结算依据的合理利用。根据相关法律规定,若政府与电力建设工程企业没有约定工程结算以政府审计为准的,政府审计结果并不当然作为双方结算的依据,可以由造价咨询机构或者诉讼鉴定方式按照合同约定的计算标准进行结算。

第二节 "黑白合同"的风险与防控

"黑白合同"亦称之为阴阳合同,电力建设工程项目的双方当事人就同一工程项目、同一工程范围而签订两份以上实质性内容不相同的合同。一份双方当事人内部使用的称之为"黑合同",一份经过招投标备案的合同称之为"白合同"。"黑白合同"是违反法律规定的,在给当事人带来"利益"的同时,也存在各种风险。

一、实质性内容背离招投标合同的风险与防控

合同"实质性内容变更"的认定较为明确的依据是《中华人民共和国招标投标法实施条例》第五十七条第一款,其对合同实质性内容作了相应概括:"招标人和中标人应当依照《中华人民共和国招标投标法》和本条例的规定签订书面合同,合同的标的、价款、质量、履行期限等主要条款应当与招标文件和中标人的投标文件的内容一致。招标人和中标人不得再行订立背离合同实质性内容的其他协议。"

【法律风险】

从民事角度分析,招标人和中标人签订违背合同实质性内容的协议,属于违反了法律法规,应当认定该协议无效。《中华人民共和国招标投标法》第四十六条规定:"招标人和中标人应当自中标通知书发出之日起三十日内,按照招标文件和中标文件订立书面合同。招标人和中标人不得再行订立背离合同实质性内容的其他协议。招标文件要求中标人提交履约保证金的,中标人应当提交。"另《中华人民共和国合同法》第五十二条规定:"有下列情形之一的,合同无效:(一)一方以欺诈、胁迫的手段订立合同,损害国家利益;(二)恶意串通,损害国家、集体或者第三人利益;(三)以合法形式掩盖非法目的;(四)损害社会公共利益;(五)违反法律、行政法规的强制性规定。"

根据上述法律规定,若招标人和中标人签订违背合同实质性内容的协议,比如变更了承包方式、合同价款、质量及施工工期等实质性内容,必然会面临协议无效的法律风险,而且要承担合同无效的法律责任。

从行政角度分析,招标人和中标人签订违背合同实质性内容的协议,应当进行改正,否则也会被认定协议无效。《中华人民共和国招标投标法》第五十九条规定:"招标人与中标人不按照招标文件和中标人的投标文件订立合同的,或者招标人、中标人订立背离合同实质性内容的协议的,责令改正;可以处中标项目金额千分之五以上千分之十以下的罚款。"

根据上述法律规定,招标人与中标人不执行招标文件和中标人投标文件签订合同的,或者招标人与中标人签订违背合同实质性内容协议的,将会受到相关行政机关对其责令改正、罚款的行政处罚的法律风险。如果行政处罚后,招标人和中标人仍然我行我素不更正协议的,该协议依然会因违反法律规定而认定无效。

【典型案例】

2003年9月2日,承包人与发包人签订电力建设工程施工合同,同年9月16日,双方又签订了一份补充协议,约定承包人施工完成的工程如评上优质工程奖,发包人另行支付奖励给承包人,评不上不罚款。该电力建设工程项目取得奖项后,发包人未支付额外的奖励,承包人遂起诉至法院。

法院认为,案件的争议焦点"补充协议"对涉案工程质量的约定是否构成了对中标合同实质性内容的变更,其内容是否有效。《中华人民共和国招标投标法实施条例》第五十七条规定:"招标人和中标人不得再行订立背离合同实质性内容的其他协议"。涉案工程经招投标程序对外发包,该合同根据招投标文件而签订,因此,应当合法有效,对双方均具有法律约束力,其对涉案工程的质量明确为工程质量符合国家质量验收标准。之后的"补充协议"对工程质量约定为获取优质工程奖,其约定的工程质量明显高于招标合同约定的质量标准,加

重了承包人的责任和义务,实际上改变了招投标文件所约定的工程质量标准,因此,"补充协议"有关工程质量的约定已经构成了对中标合同实质性内容的变更,应属无效。

【核心法条】

《中华人民共和国招标投标法实施条例》

第五十七条 招标人和中标人应当依照招标投标法和本条例的规定签订书面合同,合同的标的、价款、质量、履行期限等主要条款应当与招标文件和中标人的投标文件的内容一致。招标人和中标人不得再行订立背离合同实质性内容的其他协议。

《最高人民法院关于审理建设工程施工合同纠纷案件适用法律问题的解释》

第二十一条 当事人就同一建设工程另行订立的建设工程施工合同与经过备案的中标合同实质性内容不一致的,应当以备案的中标合同作为结算工程价款的根据。

【防控建议】

签订违背合同实质性内容的其他协议会被认定无效,不仅如此,还要承担返还财产、补偿赔偿损失、行政处罚等后果。据此,为了减少或避免这些法律风险,建议如下:

1. 发包人与总承包人都应当遵守《中华人民共和国合同法》《中华人民共和国招标投标法》《中华人民共和国招标投标法实施条例》等相关法律行政法规,根据招标文件和中标文件签订合同,坚决不签订违背合同实质性内容的协议。

2. 合同可以根据实际情形,合理合法地针对合同部分细节性、操作性内容等进行补充和完善。如中标数量为 1 000 m,实际双方签订合同为 980 m,这虽然变更了合同实质性内容,但并没有影响到权利义务,故不属于违背合同实质性内容。

3. 电力建设工程项目普遍周期较长,过程中难免会出现意想不到的情形。发包人与总承包人应当审慎地审查变更情形,如果确实属于情势变更、不可抗力等法定情形,那么可根据实际情形变更实质性内容。

4. 发包人与总承包人根据法律规定变更合同实质性内容的,应当及时向相关行政机关办理备案手续,使合同合法有效。

二、非实质性内容背离招投标合同的风险与防控

电力建设工程项目在建设中难免会遇到因设计、自然条件、工程量等变更因素的存在,这些因素可能导致数量、标的、价款、工期等变更,这些就属于合同非实质性内容变更。

【法律风险】

招标文件中的合同中基本含有上述的变更情况,并约定了相应合同变更条款,应当依据实际履行的工程量结算工程款、调整工期,此类变更不属于合同内容实质性的变更。但是各种违背合同中质量、价款、工期、违约责任、争议解决等相关实质性内容调整的,若没有根据中标合同的约定进行变更,或者超出合同约定内容变更的,损害其他投标人的合法权益或者国家利益、公共利益的,便属于合同内容实质性变更,即不符合法律规定的变更会导致合同被认定无效。

【典型案例】

2007 年 12 月,发包人和总承包人签订《电力建设工程施工合同》,该合同向建设主管部门进行了备案。合同约定:总承包人承包施工某地电力工程,采用可调价格合同。上述合同

签订后,总承包人遂进场施工。但在总承包人施工过程中,因材料供应、拆迁户堵门、农民工工资等问题,发生了多次停工。发包人为了使得总承包人能够继续稳定施工,另行签订协议承诺解决总承包人的停工损失。后总承包人索要停工损失无果,遂诉至法院,要求发包人承担停工损失。

法院认为双方当事人在中标合同履行过程中,为了赔偿一方停工损失而对工程价款结算方式进行的变更约定,其实质为关于损失赔偿的约定,属于合同履行过程中的正当变更,不属于《最高人民法院关于审理建设工程施工合同纠纷案件适用法律问题的解释》第二十一条规定的"黑合同",其效力应予以认可,可作为双方结算的依据。

【核心法条】

《中华人民共和国合同法》

第六十条 当事人应当按照约定全面履行自己的义务。当事人应当遵循诚实信用原则,根据合同的性质、目的和交易习惯履行通知、协助、保密等义务。

第一百零九条 当事人一方未支付价款或者报酬的,对方可以要求其支付价款或者报酬。

第一百一十四条 当事人可以约定一方违约时应当根据违约情况向对方支付一定数额的违约金,也可以约定因违约产生的损失赔偿额的计算方法。

约定的违约金低于造成的损失的,当事人可以请求人民法院或者仲裁机构予以增加;约定的违约金过分高于造成的损失的,当事人可以请求人民法院或者仲裁机构予以适当减少。

当事人就迟延履行约定违约金的,违约方支付违约金后,还应当履行债务。

第一百一十九条 当事人一方违约后,对方应当采取适当措施防止损失的扩大;没有采取适当措施致使损失扩大的,不得就扩大的损失要求赔偿。当事人因防止损失扩大而支出的合理费用,由违约方承担。

第二百八十四条 因发包人的原因致使工程中途停建、缓建的,发包人应当采取措施弥补或者减少损失,赔偿承包人因此造成的停工、窝工、倒运、机械设备调迁、材料和构件积压等损失和实际费用。

【防控建议】

中标合同的标的、数量、质量、价款、工期、工程范围、工程款支付方式、违约责任和争议解决等以外的变更。如针对发包人或总承包商人法定义务,增加些说明性条款,此类合同内容非实质性变更,原则上并没有增加当事人的负担,发包人或者总承包人应当书面表示对该条款的认可,否则构成合同内容实质性变更。

对电力建设工程项目履行过程中对合同内容进行非实质性变更的,发包人与总承包人之间可以通过索赔、签证等形式进行。发包人与总承包人的签证应当以书面形式确认,即成为最终结算或工程结算增减工程量的有效依据。但是发包人与总承包人对签证事项意思表示出现争议时就产生了索赔事件,而处理索赔依然需要根据合同内容来判断。如果签证、索赔内容超出合同实质性约定的,则属于合同内容实质性变更。

三、"黑白合同"结算工程款的风险与防控

通常来说,"白合同"的工程款数额较高,所以发包人为了降低成本而与总承包人另行签

订"黑合同",但无论如何,这种在"白合同"以外另行签订合同、改变中标合同实质性要件的行为都与我国法律规定相抵触。

【法律风险】

依据《最高人民法院关于审理建设工程施工合同纠纷案件适用法律问题的解释》第二十一条的规定:"当事人就同一建设工程另行订立的建设工程施工合同与经过备案的中标合同实质性内容不一致的,应当以备案的中标合同作为结算工程价款的根据。"另根据《中华人民共和国合同法》《中华人民共和国招标投标法》《中华人民共和国招标投标法实施条例》相关合同无效规定的内容,由于"白合同"是通过招投标的法定形式确认的,未经法定形式不得修改变更。因此,即使"黑合同"签订在"白合同"之后,也不能视为对"白合同"的变更,不能以此作为结算工程款的依据,应当以备案中标的"白合同"作为结算工程款的依据。

如果违反相关法律规定而导致中标无效的话,即中标备案合同无效,则应当按双方当事人真实意思表示的并且已经实际履行的合同进行竣工结算。根据相关法律规定,应当进行招投标的工程项目,发包人没有进行招投标程序,而是直接与总承包人签订合同并施工;或者为了防止相关行政机关的检查,故意进行招投标程序从而签订相应的"白合同",此种情形所签订的中标备案合同就是违反法律的强制性规定,中标备案的合同必然会被认定无效,则最后以实际履行的合同进行结算。

【典型案例】

2009年11月,总承包人通过公开招投标中标二期3♯、4♯电力建设工程,根据招投标文件发包人与总承包人订立《建设工程施工合同》。随即双方另行签订了一份合同,该合同提高了工程款,并且发包人给付总承包人各种优惠和让利。待竣工后,发包人以招标备案的合同进行结算,而总承包人将发包人诉至法院,要求发包人以另行签订的合同进行结算。

法院认为当事人双方请求按照"黑合同"作为工程款结算依据的,"白合同"是根据招标投标这一法定形式确认的,即使"黑合同"可能是当事人的真实意思表示,但由于合同内容规避法律法规、合同在形式上不合法,不能替代"白合同"即中标备案合同的效力,即不能依据"黑合同"作为结算工程款的依据。根据此规定,"黑合同"是法律禁止的行为,即使"黑合同"是双方当事人真实的意思表示,那么也不能以"黑合同"作为结算工程款的依据。

【核心法条】

《中华人民共和国招标投标法》

第四十六条 招标人和中标人应当自中标通知书发出之日起三十日内,按照招标文件和中标人的投标文件订立书面合同。招标人和中标人不得再行订立背离合同实质性内容的其他协议。

《最高人民法院关于审理建设工程施工合同纠纷案件适用法律问题的解释》

第二十一条 当事人就同一建设工程另行订立的建设工程施工合同与经过备案的中标的合同实质性内容不一致的,应当以备案的中标合同作为结算工程价款的依据。

【防控措施】

1.《最高人民法院关于审理建设工程施工合同纠纷案件适用法律问题的解释》确定了"黑白合同"中以"白合同"作为结算工程款的原则,那么总承包人一定要谨慎签订中标合同,将工程工期、造价、安全生产、质量、工程款支付等重要合同条款在中标合同中具体列明,不能使中标合同的签订流于表面形式。

2. 尽量避免为了配合发包人而签订违反法律规定的"白合同"。如果为了备案的需要被迫签订了对总承包人不利的"白合同",就有必要查看"白合同"有无违反《中华人民共和国招标投标法》《中华人民共和国招标投标法实施条例》等相关法律规定无效的情形。如果存在的话,可以坚持"黑白合同"均无效,将符合当事人真实意思表示,并且在施工中具体实际履行的那份合同内容,作为工程款的结算依据。

3. 合同签订生效后,在履约过程中加强管理,可以使总承包人掌握部分主动权。总承包人应当对正在履行的合同深入研究以及时发现在签约时存在的法律问题,并及时向发包人发书面函件交涉,以便将来一旦发生争议提交法院,总承包人据此可在合同被确认无效时证明总承包人早已正式提出,以免除总承包人的过错责任。

四、设计变更产生"黑合同"的风险与防控

电力建设工程项目中经常遇见发包人变更指令,从而导致施工内容也随之调整,一旦双方变更的内容违反法律规定,则必然存在被认定无效的法律风险。

【法律风险】

电力建设工程合同与其他合同相比具有特殊性。一方面,电力建设工程合同具有建设工程规模大、工期长、技术标准高及环境复杂多变等特性,导致在合同签订时不可能完全预计到施工期间的全部变化。另一方面,发包人出于对工程质量、项目造价费用、功能的考量或者是设计人员的疏忽,设计中的某些环节、因素考虑的不周到,计算不准确,经常发生设计变更。如果发包人与总承包人没有准确界定合同的"实质性内容",也没有严格把握招投标形成的合同实质性内容的合法变更,则双方发生争议后,所变更的合同会被认定无效,且各自承担相应的责任。

【防控建议】

1. 客观情况发生根本性变化是合同依法变更的前提条件。中标合同履行中,客观情况的变化不可避免地会导致合同约定的价款、质量和工期等内容变化,依法行使合同变更权是当事人缔约自由及意思自治原则的体现,是符合法律规定的。出现客观状况与招投标时发生了根本性变化的,即招投标时的条件已经不存在,当时所体现的公共安全、社会公共利益和第三方的合法权益也发生了根本性变更,又或者是设计上出现重大变更导致工程量的重大递增或递减,故这种前提下可以适用情势变更原则依法对合同内容进行变更。

2. 当事人协商一致是合同内容变更的实质性条件。若出现合同变更的法定事由,经当事人协商一致可以变更合同内容,但如果要想变更后的合同发生法律效力,必须及时到建设行政主管部门进行备案,这样才能从根本上制止不法行为的发生,减少双方纠纷的发生,有利于保障总承包人的合法利益。

第三节 履行总承包合同的风险与防控

总承包人的主要义务就是完成并交付工程项目,那么总承包合同能否正确履行就在于

文本、印章、授权、质量、安全及工程款等众多工作的正确管理。

一、工程项目经理选任不当的风险与防控

工程项目经理就是施工企业法定代表人在工程项目上的委托代理人,工程项目经理应当在企业授权的范围内从事民事活动,主要管理工程项目的质量、进度、安全和成本等。工程项目经理有权根据工程项目的实际建设情况,进行现场指挥调度,计划并实施工程项目的具体建设;有权根据工程项目的实际施工情形,组建工程项目管理部门,对部门的人员进行任免、指挥、调配等;有权在财务授权范围内,决定工程项目资金的分配和使用;有权根据工程项目的实际建设情况,选择分包人和供应商。

【法律风险】

工程项目经理作为工程项目中的负责人,处于工程项目的中心地位,对工程项目的具体建设享有相应的权力并有权代表总承包人向发包人履行合同,并以总承包人的名义与分包人和供应商等签订相应的合同,所产生的权利义务都由总承包人承担,即使工程项目经理与总承包人签订内部合同或挂靠协议等,但是根据合同相对性原则,内部合同的约定不能对抗合同之外的善意第三人。

法律风险主要有履行合同存在严重瑕疵,造成工程质量、安全出现问题或工期延误,致使发包人主张索赔;其个人存在各种债务,为了自身不当利益而挪用工程项目资金,致使总承包人损失管理费,甚至造成工程项目亏损;其个人对外借款,并要求工程项目部门进行借贷或担保,致使债权人拿着盖有工程项目部门印章的借据或担保函向总承包人主张权利;随意地进行分包、采购或其他业务,并欠付相应的合同款,产生经济纠纷,以其行为属于职务代表行为为理由,将责任推卸给总承包人并由总承包人承担相应责任;甚至存在非法转包或违法分包工程项目的行为;故意与分包人、供应商或其他业务单位进行串通合作,并签订经济合同,编造、伪造欠付相关工程材料设备款等凭证,间接骗取总承包人的资金;故意编造、伪造分包人工程款、劳务工程款和劳务人员的工资等,并制作虚假的支付凭证,间接骗取总承包人的资金;为了其个人不当利益,拒付、拖欠实际施工人(农民工)工资或分包人、供应商的款项,并撺掇相关人员前往总承包人、政府进行上访、闹事,让总承包人、政府承担相应欠款,甚者造成严重的社会影响。

【典型案例】

供应商与承包人的工程项目经理口头协商一致,供应商为承包人供应材料,并开具发票交付承包人,承包人的工程项目经理签收确认,货款一直未付,供应商遂诉至法院。

法院认为,供应商向承包人下属的工程项目部供应货物,承包人的工程项目经理签收货物,双方形成了买卖合同关系,其买卖合同合法有效,应依法予以保护,合同双方应依约全面履行合同义务,承包人的工程项目经理履行的是职务行为,其权利和责任都应当由承包人承担。

【核心法条】

《中华人民共和国民法通则》

第四十三条 企业法人对它的法定代表人和其他工作人员的经营活动,承担民事责任。

《中华人民共和国合同法》

第六十条 当事人应当按照约定全面履行自己的义务。当事人应当遵循诚实信用原

则,根据合同的性质、目的和交易习惯履行通知、协助、保密等义务。

第一百零七条 当事人一方不履行合同义务或者履行合同义务不符合约定的,应当承担继续履行、采取补救措施或者赔偿损失等违约责任。

【防控建议】

1. 严谨选任。在工程项目开始前,应当充分考核各个人员的管理能力、技术要求、职业道德及法律意识。

2. 奖惩并进。应当建立激励和约束机制,使其完成相应项目后能够享有丰厚的待遇,以及对其设定相应的违约条款,如设定风险抵押金等,最终让其权、利、责高度统一。

3. 资金管理。总承包人与发包人签订的合同中明确约定工程款只能进入总承包人的银行账户。对分包人、供应商或其他业务单位的款项支付必须经过严格审查。

4. 授权明确。总承包人的授权委托书应当明确具体授权事项、具体授权范围及授权期限,并将授权委托书作为合同附件。

5. 授权排除。将不适合由其决定的事项加以排除,如合同和重大建设设计方案的修改及变更、重大分包事项、重大材料设备的采购以及提供保证、担保等重大事项。

6. 把控印章。鉴于工程项目部门的印章无需备案,且容易伪造。因此,应当在工程项目的承包、工程项目的分包及材供设备供应的相关合同中,针对印章的使用权限、范围及事项作出相应明示。

7. 全程监控。在工程项目建设过程中,全程不定期地对工程项目经理的工作状况进行核查监控。

二、工程项目部门印章使用不当的风险与防控

工程项目部门是施工企业的代表,是履行具体工程项目的管理组织,工程项目部门印章仅仅是行使相关民事权利的一样凭证,其效力范畴仅取决于工程项目部门所拥有的权限。

【法律风险】

工程项目部门印章对内对外都有相应的效力,即使总承包人不允许对外随意使用,但实践中依然还是大量存在工程项目部门印章肆意加盖的情形,究其原因就是容易形成法律上的表见代理,而且无法有效地对抗善意第三人。所以除非总承包人能够提供充分的证据材料,以兹证明第三人知道或者应当知道该印章对相关工程项目未经授权,不享有签订相关合同的效力。但同样的是,即使第三人明知属于无权代理等情形,总承包人也很难提供相应证据材料予以证明,往往在仲裁或诉讼中处于被动位置。

【防控建议】

1. 总承包人建立健全工程项目部门印章管理制度,工程项目部门印章的使用权限和范围,如不得与第三人涉及经济业务的合同文件中使用,必须严格地进行登记和审批,并且设立专门的工程项目部门印章管理人员,明确其责任范围,监控工程项目部门印章的进程,及时报告并受总承包人的全程监督。

2. 前往工商行政管理部门进行工程项目部门印章的登记备案,如若出现非总承包人的印章,可以进行必要的抗辩,证明该工程项目部门印章是私刻伪造的。

3. 工程项目的分包、材料供应、设备租赁合同及对外重大经济业务合同等,明确书面告

知第三人以总承包人加盖公章为生效条件。比如在工程项目部门印章上刻制"无签约权力""不得用于签订合同文件等、不得进行承诺"等类标记。此做法一是提醒第三人有风险存在，二是在仲裁或诉讼中也可以进行一定的抗辩。

4. 若出现工程项目部门私刻、伪造、盗用和擅自使用印章等情形，总承包人应当立即向公安机关报案，因为此类行为直接触犯国家刑事法律，涉嫌刑事犯罪，以避免损失继续扩大。

三、总承包人违法专业分包的风险与防控

电力建设工程项目专业分包是总承包人根据总承包合同的约定或者征得发包人的同意，将工程项目中的部分专业工程项目交由给具有相应资质的专业分包人完成，如果未按照法定程序分包的，就是属于违法分包。

【法律风险】

随着建设市场的不断发展，电力建设工程项目对专业化的要求越来越高，越来越多的专业分包被应用于建设市场。工程项目专业分包经过多年发展，使得工程项目更加专业化、规范化，相对有效地降低了成本、提高了利润。但是，在诸多工程项目专业分包管理过程中仍然出现了混乱、无序，这相反地会导致总承包人承担更大的经济、法律风险。

工程项目专业分包的风险主要有：违法分包，总承包人为了赚取管理费而不按照法律规定进行，随意将所承包的工程项目分包，或者以劳务分包的名义分包给没有资质的分包人。一是工程项目的工期、质量和安全等方面存在风险；二是所签订的分包合同是无效的，势必给总承包人带来刑事、行政和民事等法律风险及责任；以包代管，分包合同签订后，总承包人可能认为分包工程项目应当由分包人自我履行，无需过问，或者管理机制不健全，疏于管理。目前建设市场上，分包人的总体技术水平和专业素质均不高，人员流动性较大，容易造成工程项目履约弱化，致使总承包人处于极为被动的局面，承担连带责任，一方面，无论总承包人是合法分包还是违法分包，其都应当与分包人对发包人承担连带责任，另一方面，施工工人因为工程项目的安全问题而遭受人身损害事故的，那么极有可能会致使总承包人也承担连带责任；欠付工程款，工程项目竣工结算时，应当由发包人将工程款支付给总承包人，再由总承包人支付给分包人，但是总承包人可能因为发包人拖欠工程款而对分包人承担逾期付款的违约责任、先行垫付工程款或者发包人直接将工程款支付给分包人的风险，甚至因为工程质量问题，而无法向发包人索要工程款；形成表见代理，分包人承建工程项目的同时，必然存在需要进行相应的采购、租赁、雇佣及借贷等经营业务，那么分包人如果以总承包人的名义进行上述活动或者即使没有以总承包商的名义，但是足以让善意第三人信任的话，构成法律上的表见代理，则相应的责任仍需总承包人承担。

【典型案例】

总承包人从发包人处承包电力建设工程项目后，将该工程分包给无施工资质的分包人，分包人又将该工程项目分包给无施工资质的个人。该个人系实际施工人并按约进行了施工。施工完毕后实际施工人因追要工程欠款以及工人工资等事宜与分包人、总承包人发生矛盾而提起诉讼。

法院认为，首先是总承包人分包给没有施工资质的分包人，其次是分包人又分包给没有施工资质的个人（实际施工人），该分包行为违反了法律法规强制性规定，故双方之间的合同

系无效合同,但实际施工人已按合同约定完成了施工任务,并已确定了工程价款。实际施工人请求参照合同的约定支付工程款的,法院应予支持。据此,法院判决分包人给付工程款,总承包人承担连带责任。

【核心法条】
《中华人民共和国合同法》

第四十九条 行为人没有代理权、超越代理权或者代理权终止后以被代理人名义订立合同,相对人有理由相信行为人有代理权的,该代理行为有效。

第二百七十二条 发包人可以与总承包人订立建设工程合同,也可以分别与勘察人、设计人、施工人订立勘察、设计、施工承包合同。发包人不得将应当由一个承包人完成的建设工程肢解成若干部分发包给几个承包人。总承包人或者勘察、设计、施工承包人经发包人同意,可以将自己承包的部分工作交由第三人完成。第三人就其完成的工作成果与总承包人或者勘察、设计、施工承包人向发包人承担连带责任。承包人不得将其承包的全部建设工程转包给第三人或者将其承包的全部建设工程肢解以后以分包的名义分别转包给第三人。禁止承包人将工程分包给不具备相应资质条件的单位。禁止分包单位将其承包的工程再分包。建设工程主体结构的施工必须由承包人自行完成。

《中华人民共和国建筑法》

第二十八条 禁止承包单位将其承包的全部建筑工程转包给他人,禁止承包单位将其承包的全部建筑工程肢解以后以分包的名义分别转包给他人。

第二十九条 建筑工程总承包单位可以将承包工程中的部分工程发包给具有相应资质条件的分包单位;但是,除总承包合同中约定的分包外,必须经建设单位认可。施工总承包的,建筑工程主体结构的施工必须由总承包单位自行完成。建筑工程总承包单位按照总承包合同的约定对建设单位负责;分包单位按照分包合同的约定对总承包单位负责。总承包单位和分包单位就分包工程对建设单位承担连带责任。禁止总承包单位将工程分包给不具备相应资质条件的单位。禁止分包单位将其承包的工程再分包。

第六十七条 承包单位将承包的工程转包的,或者违反本法规定进行分包的,责令改正,没收违法所得,并处罚款,可以责令停业整顿,降低资质等级;情节严重的,吊销资质证书。承包单位有前款规定的违法行为的,对因转包工程或者违法分包的工程不符合规定的质量标准造成的损失,与接受转包或者分包的单位承担连带赔偿责任。

《中华人民共和国招标投标法》

第四十八条 中标人应当按照合同约定履行义务,完成中标项目。中标人不得向他人转让中标项目,也不得将中标项目肢解后分别向他人转让。中标人按照合同约定或者经招标人同意,可以将中标项目的部分非主体、非关键性工作分包给他人完成。接受分包的人应当具备相应的资格条件,并不得再次分包。中标人应当就分包项目向招标人负责,接受分包的人就分包项目承担连带责任。

《最高人民法院关于审理建设工程施工合同纠纷案件适用法律问题的解释》

第二条 建设工程施工合同无效,但建设工程经竣工验收合格,承包人请求参照合同约定支付工程价款的,应予支持。

第三条 建设工程施工合同无效,且建设工程经竣工验收不合格的,按照以下情形分别处理:(一)修复后的建设工程经竣工验收合格,发包人请求承包人承担修复费用的,应予支持;(二)修复后的建设工程经竣工验收不合格,承包人请求支付工程价款的,不予支持。因建设工程不合格造成的损失,发包人有过错的,也应承担相应的民事责任。

第四条 承包人非法转包、违法分包建设工程或者没有资质的实际施工人借用有资质的建筑施工企业名义与他人签订建设工程施工合同的行为无效。人民法院可以根据民法通则第一百三十四条规定,收缴当事人已经取得的非法所得。

第二十五条 因建设工程质量发生争议的,发包人可以以总承包人、分包人和实际施工人为共同被告提起诉讼。

《最高人民法院关于审理人身损害赔偿案件适用法律若干问题的解释》

第十一条 雇员在从事雇佣活动中遭受人身损害,雇主应当承担赔偿责任。雇佣关系以外的第三人造成雇员人身损害的,赔偿权利人可以请求第三人承担赔偿责任,也可以请求雇主承担赔偿责任。雇主承担赔偿责任后,可以向第三人追偿。雇员在从事雇佣活动中因安全生产事故遭受人身损害,发包人、分包人知道或者应当知道接受发包或者分包业务的雇主没有相应资质或者安全生产条件的,应当与雇主承担连带赔偿责任。

《建设工程质量管理条例》

第七十八条 本条例所称肢解发包,是指建设单位将应当由一个承包单位完成的建设工程分解成若干部分发包给不同的承包单位的行为。本条例所称违法分包,是指下列行为:(一)总承包单位将建设工程分包给不具备相应资质条件的单位的;(二)建设工程总承包合同中未有约定,又未经建设单位认可,承包单位将其承包的部分建设工程交由其他单位完成的;(三)施工总承包单位将建设工程主体结构的施工分包给其他单位的;(四)分包单位将其承包的建设工程再分包的。

【防控建议】

1. 增强法律意识。总承包人应当建立健全各项规章制度,组织其人员进行《中华人民共和国合同法》《中华人民共和国建筑法》《中华人民共和国招标投标法》等相关法律法规的学习,不断加强各个人员的风险意识和法律意识,针对不符合专业分包的工程项目,或者可能涉及违法分包的工程项目,必须绝对性地禁止。

2. 严格甄选分包人。对分包人的选择建立相应的评价机制,通过招投标程序,一是评价分包人的资质、经营状况、企业规模、以往业务、技术指标、工艺水平、施工安全、工程质量等内容;二是评价分包人人员的职业道德和专业素质,是否取得相应证书,技术熟练程度是否达标等内容。

3. 完善分包合同管理。通过完善专业分包合同管理,防止、减少因合同管理问题造成的各项损失。

(1) 制订专业分包合同管理制度,设置专门的管理人员,实行合同成效责任制。

(2) 尽量使用专业分包合同示范文本,合同中除了具备通用条款等,还应当明确约定禁止分包人转包或再分包,缴纳履约保证金、质保金及违约责任等。

4. 全程监控质量、安全。工程项目专业分包的质量、安全需要现场实时监管。工程项目专业分包的质量、安全关系到总承包人工程项目的总体施工进度、总体施工成本、总体工程质量及总体工程安全是否按照合同约定履约,是否能够顺利结算工程款,是否牵涉负责人或企业的责任。因此,在专业分包的建设过程中,总承包人应当严控"工期、进度、质量、成本、安全、环保"六项,坚决不可以包代管,疏于管理,还应当增设相关技术、质量、安全人员进行全程把关,并要求分包人严格按照总承包人的施工要求进行建设。

四、总承包人未规范管理指定分包人的风险与防控

电力建设工程项目指定分包是在实行建设工程施工总承包的工程中,对于列入总承包合同暂估价的专项或者专业工程及材料、设备、服务采购,由发包人选定专项或者专业分包人进行施工或者选定供应商提供材料、设备、服务的行为。

【法律风险】

合同履约风险,指定分包人是由发包人选定的,与发包人存在紧密的合作关系,总承包人对指定分包人的选择和付款上一般是没有实质性决定权的。一是总承包人收取了相应的分包服务费或者管理费用,那么必然有义务抽出精力和时间对指定分包人进行建设、进度及质量上的管理;二是因为指定分包人与发包人关系密切,以致总承包人对指定分包人的管理、监控可能无法有效实施,难以履行工程项目的建设;因指定分包造成工程项目质量缺陷的,总承包人要承担工程质量责任。

工程款的结算,在工程项目指定分包中,发包人将工程款支付给总承包人,再由总承包人支付给指定分包商。一是工程款欠付的情况下,指定分包人可以直接向发包人和总承包人索要;二是发包人拖欠工程款的话,总承包人需要向指定分包人承担逾期付款的违约责任或先行垫付工程款的风险;三是工程项目验收不合格,总承包人可以要求发包人支付工程款,但是要承担相应的修复费用,但是修复后工程项目仍然验收不合格的,总承包人无法要求发包人支付工程款。

【典型案例】

2013年7月,总承包人承建某电力工程项目,发包人指定分包专业工程项目,但是发包人要求该分包工程项目必须由总承包人与分包人两方签订分包合同,由总承包人收取一定比例的管理费、配合费。该分包工程项目的工程款和总承包人收取的管理费、配合费全部列入总承包合同中,总承包人承担的责任(包括质量缺陷、工期延误)均进入总承包合同。后发包人发现分包人的工期、工程质量存在严重问题,遂诉至法院要求总承包人承担责任。

法院认为,该案中虽然总承包人仅收取管理费,但是总承包人应当就该工程项目对发包人负责,分包人针对其自身承包的工程项目与总承包人共同对发包人承担连带责任。总承包人要对分包工程项目的工期延误、质量缺陷向发包人承担相应责任。

【核心法条】

《中华人民共和国合同法》

第二百七十二条 发包人可以与总承包人订立建设工程合同,也可以分别与勘察人、设计人、施工人订立勘察、设计、施工承包合同。发包人不得将应当由一个承包人完成的建设工程肢解成若干部分发包给几个承包人。

总承包人或者勘察、设计、施工承包人经发包人同意,可以将自己承包的部分工作交由第三人完成。第三人就其完成的工作成果与总承包人或者勘察、设计、施工承包人向发包人承担连带责任。承包人不得将其承包的全部建设工程转包给第三人或者将其承包的全部建

设工程肢解以后以分包的名义分别转包给第三人。

禁止承包人将工程分包给不具备相应资质条件的单位。禁止分包单位将其承包的工程再分包。建设工程主体结构的施工必须由承包人自行完成。

《中华人民共和国建筑法》

第二十九条　建筑工程总承包单位可以将承包工程中的部分工程发包给具有相应资质条件的分包单位；但是，除总承包合同中约定的分包外，必须经建设单位认可。施工总承包的，建筑工程主体结构的施工必须由总承包单位自行完成。

建筑工程总承包单位按照总承包合同的约定对建设单位负责；分包单位按照分包合同的约定对总承包单位负责。总承包单位和分包单位就分包工程对建设单位承担连带责任。

禁止总承包单位将工程分包给不具有相应资质条件的单位。禁止分包单位将其承包的工程再分包。

《最高人民法院关于审理建设工程施工合同纠纷案件适用法律问题的解释》

第十二条　发包人具有下列情形之一，造成建设工程质量缺陷，应当承担过错责任：

（一）提供的设计有缺陷；

（二）提供或者指定购买的建筑材料、建筑构配件、设备不符合强制性标准；

（三）直接指定分包人分包专业工程。

承包人有过错的，也应当承担相应的过错责任。

《建设工程质量管理条例》

第二十六条　施工单位对建设工程的施工质量负责。施工单位应当建立质量责任制，确定工程项目的项目经理、技术负责人和施工管理负责人。建设工程实行总承包的，总承包单位应当对全部建设工程质量负责；建设工程勘察、设计、施工、设备采购的一项或者多项实行总承包的，总承包单位应当对其承包的建设工程或者采购的设备的质量负责。

【防控措施】

1. 争取发包人与指定分包人直接签订合同，使得指定分包的工程项目不在总承包合同范围之内。

2. 总承包人不得不与指定分包人签订合同的，尽量争取发包人参与合同之中，形成三方协议，对总承包人建设管理的权利进行明确约定。

3. 设立"背靠背"条款。总承包人与指定分包人在签订的合同中可以明确约定：总承包人向指定分包人支付相应工程款的前提是取得了发包人相应工程款的支付，而且因发包人未按时支付工程款的，总承包人不承担相应逾期付款的违约责任。若指定分包人未完全履行合同义务的，造成总承包人损失的，应当承担相应违约责任。

4. 完善工程项目的管理工作，总承包人应当设立专门的协调部门和监管部门。协调部门负责向发包人进行积极沟通，取得发包人充分信任，从而达到有效地管理指定分包人。监管部门负责全部工程项目及指定分包人的全程管理，主要负责管理工程项目的进度、质量和安全等，并全面收集、留存与指定分包人的往来函件、签证记录和会议纪要等原始书面证据材料，以防出现法律纠纷后，能够有效地保护总承包人的合法权益。

第四节　总承包商安全管理的风险与防控

电力建设工程项目安全管理是对整个施工过程中所涉及的全部安全问题进行管理、控制,包括但不限于行政机关对施工过程中的全部安全问题进行管控和施工的企业对其自身施工过程中安全生产的管控。

一、编制安全技术措施方案和安全专项施工方案的风险与防控

安全专项施工方案是指在编制安全技术措施方案的基础上,对达到一定规模的危险性或者超过一定规模的危险性较大分部分项工程项目,额外编制的安全专项管理措施,即依据《建设工程安全生产管理条例》《危险性较大的分部分项工程安全管理办法》对基坑支护与降水工程、模板工程、土方开挖工程、脚手架工程、起重吊装工程、爆破工程、临时用电工程及其他危险性较大的工程,要求施工单位应当编制安全专项施工方案,经施工单位的负责人、总监理等技术人员签字确认,并由负责安全生产管理人员现场实施监督。

对上述条款所列工程项目中涉及地下暗挖工程、深基坑工程、高大模板工程、高空作业工程等,则应当组建五人以上的专家技术人员,对已经编制的安全专项施工方案进行审查、论证。安全专项施工方案通过审批后,严禁随意变更经过审查的安全专项施工方案。

【法律风险】

编制内容不具体,《危险性较大的分部分项工程安全管理办法》对工程项目概况的要点进行了归纳,这里的工程项目概况主要是针对危险性较大的分部分项工程项目。而超过一定规模的危险性较大分部分项工程项目,它的危险范围可能超过工程施工范围,比如基坑施工;有的危险范围可能只是一部分,比如高大模板支撑。因此,这部分突出内容可能没有通过图纸进行详细说明,或者图纸的表述不明确,致使无法通过专家审查或即使通过审查,但是给实际建设施工过程中带来安全隐患。

编制依据不规范,《危险性较大的分部分项工程安全管理办法》的编制依据为相关法律法规、标准、施工组织设计、规范及图纸(国标图集)等。编制中容易出现引用的规范、标准已经废止,名称及编号填写错误,施工组织设计、设计文件无名称,或者图纸(国标图集)、施工组织设计出现遗漏等情形,会导致编制依据不规范、编制依据针对性不强等问题。

【核心法条】

《建设工程安全生产管理条例》

第二十六条　施工单位应当在施工组织设计中编制安全技术措施和施工现场临时用电方案,对下列达到一定规模的危险性较大的分部分项工程编制专项施工方案,并附具安全验算结果,经施工单位技术负责人、总监理工程师签字后实施,由专职安全生产管理人员进行现场监督:

(一)基坑支护与降水工程;

(二)土方开挖工程;

(三)模板工程;

（四）起重吊装工程；

（五）脚手架工程；

（六）拆除、爆破工程；

（七）国务院建设行政主管部门或者其他有关部门规定的其他危险性较大的工程。

对前款所列工程中涉及深基坑、地下暗挖工程、高大模板工程的专项施工方案，施工单位还应当组织专家进行论证、审查。

本条第一款规定的达到一定规模的危险性较大工程的标准，由国务院建设行政主管部门会同国务院其他有关部门制定。

《危险性较大的分部分项工程安全管理办法》

第七条 专项方案编制应当包括以下内容：

（一）工程概况：危险性较大的分部分项工程概况、施工平面布置、施工要求和技术保证条件。

（二）编制依据：相关法律、法规、规范性文件、标准、规范及图纸（国标图集）、施工组织设计等。

（三）施工计划：包括施工进度计划、材料与设备计划。

（四）施工工艺技术：技术参数、工艺流程、施工方法、检查验收等。

（五）施工安全保证措施：组织保障、技术措施、应急预案、监测监控等。

（六）劳动力计划：专职安全生产管理人员、特种作业人员等。

（七）计算书及相关图纸。

【防控建议】

1. 要甄别其他专业专项施工方案和达到一定规模或超出的危险性较大分部分项工程项目的区别，后者重点突出的是安全技术措施，不是简单的建设施工方案。

2. 对工程项目周边实施超过一定规模的危险性较大分部分项工程项目（如需要基坑、爆破、施工机械使用等），应当深刻研究周边环境情况及影响范围。

3. 编制安全技术文件时，若引用相关规范文件、标准，如数据、地质考察报告、设计要求、企业标准等应当突出针对性，提供相应证明文件，保证引用的安全可靠。

4. 采用新技术、新材料、新工艺、新设备及暂时没有相关技术规定的危险性较大的部分工程项目的专项方案，应当进行相关必要的技术检测、鉴定等。

5. 安全技术措施的内容，应当重点说明。严禁使用淘汰或禁止使用的施工技术措施，若存在可能发生安全隐患的施工，如挖断电缆、高空作业、挖孔桩遭遇流砂等，不可适用安全技术措施解决，要进行应急预案处理，并且施工现场应当有相应监测设备。

二、施工现场未有效安全管理的风险与防控

施工现场安全风险管理主要内容有工程项目质量以及施工生产安全管理两个层面，两者相互紧密联系又互相影响。质量问题和安全管理，不仅会让工程项目存在安全隐患，同时也会出现安全事故，故应当加强施工现场的安全风险管理。

【法律风险】

电力建设工程施工中常见的能够直接引发安全事故的典型事例有：高空坠落，依据《高

处作业分级》等规定,在坠落高度基准面2 m以上(含2 m)有可能坠落的高处进行作业的,均称之为高处作业。大部分建设施工都存在高处作业,施工工人存在较大高空坠落的安全风险,而高空坠落在施工中占有的比例也是相当大的。若实施工人患有高血压、恐高症等疾病、防护栏杆及安全网设置不到位等,将大大提高高空坠落事故发生率;机械伤害,施工现场的工具、机械设备种类繁多,而且使用频率较高,如果不及时对工具、机械设备进行检查保养和采取防护措施的话,加之施工工人粗心大意,一旦接触这些危险部位,就会发生安全事故;物体打击,施工现场由于高处作业施工的项目多,如脚手架上的工具、材料未平稳堆放,施工工人随意抛掷物品,安全网挂设不牢靠等会引发这一情况;触电事故,施工现场的临时用电设备较多,如果施工工人随意乱拉乱接电缆电线、超负荷用电、电缆电线无保护措施、漏电保护装置不规范等违规情形,都可能导致触电事故,甚至发生火灾造成严重后果;坍塌事故,施工过程中的基坑开挖、脚手架搭设等应当按照安全专项施工方案进行,如果未经允许擅自违反方案、改变工艺流程,那么物体的外力、重力超过自身的强度极限或者结构稳定性被破坏,极其容易发生土方、脚手架等坍塌事故;起重伤害,依据相关规定,施工现场的塔吊、龙门吊、汽车吊等起重机械设备较多,一个起吊项目可能就需要十余名甚至数十名持证起重操作和指挥人员,而且操作人员应当取得操作证后方可上岗作业。如果配备的起重人员不足,而让无证人员操作吊装作业,他们往往经验不足,遇到突发紧急情况,有较大概率会发生事故。

【防控建议】

1. 设置安全管理部门。设置安全管理部门,并按照国家规定配备足够的专职安全生产管理人员。安全管理人员要有较强的责任心,有较丰富的理论知识、施工现场管理经验和协调能力等综合素质,以时刻督促施工人员安全建设,遇到突发紧急情况能够高效地指挥调度。

2. 制定事故应急方案。工程项目安全风险应急方案的制定应当充分考虑施工过程中可能出现的安全事故情形,明确事故前、事故中和事故后的各个步骤,能够快速采取控制手段,防止安全事故的进一步扩大,并且应急方案应当不断重复地演练,以增强施工人员的逃生能力和降低事故发生的可能。

3. 制定安全奖惩机制。制定惩罚机制,比如对施工过程中违规操作、不服从管理的施工工人进行相应的金钱惩罚,对屡教不改的采取退场惩罚。劳务商未按规定落实安全要求的,也未完成整改的加大惩罚力度并降低评价,往后工程项目不与其合作。制定奖励机制,开展安全评比活动,对严格服从安全管理的人员给予奖励,对直接避免安全事故发生的给予重奖。

4. 加强安全生产培训。施工人员普遍素质不高,安全意识不强。施工现场设置安全标语、安全标牌,使施工现场有良好的安全生产氛围,并定期对施工人员进行安全知识普及、培训,适时地组织安全实践活动,让施工人员体会到安全作业的重要性。

5. 设置安全防护装置。应当正确佩戴安全帽,而且超过2 m以上高处作业的须挂设安全带、安全拉绳或安全栏杆等,并在高处作业的下方设置安全立网和水平兜网。施工现场的所有出入口搭设防护棚。在沟、坑、槽、深基础周边,楼层边和平台边等设置防护栏杆、挡脚板和护立网。

6. 完善施工作业环境。施工环境、设备材料和安全防护物品应当符合安全标准,充分保障安全生产的资金投入是安全生产的基础。

7. 运用科技措施。在施工难度高、危险性较大的区域设置电子信息监控设备,及时知晓施工现场的安全生产状况,对安全风险的重点、难点部位进行全程检测与控制。

三、安全事故总承包人责任承担的风险与防控

总承包人从事电力建设工程的新建、改建、扩建等有关的施工活动,与电力建设工程项目有关单位,应当遵守安全生产的法律法规,若产生安全事故,应当依法承担相关责任。

【法律风险】

民事责任:总承包人分包的,分包人发生安全事故的,总承包人负连带责任,分包人负主要责任;总承包人违法分包或非法转包给没有相应资质或者没有安全生产许可证的分包人建设施工从而发生安全事故的,总承包人负主要责任;总承包人在电力建设工程施工前未按照法律规定向分包人提供与工程建设施工有关的材料,导致分包人未采取相应安全技术措施而致使发生安全事故的,总承包人负主要责任;总承包人和分包人在电力建设工程施工地点发生塔吊碰撞的,总承包人负主要责任。如果是由于违章指挥、违章作业发生塔吊碰撞的,由违章指挥、违章作业人员的所在单位负主要责任。

行政责任:总承包人的法定代表人或者是单位主要负责人对本单位的安全生产工作实施全面负责;电力建设工程施工过程中发生安全事故的,对负有责任的总承包人应当承担相应行政责任。

刑事责任:对触犯《中华人民共和国刑法》关于安全生产犯罪的,应当承担相应刑事责任。

【典型案例】

2010年4月,发包人与总承包人签订《电力建设总承包合同》。后总承包人与分包人签订专业分包合同,分包人又与劳务公司签订劳务分包合同,该劳务公司系被挂靠企业。后挂靠人刘某施工吊车违章操作,碰撞到供电线路高压架空导线,造成一名施工人员当场死亡,并且使得原告金属钠电解生产断电数小时,氯气泄漏致使两名值班人员中毒。主管部门对总承包人进行了罚款,原告诉至法院。

最终达成和解协议,由总承包人承担赔偿责任。

【核心法条】

《中华人民共和国建筑法》

第四十四条 建筑施工企业必须依法加强对建筑安全生产的管理,执行安全生产责任制度,采取有效措施,防止伤亡和其他安全生产事故的发生。建筑施工企业的法定代表人对本企业的安全生产负责。

《中华人民共和国安全生产法》

第一百条 生产经营单位将生产经营项目、场所、设备发包或者出租给不具备安全生产条件或者相应资质的单位或者个人的,责令限期改正,没收违法所得;违法所得十万元以上的,并处违法所得二倍以上五倍以下的罚款;没有违法所得或者违法所得不足十万元的,单处或者并处十万元以上二十万元以下的罚款;对其直接负责的主管人员和其他直接责任人员处一万元以上二万元以下的罚款;导致发生生产安全事故给他人造成损害的,与承包方、

承租方承担连带赔偿责任。

生产经营单位未与承包单位、承租单位签订专门的安全生产管理协议或者未在承包合同、租赁合同中明确各自的安全生产管理职责,或者未对承包单位、承租单位的安全生产统一协调、管理的,责令限期改正,可以处五万元以下的罚款,对其直接负责的主管人员和其他直接责任人员可以处一万元以下的罚款;逾期未改正的,责令停产停业整顿。

《最高人民法院关于审理人身损害赔偿案件适用法律若干问题的解释》

第十一条　雇员在从事雇佣活动中遭受人身损害,雇主应当承担赔偿责任。雇佣关系以外的第三人造成雇员人身损害的,赔偿权利人可以请求第三人承担赔偿责任,也可以请求雇主承担赔偿责任。雇主承担赔偿责任后,可以向第三人追偿。

雇员在从事雇佣活动中因安全生产事故遭受人身损害,发包人、分包人知道或者应当知道接受发包或者分包业务的雇主没有相应资质或者安全生产条件的,应当与雇主承担连带赔偿责任。

属于《工伤保险条例》调整的劳动关系和工伤保险范围的,不适用本条规定。

《建设工程安全生产管理条例》

第二十四条　建设工程实行施工总承包的,由总承包单位对施工现场的安全生产负总责。总承包单位应当自行完成建设工程主体结构的施工。

总承包单位依法将建设工程分包给其他单位的,分包合同中应当明确各自的安全生产方面的权利、义务。总承包单位和分包单位对分包工程的安全生产承担连带责任。

分包单位应当服从总承包单位的安全生产管理,分包单位不服从管理导致生产安全事故的,由分包单位承担主要责任。

《生产安全事故报告和调查处理条例》

第三十二条　重大事故、较大事故、一般事故,负责事故调查的人民政府应当自收到事故调查报告之日起15日内做出批复;特别重大事故,30日内做出批复,特殊情况下,批复时间可以适当延长,但延长的时间最长不超过30日。

有关机关应当按照人民政府的批复,依照法律、行政法规规定的权限和程序,对事故发生单位和有关人员进行行政处罚,对负有事故责任的国家工作人员进行处分。

事故发生单位应当按照负责事故调查的人民政府的批复,对本单位负有事故责任的人员进行处理。

负有事故责任的人员涉嫌犯罪的,依法追究刑事责任。

第四十条　事故发生单位对事故发生负有责任的,由有关部门依法暂扣或者吊销其有关证照;对事故发生单位负有事故责任的有关人员,依法暂停或者撤销其与安全生产有关的执业资格、岗位证书;事故发生单位主要负责人受到刑事处罚或者撤职处分的,自刑罚执行完毕或者受处分之日起,5年内不得担任任何生产经营单位的主要负责人。

为发生事故的单位提供虚假证明的中介机构,由有关部门依法暂扣或者吊销其有关证照及其相关人员的执业资格;构成犯罪的,依法追究刑事责任。

【防控建议】

1. 拒绝违法转包、分包和挂靠。这些违法行为是法律明文禁止的,目的是从源头上抑制安全事故的发生。

2. 电力建设施工设备不得列入劳务分包内容。防止实际履行人的资金有限、利润微薄，难以保证电力建设施工设备的质量。

3. 杜绝以包代管。相关施工单位在建设施工过程中，往往忽视安全和质量的投入，总承包人应当加强控制和管理，防止出现安全事故。

4. 缴纳安全风险抵押金。总承包人分包时，设置合理的安全风险抵押金作为招标条件，如若发生安全事故，安全风险抵押金可以适当弥补总承包人的损失。

四、安全事故处理不当的风险与防控

《生产安全事故报告和调查处理条例》第三条规定：根据生产安全事故（以下简称事故）造成的人员伤亡或者直接经济损失，事故一般分为以下等级：

（一）特别重大事故，是指造成30人以上死亡，或者100人以上重伤，或者1亿元以上直接经济损失的事故。

（二）重大事故，是指造成10人以上30人以下死亡，或者50人以上100人以下重伤，或者5000万元以上1亿元以下直接经济损失的事故。

（三）较大事故，是指造成3人以上10人以下死亡，或者10人以上50人以下重伤，或者1000万元以上5000万元以下直接经济损失的事故。

（四）一般事故，是指造成3人以下死亡，或10人以下重伤，或者1000万元以下直接经济损失的事故。

【法律风险】

未落实应急救援预案，总承包人可能在施工中简单地组建应急救援组织，或者误以为电力建设工程项目规模较小，而没有组建应急救援组织，也没有专门安排应急救援人员；应急救援设备、器材没有保养、维护，若发生紧急突发事件难以有效进行和正常运转；未及时报告安全事故，出现安全事故的，总承包人应当按照相关法律规定向有关行政机关如实上报，事故报告内容应当及时、准确、完整。但部分人员可能存在道德瑕疵，对事故迟报、漏报、谎报或者瞒报，这样除了行政处罚，也可能面临刑事制裁；未实施现场保护，安全事故发生后，除了及时启动应急救援预案组织救援外，也要保护事故现场。若出现破坏事故现场、毁灭证据或者没有妥善保管相关事故证据的话，总承包人的行政责任或刑事责任都有可能加重，对总承包人各方面都会产生极大影响。

【防控建议】

1. 事故救援与现场保护。总承包人不管面对何种电力建设工程项目，都应当制定完善的应急救援方案，如果发生安全事故，应当及时落实应急救援方案的实施，防止事故扩大并且避免人员伤亡及财产损失。事故救援的同时应当妥善保护事故现场和相关证据，不能故意破坏事故现场和证据，如果需要移动事故物件的，还应当以书面形式记录并作出标识。

2. 及时汇报安全事故。安全事故发生以后，事故现场的人员应当立即向总承包人的负责人汇报。负责人接到汇报后1小时内向事故发生地的县级以上人民政府安全生产监督管理部门和负有安全生产监督管理职责的行政机关汇报。情况紧急的，事故现场人员可以直接向以上部门汇报。发生特种设备事故的，还应当向特种设备安全监督管理部门汇报。

事故报告应当包括：

（1）事故发生单位概况，企业全称、所有制类型、隶属关系、主管部门、经营范围和规模等。

（2）事故发生的准确地点、具体时间以及事故现场的全部情况。

（3）应当清晰地释明全部事故过程。

（4）统计事故可能造成的伤亡和下落不明的人数。

（5）估算财产损失，人员伤亡和财产损失直接影响安全事故等级的划分，并影响后续的调查，故这方面情况报告应当慎重。

（6）采取的措施，主要指为了防止事故扩大、减少人员伤亡和财产损失所采取的应急救援和现场保护等具体措施。

（7）新情况补报，事故报告后出现新情况的应当及时补报。

3. 积极维护自身合法权益。应当积极配合事故调查部门。安全事故调查报告反映安全事故的情况，主要针对事故性质、责任等进行认定，对总承包人是否承担责任产生直接影响，故总承包人应当客观真实地向调查部门反映事故原因和损害结果，让调查部门能够准确地评判事故性质和责任承担的主体。行政机关的处罚决定主要根据安全事故调查报告的内容，若总承包人对行政处罚不服的，应当及时提起复议或者诉讼方能保护自身合法权益。

第三章
分包、转包、挂靠法律风险防控建议

第一节　分包合同的风险与防控

施工分包是建筑行业的一般常态,也是司法审判中纠纷易发的领域。施工分包是指建筑企业将其所承包的房屋建筑和市政基础设施工程等建筑类工程中的专业工程或者劳务作业发包给其他建筑企业完成的活动。与转包不同的是,施工分包有合法与非法之分,在司法实践中,非法分包的形式多种多样,对分包单位和分承包单位而言均有巨大的法律风险,即使是合法分包,也有诸多风险点需要建筑企业多加注意,避免因分包合同违法或者履行过程中的风险给企业造成难以挽回的损失。

一、违法分包合同的风险与防控

【法律风险】

1. 合同无效风险。建市〔2014〕159号《住房和城乡建设部关于印发〈建筑业企业资质标准〉的通知》,对建筑企业资质进行了明确规定,明确了36类专业承包序列资质及施工劳务序列资质的具体标准,未取得上述专业承包序列资质及施工劳务序列资质的企业,无权承包专业工程及劳务分包作业。总承包企业将专业工程或者劳务作业分包给未取得上述资质的企业,将因违反《中华人民共和国建筑法》第十三条、《最高人民法院关于审理建设工程施工合同纠纷案件适用法律问题的解释》第一条的规定,被归于无效。合同一旦被归于无效,总承包单位将难以按照合同约定工程价款、管理费、质量索赔等条款维护自身合法权益。

2. 合同解除风险。一般而言,总承包方与发包方签订的建设工程合同均禁止总承包方将工程进行分包,并且根据《最高人民法院关于审理建设工程施工合同纠纷案件适用法律问题的解释》第八条之规定,将承包的建设工程违法分包的,发包方有权要求解除建设工程施工合同,并且此类解除属总承包方违约,发包方有权要求总承包方承担违约责任。

3. 行政处罚风险。根据《中华人民共和国建筑法》第六十七条之规定,承包单位将承包工程转包的,或者违反本法规定进行分包的,责令改正,没收违法所得,并处罚款,可以责令其停业整顿,降低资质等级;情节严重的,吊销资质证书。

4. 民事责任风险。首先,分包工程承包人在施工过程中对外开展买卖、租赁、借贷等行为的法律责任可能归于分包工程发包人。在建设工程行为习惯中,特别是违法分包情境下,分包工程承包人通常是依托于分包工程发包人的项目部开展工作,分包工程承包人对外行为通常是以项目部或者分包工程发包人的名义进行,或者存在构成表见代理的外观表象,导致在司法审判中,违法分包中分包工程发包人对分包工程承包人的民事行为承担责任;其次,分包工程发包人可能对分包工程承包人的雇佣关系承担责任。根据《最高人民法院关于审理人身损害赔偿案件适用法律若干问题的解释》第十一条第二款之规定,在分包工程承包人没有资质或没有相应资质的违法分包情境下,如发生安全生产事故,分包工程发包人将会与分包工程承包人承担连带赔偿责任。再次,分包工程发包人需承担质量问题赔偿责任。根据《中华人民共和国建筑法》第六十七条、《最高人民法院关于审理建设工程施工合同纠纷案件适用法律问题的解释》等相关法律法规、司法解释规定,对于违法分包工程不符合规定质量标准给发包单位造成损失的,总包单位还要与接受分包的单位一起承担连带赔偿责任。

5. 分包工程承包人再分包风险。分包工程承包人一般会带进几个班组进场施工,班组各负责一部分施工任务,班组与分包工程承包人之间不具有劳动关系,一旦出现分包工程承包人拖延或拒不支付工程款,总包方可能承担连带责任。

上述风险点属于违法分包情形的普遍风险,在后面的违法分包情形中不再赘述。

【典型案例】[①]

被告电建三公司承接中泰化学某100万吨/年电石项目动力站工程,原告某国际公司承建A标段♯1、♯4机组主体及部分辅助工程。原告某国际公司与被告刘某分别签订四份劳务分包施工承包合同,将厂区防雷接地工程劳务施工部分、厂房照明工程、采暖和给排水工程及钢结构工程的制作和安装分包给刘某。后原告某国际公司与刘某核算,刘某分包工程总造价为110万元,被告电建三公司根据原告的付款委托书向刘某支付了50万元,剩余60万元,被告电建三公司出具《关于刘某工程尾款(陆拾万元整)协商协议》一份,承诺于2015年1月15日左右办理完工程决算事宜后立即打到刘某卡上。2016年2月2日,刘某向某市劳动争议仲裁委员会提出申请,某市劳动仲裁委裁决某国际公司承担60万元的付款责任,电建三公司承担连带责任。某国际公司不服,向某法院起诉,本案现已审理终结,电建三公司独自承担60万元的付款责任。

在本案中,电建三公司与某国际公司之间的分包合同效力并未确定,现在另案诉讼中。如果确认电建三公司与某国际公司之间的分包合同违法,合同将被归于无效,电建三公司将无法依据分包合同与某国际公司进行结算及追究违约责任。工程发包方也有权因违法分包行为追究电建三公司的违约责任。行政主管部门也可以对电建三公司进行行政处罚。本案中体现的主要风险点是在分包情形下,分包工程承包人将部分工程再分包,存在拖欠工程款问题时,总包人对实际施工人承担工程款支付责任。

【核心法条】

《中华人民共和国建筑法》

第十三条 从事建筑活动的建筑施工企业、勘察单位、设计单位和工程监理单位,按照

---

① 参见〔2016〕新2302民初764号民事判决书。

其拥有的注册资本、专业技术人员、技术装备和已完成的建筑工程业绩等资质条件,划分为不同的资质等级,经资质审查合格,取得相应等级的资质证书后,方可在其资质等级许可的范围内从事建筑活动。

第二十六条　承包建筑工程的单位应当持有依法取得的资质证书,并在其资质等级许可的业务范围内承揽工程。

禁止建筑施工企业超越本企业资质等级许可的业务范围或者以任何形式用其他建筑施工企业的名义承揽工程。禁止建筑施工企业以任何形式允许其他单位或者个人使用本企业的资质证书、营业执照,以本企业的名义承揽工程。

第六十七条　承包单位将承包的工程转包的,或者违反本法规定进行分包的,责令改正,没收违法所得,并处罚款,可以责令停业整顿,降低资质等级;情节严重的,吊销资质证书。

承包单位有前款规定的违法行为的,对因转包工程或者违法分包的工程不符合规定的质量标准造成的损失,与接受转包或者分包的单位承担连带赔偿责任。

《最高人民法院关于审理建设工程施工合同纠纷案件适用法律问题的解释》

第一条　建设工程施工合同具有下列情形之一的,应当根据《中华人民共和国合同法》第五十二条第(五)项的规定,认定无效:

(一)承包人未取得建筑施工企业资质或者超越资质等级的;

(二)没有资质的实际施工人借用有资质的建筑施工企业名义的;

(三)建设工程必须进行招标而未招标或者中标无效的。

《最高人民法院关于审理人身损害赔偿案件适用法律若干问题的解释》

第十一条第二款　雇员在从事雇佣活动中因安全生产事故遭受人身损害,发包人、分包人知道或者应当知道接受发包或者分包业务的雇主没有相应资质或者安全生产条件的,应当与雇主承担连带赔偿责任。

【防控建议】

1. 违法分包是法律禁止的行为,因违反分包导致的合同无效、发包方的解除权、行政处罚责任、质量问题赔偿责任是法律规定的法定后果,没有有效的规避方式,作为总承包方应当尽量避免主观上追求违法分包行为的情况,遵守法律规定。

2. 对于非因主观追求导致被认定违法分包的,建议签订合同之前,审核分包商资质,特别注意不要将工程分包给个人。

3. 电建三公司的分包工程一般都是分包给具有相应资质的单位,当然分包商可能存在挂靠情形,电建三公司无法全盘掌握相应信息。对于违法分包导致可能承担的民事风险,我们建议应当从项目部着手加强防控建议。建议完善公司的项目部管理制度,特别是印章保管、使用及审批制度,保证项目部印章不被盗盖、私盖;对于分包商的对外采购、租赁等行为,千万不可签字盖章加以确认。

二、指定分包合同的风险与防控

【法律风险】

1. 总承包合同指定分包条款应属有效。《中华人民共和国合同法》第五十二条有关合同无效情形第(五)项的规定,只要违反法律、行政法规的强制性规定就能认定为无效合同。

我国建设工程类法律、行政法规如《中华人民共和国建筑法》等相关规定中并未明确发包方指定分包的效力问题。《最高人民法院关于审理建设工程施工合同纠纷案件适用法律问题的解释》第十二条也仅是明确了在发包方指定分包情况下，出现建设工程质量问题时，各方责任承担问题，回避了发包人指定分包合法性问题。虽然在部门规章及地方性法规层次明确禁止发包人制定分包，如国家发改委等九部委颁布并于2013年5月1日正式施行的《工程建设项目施工招标投标办法》第六十六条"招标人不得直接指定分包人"，住建部颁布的《房屋建筑和市政基础设施工程施工分包管理办法》第七条"建设单位不得直接指定分包工程承包人。任何单位和个人不得对依法实施的分包活动进行干预"，但是并不对指定分包合同条款效力的确定造成影响。

2. 如指定工程分包人不存在法律禁止性行为的，总承包方与分包方签订的分包合同应属有效，总承包方应当按照合同约定进行付款、管理、协调等工作；否则，可能构成违约。

3. 工程质量责任风险。根据《最高人民法院关于审理建设工程施工合同纠纷案件适用法律问题的解释》第十二条之规定，因发包人直接指定分包人分包专业工程，造成建设工程质量缺陷的，发包人应当承担过错责任。承包人有过错的，也应当承担相应的过错责任。承包人过错一般是指在管理、协调、指示等方面未尽到审慎尽责义务，对指定分包工程发生的质量问题的出现存在一定诱因，承包人需承担相应的过错责任。而在工程施工工作中，对于发包方指定分包企业，总承包方一般都难以尽到法律规定的审慎管理职责，故如被指定分包企业存在资质缺陷、施工能力不足、技术水平不达标等问题，极易出现质量问题，总承包人也极易被要求承担责任。

4. 工程款结算风险。除合同另有约定外，指定分包情形下的工程款结算与一般分包并无不同，一般也是由发包方支付给总承包人，再由总承包人支付给指定分包方，如发包方拖欠工程款，总承包方也无权以指定分包为由拒绝与指定分包方进行结算。

【典型案例】①

2012年1月5日，原、被告签订《武汉市永清商务综合区A地块A1、A2、A3裙楼部分（包含A1、A2、A3塔楼1～9层）外墙装饰、玻璃幕墙及相类工程设计、供应及安装指定分包工程分包合同协议条款》（以下简称《协议条款》），约定按照下述的分包金额，专业分包单位（指原告）同意按照和根据本分包协议条款和后附的分包合同条件/特别分包合同条件为合同图纸所示和工程量清单和上述分包合同条件所说明或提及的本工程进行施工，并同意在合同条件所指定的完工期内完成工程。总承包单位（指被告）需付给专业分包单位119 300 000元（分包金额）或根据上述分包合同条件指定的时间或方法应支付的其他金额。分包合同条件和附件中的业主方指武汉瑞安天地房地产发展有限公司（即本案第三人）；合同履行过程中产生争议，被告要求解除指定分包合同，并致函原告，要求原告于2014年3月6日按业主、总包单位、新的施工单位要求完成现场材料交接，并撤离现场，存放在外地的材料、模具等于2014年3月12日运至项目现场并与业主、总包单位、新的施工单位完成交接，并提供完整的结算资料。此后，各方协商未成，原告诉至法院。

法院首先认定指定分包合同并不违反法律的强制性规定，系有效合同。其次，对于分包

---

① 参见〔2014〕浦民一（民）初字第20375号民事判决书。

合同项下的工程款结算问题,认定按照合同约定进行结算,而付款义务方为总包单位。这里最大的问题是工程款结算问题,如果业主方资金链出现问题,款项无法按期到位,总包单位在已履行对指定分包单位付款义务的情况下,将面临巨额的经济损失或者财务费用损失。

【核心法条】

《中华人民共和国合同法》

第五十二条 有下列情形之一的,合同无效:

(五)违反法律、行政法规的强制性规定。

《中华人民共和国建筑法》

第二十五条 按照合同约定,建筑材料、建筑构配件和设备由工程承包单位采购的,发包单位不得指定承包单位购入用于工程的建筑材料、建筑构配件和设备或者指定生产厂、供应商。

《工程建设项目施工招标投标办法》

第六十六条 招标人不得直接指定分包人。

《房屋建筑和市政基础设施工程施工分包管理办法》

第七条 建设单位不得直接指定分包工程承包人。任何单位和个人不得对依法实施的分包活动进行干预。

《最高人民法院关于审理建设工程施工合同纠纷案件适用法律问题的解释》

第十二条 发包人具有下列情形之一,造成建设工程质量缺陷,应当承担过错责任:

(一)提供的设计有缺陷;

(二)提供或者指定购买的建筑材料、建筑构配件、设备不符合强制性标准;

(三)直接指定分包人分包专业工程。

承包人有过错的,也应当承担相应的过错责任。

【防控建议】

1. 业务部门做好商务谈判工作,杜绝指定分包行为。电力工程发包人一般为国企或央企,根据国家依法治企的大政方针及国资委相关规定,合规化操作已成为国企的一般准则。根据部门规章及地方性法规,指定分包为禁止性行为,并且一经发现,发包方将受到相应行政处罚。因此,通过充分的前期谈判及中期沟通,避免前期签订指定分包条款及履行中的指定分包行为具有重要意义。

2. 如总包合同中约定指定分包条款,总承包方应当对工程质量责任承担及工程款结算进行限定。对于指定分包工程,约定只有在总承包方存在发出错误施工指令等直接原因导致的工程质量问题,总承包方承担过错相应责任,对于其他原因导致的工程质量问题,总承包人应当免责;对于工程款结算,建议约定由发包方与指定分包工程承包人直接进行工程量确认、工程款结算、工程款支付、工程验收等行为,避免因发包人拖欠工程款,总承包人承担给付责任。

3. 在施工过程中,项目部应当做好质量监管工作,发现指定分包人存在违规施工情形的,及时与发包人及指定工程承包人沟通,要求发包人出面解决,并留下相应书面材料。

4. 业主或总承包方是否需要对于指定分包的付款承担责任,焦点在于实际履行过程中的签约、确认工程量、付款、签证等管理职责的主体是哪一方,一旦在操作过程中相关要件达不到法院认定标准,总承包方很可能承担工程款支付责任。控制此类风险的根本还是应当规范发包行为,杜绝指定分包。

三、劳务分包合同的风险与防控

【法律风险】

1. 劳务分包范围扩张导致合同无效风险。劳务分包已不仅仅局限于劳务工作量的承包,其工作范围被扩大到两个方面:一是小型机具、低值易耗品及部分辅材的承包;二是工程施工过程中出现的间接性零工。扩大的劳务分包形式非常接近于专业工程分包,因此总承包人或者是专业工程承包人与劳务分包人就利用扩大劳务分包与专业工程分包的相似性,签订名为劳务分包实为专业工程分包或者转包合同。一旦发生纠纷,该合同很有可能被认定为无效合同。

2. 劳务分包的质量风险。劳务承包方的施工出现质量问题,总承包方与劳务承包人应当向工程发包方承担连带责任,但是在多数情况下,发包方并不清楚劳务承包方的存在,仅向总承包方或者专业工程承包方主张权利,并且按照法律、行政法规规定施工单位应承担质量保证责任,因此在司法实践中,多数是由总承包方承担责任,再向劳务承包方追偿。

3. 垫付工人工资风险。具有资质的劳务作业承包人与建筑工人之间是劳动合同关系,负有发放工资等劳动法及劳动合同法规定的义务,但是在建筑行业中,由于行业特殊性,一旦劳务作业承包人丧失支付工人工资的能力或者卷款消失,极易引发工人追索工资的集体事件。而政府部门一般都会协调总承包方现行垫付工人工资,再由总承包方向劳务作业承包人追索。

4. 安全事故责任风险。安全责任事故是建筑企业努力规避但是却经常发生的,不管是劳务作业发包方还是承包方人员发生安全事故,根据《建设工程安全生产管理条例》第二十四条第一款,建设工程实行施工总承包的,由总承包单位对施工现场的安全生产负总责,发包方及政府主管部门根据合同或者法律规定要求总承包方承担责任。安全事故行政责任包括:责令限期改正、罚款,严重的还可能被追究刑事责任。

【典型案例】[1]

中国能源建设集团江苏省某电力建设工程有限公司(以下简称电建三公司)与镇江某A建设劳务有限公司(以下简称某A公司)于2015年9月18日签订两份《劳务分承包合同》,将国电汉川电厂三期扩建第二台1 000 MW机组工程♯6机组凝汽器安装工程、主厂房辅助设备及中低压管道安装分包给某A公司。某A公司将这两个工程以内部承包方式签订协议交给张某具体施工,张某负责组织工人进行施工,工人工资亦由张某发放。2016年1月30日,本应支付工人工资的张某失去联系,2月1日,电建三公司及汉川市劳动监察大队电话联系张某,张某依然拒绝付款并拒绝到场解决问题。当时工人已向当地劳动部门举报,为解决工人纠纷,经当地政府协调,电建三公司垫付了101.531 4万元民工工资。

上述案例中由电建三公司垫付工资,后通过诉讼向某A公司及张某追偿,但由于张某在施工中出现亏损,本人并无支付能力,即使胜诉,也存在执行问题。后通过调解,双方达成一致意见,在部分劳务款中进行抵扣,不足部分,由张某补足。但是在大量的垫付民工工资纠

---

[1] 参见〔2016〕苏1191民初1895号民事调解书。

纷中,劳务承包方均是卷款跑路,无法找到,或者本身没有任何财产,难以追回,总承包方遭受重大损失。

【核心法条】

《建设工程安全生产管理条例》

第二十四条　建设工程实行施工总承包的,由总承包单位对施工现场的安全生产负总责。总承包单位应当自行完成建设工程主体结构的施工。

总承包单位依法将建设工程分包给其他单位的,分包合同中应当明确各自的安全生产方面的权利、义务。总承包单位和分包单位对分包工程的安全生产承担连带责任。

分包单位应当服从总承包单位的安全生产管理,分包单位不服从管理导致生产安全事故的,由分包单位承担主要责任。

【防控建议】

1. 明确扩大劳务分包与专业工程分包的界限。扩大劳务分包可以包含一些小型机具、低值易耗品和辅助材料,但不应包括周转性材料、大型机具及主材;扩大劳务分包承包人仅对劳动者的施工质量、施工安全及工期向劳务作业分包人承担责任,对建筑材料的质量及最终的工程质量不承担责任;扩大劳务承包的主要标的是劳务,因此在司法裁量中,劳务费用是否占合同价款的50%以上是判断劳务承包合同性质的重要指标。因此,总承包企业或者专业承包企业应当恪守二者之间的界限,避免被认定为无效合同。

2. 建议总承包方自行制定完善的劳务作业质量标准,在签订劳务作业分包合同时作为合同附件,由双方签字确认;总承包方单位做好分部分项自检工作,发现问题,及早固定证据,明确责任,避免与发包人出现纠纷。

3. 建议与银行、劳务承包单位签订三方协议,建立劳务工资代发机制,避免劳务承包人拖欠、拒付民工工资。

4. 加强对劳务分包单位的施工管理,严格按照法律规定,在安全生产标识、生产机具、安全防护、工伤及意外商业保险、安全管理制度等方面进行完善,保证自身在安全生产管理没有方面重大过错。

第二节　转包合同的风险与防控

《中华人民共和国建筑法》第二十八条规定:禁止承包单位将其承包的全部建筑工程转包给他人,禁止承包单位将其承包的全部建筑工程肢解以后以分包的名义分别转包给他人。《建设工程质量管理条例》第七十八条第三款规定:本条例所称转包,是指承包单位承包建设工程后,不履行合同约定的责任和义务,将其承包的全部建设工程转给他人或者将其承包的全部建设工程肢解以后以分包的名义分别转给其他单位承包的行为。以上两个条文从法律和行政法规层次,首先确定不管转包企业是否具有相应资质,转包行为都是违法的;其次明确了非法转包的表现形式包括整体转包和肢解后以分包名义分别转给其他单位。《建筑工程施工转包违法分包等违法行为认定查处管理办法(试行)》列举了非法转包的十类情形,虽然部门规章不能作为裁判依据,但是一方面其涉及行政责任的认定,另一方面对司法审判认定非法转包具有一定的参考意义。由于转包的特殊性,总承包单位应当把握转包行为的表现形式,将转包与一般分包、转包与内部承包、转包与合作等形式区分开来,在合同签订之初,严格把控合同条款,在遵守法律规定避免违法分包的前提下,尽量避免因自身行为的不当导致被认定为违法分包,从而避免受到相应处罚。

一、转包的民事风险与防控

【法律风险】

1. 合同无效风险。不论转包人与转承包人之间以何种方式签订合同,只要最终被认定为转包合同,该转包合同都会因违反《中华人民共和国合同法》《中华人民共和国建筑法》的强制性规定而被归于无效。转包合同被归于无效后,其合同条款在法律上对双方均无约束力,转包单位无法按照转包合同约定要求转承包方在工期、工程质量、保修责任、管理费用等方面承担责任;转承包方也无法按照合同约定要求转包方在管理、付款、奖励等方面承担责任。对于转包合同双方而言,均具有巨大风险。

2. 合同解除风险。转包不仅是法律禁止的行为,同时也是发包方禁止的行为,转包行为一般均属违约行为,发包方有权以非法转包为由解除与转包方的建设工程总承包合同,转包方在丧失工程的同时还将面临着承担违约责任的风险。

3. 转包人对工程质量承担连带责任风险。根据《中华人民共和国建筑法》第六十七条第二款的规定,转包人和转承包人应就质量问题对发包人承担连带责任。另外,如建设工程质量无法通过验收,转包人不得要求发包人支付工程款。

【典型案例】[①]

2011年10月20日,中国能源建设集团江苏省某电力建设工程有限公司(以下简称江苏电建某公司)作为承包人与发包人江苏省电力建设某分公司签订220 kV大白线开断环入观五变线路工程施工承包合同一份,约定江苏电建某公司承建220 kV大白线开断环入观五变线路工程。2012年3月20日,江苏电建某公司与中国电力建设某有限公司(以下简称中网建设公司)签订220 kV大白线开断环入观五变线路工程施工分包合同一份,约定由中网建设公司分包220 kV大白线开断环入观五变线路工程,工程内容为输电线路杆塔基础施工、立塔、架线及附件安装等,承包方式为包工包部分材料,合同价款为采用附带工程量清单的固定单价合同,总价暂定5 298 000元(含营业税及附加)。2012年12月30日,陈某某以泰州市白马建筑工程有限公司(以下简称白马建筑公司)名义与中网建设公司签订220 kV大白线开断环入观五变线路基础工程施工分包合同,并作为白马建筑公司的委托代理人在该合同中签字。后因工程款支付问题,原告陈某某将被告白马建筑公司、中网建设公司、江苏电建某公司诉至法院。

法院认为,本案中,江苏电建某公司违反其与发包人签订的施工承包合同的约定,以分包的名义将其承包的工程转包给中网建设公司,陈某某作为没有资质的实际施工人借用白马建筑公司名义与中网建设公司就该工程中的基础工程签订分包合同,白马建筑公司同意陈某某借用其施工资质对外承揽工程,江苏电建某公司、中网建设公司、白马建筑公司、陈某

---

① 参见〔2015〕泰高民初字第00763号民事判决书。

某的行为均违反法律规定,他们之间签订的建设工程施工合同以及借用资质等行为均为无效。同时,法院认为建设工程施工合同无效,但案涉工程经竣工验收合格,承包人请求参照合同约定支付工程价款的,应予支持。建设工程因转包、违法分包导致建设工程施工合同无效的,实际施工人要求转包人、违法分包人对工程欠款承担连带责任的,人民法院应予支持,并据此判决江苏电建某公司对原告陈某某承担连带付款义务。并且,在此情况下,发包方可以要求解除合同,并要求江苏电建某公司承担违约责任。如果工程质量无法通过验收或维修后仍无法通过验收的,江苏电建某公司还应对工程质量承担连带责任。另外,如果人民法院将江苏电建某公司的非法转包行为通报行政主管部门,江苏电建某公司还将面临严重的行政处罚,人民法院还可以收缴江苏电建某公司因非法转包行为获得的非法所得。

【核心法条】

《中华人民共和国建筑法》

第二十八条　禁止承包单位将其承包的全部建筑工程转包给他人,禁止承包单位将其承包的全部建筑工程肢解以后以分包的名义分别转包给他人。

第六十七条第二款　承包单位有前款规定的违法行为的,对因转包工程或者违法分包的工程不符合规定的质量标准造成的损失,与接受转包或者分包的单位承担连带赔偿责任。

《中华人民共和国建设工程质量管理条例》

第七十八条第三款　本条例所称转包,是指承包单位承包建设工程后,不履行合同约定的责任和义务,将其承包的全部建设工程转给他人或者将其承包的全部建设工程肢解以后以分包的名义分别转给其他单位承包的行为。

【防控建议】

转包是法律明确禁止的行为,不管是作为总承包方还是转承包他方工程,均建议慎重对待,尽量依法办事,避免转包行为。

二、转包的行政及刑事风险与防控

【法律风险】

1. 转包处罚。《中华人民共和国建筑法》第六十七条第一款明确对承包单位转包行为的行政处罚,包括责令改正,没收违法所得,并处罚款,可以责令停业整顿,降低资质等级;情节严重的,吊销资质证书。

2. 安全事故处罚。《中华人民共和国建筑法》第七十一条明确对于建筑施工企业违反本法规定,对安全事故隐患不采取措施予以消除的,责令改正,可以处以罚款;情节严重的,责令停业整顿,降低资质等级或者吊销资质证书。在转包情形下,转包人不进行具体施工,也不负责工地管理,转承包人如果资质不足,管理粗放,极易出现不可控的安全事故,而转包方很可能会作为责任方被追究行政责任。

【典型案例】[①]

2014年5月20日,中国能源建设集团东北电力某工程公司(以下简称东电某公司)与西安联众公司签订了鹤淇电厂主厂房钢结构安装工程施工分包合同,该合同名为专业施工分

---

① 参见〔2015〕淇滨行初字第90号行政判决书、〔2016〕豫0611行初43号行政判决书。

包合同,实为劳务分包合同。2014年10月20日,市质监局接举报对鹤壁鹤淇发电有限责任公司建设施工工地2014年9月21日发生的350吨履带式起重机主要受力结构件(吊臂)折断事故进行了检查。经调查核实,东电某公司存在:(1)在施工前,未考虑地面承载能力下降,对监理单位发出的监理工作联系单未引起足够重视,没有重新对该路段地面进行回填土实验,也没有采取相应的防护措施就开始施工。(2)在事故发生前,安全管理意识淡薄,安全管理不到位;在吊装施工前未对操作人员进行书面安全技术交底,作业人员作业前没有准确掌握吊装作业的具体参数;未配备相应的现场技术、安全管理人员现场监督,对现场违章作业没能及时发现和纠正。(3)在事故发生后瞒报特种设备事故,且未向特种设备安全监管部门报告。遂作出行政处罚:(1)对事故发生单位处罚款陆万元整(60 000元);(2)对主要负责人处罚款壹万元整(10 000元);(3)对事故发生单位处罚款壹拾肆万元整(140 000元);(4)对事故发生单位的主要负责人处罚壹万叁仟陆佰柒拾捌元整(13 678元)。罚款合计:贰拾贰万叁仟陆佰柒拾捌元整(223 678元)。东电某公司不服,遂提起诉讼。

法院认为,东电某公司上述行为属于瞒报特种设备事故和事故责任的违法行为,应当承担行政责任,故判决驳回东电某公司的诉请。

3. 不保修处罚。转包情形下,保修责任自然也由转包人转移到转承包人身上,如转承包人怠于履行保修义务,转包人基于总包合同负有直接保修责任。根据《中华人民共和国建筑法》第七十五条之规定,建筑施工企业违反本法规定,不履行保修义务或者拖延履行保修义务的,责令改正,可以处以罚款。

4. 非法转包行为中,权钱交易行为并不罕见,一旦被查处,相关责任人员可能会被追究刑事责任。

5. 安全事故中如构成犯罪的,也可能会被追究刑事责任。

【典型案例】①

被告人唐某某,男,1965年4月30日出生于新疆维吾尔自治区石河子市,汉族,大学本科学历,系新疆电力设计院新能源与水电工程分公司原副总经理,曾任新疆电力设计院新能源一室副主任。2009年11月,被告人唐某某利用职务便利,在新疆电力设计院总包的中石化塔河110 kV总变电站及供电线路项目中,为四川省生辉建筑安装工程有限公司李某某在工程发包以及工程款结算方面提供帮助,收受李某某所送人民币24万元。2014年1月,被告人唐某某与时任新疆电力设计院新能源与水电工程分公司总经理乔某(另案处理)共谋,利用职务便利,在奎屯金太阳项目土建工程、电气安装工程方面,为挂靠在新疆光生源电力技术有限公司牛某某提供帮助,收受牛某某所送人民币250万元。2011年后,新疆电力设计院划归中国能源建设集团(国有企业)管理,唐某某属国家工作人员。

法院判决:被告人唐某某犯受贿罪,判处有期徒刑九年,并处没收个人财产20万元;被告人唐某某违法所得124万元依法没收,上缴国库。

【核心法条】

《建筑工程施工转包违法分包等违法行为认定查处管理办法(试行)》

第十三条 县级以上人民政府住房城乡建设主管部门要加大执法力度,对在实施建筑

---

① 参见〔2015〕乌中刑二初字第2号刑事判决书。

市场和施工现场监督管理等工作中发现的违法发包、转包、违法分包及挂靠等违法行为,应当依法进行调查,按照本办法进行认定,并依法予以行政处罚。

(二)对认定有转包、违法分包违法行为的施工单位,依据《中华人民共和国建筑法》第六十七条和《建设工程质量管理条例》第六十二条之规定,责令其改正,没收违法所得,并处工程合同价款0.5%以上1%以下的罚款;可以责令停业整顿,降低资质等级;情节严重的,吊销资质证书。

【防控建议】

1. 依法进行施工活动,避免非法转包行为。

2. 即使对外转包,转包人也应当对安全施工进行严密监督,派驻人员加强项目管理,特别是安全防护措施管理,一旦发现问题,及时通报转承包人尽快解决,避免影响扩大。

3. 对于保修义务,转包人作为直接责任人,应当积极应对协调;转承包人方面不予配合的,可以自行维修,从其质保金中抵扣相应款项,避免发包人及行政机关追究责任。

4. 刑事责任的认定严苛且刑罚严厉,行为的定性关乎罪名的成立与否,一旦出现可能涉及刑事犯罪的苗头,建议尽快聘请专业律师参与。

三、非法转包的认定风险

【法律风险】

1. 总承包单位或者专业承包单位将其承包的全部工程肢解以后,以分包的名义分别转给其他单位或个人施工的,属于转包。在司法审判认定时,认定的重点在于"全部工程"及"肢解"。存在一种情况,总承包单位有合法分包权,其以合法分包形式将其承包的全部工程,以分部、分项形式肢解后全部分包给其他单位,形式上其属于合法分包,事实上属于法律规定的肢解分包被认定为非法转包的情形。

2. 《建筑工程施工转包违法分包等违法行为认定查处管理办法(试行)》(以下简称《查处管理办法》)第七条第三款规定,施工总承包单位或专业承包单位未在施工现场设立项目管理机构或未派驻项目负责人、技术负责人、质量管理负责人、安全管理负责人等主要管理人员,不履行管理义务,未对该工程的施工活动进行组织管理的,构成非法转包。另外,即使施工单位设立项目部,施工单位在施工现场派驻的项目负责人、技术负责人、质量管理负责人、安全管理负责人中一人以上与施工单位没有订立劳动合同,或没有建立劳动工资或社会养老保险关系的,仍可能被直接认定为转包。

3. 《查处管理办法》第七条第四款规定,施工总承包单位或专业承包单位不履行管理义务,只向实际施工单位收取费用,主要建筑材料、构配件及工程设备的采购由其他单位或个人实施的,属于转包。

4. 《查处管理办法》第七条第五款规定,劳务作业承包人承包的范围是施工总承包单位或专业承包单位承包的全部工程,劳务作业承包人计取的是除上缴给施工总承包单位或专业承包单位"管理费"之外的全部工程价款的,属于转包。

【核心法条】

《建筑工程施工转包违法分包等违法行为认定查处管理办法(试行)》

第七条 存在下列情形之一的,属于转包:

（一）施工单位将其承包的全部工程转给其他单位或个人施工的；

（二）施工总承包单位或专业承包单位将其承包的全部工程肢解以后，以分包的名义分别转给其他单位或个人施工的；

（三）施工总承包单位或专业承包单位未在施工现场设立项目管理机构或未派驻项目负责人、技术负责人、质量管理负责人、安全管理负责人等主要管理人员，不履行管理义务，未对该工程的施工活动进行组织管理的；

（四）施工总承包单位或专业承包单位不履行管理义务，只向实际施工单位收取费用，主要建筑材料、构配件及工程设备的采购由其他单位或个人实施的；

（五）劳务分包单位承包的范围是施工总承包单位或专业承包单位承包的全部工程，劳务分包单位计取的是除上缴给施工总承包单位或专业承包单位"管理费"之外的全部工程价款的；

（六）施工总承包单位或专业承包单位通过采取合作、联营、个人承包等形式或名义，直接或变相的将其承包的全部工程转给其他单位或个人施工的；

（七）法律法规规定的其他转包行为。

【防控建议】

由于建设工程施工合同在履行过程中，情况多变，十分复杂，一旦操作不当，极易触犯法律的强制规定，被认定为违法分包、非法转包、挂靠等行为。针对上述列举的施工单位容易出现的问题，建议总承包单位或者专业承包单位从以下几方面予以防范：

1. 不管是总承包还是专业承包，不管是合法分包或者违法分包、非法转包，施工单位均应当建立项目部，并派遣本公司相关专业人员入驻。一方面是避免从形式上直接被认定为非法转包，另一方面也是能够更好地监控工地施工、与发包方沟通、避免施工安全事故及质量事故，是规避风险的根本要求。一旦出现工程质量纠纷、工程安全事故纠纷、工程价款纠纷等，项目部人员能够及时介入，了解情况，搜集资料，从而在应诉时获得有效信息，保障诉讼效率。

2. 在正常合法的施工承包关系中，建筑主材、构配件、设备等应当由总承包或专业承包单位负责采购，但是法律法规并不禁止施工单位委托其他单位或个人采购相关材料及设备，如果施工单位能够提供证明采购相关材料的单位系受其委托，且不负责具体施工事宜，同时施工企业能够证明自己履行了合同约定的责任和施工管理义务的，能够为不被认定为转包提供有力支持。

3. 非法转包的最终认定，仍然是看实际施工方，通过肢解分包、合作联营、内部承包、挂靠等形式，不履行施工及管理义务的，难以通过司法的审查，建议施工单位依法施工。

四、转包的其他风险与防控

【法律风险】

1. 内部承包被认定为非法转包。内部承包一般表现为总公司与分公司或者公司与内部员工进行承包两种形式，合法的内部承包应当符合以下几大要素：一是内部承包双方应当具有隶属关系，如总公司与分公司，公司与员工，这类隶属关系能够通过举证证明，如总公司与分公司的工商登记材料、公司与员工之间的劳动合同、社保缴纳记录、工资发放记录等；二是单位应当为内部承包人提供一定的资金、机械、设备、技术、人员等物质条件,并能够通过举证证明,如内部承包合同约定,由内部承包人自行筹措资金、组织人员、购置设备,则该合同可能被认定为非内部承包合同;三是公司应当参与利润分配与责任承担,内部承包合同如出现内部承包人进行财务独立核算,自负盈亏自担风险,并且按照公司与发包人投标文件执行,而公司不参与利润分配,仅收取管理费,并且不承担任何经济责任的条款时,该内部承包合同也有极大可能被认定为非内部承包协议。如果公司是将整个工程全部交由"内部承包人"施工,并且未能满足上述条件,该内部承包协议将会被认定为非法转包合同,进而被认定为无效。

【典型案例】[①]

2008年8月22日,悍马公司与伟达公司签订《建设工程施工合同》,将悍马盛世嘉园一期工程发包给伟达公司。合同约定伟达公司的承包范围为施工图范围内建筑、安装工程。2008年8月30日,伟达滨江分公司(甲方)与卢永生(乙方)签订《工程项目内部承包合同》。合同签订后,卢永生组建项目部,组织人员进场施工。2009年11月30日,伟达滨江分公司与卢永生签订《内部承包补充合同》,补充合同就卢永生项目部退场的相关权利义务作了约定。后因工程款纠纷,卢永生提起诉讼。

关于内部承包的效力问题,一审、二审法院均认为本案中悍马公司与伟达公司签订《建设工程施工合同》,将悍马盛世嘉园一期工程发包给伟达公司。之后其下属的伟达滨江分公司通过风险承包方式将工程交给没有取得建筑施工企业资质的卢永生个人承包施工。虽然双方签订了劳动合同书,卢永生还出具了承诺函,但从劳动合同书内容及实际履行来看,没有工资约定及实际给付,没有社会保险的缴纳,该劳动合同只是形式,难以确认双方存在着合法的劳动关系;从双方签订的《工程项目内部承包合同》内容来看,约定"由卢永生实行独立核算、自负盈亏,必须由卢永生方自行组织施工完成。……承担本工程的一切经济风险和有关质量、安全、文明施工全面法律责任"等,无从体现伟达公司或伟达滨江分公司在资金、技术、设备、人力等方面给予了支持。故双方签订的《工程项目内部承包合同》实际系非法转包的性质,应认定无效。

2. 招投标阶段的共同承包。《中华人民共和国招标投标法》第三十一条明确规定了共同投标,《中华人民共和国招标投标法实施条例》第三十七条对相关操作方式进行了明确,在建设工程招投标阶段以共同投标方式,进行共同投标的属于法律允许范畴。需要注意的是,一方面招投标阶段既要明确投标主体的组成,并且中途不可变更、增减,否则属于无效投标;另一方面共同承包以共同投标人的最低资质为准,共同承包人就招标项目对招标人承担连带责任。至于共同承包人之间如何划分施工范围、如何结算、内部责任如何承担,法律并未明确。

3. 履行阶段的共同承包。招投标工程,总承包人已通过招标并且签订施工合同,非招标工程,总承包人或者专业承包人与发包人签订了施工合同,之后总承包人或者专业承包人能否与第三方合作,进行共同施工,这是司法实践中的风险易发点。根据《中华人民共和国建筑法》第二十七条,履行阶段的共同承包似乎不属于法律禁止性行为。《最高人民法院关

---

① 参见〔2015〕浙杭民终字第2990号民事判决书。

于审理建设工程施工合同纠纷案件适用法律问题的解释》(2003年12月2日征求意见稿)中第一条曾规定"发包方与承包方签订的建设工程施工合同具有下列情形之一的,应当认定无效:(二)不具有法定资质的单位和个人以挂靠、联营、内部承包等转包形式使用具有法定资质的建筑施工企业名义与建设单位签订的建设工程施工合同",但是在最终颁布施行时删除了该条关于"联营"的表述。各地高级人民法院对于该问题有较为明确的表述,如《北京市高级人民法院关于审理建设工程施工合同纠纷案件若干疑难问题的解答》规定:"具有下列情形之一的,应当认定为《全称》规定的"挂靠"行为:……(4)有资质的建筑施工企业通过名义上的联营、合作、内部承包等其他方式变相允许他人以本企业的名义承揽工程。"从最高院到各省高院对合作、联营模式均持消极态度,因此对履行结算的共同承包模式合法性的认定尤为困难。合法的共同承包应当具有以下要素:一是合作主体应当均为具有相应资质的法人机构,这是建设工程的根本要求,如合作者不具有相应资质,而又参与具体的管理及施工,对于建设工程质量则缺乏相应保障,这类合作极易被认定为挂靠。二是合作双方均应当参与管理及施工,合作承包中的工程承包人依然要参与工程施工、管理、技术、经济工作,并承担责任,而转包人转包工程后,则不再参与工程的施工管理、技术、经济工作,也不再承担责任,这是与非法转包的根本区别。三是权利的享有及义务的分担,共同承包中工程承包人并未将承包合同的全部权利义务转让给他人,而是与他人共享权利,分担义务;共同承包中承包人将所有责任转移给联营人的,均会被视为借用资质或者整体转包。

【典型案例】[①]

再审申请人广州市坤龙建筑安装工程有限公司(以下简称坤龙公司)因与被申请人广州市城市建设开发有限公司(以下简称城建公司)、广州宏城发展有限公司(以下简称宏城公司)、广州机施建设集团有限公司(以下简称机施公司)、广州市建筑集团有限公司(以下简称建筑集团公司)建设工程施工合同纠纷一案,最高院确定该案的争议焦点为:机施公司与坤龙公司之间是非法转包关系还是合伙联营关系。最高人民法院认为,机施公司、坤龙公司之间没有关于联营合伙的约定。并且,坤龙公司在二审庭审中称"地下室工程虽然是联营,但实际上所有的合同总包方承担的责任比例是我方承担,费用、人员是我们的……我们是独立的承包方";机施公司则称"当时双方为了规避转包,双方是说联营,但实际上是转包……我们只收取管理费3%……利益和风险大部分由坤龙公司承担……我们负责总包、管理、协调,具体施工是坤龙公司"。由此可见,在实际施工过程中,机施公司仅派员进行管理,实际施工完全由坤龙公司负责。双方之间并非如坤龙公司主张的共同出资、共同施工、共担风险、共负盈亏的联营合作关系。进一步说,不管坤龙公司与机施公司如何定性双方之间的关系,但涉案工程是以机施公司名义承包,由机施公司而不是坤龙公司与机施公司共同对业主方负责,坤龙公司则应当向机施公司负责。故相对于业主方城建公司、宏城公司,坤龙公司与机施公司之间是非法转包关系。坤龙公司认为可以证明其与机施公司之间系联营关系的证据——《发文登记表》《关于落实人员、材料配备和其他各项准备工作的函》以及《施工协调会议纪要》,只表明其参加了涉案工程的施工和谈判,这与其实际施工人的身份是相吻合的,但并不能证明其是联营者的身份,故二审未将机施公司与坤龙公司之间的关系认定为联营合伙,并无

[①] 参见〔2016〕最高法民申1562号民事裁定书。

不当。

【核心法条】

《中华人民共和国建筑法》

第二十七条　大型建筑工程或者结构复杂的建筑工程,可以由两个以上的承包单位联合共同承包。共同承包的各方对承包合同的履行承担连带责任。

两个以上不同资质等级的单位实行联合共同承包的,应当按照资质等级低的单位的业务许可范围承揽工程。

《中华人民共和国招标投标法》

第三十一条　两个以上法人或者其他组织可以组成一个联合体,以一个投标人的身份共同投标。

联合体各方均应当具备承担招标项目的相应能力;国家有关规定或者招标文件对投标人资格条件有规定的,联合体各方均应当具备规定的相应资格条件。由同一专业的单位组成的联合体,按照资质等级较低的单位确定资质等级。

联合体各方应当签订共同投标协议,明确约定各方拟承担的工作和责任,并将共同投标协议连同投标文件一并提交招标人。联合体中标的,联合体各方应当共同与招标人签订合同,就中标项目向招标人承担连带责任。

招标人不得强制投标人组成联合体共同投标,不得限制投标人之间的竞争。

【防控建议】

1. 总承包方或者专业工程承包方不可逾越法律红线,以内部承包之名行非法转包之实,一旦出现纠纷,合同被认定无效,总承包方或者专业工程承包方将面临承担民事责任、行政责任甚至刑事责任的风险。

2. 在进行内部承包时,应当注意条款的设计,避免出现内部承包人自主经营、自负盈亏,而公司仅收取管理费而不承担任何风险的条款,更要避免内部承包人是与公司无任何隶属关系的主体的明显瑕疵。

第三节　挂靠合同的风险与防控

"挂靠"并非正式的法律用语,但是从《中华人民共和国建筑法》、《最高人民法院关于审理建设工程施工合同纠纷案件适用法律问题的解释》、各省高院关于建设工程的相关法律文件,可以明确"挂靠"含义。另外《建设工程施工转包违法分包等违法行为认定查处管理办法(试行)》第十条规定"本办法所称挂靠,是指单位或者个人以其他有资质的施工单位的名义,承揽工程的行为。"挂靠主要有两种表现形式:(1)没有资质的单位或个人以有资质的施工企业名义承揽工程;(2)资质低的施工企业以资质高的施工企业名义承揽工程。挂靠属于法律明确禁止,但是实践中广泛存在的行为,同时挂靠也是纠纷高发、司法审判极其关注的要点。鉴于建设工程关乎国计民生的重要性以及其风险的高发性,我国法律体系对挂靠的认定及法律后果进行了明确规定,建筑类企业应当了解并尽量规避相应风险。

一、挂靠人与被挂靠人挂靠协议无效的风险与防控

【法律风险】

1. 无效的民事风险。根据《中华人民共和国合同法》第五十八条规定,合同无效后,因此取得的财产应返还给对方,如挂靠人交给被挂靠人的保证金等,不能返还或者没有必要返还的,应当折价补偿。同时,有过错的一方还应当赔偿对方因此遭受的损失,双方均有过错的,应当各自承担相应的责任。

2. 行政责任。《中华人民共和国建筑法》第六十六条明确了建筑企业出借资质的应当承担行政责任,责任承担方式为:责令改正,没收违法所得,并处罚款,可以责令停业整顿,降低资质等级;情节严重的,吊销资质证书。《建设工程质量管理条例》第六十一条明确"对施工单位处工程合同价款2%以上4%以下的罚款"。

3. 工程质量责任。《中华人民共和国建筑法》第六十六条、《最高人民法院关于审理建设工程施工合同纠纷案件适用法律问题的解释》第二十五条规定,建设工程出现质量问题的,建设单位可以将被挂靠人作为共同被告起诉,挂靠人与被挂靠人应当承担连带责任。

【核心法条】

《中华人民共和国建筑法》

第六十六条 建筑施工企业转让、出借资质证书或者以其他方式允许他人以本企业的名义承揽工程的,责令改正,没收违法所得,并处罚款,可以责令停业整顿,降低资质等级;情节严重的,吊销资质证书。对因该项承揽工程不符合规定的质量标准造成的损失,建筑施工企业与使用本企业名义的单位或者个人承担连带赔偿责任。

《建设工程质量管理条例》

第六十一条 违反本条例规定,勘察、设计、施工、工程监理单位允许其他单位或者个人以本单位名义承揽工程的,责令改正,没收违法所得,对勘察、设计单位和工程监理单位处合同约定的勘察费、设计费和监理酬金1倍以上2倍以下的罚款;对施工单位处工程合同价款2%以上4%以下的罚款;可以责令停业整顿,降低资质等级;情节严重的,吊销资质证书。

《最高人民法院关于审理建设工程施工合同纠纷案件适用法律问题的解释》

第二十五条 因建设工程质量发生争议的,发包人可以以总承包人、分包人和实际施工人为共同被告提起诉讼。

【防控建议】

1. 挂靠违反法律的效力性强制性规定,属于违法行为,因违法产生的后果是法律明文规定的,建议施工企业尽量规避挂靠行为。

2. 一般而言,挂靠形式下的工程款仍是以被挂靠人名义与建设单位进行结算,在挂靠合同中确定有利的工程款支付节点,对于避免工程质量及工期扣款、工人工资垫付、维保垫付等风险具有重要意义。

二、被挂靠人与建设单位之间的建设工程施工合同无效风险

【法律风险】

1. 合同无效风险。被挂靠人与建设单位签订的建设工程施工合同因挂靠人与被挂靠

人之间的违法挂靠关系而无效,合同无效的法律后果,仍然参照《中华人民共和国合同法》第五十八条的规定执行。

2. 合同无效的工程款结算风险。合同无效后,合同约定的结算条款当然无效,此时如何进行工程款结算？首先,被挂靠人作为名义施工人可以基于《最高人民法院关于审理建设工程施工合同纠纷案件适用法律问题的解释》第二条、第三条规定向发包方主张结算工程款,挂靠人作为实际施工方可以基于其施工主体的身份直接向发包方主张工程款。挂靠人与被挂靠人主张工程款均应当以工程经竣工验收合格为前提。其次,如果挂靠人自行主张与发包方进行工程款结算,被挂靠人将面临重大风险,一方面工程款不受被挂靠人控制,被挂靠人无法通过工程款对挂靠人实施工期、质量监控;另一方面被挂靠人将难以获得管理费,而且还要与被挂靠人承担因工期、质量等问题引发的连带责任。再次,对于施工过程中出现的纠纷,挂靠人缺乏继续施工能力,工程施工中止,尚未到竣工验收阶段,此时被挂靠将面临无法结算的困境。

3. 行政责任。《最高人民法院关于审理建设工程施工合同纠纷案件适用法律问题的解释》第四条规定,借用资质情况下,人民法院可以根据《民法通则》第一百三十四条规定,收缴当事人已经取得的非法所得,非法所得一般是指挂靠费用。

【核心法条】
《最高人民法院关于审理建设工程施工合同纠纷案件适用法律问题的解释》

第二条　建设工程施工合同无效,但建设工程经竣工验收合格,承包人请求参照合同约定支付工程价款的,应予支持。

第三条　建设工程施工合同无效,且建设工程经竣工验收不合格的,按照以下情形分别处理：

（一）修复后的建设工程经竣工验收合格,发包人请求承包人承担修复费用的,应予支持；

（二）修复后的建设工程经竣工验收不合格,承包人请求支付工程价款的,不予支持。

因建设工程不合格造成的损失,发包人有过错的,也应承担相应的民事责任。

第四条　承包人非法转包、违法分包建设工程或者没有资质的实际施工人借用有资质的建筑施工企业名义与他人签订建设工程施工合同的行为无效。人民法院可以根据《民法通则》第一百三十四条规定,收缴当事人已经取得的非法所得。

三、挂靠人对外行为的风险与防控

【法律风险】

1. 有权代理风险

项目部作为公司的分支机构,是工地的管理部门,项目部对外的法律行为一般会被认定为公司的意思表示,需要由公司承担相应责任。在挂靠情形下,项目部不管是由挂靠人设立还是由被挂靠人设立,其名称及印章均对外表示出与被挂靠人的关联性,不管被挂靠人是否派驻管理人员入驻,均具有法律风险,具体可以分为以下两种情况。

一是项目部不受被挂靠人控制,被挂靠人未派驻任何人员进行工地管理,项目经理等主要管理人员由挂靠人自行指派。此时挂靠人可以自由地对外进行买卖、租赁、借贷等行为,并且完全可以加盖项目部印章。一旦出现纠纷，买卖、租赁、借贷等事实属实，又有项目经理签字及项目部盖章，极易被认定为有权代理，被挂靠人很可能被判决承担责任风险。

二是项目部由被挂靠人设立，并由被挂靠人派驻主要人员监管质量、技术、进度、付款等行为，项目部印章也由被挂靠人控制。在此情况下，挂靠人以项目部的名义对外实施民事行为，如其对外实施行为时既非项目部管理人员，也无被挂靠人授权及项目部印章的情况下，基本不可能被认定为有权代理。但是在实践中，存在项目印章管理不严、项目经理行为不注意等行为，导致司法审判中认定挂靠人具有有权代理构成要件，从而判令被挂靠人承担责任。

【典型案例】①

中能安徽某公司承建安徽全椒大山风电项目工程，并成立中能安徽某公司全椒项目部。2014年5月4日，中能安徽某公司与A公司签订一份《全椒大山（46 MW）风电项目风机基础施工工程（Ⅰ、Ⅱ标段）全厂土建工程》专业分包合同，约定将部分工程分包给A公司施工。中能安徽某公司与A公司分别委派人员任全椒项目部经理，其中A公司委派的项目经理为黄某某。2014年5月16日，B公司作为供方，全椒项目部作为需方签订一份《销售合同》，约定B公司向全椒大山风电工地供应预拌商品混凝土，黄某某作为全椒项目部的委托代理人在合同上签名，并加盖了全椒项目部印章。中能安徽某公司认可全椒项目部的印章由中能安徽某公司委派的项目经理保管。合同签订后，B公司按照合同的约定向中能安徽某公司承建的大山风电工地供应混凝土，但中能安徽某公司未能按合同约定支付货款。中能安徽某公司全椒项目部与B公司签订《付款协议》。本案审理过程中，中能安徽某公司向全椒县公安局报案称，其公司工程承包商黄某某使用伪造的"中国能源建设集团安徽电力建设第一工程有限公司全椒大山风项目部"印章与B公司签订合同。经全椒县公安局刑事侦查大队委托，滁州市公安局司法鉴定中心作出（滁）公鉴（文检）字〔2015〕13号鉴定书（以下简称鉴定书），鉴定意见为：《付款协议》、《对账单》上加盖的印章与中能安徽某公司提供的"中国能源建设集团安徽电力建设第一工程有限公司全椒大山风电项目部"印文样本不是同一枚印章盖印形成；《销售合同》上印文与印文样本是同一枚印章盖印形成。

法院审查认为，实际承包人与施工企业以签订内部承包协议方式挂靠施工企业承包工程，在施工过程中对外实施分包工程行为，权利人主张施工企业承担给付工程款的，应由施工企业承担先行给付工程款的责任。本案中，中能安徽某公司在承建安徽全椒大山风电项目工程期间，成立了中能安徽某公司全椒项目部。黄某某在实际施工中使用中能安徽某公司全椒项目部公章与B公司签订《销售合同》，且B公司所供应的混凝土亦被用于中能安徽某公司承建的涉案工程，中能安徽某公司应对黄某某的行为承担先行支付工程款的责任。本案导致中能安徽某公司承担责任的主要证据是，中能安徽某公司项目部与供应方签订合同，并且加盖了真实的项目部印章，而供应的混凝土又真实地使用在了中能安徽某公司承建的项目中，黄某某的行为在外观上具有职务行为的特性，故此，中能安徽某公司承担了付款责任。

2. 表见代理风险

表见代理的构成要件一方面是存在有权代理的外观，另一方面是第三人善意无过失。

---

① 参见〔2015〕皖民二终字第00853号民事判决书。

表见代理作为重要的民事代理规则,在挂靠情形下广泛适用,虽然表见代理的认定标准规定得极为严格,但是由于建设工程管理的复杂性,在挂靠情形下,由于表见代理规则的适用,导致被挂靠人承担责任的案例比比皆是,具体可以分为以下三种情况:

一是责任主体认定风险。表见代理认定的法律后果最终会归到被代理一方,其认定的前提即是存在有权代理的外观。在挂靠情形下,有权代理的外观包括以下几个方面:一是项目部印章(包括对外使用的其他印章),如果挂靠人对外行为加盖项目部印章,作为相对人而言,即存在认定具有代理权的合理可能;二是项目负责人签字,如工地告示牌上告示的项目部的项目经理、技术负责人、安全负责人等在对外行为中以项目部或者被挂靠人名义签字;三是挂靠人以项目部或者被挂靠人名义对外为民事行为,并且相对人能够举证证明在行为之初既已知晓挂靠人在项目部的身份地位的。当然还有其他相关情形,不再一一列举。

二是相对人善意无过失的相信挂靠人具有代理权的认定风险。由于挂靠人的对外民事行为,被挂靠人不得而知,只是在出现纠纷走上法庭时才进行被动应诉,对于基本不进行管理只收取管理费的被挂靠人而言,需要承担挂靠人的所有对外债务,无疑是冤枉的,并且也很难通过举证直接证明交易的真实性、相对人非善意无过失方,而只能通过要求相对人或者挂靠人举证,这种信息的不对称导致被挂靠人在诉讼中天然地处于不利地位。

三是挂靠人盗用、私刻项目部印章风险。一般而言,盗用、私刻印章对外为民事行为的,并非被挂靠人的真实意思表示,不应当承担相应法律责任。但是对于第三人而言,其无法判断印章真实性,并且通过送货地点、货物款项使用以及挂靠人的其他行为均能让第三人相信其代表着被挂靠人,在司法审判中,也可能由被挂靠人承担责任。

【核心法条】
《江苏省高级人民法院关于审理建设工程施工合同纠纷案件若干问题的意见》
第二十二条 承包人的项目部或项目经理以承包人名义订立合同,债权人要求承包人承担民事责任的,人民法院应予支持,但承包人有证据证明债权人知道或应当知道项目部或者项目经理没有代理权限的除外。

【防控建议】
1. 设立项目部,加强项目管理
由于挂靠法律关系中责任承担的连带性,作为被挂靠方不管是出于应对发包方要求考虑还是出于规避风险考虑,均应设立项目部并派驻项目经理、技术负责人、安全负责人、财务人员进行项目管理,避免挂靠人以项目部名义对外任意负债或恶意负债。加强账户管理,保证所有出入款项均是通过项目部账户进行。派驻人员应当及时审查施工进度、参与工程例会、了解供应商信息,以便及时发现问题和解决问题。

2. 加强印章管理,监控业务行为
不管是项目部公章还是合同专用章、资料章,均应当由被挂靠人员保管。建立完善的印章使用审批制度,对于任何需要加盖印章的文件,均要求使用人登记用途,并将相关文件呈交印章管理人处,经审核后方可加盖。项目管理人员应当监控合同履行情况,买卖合同要落实供货及货物使用情况、租赁合同要落实设备状态及使用情况、借款合同要进入项目部账户,监控款项走向,分包合同要落实工程款支付情况、劳务费支付情况,杜绝虚假业务及货物、款项挪用行为,将风险纳入监控之下。

3. 把控付款行为，防范款项拖欠

对于买卖、租赁行为，要求供应商、设备所有人按期对账，达到支付节点的，由挂靠人申请，项目部直接进行支付，并留存相应文件；对于借款行为，注意还款节点，留取部分工程进度款，监督挂靠人按期履行还款义务，根据挂靠人的申请实际还款到出借人处；对于分包行为，根据工程款、劳务费支付节点，由挂靠人申请后，项目部直接支付。对于其他可能产生付款义务的行为，均应当参照该原则办理。

四、名为内部承包实为挂靠的风险与防控

名为内部承包实为挂靠与上文述及的名为内部承包实为转包的情形类似，二者的表现形式均为将工程整体交由他方施工。二者有三大区别：一是介入时间不同，名为内部承包实为挂靠是在招投标阶段，非招投标项目在建设工程施工合同签订阶段，挂靠人与被挂靠人即有借用资质的合意，先有挂靠再接工程；转包是转包人接到工程后，将工程整体转包给转承包人施工，先有工程再转包。二是合同效力不同，转包合同无效，转包人与发包人之间的建设工程施工合同仍然有效；而在挂靠情况下，不仅挂靠人与被挂靠人之间的挂靠协议无效，被挂靠人与发包人之间的施工合同同样无效。三是对外责任承担不同，转包情形下，转包人对工程欠款承担连带责任；挂靠情形下，被挂靠人对挂靠人因履行施工合同产生的民事责任承担连带责任，责任范围更广。

总承包方或者专业承包方在操作内部承包时，应当注意避免内部承包被认定为挂靠的法律风险，具体风险点及规避方式可以参见上文"内部承包被认定为非法转包"的阐述。同时如果确实存在内部承包方式不当问题，应尽量向认定转包靠拢，从而减少责任范围。转包还是挂靠，认定的关键点在于介入的时间，在这里是否要求"内部承包人"向招标人缴纳投标保证金、是否向发包人缴纳履约保证金是确定介入时间的关键。因此，保证金的缴纳方式应当予以变化，不管实质上是向谁缴纳，均应当付至总承包人或专业承包人账户，并且将支付时间尽量推至与发包方建设工程施工合同签订后。

第四节 分包、转包、挂靠其他问题的风险与防控

一、收取管理费的风险与防控

【法律风险】

1. 合法的专业工程分包及劳务分包情况下，管理费用在计算工程价款或者劳务费用时已经涉及，一般不会出现纠纷。但是在指定分包情况下，容易被忽略，在上文关于指定分包一节已有述及，此处不再赘述。

2. 在违法分包、转包、挂靠情况下，总承包方一般会以管理费的名义获取分包或者转包利益。根据《最高人民法院关于审理建设工程施工合同纠纷案件适用法律问题的解释》第四条，对于违法分包人、非法转包人、被挂靠人因违法分包、非法转包、挂靠取得的非法所得，人民法院有权予以没收。关于非法所得的认定，司法审判有所变化，现在一般收缴的范围主要

是已经取得的管理费,对未取得的管理费不再收缴。

3. 分包管理费及总包配合费概念模糊风险。如果案涉工程施工项目属于总包工程范围,则无论该案涉工程的工程款是由哪些主体进行结算,总包人对该案涉工程均有总包管理义务,此时,总包人收取的是总包管理费;如果该案涉工程项目不属于总包范围,则无论总包人以何名义收取配合费,总包人都对该项目无总包管理义务,此时,总包人收取的是总包配合费。

【典型案例】[①]

2007年10月9日,发包人宜昌东阳光火力发电有限公司与承包人十六化建公司签订了一份《土石方工程施工合同》,约定十六化建公司承建宜昌东阳光自备热电厂2×300 MW土石方工程。2007年10月18日,十六化建公司与中民建公司签订一份《劳务分包协议书》,约定十六建承包的工程以工程劳务分包的方式发包给中民建公司施工。十六化建公司收取中民建公司管理费130万元(不含税)。2007年10月25日,中民建公司与胡某某签订一份《设备租赁合同书》,约定中民建公司将东阳光公司土石方工程场平爆破、挖运工程承包给胡某某,并约定管理费为240万元。合同签订后,胡某某支付中民建公司管理费105万元,并随即组织人员进场施工。后由于工期问题发生争议,十六化建公司与胡某某均退场。

该案宜昌中院一审、湖北高院二审,两次重审,最高院再审,最后最高检抗诉再审。最高院认为:胡某某组织几十名民工施工,最终完成了挖运工程,且验收合格,其理应获得施工的劳务费。如果将该105万元管理费予以收缴,则胡某某仅得525万元劳务费,与其付出的劳动不相符。而非法转包的中民建公司在收取的胡某某105万元管理费被收缴后,仍然获得了十六化建公司补偿中民建公司的100万元管理费,势必造成新的不平衡,激发新的矛盾。二审判决综合考虑上述实际情况,在中民建公司与胡某某签订的《设备租赁合同书》因中民建公司非法转包而无效的情况下,判令中民建公司将实际施工前便已经收取的105万元管理费向胡某某予以返还,而非予以收缴,充分考虑了司法解释本意和本案具体情况,适用法律并无不当。

【核心法条】

《中华人民共和国建筑法》

第六十七条第一款 承包单位将承包的工程转包的,或者违反本法规定进行分包的,责令改正,没收违法所得,并处罚款,可以责令停业整顿,降低资质等级;情节严重的,吊销资质证书。

【防控建议】

以赚取分包、转包差价为目的,而不承担任何工程管理及协调责任,收取的管理费将会被认定为"非法所得"而被收缴,因此不管是专业分包、转包还是挂靠,建议作为总包方或者转包方,均应当设立项目部,派驻专业人员,履行一定的管理及协调义务,避免"管理费"被认定为未履行任何义务的非法所得。

二、务工人员闹事的风险与防控

【法律风险】

1. 农民工闹事一般是到建筑主管部门、政府、发包人或总包单位,其后果极其恶劣,一

[①] 参见最高人民法院〔2014〕民抗字第10号民事判决书。

方面会引起政府部门关注,相关单位被追究行政责任,另一方面会损害相关施工单位的企业信誉。

2. 农民工闹事会导致工程停滞、工期延误,广泛的社会影响更会引发发包方对总包单位的不满,进而引发对施工过程中违法分包、非法转包的追究。

3. 农民工闹事特别是恶意闹事经常伴随限制人身自由、非法拘禁等行为,严重者会导致流血事件,扩大社会影响及政府关注度。

4. 农民工闹事的后果对发包方及总包方影响较大,一般是由发包方或总包方垫付相应款项方可解决。发包方垫付的最终会与总包方结算,而总包方垫付的存在着难以追讨的风险。

【防控建议】

1. 谨慎选择分包队伍

培养巩固长期合作队伍,以严格要求促进分包队伍与自身施工管理形成完美匹配。

对于初次合作队伍,建议进行公开招标,考察分包队伍的施工信誉,包括施工质量问题、农民工纠纷、层层分包等,考察分包队伍人员素质、数量等,保证分包队伍在后续施工过程中能够完成施工任务。

2. 严格管理劳务队伍

建立劳务分包队伍责任人制度,发挥项目部管理职能,以考核促管理。

建立劳务队伍员工登记备案制度,设置统一表格,定期核查,由各单位人事部门统一备案。

建立劳务分包队伍农民工监管制度,要统一劳务分包队伍的农民工工资单和工资报表。

3. 加大对农民工工资发放的监管力度

特别是对于层层转包情形下,由项目部监督农民工工资发放,做实基础资料并按程序监管到位,是杜绝农民工闹事风险的最好方式。

建立农民工工资保证金制度。在总包单位与劳务分包队伍签订劳务分包协议时,应该有明确约定由劳务分包队伍缴纳农民工工资支付保证金的条款,并在签订合同之日起建立农民工工资保证金专款账户进行管理,保证专款专用。当劳务分包队伍内部发生工资纠纷,经调查属实,证据充分,单位有权直接使用该队伍工资支付保证金垫付处理,垫付款项应及时从下月结算款中补足。当该队伍工程完工,农民工工资结算发放完毕,不存在工资纠纷时,其工资支付保证金一次性返还。

严格监控农民工工资的发放流程,保证工资发放到位。

第四章
工程质量的法律风险防控建议

第一节 发包人原因导致工程质量缺陷的风险与防控

发包人是投资建设工程,并对建设工程享有所有权的主体,它对建设工程的质量最为关心。但在实践中经常会发生因为发包人的问题而导致工程质量出现缺陷的情况,例如发包人提供的设计有错误、提供或者指定购买的建筑材料或设备不符合强制性标准、无理要求缩短工期、未经验收提前使用等,根据相关法律规定,对于发包人的原因造成的工程质量缺陷,发包人应当承担相应的责任,但是这并不意味着能完全免除承包人的责任。一般来说,承包人是为发包人提供有偿服务的一方,是建筑产品的直接生产者,大多数情况下承包人应当对建设工程质量负有直接的和最终的责任。根据法律规定,即使是由于发包人的原因导致的工程质量问题,承包人依然有可能承担一定的责任,此外在承包人完全无责的情况下,实践中也往往会面临由于修补缺陷而导致的施工成本的增加。

一、施工图纸错误的风险与防控

施工图是工程施工的主要依据之一,施工图的内容应满足以下要求:(1) 能据以编制施工图预算;(2) 能据以安排材料、设备订货和非标准设备的制作;(3) 能据以进行施工和安装;(4) 能据以进行工程验收。施工图的质量直接影响到一个项目的造价和质量,为了保证建筑工程的顺利完成,加强对施工图的质量把关是十分必要的。实践中,施工图的设计一般是由建设单位委托具有相应资质的设计单位完成,然后交由施工单位按图施工。然而施工图的质量往往会由于建设单位的一些不合理甚至是违法的要求而得不到保障,一旦施工单位按照错误的或是不合格的施工图纸进行施工,那么必将造成工程质量的缺陷,施工单位也将面临巨大的法律风险。

【法律风险】

1. 若施工单位未尽必要的审查义务,则可能与建设单位共同承担工程质量缺陷责任。根据法律法规的规定,施工单位应当按合同约定或法律规定对施工图纸等资料进行必要的审查。若施工单位未履行必要的审查义务,或履行了审查义务,但作为一个有经验的承包人,应该发现图纸缺陷而没有发现,并按图施工造成工程质量缺陷的,则承包人应当承担相应的过错责任。

2. 若施工单位发现施工图纸存在错误后未及时向发包方进行反馈,并且继续进行施工,那么一旦工程发生质量缺陷,施工单位应当承担相应的过错责任。

【核心法条】

《中华人民共和国建筑法》

第五十八条 建筑施工企业对工程的施工质量负责。

建筑施工企业必须按照工程设计图纸和施工技术标准施工,不得偷工减料。工程设计的修改由原设计单位负责,建筑施工企业不得擅自修改工程设计。

《建设工程质量管理条例》

第二十八条第二款 施工单位在施工过程中发现设计文件和图纸有差错的,应当及时提出意见和建议。

《最高人民法院关于审理建设工程施工合同纠纷案件适用法律问题的解释》

第十二条 发包人具有下列情形之一,造成建设工程质量缺陷,应当承担过错责任:

(一)提供的设计有缺陷;

(二)提供或者指定购买的建筑材料、建筑构配件、设备不符合强制性标准;

(三)直接指定分包人分包专业工程。

承包人有过错的,也应当承担相应的过错责任。

【防控建议】

1. 在开工前,承包人对于发包人提供的施工图及其他设计资料应当进行必要的审查工作,对于施工图中存在的重大缺陷应当暂缓开工并向发包人指明。

2. 在施工过程中发现施工图纸或其他文件存在错误的,应当暂停施工并及时向发包人反馈情况。

3. 施工单位不得擅自修改施工图纸,若在施工过程中发现图纸存在错误,应当按照正规程序出具工程联系单,由施工单位、监理单位、建设单位签字盖章后,交由设计单位作技术把关认可后作出设计变更。

二、发包人采购的材料、设备导致工程质量缺陷的风险与防控

建筑材料、建筑构配件、设备的质量是工程质量的基础,在建设工程承包中,特别是大、中型项目中,完全由施工企业包工包料的情况并不多见,主要建材或设备一般都是由建设单位采购并交付给施工单位使用或是要求施工单位采购指定的建材、设备等。而建设单位提供或者指定购买的建筑材料、设备等不符合强制性标准是造成工程质量缺陷的主要原因之一,在这种情况下,施工单位必须严格把控建材、设备的质量,明确发、承包双方的质量缺陷责任。

【法律风险】

1. 施工单位应当对发包人提供的建材、设备等进行验收工作,否则将与发包人共同承担由不合格的建材、设备导致的工程质量缺陷责任。

2. 若承包人明知发包人提供的建材、设备有质量缺陷却仍然进行使用,也将对工程质量缺陷承担过错责任。

【典型案例】

发包人与承包人签订《建设工程施工合同》，并约定项目所需混凝土由发包人提供。项目建设过程中，发包人首先提供了某批次的品牌混凝土 40 吨，并提供了型式检验报告、出厂检验报告与合格证等质量证明材料。承包人与监理单位在混凝土到场后共同进行了质量检验，检验合格后将混凝土用于项目浇筑。

后续发包人又陆续两次分别提供各 20 吨混凝土，承包人在混凝土浇筑前未经检验即直接使用进行浇筑。浇筑完毕养护过程中，后期浇筑的墙体出现开裂、鼓包等现象。后经检验最后一批提供的混凝土强度不符合规范要求，造成项目中使用前述质量不合格混凝土的 3 号楼爆破重建。

项目重建过程中，承包人向发包人提出索赔，要求发包人支付 3 号楼已完工程全部建设成本及爆破拆除费用人民币 448 万元。

仲裁庭经审理认定尽管工程使用的混凝土由发包人供应且未能达到相应的强制性标准，但承包人作为项目工程质量的首要责任人，也应当对己方未尽到合理义务的过错行为承担责任。由于承包人未在混凝土浇筑前对到场的混凝土进行检验，对涉案工程的质量缺陷也有过错，应按其过错比例承担责任，即发包人供应混凝土质量不合格所造成的损失，应由发包人及承包人共同承担，最终支持承包人仲裁请求中 192 万元的金额（经鉴定，3 号楼已完工建设成本及爆破拆除费用为 384 万元）。

【核心法条】

《中华人民共和国建筑法》

第五十九条　建筑施工企业必须按照工程设计要求、施工技术标准和合同的约定，对建筑材料、建筑构配件和设备进行检验，不合格的不得使用。

《建设工程质量管理条例》

第二十九条　施工单位必须按照工程设计要求、施工技术标准和合同约定，对建筑材料、建筑构配件、设备和商品混凝土进行检验，检验应当有书面记录和专人签字；未经检验或者检验不合格的，不得使用。

《建设工程施工合同（示范文本）》（2013 年版）

5.2.2 承包人的质量管理

承包人应按照法律规定和发包人的要求，对材料、工程设备以及工程的所有部位及其施工工艺进行全过程的质量检查和检验，并作详细记录，编制工程质量报表，报送监理人审查。此外，承包人还应按照法律规定和发包人的要求，进行施工现场取样试验、工程复核测量和设备性能检测，提供试验样品、提交试验报告和测量成果以及其他工作。

【防控建议】

1. 发包人负责采购或提供的材料进场后，承包人应及时查收并核验，除对发包人材料、设备供应文件进行检查、核验外，如有需要，还应采用如检验、试验等手段对发包人提供材料的质量、品质进行核验。

2. 如发包人提供的材料存在质量缺陷的，承包人可拒绝接收缺陷材料并根据施工合同的有关规定要求发包人提供的缺陷材料退场。

3. 承包人应当妥善留存证明发包人提供的材料存在质量缺陷的证据，具体可采用照相、录像、要求发包人驻场代表或承运人员签字的方式进行。

4. 承包人应及时向发包人致函,明确向其告知其提供的材料存在质量缺陷的情况,并再次向发包人明确相应材料的使用时间,提示发包人按合同和承包人要求的时间及质量标准进行材料替换。

三、建筑主体和承重结构变动的风险与防控

建筑主体和承重结构均是保证建筑物安全的必备结构,一旦遭到破坏就有可能引起安全事故,因此,需要对涉及建筑主体和承重结构变动的装修工程加强管理。《中华人民共和国建筑法》规定,涉及建筑主体和承重结构变动的装修工程没有设计方案的,不得委托施工,建筑装修企业不得接受施工;有设计方案的,建筑装修企业必须按照设计方案进行施工,不得擅自改变设计方案。

【法律风险】

1. 涉及建筑主体和承重结构变动的装修工程必须经过设计方案的变更,未经设计方案的变更不能进行施工,但是实践中建设单位往往在未办理任何变更手续的情形下直接通知施工企业进行施工,若施工企业明知未经设计变更仍进行施工,那么施工企业将与建设单位共同承担建筑工程的质量缺陷责任。

2. 施工企业在施工过程中不能为了降低成本而擅自修改建设工程的主体和承重结构,否则施工单位应当对工程的质量缺陷承担法律责任。

3. 违法变动建筑主体或承重结构给他人造成损失的,施工单位应当与建设单位共同承担赔偿责任。

【典型案例】

2010年10月20日,原告康达铝合金公司与被告新宇建设公司签订《建设工程施工合同》,合同约定新宇建设公司承建康达铝合金公司2#、3#厂房工程,工程内容包括土建、钢结构及水电安装。

合同签订后,新宇建设公司即行组织工程施工。2#厂房工程完工后于2011年10月竣工、验收合格。

施工过程中,应康达铝合金公司的要求,新宇建设公司将2#厂房原设计金属压型钢板屋面变更采用石棉瓦屋面予以施工。双方均未能举证证明该变更已经设计变更。

工程使用后,2#厂房屋面出现渗漏。

法院认为,康达铝合金公司未经设计变更,在明知该厂房处于高温高湿作业环境的情况下,仍要求施工方更换未经论证的屋面材料,导致石棉瓦开裂,对造成屋面漏水的后果负有相应责任;新宇建设公司作为施工方,对于康达铝合金公司擅自变更设计、降低设计标准的行为不予拒绝,仍进行施工,对石棉瓦开裂进而造成屋面漏水造成的损失也应承担一定责任。综上,康达铝合金公司擅自变更设计,新宇建设公司未予拒绝,导致石棉瓦开裂,且新宇建设公司安装质量存在问题,双方对案涉工程屋面漏水造成的损失均应承担相应的责任。故法院在综合考量双方行为对损害后果发生的原因大小的基础上,酌定新宇建设公司对发生的维修费用及造成的损失承担60%的责任,康达铝合金公司自付40%。

【核心法条】

《中华人民共和国建筑法》

第四十九条　涉及建筑主体和承重结构变动的装修工程，建设单位应当在施工前委托原设计单位或者具有相应资质条件的设计单位提出设计方案；没有设计方案的，不得施工。

第七十条　违反本法规定，涉及建筑主体或者承重结构变动的装修工程擅自施工的，责令改正，处以罚款；造成损失的，承担赔偿责任；构成犯罪的，依法追究刑事责任。

《建设工程质量管理条例》

第六十九条　违反本条例规定，涉及建筑主体或者承重结构变动的装修工程，没有设计方案擅自施工的，责令改正，处50万元以上100万元以下的罚款；房屋建筑使用者在装修过程中擅自变动房屋建筑主体和承重结构的，责令改正，处5万元以上10万元以下的罚款。

有前款所列行为，造成损失的，依法承担赔偿责任。

【防控建议】

1. 对于涉及建筑主体和承重结构变动的装修工程，施工单位必须要在取得原设计单位或其他具有同等资质的设计单位出具的变更设计方案的基础上进行施工，不得应建设单位的要求直接进行变更施工。

2. 施工单位不得为了降低成本或其他原因而擅自改变建筑主体或承重结构，所有施工应当严格按照设计方案进行。

四、发包人未经竣工验收擅自使用建设工程的风险与防控

建设工程经竣工验收合格是交付使用的法定条件。在实践中，发包人在建设工程未经竣工验收或竣工验收不合格的情况下提前使用的情况经常出现。在建设工程未经竣工验收或竣工验收不合格的情况下开始使用，不仅质量责任难以界定，还会给使用者带来安全隐患。因此，法律、行政法规明确禁止建设工程在未经验收或验收不合格的情况下擅自使用。

【法律风险】

1. 发包人擅自使用未经竣工验收的建设工程，仅可以免除承包人的部分质量责任，而不免除承包人的法定质量责任。例如对于建设工程合理使用寿命内的地基基础和主体结构的质量，不论发包人是否未经竣工验收擅自使用，承包人都应当承担质量保证责任。

2. 从发包人擅自使用未经竣工验收的建设工程之日起，该工程即应当视为进入缺陷责任期和保修期。自发包人提前使用之日起未超过法定保修期限的，承包人仍应承担责任。

【典型案例】

2010年8月31日，原告某药业集团上海制药有限公司与被告上海某防水保温工程有限公司签订防水工程承包专用合同，约定由被告承包原告生产厂房房顶防水工程。合同约定，工程竣工验收后保用3年，在保用期内因施工质量引起渗漏，由被告负责无偿修复。

涉案工程完工后，原告没有经过竣工验收即擅自使用。在使用涉案工程1年后，发现涉案厂房屋顶防水工程施工质量不符合约定的质量验收标准，造成屋面多处渗漏水。为避免漏水对其造成更大的财产经济损失，原告申请自行将涉案层面漏水进行修复。现原告请求判令被告赔偿原告因此花费的修理费10万元。

法院审理认为，原、被告签订的防水工程承包专用合同系双方真实意思表示，合法有效，

对双方均有约束力。本案中,涉案工程完工后,原告没有经过竣工验收即擅自使用,依据《最高人民法院关于审理建设工程施工合同纠纷案件适用法律问题的解释》第十四条第(三)项规定之精神,可视为涉案工程已经竣工验收并交付使用,但不能排除被告在涉案工程保修期内的修复义务。即涉案工程交付使用后,原告在保修期内因被告施工质量而引起的渗漏问题仍有权向被告提出修复的请求。原、被告双方合同第十一条第二款约定:工程竣工验收后保用3年,在保用期内因施工质量引起渗漏,由被告负责无偿修复。在保修期内,被告对涉案工程仍然负有保修义务。

综上,法院判决被告上海某防水保温工程有限公司支付原告某药业集团上海制药有限公司修复费用人民币10万元。

【核心法条】

《中华人民共和国合同法》

第二百七十九条 建设工程竣工后,发包人应当根据施工图纸及说明书、国家颁发的施工验收规范和质量检验标准及时进行验收。验收合格的,发包人应当按照约定支付价款,并接收该建设工程。建设工程竣工经验收合格后,方可交付使用;未经验收或者验收不合格的,不得交付使用。

《最高人民法院关于审理建设工程施工合同纠纷案件适用法律问题的解释》

第十三条 建设工程未经竣工验收,发包人擅自使用后,又以使用部分质量不符合约定为由主张权利的,不予支持;但是承包人应当在建设工程的合理使用寿命内对地基基础工程和主体结构质量承担民事责任。

《建设工程质量管理条例》

第五十八条 违反本条例规定,建设单位有下列行为之一的,责令改正,处工程合同价款2%以上4%以下的罚款;造成损失的,依法承担赔偿责任:

(一)未组织竣工验收,擅自交付使用的;

(二)验收不合格,擅自交付使用的;

(三)对不合格的建设工程按照合格工程验收的。

【防控建议】

1. 承包人应重视和完善与发包人办理工程项目的移交手续,以保证在未来可能出现的诉争中能够证明发包人提前擅自使用的行为。司法实践当中,经常会发生发包人否认提前使用而承包人又无法举证的情况,这会导致承包人在诉讼中处于相当被动的地位。

2. 一般情况下,竣工验收不可能一次通过。对于发包人发出的验收整改通知,承包人应当及时进行整改并再次及时提交竣工报告。如果提交后发包人不进行竣工验收提前擅自使用,也适用上述规定。

第二节 施工单位原因导致工程质量缺陷的风险与防控

根据发、承包双方签订的不同种类的建设工程施工合同,施工单位一般包括总承包单位、分包单位、实际施工人。

一般来说,施工企业是建设工程的承包人和建设者,是建设工程的直接责任人,因此在大多数情况下,工程质量缺陷都应由承包人承担主要责任。即使发包人对工程质量缺陷负有过错责任时,承包人的责任也很难完全免除。发包人和承包人对于建设工程质量缺陷的归责原则是不同的。对于发包人来说,其承担工程质量缺陷责任的要件是其自身有过错,且该过错与质量缺陷有因果关系,否则发包人不承担工程质量缺陷责任。对于承包人来说,其承担工程质量缺陷责任实行的是过错推定原则,即当发生工程质量缺陷时,如果承包人不能证明该质量缺陷是由于发包人、勘察人、设计人或者其他人的过错造成的,也无不可抗力因素,即可推定承包人有过错,并由承包人承担全部的工程质量缺陷责任。

一、总承包人的原因导致的工程质量缺陷的风险与防控

在工程总承包模式中,由总承包人自行完成对整个工程项目的设计与采购施工一体化的策划,并对发包人提供的全部数据信息进行复核和论证,设计、生产及生产产品所需物资的采购、调配和总承包项目的试运行管理。实践中,总承包人可能是专门进行总承包的公司,也可能是一些具有总承包资质的设计或施工单位形成的联合体。

总承包体制下,总承包人必定会将部分工程发包给具有相应资质等级的设计、建造、施工等分包商并对其进行监督管理,因此总承包人不仅需要在企业内部实施质量管理活动,也要对企业外部的分包商进行组织、协调与监督。所以,总承包人实施的质量行为包括总承包企业内部以及总承包人与分包人之间这两个范围。

【法律风险】

根据法律规定,总承包人是总承包体制下的第一质量责任人,一旦工程出现质量缺陷,除发包人的原因导致的工程质量缺陷外,总承包人都需要向发包人承担质量缺陷责任。总承包人可能导致工程质量缺陷的行为包括:

1. 总承包人超越资质许可的范围承揽业务。

2. 总承包人将其承包的工程项目转包给他人,包括将工程项目肢解后以分包的名义转包给他人。

3. 总承包人将其承包的工程违法分包给他人,包括将工程项目分包给不具有相应资质的分包人,以及将建筑工程的主体结构施工分包给他人。

【典型案例】

2012年4月,某建筑公司从某新农村投资建设有限公司处承包一集中居住区建筑工程后,将该工程承包给无施工资质的被告杨某,杨某及其父又将该工程混凝土浇筑、砌筑、内外粉刷等项目分包给无施工资质的原告夏某。夏某按约进行了施工。2013年4月,原告夏某因追要工程欠款以及工人工伤赔偿等事宜与建筑公司发生矛盾并将其告上法庭。

法院认为:本案中没有证据证明杨某父子系被告建筑公司的工作人员,故表明被告杨某父子共同承接了该工程,其相对于建筑公司系实际施工人。杨某父子又将部分工程分包给原告夏某,原告相对于杨某父子系实际施工人。因原告及被告杨某父子均无施工资质,且分包行为违反法律法规强制性规定,故原、被告之间的合同系无效合同,但原告已按合同约定完成了施工任务,并已确定了工程价款。实际施工人要求参照合同约定支付工程款的,法院应予支持。据此,法院判决被告杨某父子给付原告工程欠款332 961元,被告建筑公司承担

连带责任。

【核心法条】

《中华人民共和国建筑法》

第二十六条　承包建筑工程的单位应当持有依法取得的资质证书，并在其资质等级许可的业务范围内承揽工程。

禁止建筑施工企业超越本企业资质等级许可的业务范围或者以任何形式用其他建筑施工企业的名义承揽工程。禁止建筑施工企业以任何形式允许其他单位或者个人使用本企业的资质证书、营业执照，以本企业的名义承揽工程。

第二十八条　禁止承包单位将其承包的全部建筑工程转包给他人，禁止承包单位将其承包的全部建筑工程肢解以后以分包的名义分别转包给他人。

第二十九条第一款　建筑工程总承包单位可以将承包工程中的部分工程发包给具有相应资质条件的分包单位；但是，除总承包合同中约定的分包外，必须经建设单位认可。施工总承包的，建筑工程主体结构的施工必须由总承包单位自行完成。

《建设工程质量管理条例》

第二十六条　施工单位对建设工程的施工质量负责。

施工单位应当建立质量责任制，确定工程项目的项目经理、技术负责人和施工管理负责人。

建设工程实行总承包的，总承包单位应当对全部建设工程质量负责；建设工程勘察、设计、施工、设备采购的一项或者多项实行总承包的，总承包单位应当对其承包的建设工程或者采购的设备的质量负责。

【防控建议】

1. 将工程发包给具有相应资质等级的勘察、设计、制造、施工等分承包单位；总承包单位将其承包的建设工程进行合理的分包。

2. 不得超越资质许可的范围承揽业务、不得对工程总承包业务进行转包。

3. 总承包单位不得通过违法手段降低建设工程质量，例如加强迫分包商以低于成本的价格竞标，或以明示或暗示的方式要求分包商违反工程建设强制性标准。

4. 保证采购的设备材料符合国家标准和工程总承包合同的要求，不得明示或暗示分包单位使用不合格的设备材料。

5. 选派具备相应资格的项目经理和专业工程师进驻施工现场，并确保做好设备材料的进场检验。

6. 加强对重要设备材料的监造，对于关键工序要采取旁站和平行检验等措施加强现场管理。

二、分包人的原因导致的工程质量缺陷的风险与防控

工程项目建设过程中，总承包商将其总承包工程项目的某一部分或几部分再发包给其他承包单位，即分包商，并与其签订总承包合同下的分包合同。

根据分包内容不同，分包商的质量责任与义务也不尽相同。总体来讲，分包商应按分包合同的各项规定，精心设计、认真施工、修补缺陷以及提供总承包商所需的各项管理和服务工作。分包商应当接受总承包商的统筹安排和调度，承担分包合同内规定的责任。因此，分

包商的选择直接关系到总承包人的利益。

【法律风险】

在总承包体制下,分包单位按照分包合同的约定对总承包单位负责,总承包单位和分包单位就分包工程的质量对建设单位承担连带责任。实践中,分包单位可能导致工程质量缺陷问题的行为主要包括以下几类:

1. 不经认可和批准,变更设计,降低工程质量等级。承担了专业设计和施工的分包商,为了获取额外利益,未经业主和总承包方的认可便更改设计,给工程质量带来严重的隐患。

2. 偷工减料、以次充好。分包方对自己负责采购的材料,购买质量等级差的材料以次充好,或者对由业主或总承包方提供的材料偷工减料。

3. 不按技术规范施工。

4. 分包商为降低成本,聘请等级资质较低的技术人员和作业人员,分包商现场管理人员和技术工人素质不高,不利于保证工程质量。

5. 出于节约成本,保护自己的目的,分包商总是专注于个体的施工管理,忽略项目整体系统性,容易引发摩擦、扯皮及相互推卸责任的现象。

6. 向监理寻租。当监理单位发现分包商违规或者质量不合格时,分包商向监理人员寻租,避免监理向总承包和业主报告,从而给分包商带来返工或罚款等损失。

7. 分包商将其承包的工程再分包。

【典型案例】

甲公司因建办公楼与乙建筑公司签订了总承包合同。其后,经甲同意,乙分别与丙建筑设计院和丁建筑公司签订了工程勘察设计合同和工程施工合同。勘察设计合同约定由丙对甲的办公楼及其附属工程提供设计服务,并按合同约定提供设计文件和资料。施工合同约定由丁根据丙设计的图纸和资料进行施工,工程竣工时依据国家规定及设计图纸进行质量验收。合同签订后,丙按时将设计图纸和有关资料交付给丁,丁依据丙的设计图纸进行施工。工程竣工后,甲会同有关质量监督部门对工程进行竣工验收,发现工程存在严重质量问题,是由于设计不符合规范所致。原来丙未对现场进行仔细勘察即自行进行设计导致设计不合理,给甲带来了重大损失。

丙以与甲没有合同关系为由拒绝承担责任,乙以自己不是设计人为由推卸责任。甲遂以丙为被告向法院提起诉讼。

法院受理后,追加乙为共同被告,判决乙与丙对工程质量承担连带责任。

【核心法条】

《中华人民共和国建筑法》

第二十九条第二、三款 建筑工程总承包单位按照总承包合同的约定对建设单位负责;分包单位按照分包合同的约定对总承包单位负责。总承包单位和分包单位就分包工程对建设单位承担连带责任。

禁止总承包单位将工程分包给不具备相应资质条件的单位。禁止分包单位将其承包的工程再分包。

《建设工程质量管理条例》

第二十七条 总承包单位依法将建设工程分包给其他单位的,分包单位应当按照分合同的约定对其分包工程的质量向总承包单位负责,总承包单位与分包单位对分包工程的质量承担连带责任。

【防控建议】

1. 与分包商进行充分的沟通联系,向分包商提供必要的信息和数据。主要包括:项目现场概况及当地人文地理环境情况、技术标准、规范、质量、进度、安全及环境保护目标以及其他需要交底的事项。

2. 重视对分包商资质的验证,验证的内容包括但不限于:营业执照、建筑业企业资质证书、安全生产许可证、组织机构代码证、税务登记证、分包队伍花名册和相关上岗证书,核对管理人员的资质证书和上岗证书是否跟分包合同一致。

3. 对分包商进行技术交底,并对分包商的质量、安全等教育培训予以必要的协助和指导。

4. 对分包工程的关键部位和隐蔽工程实行施工全过程旁站监督制度,做好质量记录。

5. 建立健全分包工程验收制度,务必注重收集施工过程记录和竣工档案相关资料。

6. 对分包合同的履约情况做好控制和检测工作,防止分包商违约。

三、指定分包中工程质量缺陷的风险与防控

所谓指定分包,是指总承包方根据业主的指令,将属于总承包范围内的某些专业工程交给业主指定的其他分包单位来完成。由于当前我国建筑市场是卖方市场,作为总承包人,一般很难拒绝业主指定分包的要求。指定分包可以根据业主的指令,由总承包方直接与指定分包单位签署分包协议,也可以由业主、总承包方、指定分包单位签署三方协议;可以由业主直接付款给分包单位,也可以由业主付给总承包方后,总承包方再付给分包单位。由于业主和指定分包单位的特殊关系,导致总承包方对指定分包单位的选择和付款上并没有实质的决定权,往往造成总承包方的管理和监督工作无法开展到位,这也是造成工期延误和质量缺陷的重要原因之一。一旦发生这些情况,总承包方很可能就要向业主承担责任。

【法律风险】

1. 根据《最高人民法院关于审理建设工程施工合同纠纷案件适用法律问题的解释》,由于指定分包导致工程质量缺陷的,业主应当承担过错责任,但总承包方并不因此而当然免责,总承包方若存在过错,应当按照过错程度承担相应的过错责任。这里总承包方的过错一般是指未尽到指定分包工程的现场管理及配合义务,然而由于总承包方在指定分包中没有话语权,所以指定分包商不服从管理这种现象比比皆是。另外,若指定分包商数量过多,现场各方工序碰撞过多,将会增加总承包商的协调难度,难免会影响到工程质量,并且实践中业主指定的分包商很多是借助关系而并非靠实力获得承包资格的,其业务水平难以保证,或是一些分包商为了获得承包资格不合理压价,在施工过程中偷工减料,造成大量返工,甚至影响工程项目的验收。

2. 在指定分包中,总承包人对分包人控制力较弱,且基于指定分包人与发包人的关系,在发包界面不清晰的情况下,容易导致工程质量缺陷责任认定不明确的结果,即可能会扩大总承包人的担责风险。

【典型案例】

耀华房产公司(甲方)与华厦建设公司(乙方)签订《东方广场南地块项目施工合作意向

协议》,约定由乙方作为总承包人承建甲方投资建设的位于合肥市包河区徽州大道 400 号"东方广场南地块项目",协议中约定耀华房产公司另自行分包土方、幕墙、消防、通风空调、防火卷帘等部分工程,由耀华房产公司、华厦建设公司与分包工程的承包人共同签订合同,耀华房产公司为此支付给华厦建设公司分包工程合同总价 2%的总包服务费。后耀华房产公司作为发包方、华厦建设公司作为总承包方就部分分包工程与多家分包单位签订《施工分包协议》,约定发包方另行确定分包单位,纳入总承包管理范围。发包方与分包方约定工程造价计算规则,工程款也由发包方直接支付给指定分包方。总承包方主要负责审查分包方的安全生产资格、审批施工方案、协调工序安排以及其他方面的监督、指导和检查工作。后因分包工程导致工期延误,双方均要求对方承担全部责任。

最终法院认定耀华房产公司对分包工程的工期延误承担主要责任,华厦建设公司亦承担部分责任。

【核心法条】

《中华人民共和国建筑法》

第五十五条　建筑工程实行总承包的,工程质量由工程总承包单位负责,总承包单位将建筑工程分包给其他单位的,应当对分包工程的质量与分包单位承担连带责任。分包单位应当接受总承包单位的质量管理。

《最高人民法院关于审理建设工程施工合同纠纷案件适用法律问题的解释》

第十二条　发包人具有下列情形之一,造成建设工程质量缺陷,应当承担过错责任:

(一)提供的设计有缺陷;

(二)提供或者指定购买的建筑材料、建筑构配件、设备不符合强制性标准;

(三)直接指定分包人分包专业工程。

承包人有过错的,也应当承担相应的过错责任。

【防控建议】

1. 积极参与指定分包商的选择。总承包人应加强与业主的沟通,利用自身的专业优势赢得业主的信任和认可,为业主选择指定分包商进行把关,确保最终的指定分包商具有足够的资质和能力来保证工程的顺利完成。

2. 总承包人应尽量说服发包人签订发包人、总承包人、分包人三方共同参与的分包合同,并对三方的权利义务进行明确约定。总承包人职责主要对分包工程有监督、协助管理的职能,分包人的主要职责是对分包工程的安全、质量和工期负责,总承包人仅在监督管理不到位的范围内承担连带责任。这样一旦出现分包工程安全和质量事故,就可以较大限度减轻总承包人的责任。

3. 务必加强项目施工的管理。在指定分包模式下,指定分包单位与业主往往存在特殊关系甚至一些不正当关系,一些指定分包单位的素质不高,甚至不具备相应的资质。业主有时也会跨过总承包方直接与指定分包人进行业务接洽,加大了总承包人对指定分包人管理的难度。对此,总承包方一方面应充分利用自己的专业能力尽可能地获取业主的信任;另一方面,在施工过程中也要充分行使合同权利,警惕指定分包单位的违法违规行为,一旦发现务必立即发函勒令限期整改,同时也要及时将相关情况告知业主,并寻求业主出面协调。

4. 做好证据保存工作。总承包方应当妥善保管工程建设过程中所产生的所有文件,尤其是与业主和指定分包人之间的往来函件、签证单、会议纪要等原件,一旦发生争讼这些文件都很有可能成为关键证据。

四、实际施工人原因导致的工程质量缺陷的风险与防控

所谓实际施工人,即实际在工程现场进行施工的单位或个人。因此,实际施工人既包括挂靠施工的挂靠人(单位或个人),也包括违法分包情形下接受分包的单位或个人,同时也包括转包情形下接受转包的单位或个人。

实践中,由于实际施工人导致的工程质量问题屡见不鲜,使承包人承担了较大的风险。

【法律风险】

1. 因工程质量问题承包人需承担连带责任或连带赔偿责任。根据相关法律规定,因建设工程质量发生纠纷时,发包人可以实际施工人与被挂靠人、转包人、违法分包人为共同被告提起诉讼,要求其承担连带责任。

2. 发包人向实际施工人进行追偿可能存在障碍。在由于实际施工人导致的工程质量问题纠纷中,当承包人向发包人承担了赔偿责任后,可能无法百分之百向实际施工人进行追偿,如果实际施工人拒不偿还债务或者资不抵债、破产无力偿还债务,承包人将面临债务无法得到偿还的风险。

3. 由于实际施工人的工程管理水平参差不齐,一旦实际施工人在施工过程中发生重大安全事故或造成重大质量缺陷,承包人的相关负责人可能还会面临刑事处罚。

【核心法条】

《最高人民法院关于审理建设工程施工合同纠纷案件适用法律问题的解释》

第二十五条 因建设工程质量发生争议的,发包人可以以总承包人、分包人和实际施工人为共同被告提起诉讼。

第二十六条 实际施工人以转包人、违法分包人为被告起诉的,人民法院应当依法受理。

实际施工人以发包人为被告主张权利的,人民法院可以追加转包人或者违法分包人为本案当事人。发包人只在欠付工程价款范围内对实际施工人承担责任。

《江苏省高级人民法院关于审理建设工程施工合同纠纷案件若干问题的意见》

第四条 有以下情形之一的,应当认定为没有资质的实际施工人借用有资质的建筑施工企业名义承揽建设工程(即通常所称的"挂靠"):

(一)不具有从事建筑活动主体资格的个人、合伙组织或企业以具备从事建筑活动资格的建筑企业的名义承揽工程;

(二)资质等级低的建筑企业以资质等级高的建筑企业的名义承揽工程;

(三)不具有工程总包资格的建筑企业以具有总包资格的建筑企业的名义承揽工程;

(四)有资质的建筑企业通过其他违法方式允许他人以本企业的名义承揽工程的情形。

第五条 承包人之间具有下列情形之一的,可以认定为本意见第四条规定的"挂靠":

(一)相互间无资产产权联系,即没有以股份等方式划转资产的;

(二)无统一的财务管理,各自实行或者变相实行独立核算的;

(三)无符合规定要求的人事任免、调动和聘用手续的;

（四）法律、行政法规规定的其他情形。

【防控建议】

1. 在可以操作的前提下，尽量避免挂靠、违法分包、转包这三种违法行为，这既符合《中华人民共和国建筑法》的强制性规定，也是最好的规避此类风险的方法。

2. 若不能避免上述行为的发生，尽量选择资质过硬的实际施工人承包工程项目。

3. 加强对实际施工人劳务分包、聘用农民工队伍、材料采购及机械设备租赁环节的管理。

4. 利用分包方式尽可能地隔离因挂靠产生的风险。以分包方式出现，使得实际施工人往往以自己的名义对外从事行为，最大可能地防止风险波及承包人。

5. 组建专业团队，涵盖经营、技术、质量、审计、法律风险评估的人才，定期对实际施工人的施工状况进行评估和监督，及时发现事故或质量隐患，杜绝工程事故和工程质量问题的发生。

6. 一旦法院判决施工企业承担责任，应及时与实际施工人形成相关的协议，确认该责任由实际施工人承担，并及时在实际施工人的工程款中扣除。如工程款不足以扣除，应及时行使追偿权，减少损失。

第三节　工程质量保修的风险与防控

建设工程质量保修制度是指建设工程在办理竣工验收手续后，在规定的保修期限内，因勘察、设计、施工、材料等原因造成的质量缺陷，应当由施工单位负责维修、返工或更换，由责任单位赔偿损失的制度。实践中，发、承包双方对于工程质量保修期的界定、工程质量保修期限的长短、工程质量保修期内的责任分担等约定都会对施工单位的利益产生重大影响。

一、质量保修期限约定不明的风险与防控

建设工程保修期的时限，与施工单位、建设单位的利益息息相关。而一旦质量保修期的期限约定不明，将极易引发业主与承包人的纠纷。

【法律风险】

1. 在合同订立时混淆"质量保修期"和"缺陷责任期"。实践中业主和承包商在双方签订的施工合同中将缺陷责任期约定为质量保修期的现象十分普遍，但实际上二者是不同的概念。缺陷责任期在《建设工程质量管理条例》和《中华人民共和国建筑法》中都有相关的规定，质量保修期在《建设工程质量保证金管理暂行办法》中也有明确的说明。质量保修期时间一般长于缺陷责任期时间，缺陷责任期一般包含在保修期内。相对缺陷责任期来说质量保修期是一个相对较长的时间，特别是主体结构和基础工程的保修期，保修期的期限要达到设计使用年限。在实践中，不能将保修期和缺陷责任期分开，更不能在缺陷责任期结束后再计算保修期。实践中往往存在"保修期满，质量保证金无息返还"这样的条款，这样的条款便典型地混淆了质量保修期与缺陷责任期。因为发包人预留质量保证金的期限应当是缺陷责任期，而非质量保修期。若是以保修期作为预留质量保证金的期限，那么依据法律规定，地

基基础工程和主体结构工程的保修年限是设计的合理使用年限,这必将严重影响到质量保证金的返还。

2. 有些承包商为减轻自己的质量保修责任,在施工合同中约定很短的质量保修期,甚至短于《建设工程质量管理条例》规定的最低期限。实际上,由于《建设工程质量管理条例》的性质为行政法规,其对一些工程项目的最低保修期限的规定为强制性规定。按《中华人民共和国合同法》的规定,违反法律、行政法规的强制性规定的合同条款无效。因此,施工合同约定的质量保修期若短于法定最低保修期限的,应属无效。另外,在施工合同中约定的质量保修期过于笼统,也可能给承包商带来保修责任上的不确定性风险。《建设工程质量管理条例》第四十条规定,除四类有法定最低保修期限的工程项目外,其他项目的保修期限由发包人与承包人约定。因此,在应约定而没有约定具体保修期限的情形下,极易导致双方在结清工程款余款时发生争议。

【典型案例】

A公司与B公司签订施工合同,将其办公楼工程发包给B公司施工,合同约定办公楼工程保修期为3年。施工完毕后,工程经竣工验收合格,A公司支付全部工程款。工程使用4年后,该办公楼外墙面出现渗水等现象,楼内墙面大面积脱落,甚至有伤人危险。A公司遂要求B公司维修,B公司认为已过3年保修期,遂拒绝维修,A公司向法院提起诉讼。

法院认为,外墙面的防渗漏法定保修期最低为5年,自竣工验收合格后起计算,本案中双方虽约定保修期为3年,但违反了法律强制性规定,应属无效约定,故判令B公司限期将工程问题修复完毕。

【核心法条】

《建设工程质量管理条例》

第四十条 在正常使用条件下,建设工程的最低保修期限为:

(一)基础设施工程、房屋建筑的地基基础工程和主体结构工程,为设计文件规定的该工程的合理使用年限;

(二)屋面防水工程、有防水要求的卫生间、房间和外墙面的防渗漏,为5年;

(三)供热与供冷系统,为2个采暖期、供冷期;

(四)电气管线、给排水管道、设备安装和装修工程,为2年。

其他项目的保修期限由发包方与承包方约定。

建设工程的保修期,自竣工验收合格之日起计算。

《建设工程施工合同(示范文本)》(2013年版)

15.1 工程保修的原则

在工程移交发包人后,因承包人原因产生的质量缺陷,承包人应承担质量缺陷责任和保修义务。缺陷责任期届满,承包人仍应按合同约定的工程各部位保修年限承担保修义务。

15.2 缺陷责任期

15.2.1 缺陷责任期自实际竣工日期起计算,合同当事人应在专用合同条款约定缺陷责任期的具体期限,但该期限最长不超过24个月。

15.2.2 工程竣工验收合格后,因承包人原因导致的缺陷或损坏致使工程、单位工程或某项主要设备不能按原定目的使用的,则发包人有权要求承包人延长缺陷责任期,并应在原缺陷责任期届满前发出延长通知,但缺陷责任期最长不能超过 24 个月。

15.2.4 除专用合同条款另有约定外,承包人应于缺陷责任期届满后 7 天内向发包人发出缺陷责任期届满通知,发包人应在收到缺陷责任期满通知后 14 天内核实承包人是否履行缺陷修复义务,承包人未能履行缺陷修复义务的,发包人有权扣除相应金额的维修费用。发包人应在收到缺陷责任期届满通知后 14 天内,向承包人颁发缺陷责任期终止证书。

【防控建议】

1. 双方在合同中必须明确缺陷责任期与质量保修期,对于二者的起止时间必须予以区分,不能笼统地约定为"保修期""质量保证期"等。

2. 对于质量保修期的约定必须合法、明确,双方的约定不能违反法律法规的强制性规定,对于建设工程中的各单项工程尽量采用逐一列举的方式对工程保修的内容和期限进行约定。

二、质量保修期限过长的风险与防控

自建设工程竣工验收合格之日起,施工单位即有义务在约定的质量保修期内对于建设工程承担质量保修责任,因此一旦保修期限过长,将很有可能增加施工单位的经济负担,不利于维护施工单位的利益。

【法律风险】

1. 由于当前我国的建筑市场是买方市场,因此施工单位往往迫于业主的压力而承诺一个较长的保修期,增加了后期的责任风险。

2. 竣工日界定模糊,导致保修期起算点出现争议或变相延长保修期。实践中发包人一般以签署竣工验收合格报告或颁发竣工证书之日为竣工日并开始计算保修期,但是经常出现发包人拖延验收、签署竣工验收合格报告或核发竣工证书的情况,导致竣工日比实际竣工日延后,使得保修期变相延长。甚至有的项目长期拖延,不签署竣工验收报告或颁发竣工证书,造成保修期起算点根本无法确定。

3. 对于需要进行单项工程竣工验收的项目,若是以最终整体项目完成竣工验收之日起计算质量保修期限,那么将实际上延长了施工单位对于单项工程的质量保修期。

【核心法条】

《最高人民法院关于审理建设工程施工合同纠纷案件适用法律问题的解释》

第十四条 当事人对建设工程实际竣工日期有争议的,按照以下情形分别处理:

(一)建设工程经竣工验收合格的,以竣工验收合格之日为竣工日期;

(二)承包人已经提交竣工验收报告,发包人拖延验收的,以承包人提交验收报告之日为竣工日期;

(三)建设工程未经竣工验收,发包人擅自使用的,以转移占有建设工程之日为竣工日期。

【防控建议】

1. 在法定的最低保修期限的基础上,尽量缩短质量保修的期限。

2. 在合同中约定当发包人不及时进行竣工验收时,以承包人递交竣工验收报告日期为实际竣工日。承包人应注重保存已提交竣工验收报告的签收记录和验收过程记录,以及发

包人接收工程、实际使用工程(如有)时间的书面证据。如发包人无理由拒绝或拖延验收,实际递交竣工验收报告日或实际接收日、使用日即为竣工日,亦为保修期起算日。

3. 在建设单位向发包人提供单项工程竣工验收报告资料时,应当同时提供单项工程的工程质量保修书,并在其中明确约定单项工程的质量保修期限。

三、保修责任约定不合理的风险与防控

承包人向业主出具的工程质量保修书中一般包括保修范围、保修期限、保修责任等内容,而关于保修责任的约定对于施工单位来说则尤为重要,另外施工单位还应当注意与分包单位的保修责任的约定,以避免自身的损失扩大。

【法律风险】

1. 工程质量的责任方不明,导致承包人承担经济损失。根据法律法规的规定,承包人是基于施工合同对工程承担保修义务,因此只对工程的质量负责。如果质量问题是由于承包人原因所致,则承包人应当在质量保修期内承担无条件的保修义务并承担维修费用。若保修期内发生的工程质量问题是由于其他原因造成的,则不属于承包人的保修范围,此时承包人虽可进行维修但由此产生的费用应由责任方承担。

2. 自行采购设备时,合同约定的产品质保期短于工程质量保修期。在承包人自行采购并安装设备的情况下,如果与供应单位签订的采购、安装合同中约定的质保期(免费维修期)短于施工合同中的保修期,一旦设备使用中发生故障时已超过产品质保期,而工程保修期未到期,将使承包人面临自行承担保修责任的风险。

3. 保修"响应期"约定过短。一般保修证书或保修条款均约定,如发生保修事项,承包人须在接到发包人通知后若干小时或若干天内到场维修,逾期发包人可自行或委托其他单位维修。如果此响应期约定过短,承包人如因路途遥远等实际无法做到,发包人一旦自行或委托他人维修,则承包人对维修范围及费用无法控制,可能发生远高于施工企业自行维修的费用。

4. 未要求分包人或挂靠单位预留保修金,导致保修责任无法转移。如对分包人的保修责任未进行明确安排,当发生保修事项时,可能无法追究分包人的保修责任,将原本属于可转移的保修责任由总承包人自行承担,额外增加了费用。

【典型案例】

2007年12月,建设单位A公司与施工单位B公司就上海某住宅小区的二期工程签订了《建筑安装工程承包合同》,合同约定:将工程余款的5%作为质量保修金,自工程竣工合格之日起,两年保修期满后无质量问题十五天内返还保修金3%;整个保修期即五年的保修期满后,无质量问题则返还剩余的保修金。

2011年4月,A公司将B公司诉诸法院,请求法院判决B公司赔偿因工程质量问题对A公司造成的损失以及承担第三方已修复的部分费用共计200余万元,其中180余万元用保修金予以抵扣。

后B公司提起反诉,要求A公司支付2010年11月业已到期的保修金及迟延支付利息合计100余万元。

法院认为:

1. 依照双方合同约定,工程在保修期内,B公司对工程的维修既属于义务,也属于权利,

故工程发生质量缺陷,A公司应依据合同约定向B公司报修,B公司也应依约积极履行修复义务。

2. 涉案工程已经通过了竣工验收合格,且B公司表示将对质量缺陷进行修复,A公司也尚未有实质损失的发生。另外,A公司也未举证证明在保修期内B公司存在怠于修复的情形。基于以上因素,法院决定终止鉴定程序。

3. A公司提供的证据不足以证实其确实委托他人进行了修复并支付了相应费用。因此A公司主张B公司支付第三方修复部分的费用不能得到支持。

4. A公司应当支付B公司已到期质量保修金及其利息。

【核心法条】

《建设工程质量管理条例》

第三十九条　建设工程实行质量保修制度。

建设工程承包单位在向建设单位提交工程竣工验收报告时,应当向建设单位出具质量保修书。质量保修书中应当明确建设工程的保修范围、保修期限和保修责任等。

第四十一条　建设工程在保修范围和保修期限内发生质量问题的,施工单位应当履行保修义务,并对造成的损失承担赔偿责任。

《房屋建筑工程质量保修办法》

第十三条　保修费用由质量缺陷的责任方承担。

【防控建议】

1. 发生工程质量缺陷时,应当明确质量缺陷的责任主体,在业主要求施工单位承担质量缺陷责任时应当要求业主承担证明质量缺陷是由施工单位导致的举证责任,并且当业主请了第三方单位对工程进行修复并向施工单位主张第三方修复费用时,应当要求业主举证证明施工单位存在怠于修复的情况。

2. 施工企业应重视设备买卖合同中产品的质保期和施工合同中工程保修期的衔接问题,使质保期与保修期保持一致或长于保修期,以做到无缝对接,转移这部分的保修责任给产品供应单位。

3. 根据施工企业与项目的远近、人员调派、管理水平等综合情况,与发包人在施工合同中约定可行的保修响应期;要有专门部门或人员受理回访维修,及时处理业主的报修事项;确有各种原因,无法在约定响应期内到场的,应和业主沟通协商,并得到其书面确认同意的文件。

4. 按照总包合同中发包人的保修要求,在分包或内部承包合同中相应明确分包人的保修义务,规定分包人预留相应保修金,或提供必要担保,待保修期过后再行支付。

四、未按约定履行保修义务的风险与防控

工程保修是承包人重要的合同义务之一。承包人的保修义务不仅是合同义务,在一定程度上也是法律规定的强制义务。工程在保修期内出现质量问题,承包人应按照约定的时间及时进行修复,并根据是否对质量问题存在责任,确定是否承担相应的费用。如果承包人不履行保修义务,发包人可以自行修复,并有权要求承包人承担相应的费用。因承包人不履行保修义务造成其他损失的,承包人还需要承担赔偿责任。实践中,承包人未履行保修义务

的情形主要包括不履行保修义务、未及时履行保修义务和未按要求完成保修工作这几种。

【法律风险】

1. 不重视保修,导致屡修不好,增加被索赔损失的风险。有的承包人在发生保修事项后,不重视保修工作,屡修不好。如果发包人项目属连续生产类型的厂房,有可能影响生产,如果是办公房,有可能影响办公,如果是住宅,也会影响住户正常居住。影响建设单位或者使用人的正常工作、生活,由此可能引起连锁反应。如果这些建设单位、使用人提出索赔,可能会增加承包人的经济损失,并影响企业的社会形象。

2. 发包人若未及时通知承包人对工程质量缺陷进行修复,则可能导致承包人不能及时履行保修义务,从而承担由此造成的赔偿责任。

3. 履行保修义务时文书记载不规范,导致对已履行的保修义务举证不能。有的承包人在保修书约定的时限内履行了保修义务,但没有保留保修记录,也没有组织验收,导致没有证据证明其在保修期间履行了保修义务。有的发包人甚至以承包人没有履行保修义务为由,另行委托第三方进行维修,进而在保修金中抵扣维修费用,导致承包人额外增加损失。

4. 在建设工程未经竣工验收发包人即擅自使用的情况下,并不能当然免除承包人的质量保修责任,承包人依然要对该擅自使用的部分承担质量保修责任。

【典型案例】

2010年8月31日,原告某药业集团上海制药有限公司与被告上海某防水保温工程有限公司签订《防水工程承包专用合同》,约定由被告承包原告生产厂房房顶防水工程。合同约定:被告应及时向原告提供施工进展情况、工程决算、竣工验收等资料,原告接被告通知7天内安排工程验收,逾期不验收,即作验收合格处理;被告施工后,若原告需后道土建施工,必须在防水施工验收合格后方可进行,并不得破坏前道防水层,否则不属于被告保修范围,造成后果由原告自负;工程质量必须符合国家验收规范;工程竣工验收后保用3年,在保用期内因施工质量引起渗漏,由被告负责无偿修复。

涉案工程完工后,原告没有经过竣工验收即擅自使用。在使用涉案工程1年后,发现涉案厂房屋顶防水工程施工质量不符合约定的质量验收标准,造成屋面多处渗漏水。原告考虑到梅雨季节多雨的实际情况,为避免漏水电路受湿引发火灾的发生,对其造成更重大的财产经济损失,原告申请自行将涉案层面漏水进行修复。后原告请求判令被告赔偿原告因此花费的修理费10万元。

法院认为:原、被告签订《防水工程承包专用合同》约定,工程竣工验收后保用3年,在保用期内因施工质量引起渗漏,由被告负责无偿修复。在原告起诉之时并未超过保修期间,故原告请求被告支付保修期间的修复费用应予支持。

【核心法条】

《最高人民法院关于审理建设工程施工合同纠纷案件适用法律问题的解释》

第二十七条 因保修人未及时履行保修义务,导致建筑物毁损或者造成人身、财产损害的,保修人应当承担赔偿责任。

保修人与建筑物所有人或者发包人对建筑物毁损具有过错的,各自承担相应的责任。

《建设工程质量管理条例》

第六十六条 违反本条例规定,施工单位不履行保修义务或者拖延履行保修和义务的,责令改正，处 10 万元以上 20 万元以下的罚款，并对在保修期内因质量缺陷造成的损失承担赔偿责任。

【防控建议】

1. 提高一次施工质量合格率，减少潜在的缺陷，特别是对今后使用有较大影响的功能质量，应在竣工前认真检查保证质量；保留好相应施工资料，为及时快捷维修做好资料和技术准备，避免人员更换后，后续维修人员不熟悉情况导致维修不能或反复维修的情况；加强定期回访，及时发现隐患或苗子，尽可能减少损失。

2. 为避免承包人因未及时履行保修义务而承担过重的责任，有必要在施工合同中对发包人的通知义务进行约定。双方可约定，发包人应提前一定期限通知保修人履行保修义务，发包人怠于通知，导致建筑物毁损或者造成人身、财产损害的，相关责任由发包人承担。同时，有必要在施工合同中对发包人的通知义务进行约定。双方可约定，发包人应提前一定期限通知保修人履行保修义务，发包人怠于通知，导致建筑物毁损或者造成人身、财产损害的，相关责任由发包人承担。

3. 施工企业接到保修通知后，应当到现场核查，对发包人反映的质量问题逐一记录和排查，履行保修义务后在相关的文书上进行规范记载，并及时要求发包人组织验收，以固定证据。

4. 一旦承包人发现发包人存在未经验收擅自使用的情况，也要向发包人对建设工程的合理使用做出应有的提示，以尽量减少建设工程出现质量缺陷的状况。

第四节　工程质量保证金的风险与防控

工程质量保证金制度对提高工程质量、增强承包人质量意识具有十分重要的意义。由于长期以来关于工程质量保证金相关法规和文件的不系统、不统一，以及相应带来的行业从业人员理解上的偏差，往往导致业主在实践过程中凭借其优势地位，加大施工方的责任和负担，造成双方合同关系事实上的不平等。2016 年 12 月，住房和城乡建设部、财政部联合颁布了《建设工程质量保证金管理办法》，其中对于质量保证金予以了明确规定。所谓建设工程质量保证金，是指发包人与承包人在建设工程承包合同中约定，从应付的工程款中预留，用以保证承包人在缺陷责任期内对建设工程出现的缺陷进行维修的资金。《建设工程质量保证金管理办法》同时对质保金的预留比例、返还方式、返还期限等内容予以了规定。就目前的实践来看，建设单位与施工企业双方对于工程质量保证金的操作和实施依然存在诸多问题，往往会对施工企业的利益造成不利影响。

一、工程质量保证金金额约定的风险与防控

实践中，若发包人与承包人约定的工程质量保证金的金额过高，将明显不利于承包人的利益。然而鉴于当前建筑市场的形势，承包商之间的竞争相当激烈，发包人在建筑市场中处于强势地位，因此承包人往往迫于无奈接受发包人预留较高质量保证金比例的要求，从而加大了承包人后期收回质量保证金的一系列风险。

【法律风险】

1. 占用大量资金,造成承包人流动资金紧张。在实际操作中,发包人往往在保证金保留额度上采取就高不就低的方式,有些业主随意提高预留保证金的比例,有的工程甚至高达20%,这实际上已经成为变相的垫资。当前建筑施工行业的市场竞争相当激烈,施工企业的利润率普遍很低,而现阶段质量保证金一般为工程结算价的3%~5%,因此施工企业只有保证利润必须达到5%及以上,才不会出现资金缺口,否则施工企业将承受巨大的资金压力。

例如,国内某大型上市公司,属于土木工程建筑行业,其在证券交易所公布的2011年前3季度的净利润率约为1.08%。该公司旗下某二级全资子公司(下称某施工单位)2011年完成建造合同产值约300亿元,假如建设单位按5%的比例扣留质保金,则相当于一年有15亿元的资金寄存于建设单位。如果该施工单位工程质保金平均回收期(回收期包括建设期和缺陷责任保修期)为2年,2年内完成的产值保持不变,则该施工单位在正常的运营期间相当于共有30亿元(15亿元×2)的资金寄存于建设单位。实际上,很多项目的回收期都大于2年,为了方便计算,这里简化了预计回收期指标。按上述其母公司公布的净利润率水平计算,在不考虑其他债权债务的情况下,该公司因质保金因素的影响而应该补充的流动资金为23.52亿元[300亿元×(5%-1.08%)×2]。这从绝对值来看也是一个不小的数字,如果施工单位不积极采取有效措施,及时收回到期的工程项目质保金,就会影响到整个施工企业的资金流动,给施工企业的正常生产经营带来很大影响。

2. 损害承包人的利益。迫于发包人的强势地位,承包人对于发包人预留的质量保证金往往都不会计取利息,而较长的缺陷责任期加上高额的质量保证金使得承包人不得不损失相当大的利息收益,承包人在现金流减少的压力下又会产生贷款等额外费用,从而加大承包人的财务负担。另外,承包人的实际收入会因通货膨胀等风险因素而贬值。

【核心法条】

《建设工程质量保证金管理办法》

第二条 本办法所称建设工程质量保证金(以下简称保证金)是指发包人与承包人在建设工程承包合同中约定,从应付的工程款中预留,用以保证承包人在缺陷责任期内对建设工程出现的缺陷进行维修的资金。

第五条 推行银行保函制度,承包人可以银行保函替代预留保证金。

第六条 在工程项目竣工前,已经缴纳履约保证金的,发包人不得同时预留工程质量保证金。

采用工程质量保证担保、工程质量保险等其他保证方式的,发包人不得再预留保证金。

第七条 发包人应按照合同约定方式预留保证金,保证金总预留比例不得高于工程价款结算总额的5%。合同约定由承包人以银行保函替代预留保证金的,保函金额不得高于工程价款结算总额的5%。

《中共中央国务院关于进一步加强城市规划建设管理工作的若干意见》

第九条 落实工程质量责任。完善工程质量安全管理制度,落实建设单位、勘察单位、设计单位、施工单位和工程监理单位等五方主体质量安全责任。强化政府对工程建设全过程的质量监管,特别是强化对工程监理的监管,充分发挥质监站的作用。加强职业道德规范和技能培训,提高从业人员素质。深化建设项目组织实施方式改革,推广工程总承包制,加强建筑市场监管,严厉查处转包和违法分包等行为,推进建筑市场诚信体系建设。实行施工企业银行保函和工程质量责任保险制度。建立大型工程技术风险控制机制,鼓励大型公共建筑、地铁等按市场化原则向保险公司投保重大工程保险。

《建设工程施工合同(示范文本)》(2013年版)

15.3 质量保证金

经合同当事人协商一致扣留质量保证金的,应在专用合同条款中予以明确。

15.3.1 承包人提供质量保证金的方式

承包人提供质量保证金有以下三种方式:

(1) 质量保证金保函;

(2) 相应比例的工程款;

(3) 双方约定的其他方式。

除专用合同条款另有约定外,质量保证金原则上采用上述第(1)种方式。

15.3.2 质量保证金的扣留

质量保证金的扣留有以下三种方式:

(1) 在支付工程进度款时逐次扣留,在此情形下,质量保证金的计算基数不包括预付款的支付、扣回以及价格调整的金额;

(2) 工程竣工结算时一次性扣留质量保证金;

(3) 双方约定的其他扣留方式。

除专用合同条款另有约定外,质量保证金的扣留原则上采用上述第(1)种方式。

发包人累计扣留的质量保证金不得超过结算合同价格的5%,如承包人在发包人签发竣工付款证书后28天内提交质量保证金保函,发包人应同时退还扣留的作为质量保证金的工程价款。

【防控建议】

1. 降低工程质量保证金的预留比例。《建设工程质量保证金管理暂行办法》并未强制性要求工程质保金的预留比例,只是规定使用政府投资的建设项目按工程价款结算总额5%左右的比例预留保证金,社会投资项目可参照执行。而2016年12月出台的《建设工程质量保证金管理办法》则明确规定工程质保金预留比例不得高于结算总额的5%。2017年6月7日,国务院召开常务会议,决定自2017年7月1日起将建筑领域工程质量保证金预留比例上限由5%降至3%,这是工程质量保证金制度的一项重大变革,对于施工企业来说无疑也是重大利好。因此,施工企业在与建设单位签订施工合同时应尽量压低质量保证金的预留比例,减轻施工单位背负的保证金负担。

2. 对质量保证金计取利息。按照《建设工程质量保证金管理办法》第三条的规定,承包人可以在合同条款中对保证金是否计付利息、计付利息时利息的计算方式与发包人进行约定。因此在签订合同时,承包人应在质量保证金的相关条款中主张质量保证金利息的计付,并约定利息的计算方式。针对保证金无息返还风险,承包人可以采取如下的措施:在合同中明确约定质量保证金返还是否应计付利息;如计付利息,约定利息计付起止日和利息的计付标准;约定如发包人逾期返还质量保证金,其保证金利息的计算方法。

3. 可以尝试向发包人提交质量保证金以外的质量担保形式来减轻企业的资金负担,也避免后期质量保证金返还上可能发生的风险。具体措施有：以保函的形式替代现金缴纳质量保证金。质量保证金以保函的形式代替现金对承包人来说是有利的，这样可以避免由于缴纳现金形式的保证金引起的被发包人长期占压的风险，使有限的资金得以优化配置，并且能够避免在后期的质量保证金返还环节与发包人产生纠纷。根据《建设工程质量保证金管理办法》规定，保函金额也不得高于工程价款结算总额的5%；以企业为单位设置保证金基金，不再以项目为单位克扣质量保证金。依据承包人所在公司的实际情况设置一定金额的保修基金或保修保函。如果保证金基金或保证金保函的金额不足以满足由承包人造成的质量缺陷的修复费用，那么承包人应在若干工作日之内补足。如果承包人没有在规定的时间内补足保证金基金或保修函金额，发包人将取消承包人的投标资格。工程质量保证金以保修基金或保修保函的方式设立的同时，实行专项管理，并且发包人和承包人都不能随意动用。

二、工程质量保证金扣留的风险与防控

2013年版《建设工程施工合同（示范文本）》规定了质量保证金的三种扣留方式：在支付工程进度款时逐次扣留、工程竣工结算时一次性扣留、双方约定的其他方式，其中第一种为原则上推荐使用的方式，也是实践中最常见的扣留质量保证金的方式。然而，由于我国对于工程质量保证金的扣留问题尚无具体的操作细则，使得发、承包双方在对诸如质量保证金的适用范围、扣留基数等问题进行约定时颇有争议，导致实际结算工程款时问题频发。

【法律风险】

1. 关于工程质量保证金的适用范围。发承包双方应当对工程质保金的适用范围做出明确约定，以此来确定工程进度款中的哪些价款可以扣留质量保证金，否则将可能扩大发包人扣留的质保金金额，影响承包人的利益。

2. 关于工程质量保证金的扣留基数。质量保证金扣留基数的确定是为了便于质量保证金扣留金额的计算，也有利于明确承包人的保修责任。质保金的扣留基数约定不明也可能导致扣留的质保金金额产生偏差，引起后期纠纷。

【典型案例】

2010年7月23日，原、被告签订《工程劳务承包合同》，约定被告将某高速公路22合同段K139+650—K149+691.436段部分桥梁工程承包给原告施工，原告负责合同内所有的桥梁工程的施工，工程以单价承包的方式，包工包料。不合格工程不予验收，不进行计量支付，并且被告需承担因返工带来的一切费用及损失，施工期间对当月已合格计量的工程，待指挥部计量款支付后进行款项拨付，其中应扣除对应工程量的5%作为质量保证金，质量保证金在工程通车两年，同时在工程竣工验收合格后支付。

现原告认为被告在与其结算过程中多扣除桥梁支座更换费用405 000元，未计算空心梁板吊装用钢筋343 244.54元，橡胶支座25 590元，系梁48 139.97元，2012年5月5日因在K142+327传力梁断裂后的施工费用209 732元，并认为被告多扣除保证金1 158 986.05元，因为材料款不应作为质量保证金计算基数。

关于工程质保金的计算，法院认为：原、被告双方均明确表示同意按照合同约定扣除5%作为工程质量保证金，在工程通车两年同时工程竣工验收合格后支付。因此，对于质量保证金的计算基数，本院参照双方合同"施工期间对当月已合格计量的工程，待指挥部计量款支

付后进行款项拨付;其中应扣除对应工程量的5%作为质量保证金"的约定,可明确质量保证金的计算基数应为工程量的5%,即原告所做全部工程总造价的5%,材料款金额不应当在质量保证金计算基数中扣除,故本院对原告该主张不予支持。

【核心法条】

《中华人民共和国建筑法》

第六十二条　建筑工程实行质量保修制度。

建筑工程的保修范围应当包括地基基础工程、主体结构工程、屋面防水工程和其他土建工程,以及电气管线、上下水管线的安装工程,供热、供冷系统工程等项目;保修的期限应当按照保证建筑物合理寿命年限内正常使用,维护使用者合法权益的原则确定。具体的保修范围和最低保修期限由国务院规定。

《建设工程施工合同(示范文本)》(2013年版)

15.3.2　质量保证金的扣留

质量保证金的扣留有以下三种方式:

(1)在支付工程进度款时逐次扣留,在此情形下,质量保证金的计算基数不包括预付款的支付、扣回以及价格调整的金额;

(2)工程竣工结算时一次性扣留质量保证金;

(3)双方约定的其他扣留方式。

除专用合同条款另有约定外,质量保证金的扣留原则上采用上述第(1)种方式。

【防控建议】

1. 明确质量保证金的适用范围,严格区分质量保证金的使用情形。根据《建设工程质量保证金管理办法》的规定,质量保证金是用以保证承包人在缺陷责任期内对建设工程出现的缺陷进行维修的资金,因此,质量保证金的适用范围就是建设工程的保修范围。从造成工程质量缺陷的成因看,必须是承包人的原因导致的质量缺陷。从保修的内容看,主要包括地基基础工程、主体结构工程及其他土建工程、电气管线、给排水管线的安装工程、供热与供冷系统工程等工程实体的项目。因此,工程质量保证金的适用范围为构成工程实体部分的价款,此即质量保证金的扣留范围。鉴于质量保证金保修的是工程实体部分,需分析筛选工程进度款中构成工程实体部分的价款,而剔除施工过程中产生的一些临设、模板等无需保留质量保证金的非实体性的项目价款

2. 明确质量保证金的扣留基数,并尽可能地缩小质量保证金的扣留基数。一般情况下,质量保证金扣留基数是工程进度款中质量保证金扣留范围内的所有价款之和,可以扣留质量保证金的价款包括当期分部分项工程费(合同中约定的)、计入扣留范围的变更价款及计入扣留范围的索赔价款等三部分。实践中,承包人可以与发包人通过谈判协商等方式尽可能减少扣留范围内的价款总和,以此减少扣留的质量保证金金额。

三、质量保证金无法及时收回的风险与防控

在我国建筑市场中,工程质量保证金不能按时足额返还的现象屡见不鲜。实践中,质量保证金常常留存在发包人账户上,且质量保证金的使用缺乏监督机制,当工程出现质量问题时,无论问题大小,发包人往往都会擅自开支、拖延返还期限,甚至借故扣除了大于维修费用

数倍的保修费用。由于发包人的强势地位,承包人普遍缺少相应的应对措施,以致质量保证金无法按时足额返还,导致承包人的利益受到损害。

【法律风险】

1. 发包人无故拖延质量保证金的返还。实践中,发包人往往会以各种理由拖延工程质量保证金的返还,由于发包人缺乏主动返还质量保证金的积极性,且质保金都是留存在发包人处,造成承包人在索要质量保证金时处于相当被动的地位。

2. 缺陷责任期和保修期概念混淆。发、承包双方经常在质量保证金返还时间上产生分歧,从而引起双方之间的纠纷。在实践中,发、承包双方一般在合同中约定以保修期满为质量保证金返还的节点,而此种约定对承包人的权益是非常不利的。2013年版《建设工程施工合同(示范文本)》借鉴了FIDIC合同条件,在示范文本中增加了缺陷责任期的相关规定,规定:"缺陷责任期自实际竣工日期开始计算,但最长不超过24个月。"缺陷责任期设置的目的就是为了质量保证金的返还。而《建设工程管理质量条例》规定的最低保修期是根据工程部位而设置的,但是最短的为2年。因此在一般情况下,保修期都会大于缺陷责任期。但《建设工程施工合同(示范文本)》(2013年版)并不是强制性文件,因此发包人和承包人仍需在合同中明确质量保证金的返还时间。

当缺陷责任期与保修期混淆后,发包人为了自身的利益通常主张在最低保修期限满后返还质量保证金;虽然承包人认为质量保证金应该在缺陷责任期满后返还,但质量保证金已经扣留在发包人的账户中,所以发包人占有较大主动权和优势地位,因此质量保证金返还期限的混淆会给承包人带来无法按期收回质量保证金的后果。

【典型案例】

发包方甲公司与承包方乙公司于2009年8月签订《建设工程施工合同》,约定由乙公司承建甲公司商铺。合同约定了工程范围、工程价款、工期等,还约定"整体竣工验收合格后,发包方付清全部工程款(不含质保金5%),质保金一年后付清。"

案涉工程《质量保修书》约定,屋面防水工程、有防水要求的卫生间、房间和外墙面的防渗漏的保修期为五年,其他项目保修期均为两年。2011年9月,涉诉工程竣工验收合格,双方结算价格为5 398万元,甲公司已付工程款5 047万元,质保金数额为269万元。案涉工程竣工验收合格之后因出现质量问题,乙公司进行了维修。2012年10月乙公司起诉请求甲公司给付剩余工程款351万元及利息。

一审法院认为,甲公司应当承担给付工程款的义务,但乙公司请求返还质保金269万元不予支持。

二审法院认为:双方当事人对发包人在应付工程款中预留的质量保证金返还约定为竣工验收合格一年后,现验收合格已满一年,乙公司请求按照约定返还质量保证金应予支持。

最高院对此案持如下观点:当事人对发包人在应付工程款中预留的工程质量保证金返还有约定,承包人请求按照约定返还工程质量保证金的,应予支持。发包人返还工程质量保证金后,不影响承包人依照合同约定或法律规定履行工程保修义务。

【核心法条】

《建设工程质量保证金管理办法》

第二条 本办法所称建设工程质量保证金(以下简称保证金)是指发包人与承包人在建

设工程承包合同中约定,从应付的工程款中预留,用以保证承包人在缺陷责任期对建设工程出现的缺陷进行维修的资金。

缺陷是指建设工程质量不符合工程建设强制性标准、设计文件,以及承包合同的约定。

缺陷责任期一般为1年,最长不超过2年,由发、承包双方在合同中约定。

第八条 缺陷责任期从工程通过竣工验收之日起计。由于承包人原因导致工程无法按规定期限进行竣工验收的,缺陷责任期从实际通过竣工验收之日起计。由于发包人原因导致工程无法按规定期限进行竣工验收的,在承包人提交竣工验收报告90天后,工程自动进入缺陷责任期。

第九条 缺陷责任期内,由承包人原因造成的缺陷,承包人应负责维修,并承担鉴定及维修费用。如承包人不维修也不承担费用,发包人可按合同约定从保证金或银行保函中扣除,费用超出保证金额的,发包人可按合同约定向承包人进行索赔。承包人维修并承担相应费用后,不免除对工程的损失赔偿责任。

由他人原因造成的缺陷,发包人负责组织维修,承包人不承担费用,且发包人不得从保证金中扣除费用。

第十条 缺陷责任期内,承包人认真履行合同约定的责任,到期后,承包人向发包人申请返还保证金。

第十一条 发包人在接到承包人返还保证金申请后,应于14天内会同承包人按照合同约定的内容进行核实。如无异议,发包人应当按照约定将保证金返还给承包人。对返还期限没有约定或者约定不明确的,发包人应当在核实后14天内将保证金返还承包人,逾期未返还的,依法承担违约责任。发包人在接到承包人返还保证金申请后14天内不予答复,经催告后14天内仍不予答复,视同认可承包人的返还保证金申请。

《最高人民法院关于审理建设工程施工合同纠纷案件适用法律问题的解释》

第十七条 当事人对欠付工程价款利息计付标准有约定的,按照约定处理,没有约定的,按照中国人民银行发布的同期同类贷款利率计算。

【防控建议】

1. 承包人相关人员应分辨清楚缺陷责任期与保修期之间的区别,避免因己方概念的混淆导致误把保修期当做缺陷责任期而为后期质量保证金的回收带来风险。

2. 承包人需根据工程实际情况,与发包人约定缺陷责任期的期限长短和质量保证金的返还时间,但该期限最长不超过2年。缺陷责任期实质上就是预留质保金的期限。在合同中避免出现模糊用语而导致发、承包双方后期在返还时间上产生纠纷,如实践中不乏疏于约定保证金返还期,承包人在索要保证金时,发包人或以保修期未届满为由拖延返还,或以施工质量存在缺陷为由随意克扣的实例。在给予了充分准备时间的情况下,承包人可以书面的形式通知发包人在约定的期限内返还质量保证金,以降低质量保证金无法按期回收的风险。

3. 在承包人内部,针对质量保证金的清收工作可以从以下几方面着手:思想认识要到位,做好宣传工作,让所有相关人员明白回收到期质保金对企业健康发展的重要性,树立清收人员的责任感和使命感;组织机构建设要到位,要有专门的职能部门负责清收;制度措施要到位,要有合理的激励机制,敢于对收回大额款项的清收人员按已制订的奖励办法兑现奖励;清收工作执行要到位,对于已制定并经批准的清收工作计划要严格执行。

4. 针对发包人的质保金清收工作可以从以下几方面着手:打"感情牌"甚至是"悲情牌",对经营正常、有偿债能力的建设单位,要加强联系,利用已有的社会关系资源,多沟通,晓之以理,动之以情,让建设单位知道和理解施工方的难处;利用国家重视解决农民工工资拖欠等政策清收,比如在节假日前后,利用发放农民工工资等因素,向建设方讲道理,提要求,加大催收力度,必要时,让可控的劳务队直接与建设单位见面;请仲裁机构仲裁或走司法程序,采取诉讼方式,用强制手段收回,以维护施工企业合法权益。

5. 将工程质量保证金交由第三方托管。待约定或者法定的保修期届满,由第三方将保证金的本金和利息一并划拨给承包人。通过第三方托管机构的监管,实现工程质保金的专款专用,避免质保金的延期返还,解决发包人挪用、滞留工程质保金导致承包人权益损害的情况。

6. 与发包人约定逾期返还工程质保金的违约责任。质保金作为工程款的一部分,逾期未支付时通常应适用于工程合同中关于发包人逾期支付工程款的违约责任。承包人可以与发包人约定逾期返还质保金的逾期利息,以此来约束发包人的延期支付行为,减少自己的利益损失。

四、发包人扣除质量保证金的风险与防控

【法律风险】

1. 质量缺陷责任界定不清导致承包人无法足额收回质量保证金。建设工程出现质量缺陷问题后,若缺陷责任界定不清,发包人往往会片面地把责任归咎于承包人,要求其承担缺陷修复费或从质量保证金中扣除。然而建设工程质量缺陷的责任分析是一个非常复杂的过程,目前我国还没有制定相应的质量缺陷责任的鉴定规则和国家认可的相关鉴定机构或是界定的实施细则。承包人虽是建设工程产品的直接生产者,但建设工程的质量缺陷也与勘察设计的水平、建筑产品使用者的日常使用维护,以及建筑物在其合理的使用年限内可能遭受的极端天气、不可抗力等有很大的关系。实践中,发包人对工程质量问题缺乏全面分析,片面强调承包人的责任,忽略了勘查设计中的问题和后期使用不当造成的缺陷。当缺陷责任界定不清,发包人将不属于承包人原因导致的缺陷错误得归因给承包人或者将不全属于承包人原因导致的缺陷单纯归因于承包人,要求承包人承担相应缺陷修复发生的费用,并在其预留的工程质量保证金中扣除这部分费用,最终导致返还质量保证金时,承包人不能足额回收。

2. 承包人不履行或不及时履行缺陷责任期内的保修义务,将可能面临质量保证金被发包人扣除的风险。

【典型案例】

2005年12月20日,杭州A公司与B公司签订《建设工程施工合同书》,合同附件《房屋建筑工程质量保修书》规定,本工程质保金为工程结算价款的5%,质保金的80%在竣工验收合格一年后退还,其余20%在工程竣工验收合格五年后无息退还。

该工程于2009年3月交付使用,在合同约定的质保期内,B公司与建工、长城、大华等四位承包人所建设施工的地下室车库的土建工程出现变形缝漏水等质量问题,杭州工程公司(杭州A公司的母公司)委托第三方某公司进行修复施工,修复工程款为860 808元。

2013年5月2日,B公司因杭州A房地产公司未归还剩余质保金,起诉至法院。

法院认为,根据双方签订的《房屋建筑工程质量保修书》的规定,防水防渗漏属于质量保修的范围,且原告当庭自认,可知其承建的涉案工程漏水属于质保范围。原告作为保修人如认为建筑物所有人或发包人对建筑物的损坏有过错,则需对此承担举证责任,但原告无法举证证明此事实,因此,涉案工程漏水属于原告保修范围,应对此保修承担责任。根据双方合同约定,如涉案工程出现质量问题,属于保修范围的项目,承包人在接到通知起7日内未派人修理的,发包人可委托其他人进行维修,所产生的费用由承包人(保修人)承担。本案中,被告发现涉案工程在质保期内出现漏水等质量问题,并及时通知原告,但一直未得到修复的事实,因此,认定原告接到通知后未能在合理期限内适当履行保修义务。此时,发包人有权委托第三方进行维修,并从质保金中扣除由此产生的费用。

综上,法院判决原告的质保金应当扣除案外人涉案工程修复费用,由被告支付。

【核心法条】

《最高人民法院关于审理建设工程施工合同纠纷案件适用法律问题的解释》

第二十七条 因保修人未及时履行保修义务,导致建筑物毁损或者造成人身、财产损害的,保修人应当承担赔偿责任。

保修人与建筑物所有人或者发包人对建筑物毁损具有过错的,各自承担相应的责任。

《建设工程施工合同(示范文本)》(2013年版)

14.4 最终结清

14.4.1 最终结清申请单

(1)除专用合同条款另有约定外,承包人应在缺陷责任期终止证书颁发后7天内,按专用合同条款约定的份数向发包人提交最终结清申请单,并提供相关证明材料。

除专用合同条款另有约定外,最终结清申请单应列明质量保证金、应扣除的质量保证金、缺陷责任期内发生的增减费用。

(2)发包人对最终结清申请单内容有异议的,有权要求承包人进行修正和提供补充资料,承包人应向发包人提交修正后的最终结清申请单。

14.4.2 最终结清证书和支付

(1)除专用合同条款另有约定外,发包人应在收到承包人提交的最终结清申请单后14天内完成审批并向承包人颁发最终结清证书。发包人逾期未完成审批,又未提出修改意见的,视为发包人同意承包人提交的最终结清申请单,且自发包人收到承包人提交的最终结清申请单后15天起视为已颁发最终结清证书。

(2)除专用合同条款另有约定外,发包人应在颁发最终结清证书后7天内完成支付。发包人逾期支付的,按照中国人民银行发布的同期同类贷款基准利率支付违约金;逾期支付超过56天的,按照中国人民银行发布的同期同类贷款基准利率的两倍支付违约金。

(3)承包人对发包人颁发的最终结清证书有异议的,按第20条〔争议解决〕的约定办理。

【防控建议】

1.为避免承包人在缺陷责任证明过程中处于被动和尴尬境地,承包人应在合同签订阶段就与发包人在合同中约定清楚出现质量争议时的缺陷责任认定的办法。具体办法如下:

(1) 在合同条款中明确约定：当出现质量缺陷问题时，应交由工程质量鉴定机构检测。

(2) 在合同中明确约定工程质量缺陷鉴定机构要具有一定资质。

(3) 明确质量缺陷鉴定费用的支付方式：先由发包人支付，后由质量缺陷的责任方承担。

2. 对于缺陷责任界定不清带来的风险，承包人应该证明质量缺陷不是自己造成的或者证明不是自己一方造成的。首先，承包人可以提交由发包人提供的地质勘查报告和一系列的设计图纸，证明自己是按图施工，所以勘察设计问题导致的缺陷责任不在己方；然后，承包人可以提交一些发包人使用工程不当的证据，从而证明质量缺陷与发包人的使用不当有关。

3. 承包人应当加强建设工程质量管理，严把质量关口，落实各项质量规范，达到施工要求，保证施工质量。对于缺陷责任期内发生的质量问题，如果的确是由于己方原因造成的，应当及时履行保修义务，以防止损失的扩大化。

第五章
工程造价的法律风险防控建议

工程造价又名价款约定,是指在建设工程施工合同中约定,施工人完成合同范围内义务的对价,发包人应当向施工人支付的款项。根据《中华人民共和国建筑法》第十八条之规定:"建设工程造价应当按照国家有关规定,由发包单位与承包单位在合同中约定。公开招标发包的,其造价的约定须遵循招标投标法律的规定。"

不管是直接的工程价款纠纷,还是工程质量、工期索赔、工程变更、材料价格涨跌等纠纷,最终都会表现为工程价款结算纠纷。而工程价款的结算除了需要专业的建设工程法律知识以外,财务、税收、技术、造价等知识也不可缺。同一工程,不同审价部门作出的审价结论都有可能存在差异,因此,工程造价可以说是整个工程中的核心,一旦产生风险,必然是系统性、全面性的。

第一节 工程计价方式的风险与防控

实践中,工程计价的合同方式主要分为总价合同、单价合同和成本加酬金合同三大类。发、承包双方可以根据项目工程特点结合自身情况在其中任选一种。

一、固定总价计价的风险与防控

固定总价是指在约定的范围内合同总价不作调整,双方可以以施工图、已标价工程量清单或预算书及有关条件计价。对于约定的范围具体有哪些,双方应在合同中予以明确,对于超过约定范围和约定风险的事项,是否需要调整,合同中也应一并予以约定。固定总价俗称"一次性包死价",但所谓固定总价并不是像一些人理解的价款不能调整,而是合同约定的总价包含的风险范围和风险费用不予调整,但合同约定风险范围以外的风险应该通过约定和法定的方法予以调整。

双方约定固定总价结算条款,表明合同当事人对承包范围和风险是清楚的,但若一方在没有证据和事实推翻合同约定时,一方当事人抛开合同约定的包干总价,提出对工程造价进行鉴定的申请,法院一般不予支持。即使当事人在履行合同过程中,实际增加了施工面积,但双方未对增建的施工面积如何取费进行约定,对新增加工程价款又达不成一致意见的,如果新增加工程与原工程性质基本相同(主要指建筑材料、设计相同),法院仍然可遵循当事人合同约定的真实意思表示,按照合同约定的结算标准计算增加的工程量价款。

【典型案例】①

2006年12月9日,坪石电厂作为甲方与乙方韶关某公司签订《韶关市坪石发电厂有限公司(B厂)三期扩建工程2×300 MW循环流化床机组土建工程施工合同》,该合同约定:(1)甲方确定由乙方承担坪石电厂三期扩建工程2×300 MW循环流化床机组项目及配套工程项目土建工程的施工、竣工与保修任务。工程质量应达到国家或行业有关规定的优良标准,并争创国家优质工程。(2)合同价款。该工程采用总价承包,合同总价为人民币204 950 000元。

最高人民法院在评析该案争议焦点之一关于案涉工程款是按固定价还是据实结算问题时认为:《韶关市坪石发电厂有限公司(B厂)三期扩建工程2×300 MW循环流化床机组土建工程施工合同》因本案当事人未依法履行招投标程序而无效。《最高人民法院关于审理建设工程施工合同纠纷案件适用法律问题的解释》第二条虽有"建设工程施工合同无效,但建设工程经竣工验收合格,承包人请求参照合同约定支付工程价款的,应予支持"的规定,但无效合同比照有效处理的前提是当事人对权利义务进行充分协商、各自意志已充分表达,只有对合同履行的利益有了全面以及合理的预期才能够接受合同条款的约束。由于本案中双方当事人于2006年12月6日签订施工合同时仅有一份简略的《广东坪石发电厂(B厂)三期扩建工程厂区总平面布置图》可资参考,对具体的施工范围以及相对准确的工程量等与工程价款的厘定有密切关系的基本事实并未确定,而具体的施工图纸在合同签订后自2007年5月起至2009年11月期间方由坪石电厂向韶关某公司陆续提交,因此即便韶关某公司作为专业建设施工单位具有相当的施工经验和市场风险判断能力,对于案涉大型基础建设施工工程而言,也不可能基于一份简略的《广东坪石发电厂(B厂)三期扩建工程厂区总平面布置图》而对工程量和造价做出相对准确的评估。另外,施工合同中关于"2.11.工程项目价格表,合计为20 495万元,本工程为土建总承包,范围含有合同中所列表格内容,但不限于该内容,详见施工图纸"的条款也说明随着陆续提供的详细施工图纸所确定实际的施工范围会逐步超出合同签订时预估的施工范围,那么这种以协商不足的固定价款来对应不断增加的工程量的交易方式对施工方而言是极不公平的。因此,坪石电厂与韶关某公司在合同履行过程中根据实际情况以及陆续提交的施工图纸所确定的施工量来重新议定工程承包总价格、变更原有固定价的工程价款确定方式,既有相应事实依据且合乎常理,亦有利于保证案涉工程的质量和建设施工顺利完成。

故该案可以看出,固定总价成立的前提是双方对具体的施工范围以及相对准确的工程量有全面和合理的预期。本案中,双方虽约定固定总价结算,但案涉大型基础建设施工工程的固定总价只是基于一份简略的《广东坪石发电厂(B厂)三期扩建工程厂区总平面布置图》,韶关某公司无法对工程量和造价做出相对准确的评估。最终,最高人民法院认为应据实结算。

【核心法条】

《建设工程价款结算暂行办法》

第八条 发、承包人在签订合同时对于工程价款的约定,可选用下列约定方式:固定总

---

① 参见〔2016〕最高法民再135号民事判决书。

价。合同工期较短且工程合同总价较低的工程,可以采用固定总价合同方式。

《建设工程施工发包与承包价格管理暂行规定》

第七条 工程价格的分类:(一)固定价格。工程价格在实施期间不因价格变化而调整。在工程价格中应考虑价格风险因素并在合同中明确固定价格包括的范围。

【防控建议】

施工单位是否选用固定总价合同,应考虑以下因素:

1. 招标时的设计深度是否已达到施工图设计深度,同时应判断在合同实际履行过程中是否会出现较大的变更设计,以及报价工程量与实际完成的工程量差异不大。

2. 规模较小、技术简单的中小型工程可以适用固定总价合同。因规模较小、技术简单,承包商能够合理地预见到实施过程中可能遇到的风险。

3. 合同期较短的工程(一般为1年之内)。这类工程因合同期限较短,短期内市场价格浮动不大,故总价影响不大。

二、单价合同计价的风险与防控

单价合同是指合同中价格计算、调整和确认根据工程量清单及其综合单价来计价的建设工程施工合同,合同单价在约定的范围内不作调整。采用单价合同,应约定综合单价包含的风险费用和风险范围的计算方法专用合同条款中约定综合单价包含的风险范围和风险费用的计算方法,并约定风险之外的合同价格的调整方法。2013版《建设工程工程量清单计价规范》3.2.1条款"采用工程量清单计价的工程,应在招标文件或合同中明确计价中的风险及其范围(幅度),不得采用无限风险、所有风险或类似语句规定计价中风险内容及其范围(幅度)。"因此,在适用工程量清单计价规范的工程中,对于计价风险是有规范要求的。

【法律风险】

1. 勿将单价合同误解为可调价合同。单价合同虽然未加上"固定"两个字,但是从定义来看,实际上就是固定单价合同,而可调价格合同是指在合同实施期间随着价格的变化而调整的合同,两者内涵完全不同。

2. 单价合同是承包商根据工程量报价单内分项工作内容据此填报单价,并以实际完成工程量乘以所报单价确定结算价款的合同。承包商所填报的单价应为计及各种摊销费用后的综合单价,并非直接费单价。

【典型案例】[①]

2007年3月16日,蓝天环保公司与中天建设公司签订《内蒙古鄂尔多斯电力有限责任公司1.2#机组脱硫岛及全厂公用系统土建、安装施工合同》一份,双方约定:合同条款第1.7款,工程于2007年3月17日进场,2007年4月10日基础开挖,于2007年12月31日前完成1.2#机组168小时试运行;第2.6款,单价合同即单价承包分项工程实施期间单价包死,结算时以经双方审定的施工图为依据测量实际工程量与合同单价结算。

---

① 参见〔2008〕杭西民三初字第1613号民事判决书。

法院在审理"政策性调整、人工及材料补差部分"这一争议焦点时认为：招标文件报价原则 3.1.1 款明确告知投标人，报价时要考量政策性文件的规定及合同包含的所有风险；报价原则 3.2.8 款明确告知投标人，报价时充分考虑工程建设期间市场价格变化的风险，无论市场价格如何变化，单价及总价均不因市场价格变化而调整；施工合同第 2.6 款约定，单价合同即单价承包分项工程实施期间单价包死；施工合同第 23 款约定，单价承包项目在合同执行期间单价不作调整……中天建设公司在投标时应将政策性规定以及市场价格的变化考虑在报价内，故在合同期限内不应进行政策性调整。因本案工程延期，对延期以后是否进行政策性调整应根据相关规定作为判断标准。因鄂尔多斯市工程造价管理站发布的人工、材料信息价的调整不属于政策性调整的范围，中天建设公司提供的内蒙古自治区建设厅发布的内建工〔2007〕236 号文件，虽对定额人工工资进行了调整，但根据该文件的第二条规定，按照内蒙古自治区 2004 年计价依据计价的工程，才属调整范围，而中天建设公司的投标文件，其人工单价的报价均为市场价，所以不属于政策性文件调整的范围。故本案工期延期，无论责任在哪方，均不存在政策性调整合同价款的情形。

【典型案例】[①]

2013 年 6 月 12 日，电建三公司发布了连云港金属墙板招标文件。2013 年 6 月 30 日，中南公司向电建三公司递交了投标报价表、综合单价组价表、单项单价表。其中，在综合单价组价表金属保温型墙面钢板单价分项空白栏中，写明人工费、材料费、机械化使用费、管理费及利润；在单项单价表中，在金属保温型墙面钢板空白分项栏写明材料费、安装费等。2014 年 1 月 15 日，中南公司与电建三公司签订了一份名为"材料采购"的合同，该材料采购合同载明了以下主要内容：合同单价包含标的物运送至交货地点的包装费、装运费、保险费及税金等所有费用；该材料采购合同的附件 7，即合同标的物详细清单中载明：1. 金属保温型墙面钢板（参考）数量 29 580 m²（综合单价 425 元/m²），2. 物资综合单价包括物资原价、运输费用、包装费用、保险及货物到电建三公司指定地点所需所有费用。

关于本案安装费是否包含在综合单价 425 元/m² 中的争议焦点。一审认为，电建三公司就其中常规岛 UMA/UBN 厂房金属墙板的设计、供货和安装工程对外单独进行了招标。根据电建三公司发布的招标文件、中南公司的投标文件以及此后双方各种形式磋商情况分析，电建三公司本意是将金属墙板的设计、供货和安装施工工程分包给中南公司承建。在实际履行过程中，中南公司也确实独立承担了金属墙板的设计、供货和安装施工义务，因此双方实际建立的是建设工程分包合同关系。中南公司与电建三公司签订的"材料采购合同"，即双方针对金属墙板的设计、供货部分经过招投标后签订了正式书面合同，该合同仅对金属墙板的综合单价、交货地点、付款方式等作出约定，但未对安装施工的工期、价款、结算、违约责任、解除条件等作出明确书面约定。双方所签材料采购合同及所附采购清单载明，金属保温型墙面钢板综合单价分别为 425 元/m²，并以列举形式明确上述综合单价包括物资原价、运输费用、包装费、保险及税金等费用，但未明示包含安装费用。该总价为货到施工现场一票结算价格，而安装费用应是货到施工现场以后才会发生的费用，因此从合同的文义理解，该材料采购合同所载明的单价也不应包括安装费用。

---

① 参见〔2017〕苏 11 民终 511 号民事判决书

二审法院认为，安装费应当包含于《材料采购合同》的综合报价中，中南公司不应重复主张，理由如下：招标书第二项《招标范围和要求》约定"（招标范围）涉及范围包括金属墙板的设计、供货和安装施工"，中南公司多次报价，目前证据显示2013年7月30日系其最后报价，以保温型压型钢板为例，该报价显示，"合价（综合单价）"为425，并分列了人工费、材料费、机械化使用费、管理费及利润（合计为425），单项单价表分列了材料费、安装费（合计为425）。由上述材料可以推知，双方在招投标的过程中均已将安装费列入招投标范围，予以磋商。虽然双方最终签订的《材料采购合同》多次提及物资综合单价系"货到施工现场一票结算价格"，并以一般买卖合同的形式约定了货款的结算与支付，但采购合同清单中也约定了"本合同项目包括金属墙板的设计、供货和安装"，同时《材料采购合同》中保温型压型板的综合单价为425，与中南公司2013年7月30日投标报价相同（以保温性压型板为例，单层压型板亦相同），而该投标报价显然已包含了安装费。另从合同实际履行情况来看，本案合同价款逾千万，中南公司实际负责安装金属板，双方在安装施工过程中多有摩擦，双方多次交涉，但中南公司并未在较正式的交涉文件中提及安装费，中南公司认为"双方未对安装费进行约定"的诉讼理由与一般市场交易常理不符。综上，本院认为，《材料采购合同》的综合报价已包含安装费。

【核心法条】

《建设工程价款结算暂行办法》

第八条 发、承包人在签订合同时对于工程价款的约定，可选用下列一种约定方式：（二）固定单价。双方在合同中约定综合单价包含的风险范围和风险费用的计算方法，在约定的风险范围内综合单价不再调整。风险范围以外的综合单价调整方法，应当在合同中约定。

【防控建议】

1. 确定单价合同后，应完整填写风险范围、风险费用计算方法。另外，应填写风险范围以外合同价格调整方法。

2. 适用单价合同的项目主要是指那些长工期、复杂技术、在履约过程中可能会发生重大变化的大型土建工程。

3. 由于建设工程施工分包合同中的单价与材料采购合同中的单价定义不一致，因而在合同签订时，应严格区分建设工程施工分包合同与材料采购合同，避免在结算时产生争议。

4. 注意合同中的概念用于应当统一，且关键词语的定义应该清晰、明确。比如，在上述案例中涉及价格的条款，就分别出现了"综合单价"、"合同单价"、"物资综合单价"三个词语。但在法律意义上，这三个词语的含义截然不同，一审法院采纳的是"物资综合单价"，从而判定安装费不包含在内；二审法院则结合招投标过程以及建设工程施工惯例，采纳的是"综合单价"，从而判定安装费已包含在内。

三、可调价计价的风险与防控

可调价包括可调综合单价和措施费等，合同中应明确调整方法以及调整条件，避免产生争议。

【法律风险】

对于可调价合同,要避免名为可调价合同而实为固定总价合同的情形。在〔2016〕新01民终3692号一案中"奔腾公司与新电能公司签订的配电工程施工合同合法有效,奔腾公司应当按照约定履行自己的义务。双方约定合同价款采用可调价格,金额为146万元,但并未约定调整的方法,也无证据证明双方对合同价款予以调整,故奔腾公司应当按照确定的价款146万元支付工程款。"

【典型案例】[①]

2010年9月20日,新力达公司与南方矿业签订了一份《群吉萨依铜矿35 kV线路及35 kV变电站施工设计、安装调试工程合同》,约定:南方矿业将其尼勒克县群吉萨依铜矿35 kV线路及35 kV变电站施工设计、安装调试工程发包给新力达公司施工。工程内容:根据设计图纸架设35 kV线路约为27 km,建设35 kV变电站一座。合同价款:工程所需材料由新力达公司提出材料清单,由南方矿业询价签证后交新力达公司采购,但主要大宗材料由南方矿业直接采购;安装费用待竣工后30日内办理工程价款决算审计后一次性结清。工程决算造价,按照实际发生的工程量,套用伊犁地区电力安装工程定额和相应的费用定额按实计算。其中人工费、机械费等取费标准以2010年9月20日前伊犁哈萨克自治州造价管理部门颁布的调整文件为准,如伊犁地区无相应标准,则按照《电力建设工程预算定额》(2006年版)编制。合同专用条款约定:合同价款采用暂定价,按实际完成工程量按照国家预算定额进行计算。

法院对"主材参与取费问题"这一争议焦点认为:双方当事人签订的《群吉萨依铜矿35 kV线路及35 kV变电站施工设计、安装调试工程合同》系双方当事人真实意思表示,不违反国家法律、行政性法规的强制性规定,合法有效。双方均应当按照约定履行自己的义务。《最高人民法院关于审理建设工程施工合同纠纷案件适用法律问题的解释》第十六条规定:当事人对建设工程的计价标准或者计价方法有约定的,按照约定结算工程价款。双方当事人合同约定合同价款采用暂定价,套用伊犁地区电力安装工程定额和相应的费用定额等国家预算定额,按照实际发生的工程量,按实计算。国家发改委发布的《电网工程建设预算编制与计算标准》(2007年版)、新疆《电力建设工程预算定额》(2006年版)及《电力工程概算定额》(2006年版)等国家预算定额编制标准,工程价款包括直接费、间接费、税金和利润四部分,其中直接费包括直接工程费和措施费,直接工程费由人工费、材料费、施工机械使用费、装置性材料费即主材费构成。依据上述定额编制标准,涉案施工合同采用可调价方式结算工程价款,建设单位即南方矿业提供主材,扣除单位估价表内相应的材料预算价格(主材价格)后,按相应估价表基价计取费用,符合定额计价内容和规范要求。因此,虽然涉案工程主要建筑材料均由南方矿业提供,但主材进入直接费计入工程价款,既符合双方合同约定和国家相关定额计价编制标准,也符合法律规定。

【核心法条】

《建设工程价款结算暂行办法》

第八条 发、承包人在签订合同时对于工程价款的约定,可选用下列一种约定方式:

[①] 参见〔2014〕伊州民一初字第25号民事判决书。

(三)可调价格。可调价格包括可调综合单价和措施费等,双方应在合同中约定综合单价和措施费的调整方法,调整因素包括:1.法律、行政法规和国家有关政策变化影响合同价款;2.工程造价管理机构的价格调整;3.经批准的设计变更;4.发包人更改经审定批准的施工组织设计(修正错误除外)造成费用增加;5.双方约定的其他因素。

【防控建议】

双方约定合同价款采用可调价格既要约定调整的方法,又要在施工合同履行过程中注意保存证据证明双方对合同价款予以调整的事实。

四、成本加酬金价格的风险与防控

成本加酬金合同是指将实际造价分为直接成本费和承包商完成工作后应得酬金两部分的工程项目合同。业主据实报销工程实施过程中发生的直接成本费,承包商相应报酬支付另按合同约定。对于边设计边施工的紧急工程或者灾后修复工程比较适合成本加酬金合同。

【典型案例】[①]

《旺苍攀成钢焦化有限公司焦化废水治理项目土、房建承包合同》约定:超越公司将其总承包旺苍60万吨焦化项目生化废水处理工程中的土建及路面修建工程分包给南华公司修建。工程开工时间为2010年5月9日,竣工时间为2010年10月20日。合同价款暂按232万元计价,实际结算价按工程实际成本加成本的10%作为工程总价据实结算[以2009年版的《建设工程工程量清单计价规范》(以下简称09清单)定额为计算参照依据]。

法院在评析"南华公司提出在鉴定工程价款基础上再加10%利润"的请求时认为:案涉合同虽约定了实际结算价按工程实际成本加成本的10%作为工程总价据实结算(以09清单定额为计算参照依据)。双方对此约定的理解却存在分歧,南华公司认为双方约定的计算方式是成本加酬金,应以09清单为标准,计算得到的鉴定工程造价金额基础上,上浮10%作为结算的总金额;而超越公司则认为双方约定的是选择性条款,即当成本加酬金条款无法核算时,就以定额作为计算依据。现鉴定机构已选用了09清单定额作为计算,已经包含合理利润,不得在此基础上再采用成本加酬金的方式重复计算。法院认为,诉讼中南华公司未能向本院提供案涉工程相关的人工、机械、材料等成本依据,故无法通过成本加酬金方式计算案涉工程价款。在此情况下,本院根据南华公司的申请委托鉴定机构,采用09清单定额计算得出案涉工程价款,而09清单定额本身已含有利润。因此,对南华公司提出在鉴定工程价款基础上再加10%利润的请求不予支持。

【核心法条】

《建设工程施工发包与承包价格管理暂行规定》

第八条 发、承包人在签订合同时对于工程价款的约定,可选用下列一种约定方式:

(三)工程成本加酬金确定的价格。工程成本按现行计价依据以合同约定的办法计算,酬金按工程成本乘以通过竞争确定的费率计算,从而确定工程竣工结算价。

---

① 参见〔2013〕眉民初字第14号民事判决书。

【防控建议】

我们认为,建设工程施工合同形式多样,各有特点。发、承包方应结合不同因素综合考虑确定适合于自己的计价模式合同:

发、承包方主要从以下四方面考虑:第一,工程项目的复杂程度。项目复杂程度较低的,各项费用易于估算的,应采用总价合同。对于项目复杂程度高、估算不准的采用单价合同或成本加酬金合同。第二,设计深度越深则费用变化不大,可采用总价合同;反之,则采用单价合同和成加酬金合同。第三,工程施工技术的先进程度。采用新技术和新工艺的项目,因不可控因素较多,可采用成本加酬金合同。第四,工程施工工期的紧迫程度。工期较紧的合同,过程中为了完成工期,可能会不断增加投入,增大成本,因此不宜采用总价合同。

第二节　工程价款调整的风险与防控

一、工程变更的风险与防控

工程变更是建设工程施工合同在实际履行过程中,承、发包双方产生问题争议的焦点所在。因在建设工程施工合同内欠缺有关工程变更结算条款,或者当事人双方的有关约定不明,往往极易在最终的工程结算阶段引发承、发包双方之间的诉讼纠纷。

【法律风险】

1. 因缺乏书面变更指令,而就是否进行变更以及具体变更的工程量如何计算产生纠纷。

2. 因不遵守合同约定的变更程序,而就最终工程款结算时是否考虑该部分变更而产生纠纷。2013年版《建筑工程施工合同(示范文本)》通用条款第10.3条规定了一套完整的发包人提出变更、监理人提出变更建议、变更执行的具体程序。在具体实务中,有些发、承包人会在施工合同中就最终工程款结算时如何计算变更部分价款进行具体约定。但承包人因自身管理人员素质以及施工现场赶工等因素影响,而不完全遵照双方合同约定履行的状况又经常发生,这也为最后双方的诉讼争议埋下导火索。

3. 变更过程中"灵活"操作,无变更确认权的相关人员签署变更资料,由此导致最终工程款结算纠纷。

4. 承发包双方就工程变更涉及的量、价结算方式存在争议而产生的工程款结算纠纷。如发、承包双方在建设工程施工合同未就工程变更后的量、价计算方式进行明确约定,则由此可能导致工程量、价在最终结算时都存在争议。

【典型案例】[①]

2006年12月31日,日月能源公司中标"成都地铁一号线一期工程110 kV主变电所总承包标",《成都市建设工程中标通知书》(成地铁中字〔2006〕64号)载明:"中标价:

---

① 参见〔2015〕川民终字第249号民事判决书。

164 019 296 元;中标工期:自单位中标之日起,至工程缺陷责任期及临管期结束止。"2007 年 4 月 10 日,成都地铁公司(甲方)与日月能源公司(乙方)签订了《成都地铁一期工程 110 kV 主变电所总承包合同》,约定由日月能源公司总承包成都地铁一号线一期工程火车南站、皂角树 110 kV 主变电所工程项目。

法院在评析"通信系统设备选型变更是否属工程变更、费用应否计入工程变更增加费用"这一争议焦点时认为:根据《成都地铁一期工程 110 kV 主变电所总承包合同》合同协议书第二条关于"工程承包范围"的约定,即"皂角树和火车南站两个主变电所 110 kV 电缆线路工程和通信工程,包括电缆通道的设计和建设、通信工程的建设等"的约定,通信系统工程属于日月能源公司的总承包范围。虽然,专用条款第 4.15.2 条约定:"对由承包人采购的主要设备和材料(主要设备、电缆、建材等)发包人保留要求购买指定的发包人满意的设备和材料的权利,总价不作调整,报价时要充分考虑此因素。"但是,根据成都电业局自动化通信管理所于 2009 年 4 月 7 日出具的《关于地铁皂角树变电站光传输设备选型的意见》及《关于地铁火车南站变电站光传输设备选型的意见》,能够证明案涉项目在建设过程中,因两变电站调度自动化等业务需通过成都现有区域光传输网接入,并在已运行的光设备上扩容板件,按照成都电业局的要求,两所光传输设备的选型必须与现有通信网保持统一,因而对原定的光传输设备选型进行了变更。结合案涉项目设计时间在 2008 年前,但于 2008 年后方才实施通信网工程的事实,案涉通信系统工程设备选型的变更,属于日月能源公司不可预见、考虑的因素。对此,日月能源公司已向成都地铁公司提交了《成都地铁技术变更申请表》,该申请表载明了变更的内容、原因及变更后增加费用的数额,成都地铁公司及施工监理单位、设计单位、设计监理单位均盖章予以了确认。成都地铁公司虽抗辩主张其仅是同意对通信系统设备选型这一技术方案的调整,但不同意增加费用,该陈述与其确认《成都地铁技术变更申请表》的事实相矛盾,对此不予采信,故对通信系统工程设备增加的费用 888 559 元予以支持。

【核心法条】
《建设工程施工合同(示范文本)》(2013 年版)
10.3 变更程序
10.3.1 发包人提出变更
发包人提出变更的,应通过监理人向承包人发出变更指示,变更指示应说明计划变更的工程范围和变更的内容。
10.3.2 监理人提出变更建议
监理人提出变更建议的,需要向发包人以书面形式提出变更计划,说明计划变更工程范围和变更的内容、理由,以及实施该变更对合同价格和工期的影响。发包人同意变更的,由监理人向承包人发出变更指示。发包人不同意变更的,监理人无权擅自发出变更指示。
10.3.3 变更执行
承包人收到监理人下达的变更指示后,认为不能执行,应立即提出不能执行该变更指示的理由。承包人认为可以执行变更的,应当书面说明实施该变更指示对合同价格和工期的影响,且合同当事人应当按照第 10.4 款〔变更估价〕约定确定变更估价。

10.4 变更估价

10.4.1 变更估价原则

除专用合同条款另有约定外,变更估价按照本款约定处理:

(1) 已标价工程量清单或预算书有相同项目的,按照相同项目单价认定;

(2) 已标价工程量清单或预算书中无相同项目,但有类似项目的,参照类似项目的单价认定;

(3) 变更导致实际完成的变更工程量与已标价工程量清单或预算书中列明的该项目工程量的变化幅度超过15%的,或已标价工程量清单或预算书中无相同项目及类似项目单价的,按照合理的成本与利润构成的原则,由合同当事人按照第4.4款〔商定或确定〕确定变更工作的单价。

10.4.2 变更估价程序

承包人应在收到变更指示后14天内,向监理人提交变更估价申请。监理人应在收到承包人提交的变更估价申请后7天内审查完毕并报送发包人,监理人对变更估价申请有异议的,应通知承包人修改后重新提交。发包人应在承包人提交变更估价申请后14天内审批完毕。发包人逾期未完成审批或未提出异议的,视为认可承包人提交的变更估价申请。

因变更引起的价格调整应计入最近一期的进度款中支付。

【防控建议】

1. 对于发包方无书面变更指令的口头变更要求,承包人一般应通过施工过程中或事后尽快签证的方式尽快弥补书面证据欠缺。

2. 工程变更应遵循严格的承发包双方施工合同约定的程序规则,一方未遵照该程序规则约定履行变更手续的,应承担相应的不利后果。

3. 工程变更在具体的操作过程中,应当由具有法定或合同约定职权的相关人员予以办理。

二、固定价、开口价的风险与防控

建设工程造价确定方式主要有四种:固定总价、固定单价、可调价格、成本加酬金。以当事人约定为主,国家宏观调控为辅。实践中,当事人对工程价款的约定主要采用以下两种方式:一是约定固定价,所谓"固定价",又称"闭口价""包死价",而"包死价"又分为两种:一种是价与量作为一个整体"包死",就是所谓的"固定总价"。另一种仅仅是价格"包死",这就是所谓的"固定单价",即对于合同中约定范围的工程量确定固定价格,在风险范围内不调整合同价款,工程增减时,仅对增减部分作相应调整或按实结算。二是约定工程价款按实结算或通过审计确定,俗称"开口价",即不约定具体金额的总价,而是通过审计确定工程造价。

【法律风险】

1. 对于固定价,必须是当事人在合同中有具体明确的约定,如果约定固定价格、不变价格、一口价或不作调整等内容的,应认定为固定价。一旦确定为固定价后,在合同的履行过程中不要轻易打破,将固定价变为开口价。

2. 对于开口价,一般合同约定为工程价款"暂定"或按实结算等内容。司法实践中,开口价一般通过审计确定,因此价款的最终确定需基于审计时双方提供的材料,收集对方确认价款变更的材料证据在开口价适用过程中尤为重要。

【典型案例】①

2005年8月16日,地矿公司、新源公司签订建设工程施工合同一份,该合同主要约定:工程名称为新郑市污水处理截污干管工程(B)标段;工程内容为钢筋砼截污干管顶管施工,具体内容包括顶管工作坑、接收坑的开挖和支护、砼管道顶进、相关检查井砌筑、土方回填等;承包范围:(1)截污干管W128-1~W128~W129~W139;(2)截污干管W71~W91;合同价款606万元(本合同价款不包括W128~W129段管道跨河工程费用、道路恢复费用、运距超过200 m的土方及渣物运输费用、施工降排水费用)。本合同价款采用《建筑工程施工合同(示范文本)》通用条款第23.2(1)款方式确定采用固定价格合同,合同价款中包括的风险范围:双方约定的本合同价款包括范围以内的工程(但不包括因工程变更增加的工程量)。

对于双方争议的合同价款是固定价还是开口价。二审法院认为,关于新源公司上诉主张应按照实际工程量和招投标文件中双方预算的路线,工程价款据实结算的问题。本院认为:根据双方合同约定,地矿公司应为新源公司完成两项施工内容,一是完成截污干管W128-1~W128~W129~W139段,二是完成截污干管W71~W91段。合同价款606万元(本合同价款不包括W128~W129段管道跨河工程费用、道路恢复费用、运距超过200 m的土方及渣物运输费用、施工降排水费用)。双方在《建设工程合同》专用条款中还约定:本合同范围内工程采用的是固定价格合同(但不包括因工程变更增加的工程量)。地矿公司在施工初期,依据的图纸为施工平面图,但在实际施工过程中对施工平面图的内容进行了变更,且该变更内容已经得到了新源公司监理单位的签字认可,新源公司对地矿公司变更的内容在实际施工过程中也并未提出异议,也应视为对变更内容的认可。虽然地矿公司的施工内容发生了部分变化,但按照合同约定本合同范围内工程采用的是固定价合同,因此,对合同范围内工程变更部分的工程价款不应进行调整。新源公司认为该606万元固定价格并非固定总价,提出应按照实际工程量和招投标文件中双方预算路线工程单价据实结算合同内工程价款的主张没有事实依据,不能成立。

【核心法条】

《建筑工程施工发包与承包计价管理办法》

第十三条 发承包双方在确定合同价款时,应当考虑市场环境和生产要素价格变化对合同价款的影响。实行工程量清单计价的建筑工程,鼓励发承包双方采用单价方式确定合同价款。建设规模较小、技术难度较低、工期较短的建筑工程,发承包双方可以采用总价方式确定合同价款。紧急抢险、救灾以及施工技术特别复杂的建筑工程,发承包双方可以采用成本加酬金方式确定合同价款。

《建设工程价款结算暂行办法》

第八条 发、承包人在签订合同时对于工程价款的约定,可选用下列一种约定方式:

(一)固定总价。合同工期较短且工程合同总价较低的工程,可以采用固定总价合同方式。

(二)固定单价。双方在合同中约定综合单价包含的风险范围和风险费用的计算方法,

---

① 参见〔2011〕豫法民二终字第12号民事判决书。

在约定的风险范围内综合单价不再调整。风险范围以外的综合单价调整方法,应当在合同中约定。

(三)可调价格。可调价格包括可调综合单价和措施费等,双方应在合同中约定综合单价和措施费的调整方法,调整因素包括:

1. 法律、行政法规和国家有关政策变化影响合同价款;
2. 工程造价管理机构的价格调整;
3. 经批准的设计变更;
4. 发包人更改经审定批准的施工组织设计(修正错误除外)造成费用增加;
5. 双方约定的其他因素。

【防控建议】

1. 明确约定固定价以及承包范围,避免因约定不明或没有约定打破固定价,变成开口价。
2. 明确约定固定价的风险范围,在风险范围之内的量价变动不予调整。
3. 明确约定承包范围及风险范围内的签证效力。对于发包人,应明确在承包范围及风险范围内的签证无效,则避免因过失签证而使施工单位获得不当利益。而对于承包人而言,则应在合同中力争使所有的签证都具有效力。

三、建筑材料差价调整的风险与防控

建设工程施工合同的履行一般都需要一个相对较长的时间,在合同履行过程中往往会遇到建筑材料价格大幅上涨的情况。在此种情况下,如合同约定的是固定价或材料包干价,则应当考虑适用情势变更原则,赋予一方变更合同、调整合同价款的权利,以彰公平。建设工程合同约定对工程总价或材料价格实行包干的,如合同有效,工程款应按约定结算。因情势变更导致建材价格大幅上涨显然对一方不公平时,一方可请求增加工程款。如属于正常的市场涨跌,则后果由承包人承担。

【法律风险】

1. 调整建材差价只能就超出市场风险范畴部分的差价进行调整。
2. 如施工地的建设行政主管部门或行业协会对于处理建材涨价问题有指导性意见的,可参照该具体意见处理。
3. 因承包人过错导致工期延误,对工程延误期间的建材差价部分工程款由承包人承担;因发包人过错导致工期延误,对工期延误期间的差价部分工程款由发包人承担。

【典型案例】

2013年,交通公司与垣湮公司签订《特大桥工程建设工程合同》,合同总价5亿多元,但在履行过程中,因钢材、水泥、黄沙等基础建设材料大幅度上涨,据初步测算,如果材差不予调整,则交通公司将损失1.5亿元。我们通过文本分析、法律分析,形成了以下的法律意见书:

一、合同文本分析

合同项目专用条款16.1.1价格调整公式。本目细化为:因人工、材料和设备等价格波动影响合同价格时,根据投标函附录中的价格指数和权重表约定的数据,按以下公式计算差额并调整合同价格。

投标文件第二章投标人须知3.2.6条款,在合同实施期间,投标人填写的单价、总价和

总额价是否由于物价波动进行价格调整按照合同条款第 16.1 款的规定处理。如果按照合同条款第 16.1.1 项的规定采用价格调整公式进行价格调整,由招标人根据项目实际情况测算确定价格调整公式中的变值权重范围,并在投标函附录价格指数和权重表中约定范围;投标人在此范围内填写可调因子的权重,合同实施期间将按此权重进行调价。

但在投标函附录中未见价格指数和权重表,相反在投标函附录中第 8 项价格调整的差额计算,约定内容是合同期内不调价。项目专用条款数据表中第 17 项也明确合同期内不调价。

因此,从合同文本分析来看,根据合同主张因市场价格波动进行调整材差有一定难度。

二、法律分析

本案工程在河南省,合同约定由三门峡仲裁委员会仲裁,根据 2006 年河南省交通工程定额站《关于在建高速公路建设项目材料价格调整意见的请示》,"由于沥青价格涨幅过高,对工程建设造成影响较大,各建设单位在进行沥青价格调整时,对涨幅超过 10% 以上的部分,在承担不低于 80% 的基础上,可协商确定补差比例"。但河南省交通厅对此批复是"各高速公路项目公司可参照河南省交通工程定额站的调整意见签订调整差价补充合同,应明确涨降均作为调整因素。在今后进行的高速公路项目建设中,建设单位在招标签订合同时,应充分考虑市场价格变化情况,在招标文件及合同中对材料价格涨降差价调整方法作出明确约定"。河南省交通厅的意见比较模糊,比如本案中,建设单位在招标时已明确了材料涨降差价调整方法,即"如果按照合同条款第 16.1.1 项的规定采用价格调整公式进行价格调整,由招标人根据项目实际情况测算确定价格调整公式中的变值权重范围,并在投标函附录价格指数和权重表中约定范围"。而投标人自愿放弃并明确"合同期内不调价"时,是否表明建设单位已按照批复精神约定了调价方法,但由于施工单位自愿不调价,所以最终是否可以不调价,不得可知。

从上述法律意见可以看出,关于材差调整,各地意见不一。比如 2003 年 12 月 16 日,江苏省建设厅出台了《关于妥善处理建筑材料价格上涨确保工程质量和安全的意见》,其中规定"凡 2003 年 1 月 1 日后完成的工程量,因建筑材料价格上涨所产生的价差,承发包双方应本着实事求是、公平合理的原则,可按下列方法调整价差:(1)承发包合同未约定采用固定价格进行结算的,可按各市发布的材料价格的调整方法调整价差;(2)承发包合同中约定采用固定价格但未计取风险金的,其材料价格上涨幅度在 10% 以内(含 10%)的,其价差由承包人承担;材料价格上涨幅度超过 10% 时,其超出部分的价差由发包人承担。"可见,在江苏省,即使承包合同中约定了不可调整,但只要材料价格上涨幅度超过 10%,超过部分价差仍应由发包人承担。

【核心法条】

《江苏省高级人民法院关于审理建设工程施工合同纠纷案件若干问题的意见》

第九条第一款　建设工程施工合同约定工程价款实行固定价结算的,一方当事人要求按定额结算工程价款的,人民法院不予支持,但合同履行过程中原材料价格发生重大变化的除外。

《最高人民法院关于适用〈中华人民共和国合同法〉若干问题的解释(二)》

第二十六条　合同成立以后客观情况发生了当事人在订立合同时无法预见的、非不可抗力造成的不属于商业风险的重大变化,继续履行合同对于一方当事人明显不公平或者不能实现合同目的,当事人请求人民法院变更或者解除合同的,人民法院应当根据公平原则,并结合案件的实际情况确定是否变更或者解除。

【防控建议】

1. 合同中明确约定因市场价格波动风险的价差、材差的调整方法。
2. 关注施工地的建设行政主管部门或行业协会对于处理建材涨价问题的指导性意见。
3. 工程延误期间的建材差价部分，违约方无权调整，故避免因自身违约造成工期延误。

四、约定变更价款的风险与防控

合同变更指有效成立的合同在履行完毕之前发生的合同内容改变。工程施工合同签订后，如双方达成补充协议变更合同价款的，属于合同变更的范畴，依照变更方式的不同可以分为协商变更和通过诉讼、仲裁方式变更。《中华人民共和国合同法》第七十七条规定，当事人协商一致，可以变更合。法律、行政法规规定变更合同应当办理批准、登记手续的，依照其规定。该条规定了当事人可以协商变更合同内容。《中华人民共和国合同法》第五十四条规定，因重大误解订立的合同以及订立合同时显失公平的合同，当事人一方有权请求人民法院或者仲裁机构变更或者撤销；一方以欺诈胁迫的手段或者乘人之危，使对方在违背真实意思的情况下订立的合同，不损害国家、集体或者社会利益的，受损害方有权请求人民法院或者仲裁机构变更或者撤销。此条规定了通过诉讼、仲裁变更合同内容。因此，如果满足以上法律条文，即可以产生合同价款变更的法律效力。

【法律风险】

1. 合同变更应符合《中华人民共和国招标投标法》的规定，禁止以合同变更为名行黑白合同之实。部分发包人、承包人为了规避政府部门对招投标行为和合同签订行为的管理，往往在签订一份符合招投标文件要求的合同进行备案后，再以补充协议方式签订另一份合同，导致招投标流于形式。

2. 单方面的变更谋取不当利益。在施工过程中，出现发包人未明确同意对工程进行变更的情况下，承包人主动实施变更的情况，其目的就是利用施工过程中承包人的议价能力高于发包人优势，通过变更打破原合同对承、发包双方的约束，从而实现高价索赔。

3. 合同变更不明确，导致被推定为未变更。《中华人民共和国合同法》第七十八条规定，当事人对合同变更的内容约定不明确的，推定为未变更。合同内容变更不明确主要分为两种情况：一是变更约定本身不清楚，比如施工合同补充条款约定建设工程质量达到"优秀"标准，但实际上目前建设工程验收只有"合格"或者"不合格"，没有"优秀"标准，因此虽然双方补充协议对工程质量提了一个更高的要求，但是由于补充协议中质量标准不清晰、无法理解、无法执行，因此在法律上只能推定为"未变更"；二是用于变更的证据被涂改，导致内容双方各执一词，变更内容不明确，最后被推定为"未变更"。

【典型案例】[①]

2010年7月12日，中江电力公司与荣鑫公司签订了《中江县公园广场改造工程（一期）一标段施工合同》1份，约定由被告荣鑫公司承建该工程，签订合同后被告荣鑫公司即入场施工。2011年8月10日，原告按照县政府的协调要求入场安装配电工程，并拟制《电力工程

[①] 参见〔2015〕德民一终字第258号民事判决书。

施工承包合同》1份,在签字盖印后交给被告荣鑫公司。被告荣鑫公司收到原告拟制好的合同后,在该合同尾部添加了补充条款,在落款荣鑫公司处签字,再将合同返回给原告。原告于同月17日收到合同后,没有在补充条款处签字,也未将合同返回给被告,并继续安装涉案配电工程。

另查明,被告荣鑫公司在原告拟制好的《电力工程施工承包合同》尾部添加了补充条款。

关于双方签订的《电力工程施工承包合同》与补充条款的效力问题,上诉人中江电力公司认为,其提供的《电力工程施工承包合同》是要约,荣鑫公司收到后盖章的行为系承诺,故该合同经双方当事人确认后已经成立且生效。本院认为,合同经双方当事人要约、承诺后成立,且合同未违反法律、法规的禁止性规定,该合同成立并生效。本案中,中江电力公司将其拟制的合同交给荣鑫公司后,荣鑫公司在合同落款处加盖其公司印章并予以确认的行为,符合合同法中关于承诺的界定,且该合同内容未违反法律禁止性规定,故该合同已于成立时生效。

关于补充条款的效力问题。法院认为,根据《中华人民共和国合同法》第二十二条规定:"承诺应当以通知的方式作出,但根据交易习惯或者要约表明可以通过行为作出承诺的除外。"本案中,荣鑫公司在中江电力公司拟制的合同落款处签字盖章的行为符合法律规定的承诺要件,故该合同自双方签字盖章后即成立;荣鑫公司在签字盖章认可中江电力公司拟制的合同后,又在其后的空白处添加条款的行为,系其单方面提出对合同内容的变更,该部分变更并未经中江电力公司认可,根据《中华人民共和国合同法》第七十七条规定:"当事人协商一致,可以变更合同……"本案中,双方当事人并未对补充条款达成一致,故该补充条款未发生法律效力。

【防控建议】

1. 严格遵守《中华人民共和国招标投标法》的规定,不得就同一建设工程签订与备案中标合同价款不一致的协议,否则该协议无效,而以备案的中标合同作为结算工作价款的根据。

2. 合同变更应当符合当事人意思表示一致的原则。双方对价款进行调整的,必须有当事人意思表示一致的证据材料,即使是口头的,也必须有相应的证据佐证。

3. 合同变更应真实、明确,避免因对合同变更内容约定不明而被推定为未变更。

【核心法条】

《中华人民共和国合同法》

第七十七条　当事人协商一致,可以变更合同。

法律、行政法规规定变更合同应当办理批准、登记等手续的,依照其规定。

第七十八条　当事人对合同变更的内容约定不明确的,推定为未变更。

《最高人民法院关于审理建设工程施工合同纠纷案件适用法律问题的解释》

第二十一条　当事人就同一建设工程另行订立的建设工程施工合同与经过备案的中标合同实质性内容不一致的,应当以备案的中标合同作为结算工作价款的根据。

第三节　工程量计量的风险与防控

工程量的计量是明确工程造价的基础,除非双方在施工合同内明确约定了闭口总价的施工范围,否则在工程实践中因承、发包双方就工程量计量约定不明而产生的纠纷时常发生。即便明确约定了闭口总价所针对的施工范围,也会因施工过程中设计变更或可能发生一方提前终止合同的情形,当承、发包双方没有针对设计变更或提前终止合同的情形进行有关已完成工程量计量的约定,则也会引起承、发包双方就已完成部分工程量如何计量从而如何明确工程造价产生纷争。

一、承包人工程预算漏项或错误的风险与防控

利用工程量清单形式进行投标报价和确认合同价格的模式在当前建筑市场上被日益接受。但是,与施工图纸相比,即便严格遵照标准与规范进行工程量的预算,最终仍会与实际完成工程量之间存在差距。另外,由于工程项目的庞杂,发包人在自行编制工程量清单或聘请第三方代理人进行工程量的预估时难免存在偏差,而承包人在向发包人递交工程预算时常会发生多算或漏项以及差错等问题。

【法律风险】

对于出现工程预算漏项或错误时,首先要看合同价格所指涉的对象是图纸还是清单,也就是通常所说的是图纸包干还是清单包干。如是针对施工图纸的包干报价,则承包人的工程预算出现漏项或错误时,应当由承包人承担。如是针对发包人工程量清单进行的包干报价,且双方约定承包人漏项或错误部分由承包人自行承担不得再行调整的,则与此相对应的部分应由承包人承担。如未明确约定,且承包人在报价时根据施工规范无法确定的,则相应的责任仍然应当由发包人承担。

【典型案例】①

2004年,小田公司编制《施工招标文件》,决定对小田公司位于中山市工业基地厂房、综合楼建设工程采用邀请招标的方式邀请有关施工单位投标。《施工投标文件》要求投标单位出具承诺书,承诺书的内容为"工程量清单已包括招标文件规定的招标范围内的全部工程内容,我公司承诺,若我公司中标,则按招标文件的规定签署施工承包合同,存在错误和漏项,一切责任由我公司承担"。2004年2月7日,深圳建安公司向小田公司送达了其编制的《工程报价书》中,投标总价为34 000 000.06元,其中列明了工程的项目、计量单位、工程数量、综合单价及金额,《工程报价书》所附《说明》内容为:"……本工程报价依据小田公司厂房、综合楼工程施工(设计)图纸进行工程量计算;二、执行《广东省建筑工程综合定额》、《广东省安装工程综合定额》,管理费按二类地区取费,其他按清单计价总则要求;三、因施工(设计)图纸未能明确现场自然地面标高,故本报价未包含地面砂方回填。"

法院对"地面工程项目是属于深建安公司报价中漏项"这一争议焦点,认为深建安公司编制的《工程报价书》中,工程总价为34 000 000.06,其中列明了工程的项目、计量单位、工程数量、综合单价及金额,《工程报价书》所附《说明》明确注明"因施工(设计)图纸未能明确现场自然地面标高,故本报价未包含地面砂方回填。"双方当事人签订的《建设工程施工合同》附件一《承包人承担工程项目一览表》中合计工程款也为34 000 000.06元,其中部分项目名称与工程报价书不一致,但经分项核对,附件一总的部分项目与报价书中项

---

① 参见〔2009〕粤高法民一终字第223号民事判决书。

目是总分关系,同时,附件一附"说明":施工项目详见报价书,因此,报价书作为合同组成部分,深建安公司在报价书中明确说明未计入报价中的地面砂方回填工程等施工项目不在承包范围之列。另外,国家建设部、国家质量监督检验检疫总局于2003年2月17日联合发布的《建设工程工程量清单计价规范》附录B/B.1"楼地面工程"/B.1.1规定"整体面层。工程量清单项目设置及工程量计算规则,应按表B.1.1的规定执行。"表B.1.1中包含垫层、砂浆、防水层、石子、嵌条等施工项目。鉴定人也认为石方、地坪、垫层、面层应作为一组来报价。深建安公司因报价时无法确定地面工程做法,而面层、土石方、地坪、垫层应作为一组来报价,所以地坪等项目在报价单中没有报价是正当的,不属于故意漏报施工项目。

在该案例中,小田公司认为深建安公司应承担图纸上已明确涉及深建安公司漏报的施工项目,但深建安公司认为未报工程子项属报价时未明确项目,因此未纳入报价范围,这部分工程不应当属于深建安公司故意漏报的项目。法院在最终判决时,结合国家强制施工标准规范的要求,考虑到深建安公司在报价时无法明确该项施工子目,由此导致的施工过程中工程造价调整应由小田公司承担。

【核心法条】

《建设工程施工合同(示范文本)》(2013年版)

1.6.2 图纸的错误

承包人在收到发包人提供的图纸后,发现图纸存在差错、遗漏或缺陷的,应及时通知监理人。监理人接到该通知后,应附具相关意见并立即报送发包人,发包人应在收到监理人报送的通知后的合理时间内作出决定。合理时间是指发包人在收到监理人的报送通知后,尽其努力且不懈怠地完成图纸修改补充所需的时间。

1.13 工程量清单错误的修正

除专用合同条款另有约定外,发包人提供的工程量清单应被认为是准确的和完整的。出现下列情形之一时,发包人应予以修正,并相应调整合同价格:

(1) 工程量清单存在缺项、漏项的;

(2) 工程量清单偏差超出专用合同条款约定的工程量偏差范围的;

(3) 未按照国家现行计量规范强制性规定计量的。

【防控建议】

1. 对于发包人而言,在就工程量清单进行包干报价的情况下,应约定承包人漏项或错误部分由承包人自行承担且不得再行调整。

2. 对于承包人而言,在就施工图纸进行包干报价的情况下,如施工图纸存在错误,需及时与发包人联系,要求发包人更正;如图纸正确,则承包人应避免在工程预算中出现漏项或错误的情况。

二、未完工工程工程量确定的风险与防控

未完工工程俗称"半拉子工程",一般出现在中途因一方原因解除合同所致。《最高人民法院关于审理建设工程施工合同纠纷案件适用法律问题的解释》中第十条就施工合同解除的处理原则作出规定"建设工程施工合同解除后,已经完成的建设工程质量合格的,发包人

应当按照约定支付相应的工程价款;已经完成的建设工程质量不合格的,参照本解释第三条规定处理。因一方违约导致合同解除的,违约方应当赔偿因此而给对方造成的损失"。因此,在处理未完工程时,只要工程质量合格,工程价款的结算仍应参照原合同确定。

【典型案例】

原告甲公司于2006年9月取得了某工程,固定单价合同。甲公司将该工程部分分包给了自然人乙,约定价款为3 000万元,甲公司收取相应管理费;甲公司与业主按固定单价结算后,再与乙进行结算;后乙严重违约,甲公司要求其退场,乙以甲公司工程款未付清为由拒绝退场。后甲公司提起诉讼,请求判决解除甲公司与乙签订的合同,并由乙返还甲公司多支付的工程款300万元。乙反诉请求甲公司支付所欠工程款300万元。在诉讼中,经法院主持协商,乙退出了施工场地。

法院审理认为,甲公司起诉时未主张已完成工程存在质量问题,应认定已完成工程质量合格。对于已完成工程的价款,按合同约定结算不能完全保护施工单位的利益,因为按合同约定结算工程价款对施工单位投入到建设工程中的临时建筑设施费用一般得不到补偿。所以,对于未完建设工程的结算,首先应按合同约定进行结算,然后再对临时建筑设施的费用进行分摊,未完工程量分摊的临时建筑设施的费用作为施工单位应获得的工程款。

【核心法条】

《中华人民共和国合同法》

第九十七条 合同解除后,尚未履行的,终止履行;已经履行的,根据履行情况和合同性质,当事人可以要求恢复原状、采取其他补救措施,并有权要求赔偿损失。

第九十八条 合同的权利义务终止,不影响合同中结算和清理条款的效力。

《广东省高级人民法院关于审理建设工程施工合同纠纷案件若干问题的指导意见》

第五条 建设工程施工合同约定工程款实行固定价,如建设工程尚未完工,当事人对已完工工程造价产生争议的,可将争议部分的工程造价委托鉴定,但应以建设工程施工合同约定的固定价为基础,根据已完工工程占合同约定施工范围的比例计算工程款。当事人一方主张以定额标准作为造价鉴定依据的,不予支持。

【防控建议】

施工合同解除后,由于工程未完工,未满足一般施工合同符合竣工结算的要求,因此在结算时大体需要注意以下问题:

1. 应当核对确认已经完成的工程量。

2. 应当确认已完工程的质量是否合格;工程质量不合格的,应当整改达成合格。

3. 对于工程质量合格的,经双方协商不能就工程价款达成一致的,如果合同中约定的计价方式为可调价,应当按照约定的调价方法进行工程造价鉴定,据实结算。

4. 合同约定的计价方式为固定价的,一般采取实际完成的工程量参照定额计算的价款乘以固定总价占全部工程量参照定额计算的价款的百分比。即:结算价款=实际完成的工程量参照定额计算的价款×(固定总价/全部工程量参照定额计算的价款)

5. 根据《建设工程质量管理条例》第四十一条规定:"建设工程在保修范围和保修期限内发生质量问题的,施工单位应当履行保修义务,并对造成的损失承担赔偿责任。"因此建设工程施工合同解除,并不必然免除承包人对已经完工部分工程的保修责任。承包人就已经完成部分的工程,要按合同约定承担保修义务。

三、工程量计量依据约定不明的风险与防控

工程项目的施工现场,涉及的参与主体有多方,例如:设计方、投资方、监理方、施工方等,其相互间往来的文件资料多种多样。具体哪些资料可作为工程量计量纠纷时的评判依据,《最高人民法院关于审理建设工程施工合同纠纷案件适用法律问题的解释》第十九条规定:"当事人对工程量有争议的,按照施工过程中形成的签证等书面文件确认。承包人能够证明发包人同意其施工,但未能提供签证文件证明工程量发生的,可以按照当事人提供的其他证据确认实际发生的工程量。"根据此规定,不论书面文件具体是何种表现形式,只要是在施工过程中形成并经过发包人同意,则可作为计量工程量的依据。但在实践过程中,双方往往就合同价格所对应的工程量没有进行明确约定,导致在最终工程结算时如何计量产生争议。

【法律风险】

工程量计量的依据约定不明,法院一般会以合同中文件优先解释顺序以及日常生活经验来判定计量依据,这对发承包人而言都是法律风险。

【典型案例】[1]

2006年6月18日林丰公司与金太阳大酒店签订《装饰装修金太阳大酒店施工合同》,双方合同约定的工程承包范围为:预算书及金太阳大酒店提供的施工图纸。双方在最终工程结算阶段,就工程预算书内没有而工程施工图纸内标明部分的工程量应如何计价产生纠纷。林丰公司作为承包人认为,虽施工图纸内标明但在报价时的工程预算书内未予列出,因此不应计入其报价施工范围;发包人金太阳大酒店认为,合同约定了承包范围包括了他们提供的施工图纸,因此最终的结算应参照施工图纸进行,就施工图纸内标明而林丰公司未施工部分应当予以扣除。法院经审理最终判决认为,林丰公司与金太阳大酒店协商约定的工程总造价的依据就是"装饰工程预算书",该预算书中对工程名称、工程量及单价、施工工艺进行了详细的约定和说明,施工图纸应该是在施工技术及规范方面起参照作用。按照常理理解,应该是工程预算书及与之对应的施工图纸是林丰公司的工程施工范围,因此林丰公司的理解更符合日常生活经验。

该案中,法院在双方当事人意思表示模糊的情况下,按照常理理解,认定林丰公司的理解更符合日常生活经验,即工程预算书和与之相对应的施工图纸是林丰公司的工程施工范围。

【防控建议】

1. 施工合同中明确约定工程量计量依据的具体表现形式。

2. 施工合同履行过程中,注意保存补充协议、会议纪要、工程联系单、工程变更单、工程对账签证以及其他往来函件、记录等书面证据,以此作为工程量计算和认定工程价款的依据。

【核心法条】

《最高人民法院关于审理建设工程施工合同纠纷案件适用法律问题的解释》

第十九条 当事人对工程量有争议的,按照施工过程中形成的签证等书面文件确认。

---

[1] 参见〔2009〕豫法民一终字第45号民事判决书。

承包人能够证明发包人同意其施工,但未能提供签证文件证明工程量发生的,可以按照当事人提供的其他证据确认实际发生的工程量。

《浙江省高级人民法院关于审理建设工程施工合同纠纷案件若干疑难问题的解答》

第十条 双方当事人在建设工程施工过程中形成的补充协议、会议纪要、工程联系单、工程变更单、工程对账签证以及其他往来函件、记录等书面证据,可以作为工程量计算和认定工程价款的依据。

四、隐蔽工程工程量计量的风险与防控

图纸范围明确,并严格按照施工进度组织设计进行施工的工程项目,一般来讲承、发包双方都不会存在工程量的争议。但在隐蔽工程中,如承、发包双方产生工程量的计量争议时,因其不可恢复性,易产生争议。对此法院通常首先会依据双方当事人可主张举证的客观事实,进行隐蔽工程的工程量认定。当双方都无证据时,可依据举证责任规则,结合已有证据材料酌情认定。

【法律风险】

工程隐蔽部位的工程量,应在隐蔽之前予以确认且经监理人检查确认质量符合隐蔽要求,并在验收记录上签字后,承包人才能进行覆盖,承包人擅自覆盖,存在法律风险。

【典型案例】①

原告鑫菲公司于2012年3月2日与被告广业公司签订《建设工程施工合同》,将位于石林县工业园区内LED生产项目(含综合楼、食堂、职工宿舍、研发中心、质检中心、仓库、厂区内道路及厂房钢结构除外等土建工程)交广业公司承建。因具有关联关系,合同双方并未严格按合同履行。合同期间,广业公司先后收到鑫菲公司款项9 465 000元,广业公司先后支付鑫菲公司444万元。2013年至2014年5月期间,广业公司一直断断续续施工,2014年5月被告彻底停工,剩余工程由鑫菲公司交其他企业完成。双方因工程造价产生争议,一审判决后,上诉人鑫菲公司认为"电力安装隐蔽工程是石林电力公司进行的施工,不是被上诉人完成的,鉴定报告将其纳入为计算错误。"

二审法院针对该争议焦点认为,司法鉴定意见结论是否应作为本案认定事实依据的问题。上诉人所称的监理公司与被上诉人有朋友关系,并没有实际履行职责,签证单系后补,鉴定报告错误的将案外人完成的三通一平中的回填土工程部分、隐藏工程中的电力工程计入被上诉人完成的工程量,鉴定报告存在重大瑕疵,不能作为定案依据的意见。因为监理公司是涉案项目委托的依约履行监理职责的单位,在建筑施工领域,补签签证单也属经常发生的情况,并不违反常理,上诉人据此否认监理签证效力的理由不能成立。重复计算工程量的问题,就上诉人提供的证据看,尚不能证明其主张的事实成立。因此本院认为,一审判决按鉴定意见确定被上诉人完成的工程造价为10 920 095.14元并无不当。

该案中鑫菲公司上诉称隐藏工程中的电力工程计入广业公司完成的工程量,鉴定报告存在重大瑕疵,不能作为定案依据。但二审法院认为,根据监理补偿签证单能够认定该隐藏工程中的电力工程是广业公司施工,虽然签证单是补签的,但在建筑工程施工领域,补签签

---

① 参见〔2016〕云01民终4408号民事判决书。

证并不违反常理。

【核心法条】

《建设工程施工合同(示范文本)》(2013年版)

5.3 隐蔽工程检查

5.3.1 承包人自检

承包人应当对工程隐蔽部位进行自检,并经自检确认是否具备覆盖条件。

5.3.2 检查程序

除专用合同条款另有约定外,工程隐蔽部位经承包人自检确认具备覆盖条件的,承包人应在共同检查前48小时书面通知监理人检查,通知中应载明隐蔽检查的内容、时间和地点,并应附有自检记录和必要的检查资料。

监理人应按时到场并对隐蔽工程及其施工工艺、材料和工程设备进行检查。经监理人检查确认质量符合隐蔽要求,并在验收记录上签字后,承包人才能进行覆盖。经监理人检查质量不合格的,承包人应在监理人指示的时间内完成修复,并由监理人重新检查,由此增加的费用和(或)延误的工期由承包人承担。

除专用合同条款另有约定外,监理人不能按时进行检查的,应在检查前24小时向承包人提交书面延期要求,但延期不能超过48小时,由此导致工期延误的,工期应予以顺延。监理人未按时进行检查,也未提出延期要求的,视为隐蔽工程检查合格,承包人可自行完成覆盖工作,并作相应记录报送监理人,监理人应签字确认。监理人事后对检查记录有疑问的,可按第5.3.3项〔重新检查〕的约定重新检查。

5.3.3 重新检查

承包人覆盖工程隐蔽部位后,发包人或监理人对质量有疑问的,可要求承包人对已覆盖的部位进行钻孔探测或揭开重新检查,承包人应遵照执行,并在检查后重新覆盖恢复原状。经检查证明工程质量符合合同要求的,由发包人承担由此增加的费用和(或)延误的工期,并支付承包人合理的利润;经检查证明工程质量不符合合同要求的,由此增加的费用和(或)延误的工期由承包人承担。

5.3.4 承包人私自覆盖

承包人未通知监理人到场检查,私自将工程隐蔽部位覆盖的,监理人有权指示承包人钻孔探测或揭开检查,无论工程隐蔽部位质量是否合格,由此增加的费用和(或)延误的工期均由承包人承担。

【防控建议】

隐蔽工程应严格按照承包人自检、通知监理人共同检查、检查合格后覆盖的程序进行,详见2013年版《建设工程施工合同(示范文本)》第5.3隐蔽工程检查条款。

第四节 工程造价司法鉴定的风险与防控

工程造价司法鉴定是指具有工程造价司法鉴定资格的鉴定机构和鉴定人受司法机关或当事人委托,依法依规对某一特定建设项目的施工图纸及竣工资料来计算和确定某一工程价值并提供鉴定意见的活动。《江苏省高级人民法院关于建设工程司法鉴定操作规程》第二十七条规定"当事人对工程价款存在争议,既未达成结算协议,也无法采取其他方式确定工程款的,人民法院可以根据当事人的申请委托鉴定机构对工程造价进行鉴定。"在司法实践中,施工单位提出工程造价鉴定较多,而发包人为了减少工程造价,一般以工程质量和工期延误作为抗辩,据而提出工程质量和工期争议的鉴定。因此,与工程造价鉴定息息相关的还有工程质量和工期鉴定。

一、工程造价计价标准的风险与防控

工程造价的计价标准分为定额计价标准、工程量清单计价标准和市场价。定额计价标准是指令性价格,很难真实反映投标企业的实际消耗量、单价和费用发生的真实情况。由企业自主定价,实行市场调节的"量价分离"的计价模式被称为工程量清单计价,也是市场计价模式,是根据投标企业自身的特点及综合实力自主填报单价。采用的价格完全由市场决定,能够结合施工企业的实际情况,与市场经济相适应。市场价,是经销商出货的合格价格,一般是企业购买产品的最直接最真实的价格。对于司法鉴定采用哪个标准,应具体问题具体分析。

【法律风险】

1. 合同中对计价方法和标准没有约定或约定不明。《最高人民法院关于审理建设工程施工合同纠纷案件适用法律问题的解释》第十六条第一款规定"当事人对建设工程的计价标准或者计价方法有约定的,按照约定结算工程价款。"因此,对于工程价款的结算,当事人有约定就按照约定结算。但合同中如对计价方法和标准没有约定或约定不明,则会产生争议。

2. 采用何种计价方式举证不到位。司法鉴定意见是根据委托鉴定的申请人提供的材料经专业的检测和计算分析后做出的,因此,当事人提供的送鉴材料非常重要。凡与要求鉴定的事项有关的一切材料,包括双方签订的合同、补充协议、图纸、设计变更与洽商、工程联系单、签证和索赔等涉及工程造价计价方法和计价标准的材料都要向鉴定机构提交。比如合同约定采用固定价,但根据后续的补充协议、联系单能够证明双方已通过协议将固定价变更为可调价的,则应按可调价的标准进行工程造价鉴定。在司法鉴定中,常常因一方材料提供不全、不符合要求而无法证明对己方有利的计价标准。

3. 对鉴定报告质证不充分承担不利后果。工程造价鉴定并不是一蹴而就的,要经过鉴定前的证据交换、质证、现场勘查、双方对初始鉴定结论交换意见等程序。因此,一旦发现鉴定机构偏离了己方主张的计价方法和标准,需及时与鉴定机构沟通,包括向其补充提交相关证据,纠正其错误倾向。如果与鉴定机构缺乏沟通,对鉴定报告质证意见发表不充分、不完整,该补交的证据未补交,则很有可能承担不利后果。

【典型案例】①

常泰公司申请再审称:二审判决认定事实不清、适用法律错误。《建设工程施工合同》(以下简称施工合同)约定预算报价总造价3 490万元,是双方真实意思表示,施工合同总造价和报价书是完全一致的。2011年5月25日,福海公司要求常泰公司补充提供《工程量清单综合单价分析表》共七本,有福海公司和监理人员的签收,《工程量清单综合单价分析表》是对报价书的细化说明。二审判决未按施工合同约定价格及一审法院委托青海规划设计研

---

① 参见〔2013〕民申字第840号民事判决书。

究院工程造价咨询部出具的《平安县海峰大酒店内装修项目已完工程造价鉴定意见书》计算工程款是错误的,福海公司还需支付常泰公司剩余工程款935 062.96元。

法院认为,关于本案已完工程价款如何计价问题。双方签订的施工合同因未进行工程的招投标,违反法律的强制性规定,应属无效。本案施工合同价款为固定价格,但因工程并未竣工验收,双方终止履行合同后,虽对已完工程量作了确认,但对工程价款的计价标准产生争议。2011年3月28日,双方签订的施工合同载明"工程合同价款采用固定价格,总造价为3 490万元,常泰公司应在2011年5月25日前向福海公司提供装潢工程的全部材料清单,监理按照材料清单的内容、价格进行监督、检查,作为支付工程款的依据"的约定,说明常泰公司应于2011年5月25日前提供材料清单,以此作为双方结算工程款的依据。因双方未按进度对工程量进行过结算,故无法确认本案单项工程的具体价格,常泰公司虽在诉讼中提供了案涉工程的报价清单,但福海公司对此不予认可,认为未向其提供,是事后补算的,常泰公司无证据证明该报价清单的真实、有效及向福海公司送达以上材料清单的事实,福海公司解除合同的原因也是因常泰公司未依约垫付材料款及按此清单超报工程价款。因此,施工合同对双方工程价款的计价标准约定是不明确的,由此产生争议。工程价款无法按照施工合同有关条款及交易习惯确定。根据《中华人民共和国合同法》第六十二条"当事人就有关合同约定不明确,依照合同法第六十一条的规定仍不能确定的,价款或者报酬不明确,按照订立合同时履行地的市场价格履行;依法应当执行政府定价或者政府指导价的,按照规定履行"的规定,应以合同履行地的定额标准计算工程价款,即应采纳鉴定部门核算的3 277 044.11元的鉴定意见。二审判决鉴于案涉工程属未完工程的客观事实,认定一审法院委托鉴定部门对已完成工程价款进行鉴定以及按照定额、现场实物进行计价确定已完成工程价款正确。常泰公司以施工合同约定的总造价下浮5%及已提供报价清单并按该报价清单予以计价的理由和主张无相应证据支持,二审判决对常泰公司主张不予支持并无不当。

本案中,常泰公司认为,工程合同价款采用固定价格,总造价为3 490万元,但因常泰公司未在合同约定的2011年5月25日前向福海公司提供装潢工程的全部材料清单导致无法确认本案单项工程的具体价格。后常泰公司虽在诉讼中提供了案涉工程的报价清单,但福海公司对此不予认可,认为未向其提供,常泰公司又无法提供福海公司认可的证据。最终,最高人民法院认为因"施工合同对双方工程价款的计价标准约定是不明确的,由此产生争议。故工程价款无法按照施工合同有关条款及交易习惯确定",故采纳了按合同履行地的定额标准计算工程价款。

【核心法条】
《中华人民共和国合同法》
第六十二条 当事人就有关合同约定不明确,依照合同法第六十一条的规定仍不能确定的,适用下列规定:

(二)价款或者报酬不明确,按照订立合同时履行地的市场价格履行;依法应当执行政府定价或者政府指导价的,按照规定履行。

《最高人民法院关于审理建设工程施工合同纠纷案件适用法律问题的解释》
第十六条第一款 当事人对建设工程的计价标准或者计价方法有约定的,按照约定结算工程价款。

【防控建议】

1. 当事人应对计价标准或方法有明确的约定。《中华人民共和国建筑法》第十八条规定,建筑工程造价应当按照国家规定由发包人与承包人在合同中约定。当事人只有在合同中对计价标准和计算方法明确约定,法院或司法鉴定机构才会依照双方约定的计价标准或方法计算。上述案例中,双方虽有约定,但因常泰公司未在规定的时间内提交材料清单,导致具体计价标准约定不明,最后法院采纳了以定额价鉴定的意见。

2. 固定证据以证实合同中约定的计价标准和方法是明确的,可执行的。上述案件中,常泰公司在诉讼中提供了案涉工程的报价清单,但福海公司对此不予认可,认为未向其提供,是事后补算的,常泰公司无证据证明该报价清单的真实、有效及向福海公司送达以上材料清单的事实,最终被法院认定为计价标准约定不明。

二、固定价鉴定的风险与防控

在实践中,合同中虽然约定了固定价格结算,但一方认为合同约定的价款与实际施工价款不符,要求委托中介机构进行鉴定审价,而另一方则坚守合同约定,认为合同既有约定就不应脱离合同进行鉴定审价。根据《最高人民法院关于审理建设工程施工合同纠纷案件适用法律问题的解释》第二十二条规定"当事人约定按照固定价结算工程价款,一方当事人请求对建设工程造价进行鉴定的,不予支持"。因此,"固定价不予鉴定"已是确定工程造价的一个重要规定,但该规定因是原则性规定无法满足现实中出现的各类复杂情况,因此不能完全适用。

【法律风险】

1. 固定价需在合同中明确约定,如果约定不明或没有约定,则会按实结算。

2. 合同承包范围和内容不固定,即使价款约定为固定价,也会因约定范围不明无法确定固定价格的适用范围而导致司法审价采用按实结算,或者约定范围内的采用固定价,约定范围外的采用按实结算。

3. 承包范围之内的签证项目,无法获取工程款。在固定承包范围和承包内容的情况下,施工单位获取的就是固定价。即使在合同履行过程中,施工单位获得了发包人的签证,也因为签证项目包含在承包范围内,而不另行鉴定计以工程量。

【典型案例】[①]

2012年6月18日,新安特钢公司与恒瑞电力公司签订一份《建设工程施工合同》,约定恒瑞电力公司承包新安特钢公司110 kV新建输变电工程,工期90天,自2012年7月6日至10月5日,合同价款2 477万元,采用固定价格,施工中除因发包方设计变更或不可抗力因素造成合同总造价的增加外,承包方不能追加任何费用,包括承包方所采购的设备价格变动等因素。

法院审理认为,关于实际施工过程中35 kV与10 kV封闭式母线桥与初步设计说明书比照,是否存在减少工程量。经鉴定机构实际勘察,实际安装工程量与初步设计说明书比较存在较大差异,室内35 kV封闭式母线桥为6.54 m,室内10 kV封闭式母线桥为5.74 m,此项

---

① 参见〔2016〕新民终224号民事判决书。

按照实际测量工程量计算并套价,应在初步设计说明书总价基础上减少造价 5 879 325.58 元。恒瑞电力公司抗辩称,合同约定固定价格,不应当减少造价。对此法院认为,根据《建设工程施工合同(示范文本)》通用条款第六条 13.1,采用固定价格合同,合同价款中包括的风险范围:施工中除因发包方设计变更或不可抗力因素造成的合同总造价的增加以外,承包方不能追加任何费用,包括承包方所采购的设备价格变动因素。对于封闭式母线桥,发包方并未变更设计,恒瑞电力公司应当按照初步设计说明书施工。根据实际勘察其并未按照初步设计说明书施工,实际施工量与初步设计说明书存在较大差异,现新安特钢公司主张减少工程造价 4 650 000 元,恒瑞电力公司以合同约定固定价为由抗辩没有依据,一审法院对新安特钢公司的该项诉讼请求予以支持。

【核心法条】

《中华人民共和国合同法》

第六条 当事人行使权利、履行义务应当遵循诚实信用原则。

第八条 依法成立的合同,对当事人具有法律约束力。当事人应当按照约定履行自己的义务,不得擅自变更或者解除合同。依法成立的合同,受法律保护。

《最高人民法院关于审理建设工程施工合同纠纷案件适用法律问题的解释》

第二十二条 当事人约定固定价结算工程款,一方当事人请求对建设工程造价进行鉴定的不予支持。

【防控建议】

1. 约定在先是适用固定价不予鉴定的前提。《中华人民共和国建筑法》第十八条规定,建筑工程造价应当按照国家有关规定由发包单位与承包单位在合同中约定。固定价不予鉴定的原则是对当事人双方之间合同的尊重。所以,合同中如果明确固定价的,则法院一般不支持再行鉴定的主张。

2. 固定价不予鉴定的基础是合同中明确了承包范围。价款的固定是基于范围和内容固定基础之上的,如果在固定的范围和内容内的,则价款不予鉴定。但如果超过约定范围之外的,则有约定按约定,无约定则需要通过鉴定确定。

3. 公平确定双方利益的保障的前提是约定了风险范围。在风险范围内的量、价均不予调整。但超过风险范围的,比如物资材料涨跌远超当时合同签订时的预期,则从公平角度而言,不予调整则双方利益失衡过度,此时法院一般会适用情势变更和公平原则平衡双方利益。

三、质量鉴定的风险与防控

建设施工合同中,因工程质量产生争议,非常普遍。因工程质量问题的专业性,所以,要借助于质量鉴定来确定问题是否存在以及问题产生的原因。由于鉴定意见的专业性和科学性,对于鉴定结论的实质性审查往往需要借助于其他鉴定或者专家证人,所以审查难度很大。建设工程质量鉴定涉及多个专业,因此无论对于发包人还是承包人,在对工程质量鉴定时,除需要律师参与以外更需要专业人员配合,以确定工程质量鉴定是否符合实质性要求。

【法律风险】

1. 经鉴定工程质量不合格原因在于施工单位,则施工单位须承担无偿修理或者返工、改建,且只有在质量合格后才能主张工程款。

2. 经鉴定工程质量不合格且无法修复的,工程应予拆除,并根据鉴定意见由建设单位、设计单位、监理单位、施工单位承担相应的法律责任。

【典型案例】①

1998年4月21日,民族中学与荆建安装公司签订了一份《建设工程施工合同》。合同约定,工程名称为荆州市民族中学食堂改建工程,工程造价为625 205元,包工包料。

对于工程质量问题双方发生争议。二审法院认为,关于工程质量问题。民族中学食堂改建工程,由于设计、施工不规范,且使用了不合格的建筑材料,致使工程基础和主体结构两个分部工程为不合格工程。为解决质量问题,消除安全隐患,二审期间,本院委托湖北省建设厅进行技术鉴定,经湖北省工程建设专家委员会评审,于2000年12月20日出具鄂建专〔2000〕009号《荆州市民族中学食堂改造工程质量问题技术鉴定意见》:该建筑物全部拆除,重新设计,重新施工。因此,民族中学改建工程属不合格工程。依照有关法律规定应拆除重建。原判确定的加固方案和加固费用16 727.73元,不能消除质量隐患,不能满足现行的工程质量规范要求,且影响使用功能。

关于违约责任的承担。湖北省工程建设专家委员会关于拆除重建的鉴定结论,证实工程质量问题严重,民族中学就此主张权利理由成立。荆建安装公司要求给付工程进度款,由民族中学承担违约责任的反诉请求,与事实不符。由于工程质量问题的产生原因是多方面的,应按责任大小由双方当事人各自承担相应的责任。荆建安装公司未按规定及设计要求施工,致使主要承重构件混凝土强度未能达到安全标准,使建筑物不能使用,应对质量问题负主要责任。设计单位在结构设计中,部分违背规范要求,留下了一些隐患,增加了质量事故处理的难度和费用,应对工程质量问题负次要责任。民族中学对该工程的管理不规范,工程未及时报建,基础施工未向当地质量监督部门报检,尔后又与施工单位在未经设计单位书面签认的情况下,出具工程变更通知,对工程质量造成一定影响,亦负相应的责任。鉴于设计单位系民族中学委托设计,其民事责任应由民族中学承担。因此,民族中学对工程质量问题应承担次要责任。

本案中,二审对于工程质量问题委托鉴定后得出的结论是"该建筑物全部拆除,重新设计,重新施工"。因此,一审判决确定的加固方案和加固费用16 727.73元存在错误。而对于由于工程质量问题的产生原因,二审认为是多方面的,故最终按各方责任大小判决相应的法律责任。

【核心法条】

《中华人民共和国合同法》

第二百八十一条 因施工人的原因致使建设工程质量不符合约定的,发包人有权要求施工人在合理期限内无偿修理或者返工、改建。经过修理或者返工、改建后,造成逾期交付的,施工人应当承担违约责任。

《最高人民法院关于审理建设工程施工合同纠纷案件适用法律问题的解释》

第二条 建设工程施工合同无效,但建设工程经竣工验收合格,承包人请求参照合同约定支付工程价款的,应予支持。

---

① 参见〔2000〕鄂民终字第15号民事判决书。

第三条　建设工程施工合同无效,且建设工程经竣工验收不合格的,按照以下情形分别处理:

(一)修复后的建设工程经竣工验收合格,发包人请求承包人承担修复费用的,应予支持;

(二)修复后的建设工程经竣工验收不合格,承包人请求支付工程价款的,不予支持。

因建设工程不合格造成的损失,发包人有过错的,也应承担相应的民事责任。

【防控建议】

1. 严格按照《中华人民共和国建筑法》《建设工程质量管理条例》等法律、行政法规、规章等要求履行建设工程施工合同。

2. 对于一般的质量问题,在诉讼过程中,除要求鉴定质量原因外,还要鉴定质量问题责任主体以及修复方案,避免因鉴定内容不全面而使案件久拖不决。

3. 对于无法修复的严重的质量问题,应按照相关规定就地拆除、重建,通过鉴定确定各方责任大小,并按此承担相关责任。

四、工期延误损失鉴定的风险与防控

建设工程施工合同纠纷案件中工期延误纠纷亦非常常见,承、发包双方往往就工期延误的原因和责任以及由延误导致的损失赔偿等问题发生争议。根据《中华人民共和国民事诉讼法》第七十六条规定,当事人可以就查明事实的专门性问题向人民法院申请鉴定。据此,为解决工期延误责任承担、损失大小的问题,当事人可以向法院提出申请由相应专业的鉴定单位对上述问题进行鉴定并出具鉴定意见。

【法律风险】

1. 完工日期并不是计算工期延误的标准。实践中,经常有人将完工日期当成竣工日期,但事实上,二者是有区别的。竣工日期对应竣工验收,验收通过后才能称为竣工日期。完工日期是工程实际完成的时间,即使验收不通过,完工日期也是存在的。而判断工期是否延误参照的是竣工日期而不是完工日期。

2. 混淆工期延误和工期顺延。工期延误,实际上是指工程拖期了,如果是发包人造成的,工期应该顺延,并且应该对承包人承担违约责任,如果是承包人造成的,则承包人应该对发包人承担违约责任。而工期顺延是指因发包人原因导致工期延误故合同约定竣工期限顺延,发包人不能据此向承包人主张工期违约的责任。

3. 并不是所有工作延误都会导致工期延误。只有关键线路上工作的延误才会造成工期延误。所谓关键线路是指施工过程中,有多条线路同时施工,其中该线路上任何工作的延误都会导致整个项目工期延误。所谓非关键线路是指为了完工,有多条线路要做,其中一条线路上部分工作的延误不会造成整个项目工期的延误。因此,只有关键线路上的工期延误才会导致工期延误,非关键线路上的工期延误并不会影响竣工日期,并不造成整个项目的工期延误。

【典型案例】[①]

对工程工期延误天数及延误责任认定,二审法院认为,根据查明的事实,双方在施工合同及补充协议中均约定竣工验收的概念为舜杰公司在承包范围内工程量完成(总体部分除

---

① 参见〔2008〕沪高民一(民)终字第106号民事判决书。

外),质量符合国家相关标准,并经欧港公司、舜杰公司及监理单位、设计单位共同验收,故一审判决认定2006年3月30日即全部单体工程通过四方共同竣工验收日为系争工程竣工日期,并无不当,本院予以维持。欧港公司主张以系争工程整体竣工验收日2006年7月6日为竣工日期,无合同依据,本院不予采纳。欧港公司依据招标文件中的相关内容主张舜杰公司应当承担工程延期竣工的全部责任,但从双方所签订的施工合同看,双方并未将招标文件约定为合同的组成文件,招标文件的相关内容对双方无法律约束力,故欧港公司的上述主张,本院不予采纳。一审判决已就工期延误的责任认定归于欧港公司充分阐述了判决理由,本院予以认同。至于一测量公司审定的索赔工期为93日历天,系一测量公司在审定停工损失中计算现场管理费时,根据系争工程为群体工程的实际情况确定的欧港公司应当承担的赔偿责任天数。欧港公司主张舜杰公司至少应承担延误工期459天扣除索赔工期93天的停工责任,无事实依据,本院不予采信。鉴于此,欧港公司要求舜杰公司支付工程延误的违约赔偿金500万元、不予返还保证金的上诉请求,本院不予支持。

对于停工损失如何认定,二审法院认为,欧港公司对一测量公司审定的停工损失中有关现场管理费、遣散人员费用、停置机械台班费及增加临时用房等费用提出异议,认为舜杰公司未举证证明上述损失已实际发生,不能认定为舜杰公司的实际损失,故不同意支付。对此,本院认为,系争工程延期竣工是客观事实,责任亦在欧港公司,舜杰公司就此产生的停工损失也客观存在。一测量公司作为专业审价单位,以结算审价技术指标为依据,结合系争工程延误工期的实际情况,审定舜杰公司因工期延误造成的各项停工损失,本院予以确认。

因此,如工程延期竣工是客观事实,且能够明确责任方,另一方就此产生的停工损失也客观存在。根据公平原则,法院可以委托专业审价单位,以结算审价技术指标为依据,结合系争工程延误工期的实际情况,审定受损方因工期延误造成的各项停工损失。

【核心法条】

《中华人民共和国合同法》

第二百八十三条 发包人未按照约定的时间和要求提供原材料、设备、场地、资金、技术资料的,承包人可以顺延工程日期,并有权要求赔偿停工、窝工等损失。

第二百八十四条 因发包人的原因致使工程中途停建、缓建的,发包人应当采取措施弥补或者减少损失,赔偿承包人因此造成的停工、窝工、倒运、机械设备调迁、材料和构件积压等损失和实际费用。

【防控建议】

1. 保存能够证明开工日期、竣工日期以及影响工期的证据材料。主要包括开工令、竣工验收报告、会议纪要、联系单,只有在明确开工、竣工日期以及影响工期责任主体的情况下,才能提出工期延误的损失赔偿鉴定。

2. 承包人的工期延误损失一般包括停工、窝工产生的费用。但在没有证据证明工期延误的损失实际发生的情况下,如果承包人能够通过司法鉴定确认存在工期延误的客观事实且责任在发包人的情况下,鉴定单位将会结合系争工程延误工期的实际情况,审定承包人因工期延误造成的各项损失。

3. 发包人工期索赔的争议一般集中在工期延误天数,因此发包人同样应保存导致工期延误责任主体是承包人的相关证据。

第六章
工程签证的法律风险防控建议

第一节　无效签证的风险与防控

工程签证的概念,在《工程造价咨询业务操作指导规程》(中国建设工程造价管理协会2002年发布)中的定义是:"按承发包合同约定,一般由承发包双方代表就施工过程中涉及合同价款之外的责任事件所作的签认证明。"根据工程实践和司法实践,可以将工程签证定义为是对工程量、增加合同价款、支付各种费用、顺延竣工日期、承担违约责任、赔偿损失等内容,工程承、发包双方的法定代表人及其授权代表等在施工过程及结算过程中对所达成一致意见的补充协议。因此,签证要具备以下三个构成要件:(1)签证主体适格;(2)签证的内容必须涉及工程内容变化,包括工程量增减、工期延长缩减等;(3)签证双方须达成一致意见。缺乏上述任一要件,都有可能构成无效签证。

一、工程签证要件不符的风险与防控

工程签证主要有以下几个法律特征:首先,工程签证具有补充协议的性质,是双方协商一致的结果,是双方法律行为。其次,工程签证须产生基于双方意思表示的法律后果。比如,顺延工期、增加费用、承担违约责任、赔偿损失等。再次,工程签证可以直接作为结算依据。工程签证的法律特征决定了其要件不符的主要表现形式为:签证缺少主体资格;签证的内容未涉及工期顺延、费用变化、违约责任、赔偿损失等;签证双方未达成一致意见;签证无法确定结算。

【法律风险】
签证要件不符属于无效签证,不产生费用增加、工期顺延、承担违约责任、赔偿损失等法律效力。

【典型案例】
2012年11月施工单位某电力工程公司与业主签订《施工承包合同》一份,约定工程范围为:钻孔灌注桩工程的施工、基坑围护结构的设计、施工,总承包价为970万元。一切工期顺延事由发生后需在三天之内办理文字手续,否则不能因此计算顺延工期;非上述原因,工程不能按规定工期完成的,施工单位需承担违约责任;若施工单位提前竣工,每提前一天,业主

奖励1万元,若施工单位逾期,每逾期一天,施工单位承担工期违约金1万元,奖惩竣工结算时一并处理。因双方对工程是否延误产生争议,业主向法院提起诉讼,要求支付逾期竣工违约金143万元。针对该请求,施工单位提供了大量的签证,认为通过签证已将合同约定的竣工日期顺延至实际竣工日期,故不承担工期延误的违约金。最终法院认为签证无效,工期不顺延,判决施工单位向业主支付工期延误违约金140万元。

通过施工单位的签证单,我们发现,这些签证单均因不符合签证要件而无效。我们来看下施工单位提供的签证单,工程名称:某钻孔灌注桩;建设单位:某某有限公司;监理单位:某某监理公司;联系事由为:我工程处开挖埋设护筒时,遇到原始的花岗岩浆砌基础,其中最大花岗岩板块规格为2 m×3 m×0.25 m,并延至C66号桩位护筒桩坑内,给C66、C67号两桩位护筒埋设施工带来很大困难,因而延误台时达144之久,请予签证认可。监理意见为:检查情况属实,上面加盖了监理公司现场监理用章。主送单位:建设单位和监理单位。抄送单位:某某工程总公司上海公司。类似的工程联系单有很多,但均没有被法院采纳认定工期顺延的依据。

分析一下该联系单,我们发现:(1)签证主体不适格。虽然该签证单由监理加盖了印章,表面上是符合相关程序的,但是《建设工程施工合同》约定,发包人除特别授权外,监理人无权对工期顺延或费用增加办理签证。监理人员签字盖章仅产生见证的效力,但不产生工期顺延的签证效力,因其不是适签证主体。(2)签证内容不明确。签证中提到"延误台时达144之久,请予签证认可"。该事由显然不直接涉及工期顺延的内容,它只说延误台时达144小时之久,并没有说到工期需要顺延多少日期。(3)未达成一致意见。因监理人员无权对工期顺延签证,而该签证单中又缺乏建设单位的签字,因此双方对该签证未达成一致意见。

显然,该签证不符合签订三要件,从而因要件缺乏而无效。

【核心法条】
《中华人民共和国民法通则》
第五十四条 民事法律行为是公民或者法人设立、变更、终止民事权利和民事义务的合法行为。

第五十五条 民事法律行为应当具备下列条件:
(一)行为人具有相应的民事行为能力。
(二)意思表示真实;
(三)不违反法律或者社会公共利益。

《工程量清单计价规范》(2013年版)
2.0.24 现场签证
发包人现场代表(或其授权的监理人、工程造价咨询人)与承包人现场代表就施工过程中涉及的责任事件所作的签认证明。

7.2.1 发承包双方应在合同条款中对下列事项进行约定:
5 施工索赔与现场签证的程序、金额确认与支付时间;

9.1.2 出现合同价款调增事项(不含工程量偏差、计日工、现场签证、索赔)后的14天内,承包人应向发包人提交合同价款调增报告并附上相关资料;承包人在14天内未提交合同价款调增报告的,应视为承包人对该事项不存在调整价款请求。

【防控建议】

在实践中,承包人是想尽方法获得签证,而发包人则是百般推辞。因此,从承包人角度而言,获得签证本身就很难,因此更应减少获得要件不符签证的概率。简言之,要想避免要件不符的签证,只有"找对签证主体、明确签证内容、达成一致意见、确定相应事项和费用"。

二、签证主体不符的风险与防控

《工程量清单计价规范》9.14.1条规定,承包人应发包人要求完成合同以外的零星项目、非承包人责任事件等工作的,发包人应及时以书面形式向承包人发出指令,并应提供所需的相关资料;承包人在收到指令后,应及时向发包人提出现场签证要求。因此,适格的签证主体是指工程承发包双方的法定代表人及其授权代表。

【法律风险】

1. 签证主体不符合合同约定的主体。比如合同约定发包人授权代表是"张某",但施工单位却将签证单提交给发包方的"王某",那么即使"王某"签字同意、批准,也因其无授权而导致签证无效。

2. 遗漏合同约定的共同签证主体。《××建设工程施工合同》约定"发包人对发包人代表的授权范围如下:但有关确认工期延长、增加工程价款或增加费用的工程联系单或任何文件,确认中间工程、隐蔽工程、整体工程质量合格的工程联系单或任何文件,同意豁免承包人任何经济责任、违约责任的工程联系单或任何文件,暂停或终止施工的工程联系单或任何文件,对合同条款的实质性变更文件,均必须由发包人工程部经理(胡某)和成本控制科经理(廖某)共同签字确认(此2人签字确认时间为3天)并由发包人按内部审批程序加盖发包人公章。"显然,根据合同约定,施工单位欲想取得有效签证,必须得到发包人工程经理(胡某)和成本控制科经理(廖某)共同签字确认。仅有一人签字确认,显然不能构成有效签证。

3. 对监理签证权限认识不清。根据《中华人民共和国建筑法》《建设工程质量管理条例》《建设工程安全生产管理条例》等法律法规、行政规章的规定,建设工程监理单位受建设单位委托,根据法律法规、工程建设标准、勘察设计文件及合同,在施工阶段对建设工程质量、造价、进度进行控制,对合同、信息进行管理,对工程建设相关方的关系进行协调,并履行建设工程安全生产管理法定职责的服务活动。实践中对监理同意追加价款的签证是否有效存在争议,但根据上述规定,监理单位对工程价款的确认的签证一般不能作为有效的签证依据。监理单位只是受发包人委托对工程质量、进度进行监督的部门,不是施工合同当事人,如无工程发包人明确授权由监理单位与施工方进行工程结算,则其所谓的工程价款签证对发包人不产生效力。具体应根据监理单位出具的工程进度认定工程量,如双方当事人对该工程价款不能协商一致,则应当委托造价鉴定。

【典型案例】

名都电力公司从2014年7月至2016年10月先后承接贝林房产公司开发的"宣城贝林阳江港湾小区"多项电力设计、施工、服务工程,约定工程总价款为1400万元,最终价格以业主认可的造价为基础。后在竣工结算过程中,有两份追加工程款214万元的工程变更单被认为无效,原因是虽由监理单位签字盖章确认,但未得到建设单位代表签字。为此,承包人提起诉讼。第一种观点认为,监理人签署的追加价款的工程变更单无效;第二种观点认为,监理人签署的追加价款的工程变更单有效;第三种观点认为,工程变更单中追加价款部分无效,但监理单位认可了该工程变更的事实,因根据合同约定或委托鉴定的方式确认工程追加价。最终,法院通过委托造价鉴定的方式,确定工程追加款为190万元。

【核心法条】

《中华人民共和国建筑法》

第三十二条 建设工程监理应当依照法律、行政法规及有关的技术标准、设计文件和建筑工程承包合同,对承包单位在施工质量、建设工期和建设资金使用等方面,代表建设单位实施监督。

《建设工程质量管理条例》

第十二条第一款 实行监理的建设工程,建设单位应当委托具有相应资质等级的工程监理单位进行监理,也可以委托具有工程监理相应资质等级并与被监理工程的施工承包单位没有隶属关系或者其他利害关系的该工程的设计单位进行监理。

《建设工程安全生产管理条例》

第十四条 工程监理单位应当审查施工组织设计中的安全技术措施或者专项施工方案是否符合工程建设强制性标准。

工程监理单位在实施监理过程中,发现存在安全事故隐患的,应当要求施工单位整改;情况严重的,应当要求施工单位暂时停止施工,并及时报告建设单位。施工单位拒不整改或者不停止施工的,工程监理单位应当及时向有关主管部门报告。

工程监理单位和监理工程师应当按照法律、法规和工程建设强制性标准实施监理,并对建设工程安全生产承担监理责任。

【防控建议】

1. 明确建设工程施工合同中约定的发包人代表身份情况、权限范围。
2. 明确建设工程施工合同约定的工程签证的授权主体、人数。
3. 核查监理单位的授权范围。
4. 发包人代表、签证授权主体发生变化时,要及时与发包人取得联系,固定新的授权主体。

三、口头签证的风险与防控

工程签证定义为是对工程量、增加合同价款、支付各种费用、顺延竣工日期、承担违约责任、赔偿损失等内容,工程承、发包双方的法定代表人及其授权代表等在施工过程及结算过程中对所达成一致意见的补充协议。按照《中华人民共和国合同法》第十条规定"当事人订立合同,有书面形式、口头形式和其他形式。"因此,口头签证符合合同的订立形式,应属有效。但在工程实践中,如果施工单位不注意保存、固定相关证据的话,一旦发包人不认可当时的口头指令,那么施工单位就无权向发包人主张工期顺延和费用增加的主张。

【法律风险】

1. 口头签证证据难以固定,如果提起诉讼,法院很有可能以证据不足为由而不支持施工单位要求顺延工期、增加费用的主张。
2. 工程计价有关的事项,均应采用书面形式,口头指令不得作为计价凭证。2013年版

《工程量清单计价规范》15.1.2条规定发、承包双方不论在何种场合对与工程计价有关的事项所给予的批准、证明、同意、指令、商定、确定、确认、通知和请求,或表示同意、否定、提出要求和意见等,均应采用书面形式,口头指令不得作为计价凭证。

3. 1999年版《建设工程施工合同(示范文本)》与2013年版《建设工程施工合同(示范文本)》对口头指令规定不同,应予注意。1999年版《建设工程施工合同(示范文本)》6.2条规定工程师的指令、通知由其本人签字后,以书面形式交给项目经理,项目经理在回执上签署姓名和收到时间后生效。确有必要时,工程师可发出口头指令,并在48小时内给予书面确认,承包人对工程师的指令应予执行。工程师不能及时给予书面确认的,承包人应于工程师发出口头指令后7天内提出书面确认要求。工程师在承包人提出确认要求后48小时内不予答复的,视为口头指令已被确认,但2013年版《建设工程施工合同(示范文本)》删除了此条。

【典型案例】

2010年12月,发包人新安特钢公司与承包人恒瑞电力公司签订一份《建设工程施工合同》,约定恒瑞电力公司承包新安特钢公司110 kV新建输变电工程。合同约定固定总价,并约定发包人应支付非承包人原因引起的修改或更正而增加的价款。合同签订后,承包人组织了相应施工。2011年12月,变电工程投入使用。其间,发包人发出口头变更指示,承包人在收到相应口头指示后,书面通知发包人确认,发包人签收后未提出异议,承包人根据相应的口头指示施工,这些口头指示共10项,需增加价款2 226 019元。此后,因发包人不同意增加该价款,承包人向法院提起诉讼。第一种观点认为,发包人签收承包人要求确认其口头指示的书面通知后未提出异议,应视为确认其口头指示,该价款应追加。第二种观点认为,发包人未确认口头指示,合同亦没有约定发包人逾期不予答复承包人口头指示确认要求,该项价款不能追加。最终法院参照1999年版《建设工程施工合同(示范文本)》规定,采纳了第一种观点,认可了发包人已确认口头指示内容,承包人主张应予支持。

【核心法条】

《中华人民共和国合同法》

第十条 当事人订立合同,有书面形式、口头形式和其他形式。

法律、行政法规规定采用书面形式的,应当采用书面形式。当事人约定采用书面形式的,应当采用书面形式。

《建设工程施工合同(示范文本)》(1999年版)

6.2 工程师的指令、通知由其本人签字后,以书面形式交给项目经理,项目经理在回执上签署姓名和收到时间后生效。确有必要时,工程师可发出口头指令,并在48小时内给予书面确认,承包人对工程师的指令应予执行。工程师不能及时给予书面确认的,承包人应于工程师发出口头指令后7天内提出书面确认要求。工程师在承包人提出确认要求后48小时内不予答复的,视为口头指令已被确认。

《工程量清单计价规范》(2013年版)

15.1.2 发承包双方不论在何种场合对与工程计价有关的事项所给予的批准、证明、同意、指令、商定、确定、确认、通知和请求,或表示同意、否定、提出要求和意见等,均应采用书面形式,口头指令不得作为计价凭证。

《建设工程施工合同(示范文本)》(2013年版)
4.3 监理人的指示

监理人应按照发包人的授权发出监理指示。监理人的指示应采用书面形式,并经其授权的监理人员签字。紧急情况下,为了保证施工人员的安全或避免工程受损,监理人员可以口头形式发出指示,该指示与书面形式的指示具有同等法律效力,但必须在发出口头指示后24小时内补发书面监理指示,补发的书面监理指示应与口头指示一致。

【防控建议】

1. 尽量要求发包人以书面形式发出变更指示。

2. 在双方合同专用条款中特别约定"发包人、监理人发出口头变更指示的,承包人有权拒绝或承包人根据口头指示向发包人、监理人发出书面确认请求,发包人、监理人在收到承包人提出的确认请求后48小时内不予答复的,视为口头指令已被确认。"约定此条款的原因在于2013年版《建设工程施工合同(示范文本)》没有1999年版《建设工程施工合同(示范文本)》"工程师在承包人提出确认要求后48小时内不予答复的,视为口头指令已被确认"的规定。因此,为防范施工单位的风险,建议在专用条款中特别约定。

四、逾期签证的风险与防控

施工过程中,出现签证事项,施工单位是否必须在合同约定或法定时间内向发包人提出签证,否则逾期签证无效？根据《建设工程价款结算暂行办法》第十条规定,工程设计变更价款调整:(三)工程设计变更确定后14天内,如承包人未提出变更工程价款报告,则发包人可根据所掌握的资料决定是否调整合同价款和调整的具体金额。重大工程变更涉及工程价款变更报告和确认的时限由发承包双方协商确定。因此,根据该条款,如果发包人和承包人在合同中未对承包人提出签证时间作出约定,则应该适用该条款中的14天,承包人未在14天内提出变更工程价款报告,则发包人有权调整合同价款,也有权不调整合同价款。当然,作为平衡发包人与承包人权利和义务,该条款的后半部分明确表明"收到变更工程价款报告一方,应在收到之日起14天内予以确认或提出协商意见,自变更工程价款报告送达之日起14天内,对方未确认也未提出协商意见时,视为变更工程价款报告已被确认。"因此,发包人收到变更工程价款报告后14天必须有回应,否则,变更工程价款报告则视为发包人认可。对于《建设工程价款结算暂行办法》中该条款的适用,司法实践中存在争议。另外,2013年版《工程量清单计价规范》中,对于承包人逾期提出签证没有明确是否无效,但对发包人逾期回复则明确为"发包人在收到承包人现场签报告后的48小时内未确认也未提出修改意见的,应视为承包人提交的现场签证报告已被发包人认可。"

【法律风险】

1. 如果合同中约定,承包人必须在规定时间内提出签证的,应该严格遵守,否则会造成逾期签证无效的法律后果。比如,《××建设工程施工合同》约定"出现工程价款变更事项的,承包人需在出现变更事项7日内向发包人提出变更工程价款的报告,载明变更事实、变更理由、变更金额,如承包人逾期提出的,则发包人有权不再变更"。

2. 合同未约定提出签证时间的,尽量在变更事宜出现后14天内向发包人提出签证,以避免争议。

【典型案例】[①]

2011年,发包人天源热电与承包人诚涵电力签订《建设工程施工合同》一份。合同约定,天源热电将位于桓台县马桥镇大成工业园的30万kW机组热电主厂房(1~12轴)约16 000 m^2 土建工程发包给诚涵电力。上述工程竣工验收合格后,诚涵电力向天源热电提供了工程结算书。双方对结算书中500万的签证产生争议,天源热电认为该500万的签证属于逾期无效签证,理由是在双方未约定施工单位提出签证的具体时间的情况下,应适用《建设工程价款结算暂行办法》第十条"14天"的规定,但所有签证都是签证事项一个月甚至两个月以后,因此天源热电授权代表即使在上面签字确认也因与法律规定相冲突而无效,因此,所有签证都属于逾期无效签证。诚涵电力认为,签证的本质是合同变更,在合同没有约定变更期限的情况下,只要双方达成一致意见,都应认为产生变更合同的效力,而《建设工程价款结算暂行办法》属于行政规章,与行政规章相违背不产生无效的法律后果。最终,法院采纳诚涵电力的意见,认为《建设工程价款结算暂行办法》属于行政规章,而不是《中华人民共和国合同法》第五十二条中的法律、行政法规的强制性规定,与行政规章相背不产生合同无效的后果,故支持了逾期签证的效力。

【核心法条】
《中华人民共和国合同法》
第五十二条　有下列情形之一的,合同无效:
(一)一方以欺诈、胁迫的手段订立合同,损害国家利益;
(二)恶意串通,损害国家、集体或者第三人利益;
(三)以合法形式掩盖非法目的;
(四)损害社会公共利益;
(五)违反法律、行政法规的强制性规定。
《建设工程价款结算暂行办法》
第十条　工程设计变更价款调整:
(三)工程设计变更确定后14天内,如承包人未提出变更工程价款报告,则发包人可根据所掌握的资料决定是否调整合同价款和调整的具体金额。重大工程变更涉及工程价款变更报告和确认的时限由发承包双方协商确定。
《工程量清单计价规范》(2013年版)
9.14　现场签证

9.14.1　承包人应发包人要求完成合同以外的零星项目、非承包人责任事件等工作的,发包人应及时以书面形式向承包人发出指令,并应提供所需的相关资料;承包人在收到指令后,应及时向发包人提出现场签证要求。

9.14.2　承包人应在收到发包人指令后的7天内向发包人提交现场签证报告,发包人应在收到现场签证报告后的48小时内对报告内容进行核实,予以确认或提出修改意见。发包人在收到承包人现场签报告后的48小时内未确认也未提出修改意见的,应视为承包人提交的现场签证报告已被发包人认可。

[①] 参见〔2014〕鲁民一终字第104号民事判决书。

【防控建议】

1. 合同约定过程中,对于施工单位提出签证的时限尽量作出明确约定,增强工程实践中签证的可操作性。

2. 合同中需明确,签证可以事后补充。

3. 工程实践中,施工单位尽量在签证事项出现后 14 天内向发包人提出签证报告,这样可以避免施工单位的风险,同时可以适用《建设工程价款结算暂行办法》中"收到变更工程价款报告一方,应在收到之日起 14 天内予以确认或提出协商意见,自变更工程价款报告送达之日起 14 天内,对方未确认也未提出协商意见时,视为变更工程价款报告已被确认"条款反制发包人。

第二节 拒绝签证的风险与防控

一、签证无法送达的风险与防控

从签证的法律特征来看,工程签证是一种合同,只不过是相对于正式建设工程施工合同后的补充合同,因此同样受《合同法》约束。《合同法》第十三条规定,当事人订立合同,采取要约、承诺方式。第十六条规定,要约到达受要约人时生效。第二十三条规定,承诺应当在要约确定的期限内到达要约人。因此,无论是施工单位向监理或发包人提出签证,首先必须确保签证能够送达到监理或发包人处产生法律上的送达效力;反之,监理和发包人对签证的回复同样要有效送达施工单位处。一般在建设工程施工合同中,对发包人代表、监理人代表、承包人代表是谁、联系地址、电话等都会作出相应约定,变更指示、签证、资料往来等按约定呈递即可。但合同中常常缺少约定的代表不在联系地址,或者合同约定的联系地址发生了变化的法律后果,造成签证无法送达监理、发包人后,施工单位常常不知道该如何处理。鉴于现在互联网通信比较发达,2013 年版《建设工程施工合同(示范文本)》顺应时代发展,在通用条款中明确了"合同文件、信函、电报、传真等可以有形地表现所载内容的形式"都可以认定为书面形式。因此,我们建议在签证递交方面可采用微信、QQ、邮箱等方式以弥补传统送达必须"面对面"交付的缺陷。

【法律风险】

1. 签证无法送达,承包人欲想通过签证拿到签证费用或顺延工期的目的就会落空。

2. 合同中如约定"签证必须在几天内提出,否则风险由承包人自担"的条款时,签证无法送达直接产生的后果就是监理人或发包人认为承包人未在约定的时间内提出签证,故风险由承包人自担。

【典型案例】

2015 年,发包人某电力公司与承包人施工单位分别就某电力工程项目签订了建设工程施工合同。上述工程竣工验收合格后,施工单位向发包人提供了工程结算书。工程结算书中的附件签证部分,有 20 多份签证单涉及金额 300 多万元,但这 20 多份签证单都没有业主和监理的签字。为此,双方发生争议,诉至法院。施工单位认为,这些签证都通过邮寄方式按合同中发包人代表、监理人代表的联系地址作出邮寄,因发包人代表、监理人代表不在联系地址处而被退回,故责任不在施工单位处。而发包人认为,所有这些签证在施工过程中都没有看到过,所以是施工单位为增加工程款伪造的。最终,法院根据双方建设施工合同条款第三十五条约定"合同中发包人代表、监理人代表、承包人代表人员、联系地址有变更的,应于变更前5日内书面通知相对方,否则,按上述地址寄送材料仍视为有效送达",认定施工单位上述20多份签单送达有效。但同时认为,因发包人未在签证单上签字认可上述价款,故签证送达有效不代表发包人已作出认可签证的意思表示。最终,法院根据施工单位进一步提供资料,酌定工程签证费用为200多万元。

【核心法条】

《中华人民共和国合同法》

第十一条 书面形式是指合同书、信件和数据电文(包括电报、电传、传真、电子数据交换和电子邮件)等可以有形地表现所载内容的形式。

第十三条 当事人订立合同,采取要约、承诺方式。

第十六条第一款 要约到达受要约人时生效。

第二十三条第一款 承诺应当在要约确定的期限内到达要约人。

《建设工程施工合同(示范文本)》(2013年版)

1.1.6.1 书面形式:是指合同文件、信函、电报、传真等可以有形地表现所载内容的形式。

【防控建议】

1. 约定送达地址。在合同中约定送达地址、联系人、电话并明确上述送达地址是双方材料递送地址,如一方地址、人员变更需提前十五日发出书面通知,否则视为未变更。按上述地址送达,如材料被拒收、不能送达等均视为已送达。

2. 留置送达。材料送到监理、发包人处,采取拍照、摄影等方式固定材料送达证据。

3. 电子送达。通过微信、QQ、电子邮箱等方式发送材料,但注意保存。

二、发包人拒绝签证的风险与防控

拒绝签证不同于签证无法送达,拒绝签证是指在签证已有效送达发包人的情况下,发包人拒绝签字确认。在施工过程中,发包人关系最难搞定,找发包人签证追加价款难度很大甚至没有可能。相对发包人而言,找监理人签证就容易得多,但是在发包人拒绝签证的情况下,光有监理人签证有用吗,发包人不认可又如何处理?

【法律风险】

监理只是受发包人委托对工程质量、进度进行监督的部门,不是施工合同的当事人,如无工程发包人明确授权由监理和施工单位进行工程结算,则其所确定的结算对发包人不产生约束力。

【典型案例】

2010年4月,施工单位中通公司在承建某大楼弱电工程中,就工程增加项目提出了签证。监理人在签证单上的意见为"同意增加项目的费用为150万元,待报业主后最终予以决定"。工程竣工后,施工单位与业主发生纠纷,中通公司诉至法院。双方其中一项争议是,上述增加项目的签证费用业主是否应该支付。第一种观点认为,签证单已注明待报业主后最终予以决定,故在业主没有同意的情况下不追加该价款。第二种观点认为,应该依据该签证单,结合合同中的计价方式通过鉴定确定。法院最终采取鉴定方式确定该增加项目的费用为125万元。

评析该案,我们认为在司法实践中,对于增加项目费用签证,法院同样认为监理一般无此权限,因此,即使监理签字确认同意该增加项目的费用,法院一般也不会直接以监理签字确认同意的签证直接作为价款支付依据。但同时,监理签字确认同意,表明施工单位确已完成了该增加工程,工程量是确定的。另外,增加工程项目,一般只有在监理取得发包人指示后,监理才会下发增加工程项目指示给施工单位,因此,即使施工单位没有取得发包人的书面同意增加项目施工的依据,根据监理是发包人受托人这一事实,施工单位也有理由相信监理已取得了发包人增加工程项目的指示。因此根据《最高人民法院关于审理建设工程施工合同纠纷案件适用法律问题的解释》第十九条规定,当事人对工程量有争议的,按照施工过程中形成的签证等书面文件确认。因此,承包人虽未能提供签证文件证明具体工程量,但可以按照当事人提供的其他证据确认实际发生的工程量。法院采取了司法鉴定的方式确定了中通公司增加工程项目的费用。

【核心法条】

《标准施工招标文件》(2007年版)

3.1.1 监理人受发包人委托,享有合同约定的权力。监理人在行使某项权力前需要经发包人事先批准而通用合同条款没有指明的,应在专用合同条款中指明。

3.1.2 监理人发出的任何指示应视为已得到发包人的批准,但监理人无权免除或变更合同约定的发包人和承包人的权利、义务和责任。

【防控建议】

1. 在增减工程项目、工程量等情况下,应该取得发包人对上述增减的具体指示。在无法取得发包人该书面指示的情况下,要取得监理的书面指示,切忌不能凭借发包人、监理的口头指示直接施工,在未取得书面指示的情况下,应该拒绝施工。

2. 在完成增减工程项目的施工后,应该及时向监理、发包人提供签证报告,明确增减费用具体金额。

三、监理人拒绝签证的风险与防控

在建设工程实务中,对于有监理参与的建设工程,一份有效签证一般都需要经监理人、业主签字或盖章确认。当时,如果没有特别约定,鉴于签证是发包人与承包人之间的补充协议这一法律特征以及监理是发包人的受托人这一法律特性,即使监理未签字确认,只要发包人认可,该签证同样是有效签证。但如果发包人、承包人在合同条款约定"建设工程施工合同约定签证款应经业主盖公章和监理工程师确认,否则无效"条款时,签证因为双方的特别约定而附加了一个"监理工程师确认"的生效要件,如果签证没有监理工程师的签字,该签证因不具备生效要件而无效。

【法律风险】

1. 没有监理工程师的签字,该签证可能无效。

2. 监理工程师不签字,一般而言,发包人也不会签字确认。因此,要想使签证发生效力,必须争取监理工程师的签字。

【典型案例】
发包人送变电公司与承包人大安新唐于2011年10月28日签订了《安白高速新艾里49.5 MW风电场工程合同》,具体项目包括风机基础工程、风机安装工程、35 kV集电线路工程、220 kV升压站建筑及安装工程、一期道路工程,总造价为8 653.753 7万元。承包人施工过程中,就工程增加项目提出了42份签证,前22份签证均由监理工程师和发包人代表签字确认。后20份签证因发包人未及时向监理单位支付监理费导致监理拒绝履行监理职责对签证予以认可。承包人无奈之下将签证直接给了发包人代表,发包人代表均签字确认。但在结算过程中,发包人提出与承包人的合同中明确约定"经监理工程师首先签字确认后,再由发包人签字确认,否则签证无效"。因此后20份签证因不符合合同约定的签证生效条件故签证无效,不应支付后20份签证的款项。施工单位聘请我们出具一份法律意见书,我们认为按合同约定有效签证必须符合合同约定生效条件,即监理人与发包人共同签字确认。但因发包人原因恶意阻却生效条件成就的,视为生效条件已成就。本案中,发包人恶意拖欠监理单位监理费,致使监理拒绝履行监理职责,阻却了合同约定的监理签字这一条件,故责任不在施工单位而在发包人处。鉴于后20份签证均已得到发包人认可,故该签证中的费用,发包人理应支付。施工单位凭该份法律意见书与发包人进行了谈判,最终发包人同意支付后20份签证中的90%的费用。

【核心法条】
《中华人民共和国合同法》
第四十五条 当事人对合同的效力可以约定附属条件。附生效条件的合同,自条件成就时生效。附解除条件的合同,自条件成就时失效。

当事人为自己的利益不正当地阻止条件成就的,视为条件已成就;不正当地促成条件成就的,视为条件不成就。

【防控建议】
1. 施工单位现场人员需充分了解、熟悉与发包人之间的建设工程施工合同条款,了解签证流程、签证期限以及生效要件。在合同特别约定需同时具备监理和发包人签字认可的条件下,签证才有效的话,那么施工单位现场人员必须严格按照合同条款履行签证签字、呈报流程,否则面临的就是无效签证的风险。

2. 了解监理人拒绝签证的原因,如因发包人原因导致监理人拒绝签证的,保留相关证据,并将签证直接递交给发包人代表要求签证。

四、"竣工结算时一次性调整"签证的风险与防控

"竣工结算时一次性调整"在建设工程实务中分为两种情形:第一种是施工单位提交签证后,发包人当场拒绝签字确认,但同意"竣工结算时一次性调整"。对于发包人"竣工结算时一次性调整"效力该如何认定呢?第二种是施工单位未按施工合同示范文本规定时限提出签证或者提出了签证但发包人拒签,能否直到竣工结算时统一办理?

【法律风险】
实践中,我们认为对于第一种情形发包人签署了"竣工结算时一次性调整"内容的,可以认定发包人对工程变更事实的确认,但如何调整,即按照什么计价方式来调整,发包人并没

有明确。因此,很可能在最后竣工结算时,会产生新的争议。比较好的做法是,在签证单中不仅要明确签证的价款,而且要明确具体计价方式,是按合同计价还是定额计价,此时,如果发包人签署"竣工结算时一次性调整"等类似内容的话,可以认定发包人对于工程签证的价款金额未予认定,但其也未否定计价方式。如果今后发生诉讼,施工单位可以就该签证确定了计价方式而未确定明确金额提出主张。

对于第二种情形,根据2013年版《建设工程施工合同(示范文本)》10.4.2条款,承包人应在收到变更指示后14天内,向监理人提交变更估价申请。监理人应在收到承包人提交的变更估价申请后7天内审查完毕并报送发包人,监理人对变更估价申请有异议,通知承包人修改后重新提交。发包人应在承包人提交变更估价申请后14天内审批完毕。发包人逾期未完成审批或未提出异议的,视为认可承包人提交的变更估价申请。因变更引起的价格调整应计入最近一期的进度款中支付。从该条款可以看出,因变更引起的价格调整应于最近的进度款同时支付,但是对于承包人收到变更指示后14天内未提出变更估价申请是否视为承包人放弃变更的权利未予以规定。相反,该条款对发包人未在14天内审批完毕或未提出异议的,则视为发包人认可提交的变更估价申请。上述内容,在2013年版《工程清单计价规范》中也有类似规定。因此,我们认为,在建设工程施工合同中,如果专用条款未对施工单位的变更价期限作出"未在规定期限内提出,则视为放弃"的约定的,施工单位有权在竣工结算时一并调整。《最高人民法院关于审理建设工程施工合同纠纷案件适用法律问题的解释》第十九条规定,当事人对工程量有争议的,按照施工过程中形成的签证等书面文件确认。承包人能够证明发包人同意其施工,但未能提供签证文件证明工程量发生的,可以按照当事人提供的其他证据确认实际发生的工程量。从该条司法解释的立法本意来看,也认可施工单位在过程中未提交签证或提交签证被拒绝的情况下,可以在最终结算时提供其他辅助证据证实已施工的实际发生的工程量以取得该部分的价款。

【典型案例】[①]

2012年6月25日,中航公司(分包人)与绿地公司(承包人)签订《外墙面HT-EPS防火保温施工分包合同》一份,合同约定:六、竣工验收与结算 1.竣工验收竣工验收前15天,分包人将装订成册的各类资料二套移交甲方。2.竣工结算工程竣工验收后30天内向承包人提供竣工结算资料,并向承包人提出结算申请。竣工结算根据实际完成的工程量,按合同单价结算。施工过程中工程变更,以承包人签证的变更单为准,在竣工结算时调整。

法院认为,双方当事人之间签订的《外墙面HT-EPS防火保温施工分包合同》及相应附件均是双方真实意思的表示,合法有效,双方均应按约履行义务。

虽然中航公司主张绿地公司应支付工程款1 973 945.87元,但是由于双方对于工程量存在纠纷争议,且中航公司未能提供相应工程量签证单或其他能够证明工程量的证据,需要双方到工程现场共同核实工程量。现在根据中航公司提出绿地公司应就已经认可的工程量所对应的工程款进行支付,有争议的部分中航公司保留诉权,以后另行解决的主张,就双方认可的工程量部分先行进行处理,其余有争议部分中航公司可以另行诉讼处理。

根据中航公司提供的《绿地商务城B2-4地块保温工程量汇总表》中所列工程,绿地公司

---

① 参见〔2016〕苏03民终3040号民事判决书。

认可中航公司实施的工程量所对应的工程款数额为3 512 717元,扣除双方认可的已经支付的工程款2 996 895元,尚欠工程款515 822元未支付。中航公司虽提出已经收到的工程款中有22 095元系代绿地公司交付给工程建设方绿地开发公司的垃圾清理费,但是未提供相应代扣证明,且亦与其所作承诺数额不符,依法不予采信,如中航公司有证据可在其余工程款纠纷中再行处理解决。

本案中双方约定"施工过程中工程变更,以承包人签证的变更单为准,在竣工结算时调整。"但如何调整、是调价还是调量其实是约定不明的,现在双方对工程量发生争议,但由于中航公司未能提供相应工程量签证单或其他能够证明工程量的证据,需要双方到工程现场共同核实工程量。因此,中航公司只能根据对方认可的工程量先行结算,其余保留诉权,另行诉讼。这说明,"竣工结算时一次性调整"的约定对承包人而言,风险很大。

【核心法条】

《最高人民法院关于审理建设工程施工合同纠纷案件适用法律问题的解释》

第十九条　当事人对工程量有争议的,按照施工过程中形成的签证等书面文件确认。承包人能够证明发包人同意其施工,但未能提供签证文件证明工程量发生的,可以按照当事人提供的其他证据确认实际发生的工程量。

【防控建议】

1. 施工单位提交签证后,发包人当场拒绝签字确认,但同意"竣工结算时一次性调整",应要求发包人明确最终调整时的计价方式、工作量,否则易产生争议。

2. 施工单位未按施工合同示范文本规定时限提出签证或者提出了签证但发包人拒签,可以到竣工结算时统一办理,但需保留能够证明已实际施工工程量的证据。

第三节　发包人不规范签证的风险与防控

发包人不规范签证从狭义来讲,是指虽然发包人对施工单位的签证单予以签字或盖章,但因增加或删减部分签证内容导致施工单位无法获得费用、工期顺延等预期签证目的。从广义来讲,发包人恶意签证、过失签证,即把不应该签证给施工单位的签证签给了施工单位,这些情形都属于发包人不规范签证的范畴。对于施工单位而言,了解、识别发包人不规范签证种类,可以防范风险。当时,也可以利用发包人过失签证为施工单位谋取合法利益。但是,施工单位如与发包人代表恶意串通,致使发包人恶意签证的话,原则上该签证属于恶意串通行为,应属无效。

一、发包人签"情况属实"的风险与防控

在建设工程实务中,我们经常看到发包人、监理人在签证单上书写"情况属实"字样,甚至有些签证单上书写"收到",更为夸张的是有些签证单上书写"知道了"。对于这些签证,其效力如何?一旦发生纠纷提起诉讼,法院又如何认定?

【法律风险】

1. "情况属实""收到"甚至"知道了",这和确定合同变更的具体金额价款是不同的概

念,并不能代表发包人已确认签证金额的意思表示。

2. 在工期顺延签证情况下,上述表述并不产生发包人同意顺延的法律效力。

【典型案例】

我们来看一个垃圾外运的签证单:"联系事项及原因:我司于 2011 年 5 月 21 号上报 4 号工作联系单,施工现场堆放的建筑垃圾本应由其他单位清运,现甲方规定由我司清运,清运费为 67 634.80 元。另外清理土建单位遗留垃圾造成额外用工 19 个,费用为 912 元。以上两项合计 68 546.80 元,请业主及监理确认为感。后附:预算表、简图、照片。"监理单位审核:情况属实,报业主核准。建设单位工程未签收。建设单位代表审核:情况属实。

监理单位和建设单位代表签署了"情况属实",施工单位能否据此向业主主张 68 546.80 元呢?我们认为,监理单位和建设单位签署"情况属实",只是表明联系事由里所反映的事实状况,这是对联系事由里事实的确认,但并不能成为向业主主张价款的一个有效签证。因此,这份签证单的作用只是体现在施工单位确实做了垃圾外运的工作这样一个事实存在。但这样的事实,能不能拿到费用,需要看合同约定。而合同约定"如施工现场存在垃圾的,施工单位应予以清扫外运,该费用已包含在合同约定的工程价款中,发包人不再另行支付价款"。因此,该签证单中的事由属于合同范围内施工单位应该履行的义务,施工单位不能据此获得 68 546.80 元。如果建设单位代表签署"同意""批准"的话,那么对于建设单位而言,这就是个过失签证,把不应该给施工单位的钱给了施工单位。

【核心法条】

《中华人民共和国合同法》

第七十七条 当事人协商一致,可以变更合同。

法律、行政法规规定变更合同应当办理批准、登记等手续的,依照其规定。

第七十八条 当事人对合同变更的内容约定不明确的,推定为未变更。

【防控建议】

1. 施工单位应尽量让监理人、发包人明确签证意见,而不是以"情况属实""知道了""收到"等字样含糊其辞。

2. 施工单位现场项目负责人应熟悉与发包人之间的合同承包范围、工程价款的覆盖范围,对于已包含在合同承包范围内的施工项目,应该通过与发包人另行签订补充变更承包范围协议来明确,以此获取相应的工程款。

二、发包人过失签证的风险与防控

过失签证是指因发包人疏忽大意将不应该签给承包人的签证签给了承包人。首先过失签证不是无效签证。根据《中华人民共和国合同法》第五十二条"有下列情形之一的,合同无效:(一) 一方以欺诈、胁迫的手段订立合同,损害国家利益;(二) 恶意串通,损害国家、集体或者第三人利益;(三) 以合法形式掩盖非法目的;(四) 损害社会公共利益;(五) 违反法律、行政法规的强制性规定。"显然,过失签证不会被认定为无效。其次,从过失签证形成原因来看,过失签证更多的是因为发包人代表不懂工程造价、不了解建设工程施工合同内容导致的,最多算是重大误解。根据《中华人民共和国合同法》第五十四条的规定来看,因重大误解订立的合同,当事人一方有权请求人民法院或仲裁机构变更或撤销。因此,可以将过失签证理解为可变更、可撤销的合同。但是,司法实践中,认定重大误解的标准非常严格,而且发包人代表缺乏工程造价知识、不了解建设工程施工合同等事由也很难称得上是重大误解。

【法律风险】

1. 对于发包人而言,过失签证将使发包人无法控制成本。

2. 对于承包人而言,利用发包人的过失签证可以获取额外利益,但是如果以欺诈手段致使发包人过失签证的,存在违法之嫌。

【典型案例】

我们在处理的一个核电项目建设工程案件中,发现这样一份签证:"我司负责3号机组外墙保温板安装,经双方领导查看现场样板后,确定采用A型号保温板,直接费单价为135元/m^2。后现场安装后,贵司领导又提出增加工艺,调整后双方口头确认的直接费单价为150元/m^2。为避免将来不必要的争议,请贵司书面审核确认。"发包人收到该份签证单上呈报给当时负责洽谈的领导,领导批示"同意按145元/m^2结算"。

这个签证显然存在问题,而导致这个问题产生的原因是发包人的领导不懂工程造价。事实上,当时双方洽谈的价格是安装工程费,而不是直接费,现在施工单位按直接费发出签证单,发包人领导虽然修改了价格,但是仍按直接费145元/m^2同意结算。安装工程费包含了直接费、间接费、税金和利润。即使按修改后直接费145元/m^2,也远远超过了当时商谈确定的安装工程费150元/m^2。

【核心法条】

《最高人民法院关于贯彻执行〈中华人民共和国民法通则〉若干问题的意见》

第六十八条 一方当事人故意告知对方虚假情况,或者故意隐瞒真实情况,诱使对方当事人作出错误意思表示的,可以认定为欺诈行为。

第七十一条 行为人因对行为的性质、对方当事人、标的物的品种、质量、规格和数量等的错误认识,使行为的后果与自己的意思相悖,并造成较大损失的,可以认定为重大误解。

《中华人民共和国合同法》

第五十四条 下列合同,当事人一方有权请求人民法院或者仲裁机构变更或者撤销:

(一)因重大误解订立的;

(二)在订立合同时显失公平的。

一方以欺诈、胁迫的手段或者乘人之危,使对方在违背真实意思的情况下订立的合同,受损害方有权请求人民法院或者仲裁机构变更或者撤销。

当事人请求变更的,人民法院或者仲裁机构不得撤销。

第五十五条 有下列情形之一的,撤销权消灭:

(一)具有撤销权的当事人自知道或者应当知道撤销事由之日起一年内没有行使撤销权;

(二)具有撤销权的当事人知道撤销事由后明确表示或者以自己的行为放弃撤销权。

【防控建议】

1. 发包人过失签证对承包人而言是有利的,但是公平、诚信是法律的基本原则,承包人不应通过该种途径谋取不当利益。

2. 对发包人而言,在签证时,除了明确专职人员外,还需要其他懂造价、懂合同的专业人士把关,否则就会出现案件中因对工程造价知识不了解而导致过失签证。

三、发包人恶意签证的风险与防控

发包人恶意签证指的是发包人明知或应该知道不应该签给承包人的签证而签给了承包人。一般情况下,发包人派驻的现场代表如果为了谋取不当利益与承包人串通一气就会发生恶意签证的情况。从理论上讲,根据《中华人民共和国合同法》第五十二条规定,恶意串通,损害国家、集体或者第三人利益的,合同无效。据此,如存在恶意串通损害发包人利益的,该签证属于无效签证。但司法实践中,发包人欲证明其派驻的现场代表与承包人恶意串通,难度极大。因此,按"谁主张,谁举证"的原则,如果发包人没有充分证据证明派驻现场代表与承包人属于恶意串通的情形的,发包人应该承担举证不能的后果,即必须认可其派驻现场代表签证的效力。当然,发包人因此遭受损失的,可以依据其与派驻代表的劳动合同、委托代理合同等,认定派驻代表在履行职务行为或委托代理过程中存在失职,要求其赔偿。

【法律风险】

1. 对于发包人而言,现场派驻代表恶意签证会使其遭受经济损失。

2. 对于承包人而言,一旦发包人有证据证明承包人与其派驻的现场代表恶意串通损害其利益的,该签证为无效签证。

【典型案例】

实业公司与施工单位签订了一份《施工合同》,双方约定施工单位承建实业公司一幢大楼,建筑面积 10 000 m²,承包范围为施工图中的房屋建造、水电、空调及设备管道安装和装饰装修工程,工程造价暂定 1 000 万元,合同还约定工程造价按当地的定额予以计算。在履约过程中,实业公司派王某为该项目负责人。因王某缺乏工程造价的知识以及管理经验,王某另聘请了陈某作为项目现场实际负责人。实业公司和王某同时出具了授权委托书给陈某。授权书内容为:除重大设计、设计改变、购置大型设备必须请示王某外,其他事务均有权处理。施工单位竣工后向实业公司提交了工程决算书,并由陈某予以签收。因实业公司对工程决算书的金额提出异议,施工单位同意实业公司的要求,共同委托一家审价机构予以审价。审价结论为 1 600 万元。但是实业公司仍拒绝付款,施工单位遂提起诉讼。在诉讼过程中,实业公司主要针对陈某签证的 600 万提出异议。主要异议为:(1) 外墙面工程签证,按施工合同约定额计算为 52 万元,但陈某签证认可了 100 万元;(2) 地库地坪包干费用签证,签证价为 80 万元,但事实上按照定额计算不超过 50 万元;(3) 装饰装修工程签证额达 200 万之多,违反常理等等。同时,实业单位提出,陈某除具有项目经理资格外,还具有预算员的资格,其对工程造价的计价方式非常熟悉,上述签证是明知故犯,是故意签证。一审、二审法院均认为,诉讼前,实业公司与施工单位共同委托的审价机构予以审价时,实业公司并未对上述签证提出异议。在审价出来后,陈某离职前,实业公司与陈某因报酬结算问题产生争议,从而怀疑陈某与施工单位恶意串通,但实业公司并没有提供证据证明陈某与承包人恶意串通的事实,故对实业公司主张不予采信。

从本案中,我们可以看出,陈某有很大嫌疑是与施工单位恶意串通,故意将不该给施工单位的签证给了施工单位。但由于实业公司未提供证据证实,导致其承担举证不能的后果。事实上,从判决结果来看,一审、二审法院都认为实业公司没有能够举证证明存在恶意串通行为,这些签证单应该作为系争工程价款结算依据。

【核心法条】

《中华人民共和国合同法》

第五十二条 有下列情形之一的,合同无效:

(一)一方以欺诈、胁迫的手段订立合同,损害国家利益;

(二)恶意串通,损害国家、集体或者第三人利益;

(三)以合法形式掩盖非法目的;

(四)损害社会公共利益;

(五)违反法律、行政法规的强制性规定。

【防控建议】

1. 对于发包人而言,首先要选择诚实可靠的人员担任发包人现场派驻借用。其次,对派驻现场代表的权利必须进行必要的限制。我们常常看到一些管理比较好的企业,对现场甲方代表签字权利都作出了限制。比如:10万元以下的签证,现场甲方代表可以直接签署;超过10万元,现场甲方代表无权签署,须报公司审核。

2. 发包人签证时需遵守一定的原则。建议采取:(1)通过草图、示意图形式而避免单纯的文字形式进行签证原则,比如说,垃圾外运工程,在垃圾外运之前,通过草图、示意图形式把垃圾的工程量固定下来;(2)签事实而不直接签结果原则;(3)签事实而不直接签工程量原则;(4)签工程量而不直接签单价原则;(5)签单价而不直接签总价原则;(6)以前述原则为优先原则。

四、发包人签证形式不规范的风险与防控

在司法实践中,一般施工单位提供的工程签证单均为书面形式,有些采用当地政府部门的模板,有些采用企业内部自行设置的工程签证单的样板。一般内容包括:编号;工程名称;工程地点;分项名称;工程数量;签证原因;签证内容;审核结果等。但签证是否必须采用书面形式?是否必须有上述事项?如果没有以工程签证单的形式而是以技术核定单、工程联系单、会议纪要、补充协议、往来函件等形式,是否属于签证?

2013年版《工程量清单计价规范》9.14.2条规定"承包人应在收到发包人指令后的7天内向发包人提交现场签证报告,发包人应在收到现场签证报告后的48小时内对报告内容进行核实,予以确认或提出修改意见。"根据该规范,签证的形式应该表现为签证报告。

中国建设工程造价管理协会2002年发布的《工程造价咨询业务操作指导规程》中对工程签证定义解释为:按承发包合同约定,一般由承发包双方代表就施工过程中涉及合同价款之外的责任事件所作的签认证明(注:目前一般以技术核定单和业务联系单的形式反映者居多)。按该指导规程,只是双方达成的签认证明均认可是签证,同时该指导规程中以括号形式明确"以技术核定单和业务联系单的形式反映者居多"。从该指导规程来看,签证不应拘泥于形式,任何能够反映承、发包双方就合同价款之外的责任事件所作的签认证明都可以作为签证。

【法律风险】

工程签证是施工过程中的例行工作,无论针对已完成的签证事项还是未完成的签证事

项,不论采用何种形式,书面证据的取得、保管都至关重要。否则,可能因缺少有力的书面证据而无法获得签证价款。

【典型案例】

在一起案件诉讼中,发包人与承包人签订了下列补充协议:经承、发包人友好协商,对主楼基础、副楼、展示招商中心室内精装修工程复工事宜达成如下一致意见:一、对 2015 年 10 月 11 日前因发包人承包仪式而造成的损失,发包人一次性补偿承包人 130 万元……五、自本协议生效后,承包人凭发包人或监理工程师下达的复工令后 3 天内全面复工。同时,工期按原合同总工期顺延。六、由于停工期间造成所有的钢筋需进行专项除锈处理,同时 A 栋三层楼层、二层墙柱砼采用比设计高一个等级的砼浇筑,以上费用发包人按现场实际发生的工程量套定额对承包人进行补偿。法院最终认定,发包人应该给付承包人 130 万元,工期应予顺延,同时对除锈和砼浇筑根据承包人实际完成的工作量予以确认费用。

从该案例中,我们可以看出,司法实践中只要承发包人达成一致意见的,都可以认为是签证的一种形式。除之外,签证事项不仅针对已经发生或履行完毕的事项,也可以针对尚未发生或者未履行完毕的事项。本案中,对于除锈和砼浇筑就是一个尚未发生的签证事项。待结算时,结合承包人履行的资料,同样可以作为结算工程价款的依据。

【核心法条】

《中华人民共和国合同法》

第十条　当事人订立合同,有书面形式、口头形式和其他形式。

法律、行政法规规定采用书面形式的,应当采用书面形式。当事人约定采用书面形式的,应当采用书面形式。

第十一条　书面形式是指合同书、信件和数据电文(包括电报、电传、传真、电子数据交换和电子邮件)等可以有形地表现所载内容的形式。

第四节　承包人不规范签证的风险与防控

根据《最高人民法院关于审理建设工程施工合同纠纷案件适用法律问题的解释》第十九条"当事人对工程量有争议的,按照施工过程中形成的签证等书面文件确认"以及《建设工程价款结算暂行办法》第十四条第六款"合同以外零星项目工程价款结算。发包人要求承包人完成合同以外零星项目,承包人应在接受发包人要求的 7 天内就用工数量和单价、机械台班数量和单价、使用材料和金额等向发包人提出施工签证,发包人签证后施工,如发包人未签证,承包人施工后发生争议的,责任由承包人自负"的规定,签证必须在符合法律、法规的情况下才能有效。如果出现应办理而未办理签证、办理了承包范围内的签证、未按时限办理签证以及签证主体不符等情况,这些都属于承包人不规范签证的范畴,由此可能带来一系列法律后果。

一、应办理而未办理签证的风险与防控

根据 2013 年版《工程量清单计价规范》9.14.1 条规定,承包人应发包人要求完成合同以

外的零星项目、非承包人责任事件等工作的,发包人应及时以书面形式向承包人发出指令,并应提供所需的相关资料;承包人在收到指令后,应及时向发包人提出现场签证要求。因此,在发包人要求承包完成合同范围以外的零星项目以及非承包人责任事件等情况下,承包人应该办理签证。如果应办理而未办理签证,则可能面临一定的法律风险。

【法律风险】

1. 应办理而未办理签证,工期不予延期、价款不予追加。

2. 虽然根据《最高人民法院关于审理建设工程施工合同纠纷案件适用法律问题的解释》第十九条"当事人对工程量有争议的,按照施工过程中形成的签证等书面文件确认。承包人能够证明发包人同意其施工,但未能提供签证文件证明工程量发生的,可以按照当事人提供的其他证据确认实际发生的工程量"的规定,承包人可以提供其他证据确认实际发生的工程量以获得增加的价款,但该举证责任在承包人,在施工已完毕的情况下,承包人想要举证实际发生的准确的工程量有一定的难度。

【典型案例】①

2009年12月3日,发包方天源酒店公司(甲方)与承包方科源公司(乙方)订立《天源大饭店室内装修施工合同》,同时对合同价款调整情形作出明确约定。

关于天源酒店公司是否应向科源公司支付"建设方不承认变更部分"和"建设方不承认新增部分"的工程款的问题。二审法院认为,工程价款应由工程量和价格共同确定。双方在《施工合同》第三十二条"确定变更合同价款及工期"以及《补充合同》第六条、第十条当中已经对变更工程的价格进行了约定。因此,本案双方对"建设方不承认变更部分"和"建设方不承认新增部分"的工程价款是否应当支付产生争议,有赖于对双方有争议的工程量进行确定。该情形属于《最高人民法院关于审理建设工程施工合同纠纷案件适用法律问题的解释》第十九条规定的"当事人对工程量有争议"的情形。本案《施工合同》第三十一条约定"所有的设计变更,双方均应办理变更洽商签证",但双方在实际履约过程中,无论是建设方认可的减少、变更增加的工程量还是建设方不认可的变更、增加的工程量,均未办理签证手续,且天源酒店公司填写的2011年4月15日《建设工程消防验收申报表》竣工验收情况载明"组织设计施工,监理单位自检合格"的内容,可以证明天源酒店公司已经认可讼争工程竣工验收合格,并同意申报消防验收。天源酒店公司于2012年4月19日签署《酒店维修验收单》时,也未对工程量提出异议。由上述分析可以认定双方在履约过程中,对工程量的变更手续并未严格按照合同约定履行,双方已经以实际行为对合同的约定进行了变更,且天源酒店公司对变更的工程量予以认可。根据《最高人民法院关于审理建设工程施工合同纠纷案件适用法律问题的解释》第十九条的规定,原审法院认定天源酒店公司应支付科源公司"建设方不承认变更部分"和"建设方不承认新增部分"的工程款,并无不当。

该案中,法院认为,根据合同约定"所有的设计变更,双方均应办理变更洽商签证",但双方在实际履约过程中,无论是建设方认可的减少、变更增加的工程量还是建设方不认可的变更、增加的工程量,均未办理签证手续。但是,天源酒店公司于2012年4月19日签署《酒店维修验收单》时,未对工程量提出异议,可以认定双方在履约过程中,对工程量的变更手续并

---

① 参见〔2014〕闽民终字第1043号民事判决书。

未严格按照合同约定履行,双方已经以实际行为对合同的约定进行了变更,且天源酒店公司对变更的工程量予以认可。

本案中,法院认为"无论是建设方认可的减少、变更增加的工程量还是建设方不认可的变更、增加的工程量,均未办理签证手续",但因天源酒店公司在签署《酒店维修验收单》时,未对工程量提出异议,可以认定双方在履约过程中,对工程量的变更手续并未严格按照合同约定履行,双方已经以实际行为对合同的约定进行了变更。相反,如果本案中天源酒店公司没有签署《酒店维修验收单》,那么承包方科源公司很难获得发包人不认可的变更增加的工程量。

【核心法条】

《最高人民法院关于审理建设工程施工合同纠纷案件适用法律问题的解释》

第十九条 当事人对工程量有争议的,按照施工过程中形成的签证等书面文件确认。承包人能够证明发包人同意其施工,但未能提供签证文件证明工程量发生的,可以按照当事人提供的其他证据确认实际发生的工程量。

《建设工程价款结算暂行办法》

第十四条第六款 合同以外零星项目工程价款结算。发包人要求承包人完成合同以外零星项目,承包人应在接受发包人要求的7天内就用工数量和单价、机械台班数量和单价、使用材料和金额等向发包人提出施工签证,发包人签证后施工,如发包人未签证,承包人施工后发生争议的,责任由承包人自负。

【防控建议】

1. 在出现应办理签证的情形下,承包人应严格按法律规定和合同约定及时办理签证手续。

2. 在未办理签证手续的情况下,需收集其他证据确认实际发生的工程量,按《最高人民法院关于审理建设工程施工合同纠纷案件适用法律问题的解释》第十九条向发包人主张权利。

3. 及时提交竣工验收报告,在发包人认可竣工验收报告中的工程量后,发包人再以未办理签证为由抗辩,该抗辩法院不予采纳。

二、固定总价范围内的签证的风险与防控

固定价又称为"闭口价""包死价""一口价",分为两种情况:一种是价与量作为一个整体"包死",就是所谓的"固定总价"。另一种仅仅是价格"包死",这就是所谓的"固定单价"。在约定固定价总价的前提下,对于合同约定范围内的工程量确定固定价格,在约定的风险范围内合同价款不作调整。

【法律风险】

合同约定的计价方式为固定总价的,承包人拿到的签证如果是合同约定的承包范围或风险范围之内的,则发包人不再另行支付相应费用。

【典型案例】[①]

2006年9月15日,中兴公司作为承包人、穗晔公司作为发包人,双方签订建设工程施工

---

① 参见〔2010〕沪二中民二(民)终字第25号民事判决书。

合同一份,合同约定:工程名称为穗晔公司练塘新建厂房工程;工程地点为上海市青浦区练塘镇泖甸路×××号;工程内容为厂房三幢、办公用房一幢、员工宿舍一幢、门卫锅炉房和配电房各一幢、厂区道路、围墙、路灯、给排水管、电气等配套工程,具体内容以附件工程量清单和报价书中列明者为准。合同价款金额为闭口价人民币(以下币种均为人民币)1 488万元整(按审图公司通过的施工图内容和甲乙双方补充协议内容为准,作为闭口造价,以后设计补充、变更、甲方现场签证等,则另行按实计算)。

审理过程中,中兴公司申请对系争工程进行审价。原审法院随后委托了中国建设银行上海市分行造价咨询中心对系争工程进行了审价。审价结论为:系争工程合同内外的工程造价为15 555 780元。上述审价结论中的价格构成为合同约定工程费用1 488万元、签证变更费用355 780元、材料涨价风险费用32万元。

对于工程施工中形成的部分签证在计价时的采纳情况:

穗晔公司认为在施工过程中形成的部分签证单是重复签证,即在合同约定范围内的工程又签证为增加部分的工程,这是监理单位在不明真相的情况下误签的,此后双方曾为此争执,对于该部分签证单穗晔公司认为应当在计价时剔除。

中兴公司认为应当严格按照工程实际施工内容开口计价。

法院认为,依合同约定,工程范围应当是经审图公司审定的图纸以及合同所附工程量清单,上述范围之外的工程应以当事人双方工程签证单或双方协议为准。中兴公司在原审中提供的签证中,大量内容在经审图公司审定的图纸或合同所附工程量清单中均有体现,对于此部分内容,应包含于双方约定闭口价的工程量内,评估公司未再另行计价并无不当。

本案表明,在双方约定闭口价作为计价方式的前提下,签证属于工程范围内的,则不再另行计价。

【核心法条】

《建设工程价款结算暂行办法》

第八条 发、承包人在签订合同时对于工程价款的约定,可选用下列一种约定方式:

(一)固定总价。合同工期较短且工程合同总价较低的工程,可以采用固定总价合同方式。

(二)固定单价。双方在合同中约定综合单价包含的风险范围和风险费用的计算方法,在约定的风险范围内综合单价不再调整。风险范围以外的综合单价调整方法,应当在合同中约定。

(三)可调价格。可调价格包括可调综合单价和措施费等,双方应在合同中约定综合单价和措施费的调整方法,调整因素包括:1.法律、行政法规和国家有关政策变化影响合同价款;2.工程造价管理机构的价格调整;3.经批准的设计变更;4.发包人更改经审定批准的施工组织设计(修正错误除外)造成费用增加;5.双方约定的其他因素。

【防控建议】

1.对于合同的计价方式是"闭口价"还是"开口价"必须在合同中明确约定,该约定对于今后签证是否能计取费用有直接影响。

2.在明确约定"闭口价"的前提下,对于工程承包范围及工程价款的风险范围须有明确约定。因为在闭口价的情况下,只有在承包范围及工程价款风险范围之外的签证才算有效签证。

三、索赔期限外签证的风险与防控

工程索赔是指在合同履行过程中,对并非自己的过错,而是应由对方责任的情况造成的实际损失向对方提出经济补偿和时间补偿的要求。索赔是一方向另一方主张权利但尚未得到对方确认的单方面主张,如果得到了对方确认,则构成了有效签证。索赔程序一般按照合同约定的程序进行。2013年版《建设工程施工合同(示范文本)》通用条款19.1条款、19.2条款对索赔程序、索赔处理作了详细的规定,但在符合索赔事项的情况下,没有按合同约定的索赔期限主张权利但在索赔期限外获得了签证,该签证是否有效,存在争议。

【法律风险】

2008年版《工程量清单计价规范》第4.7.8条规定:"受益方未在合同约定时间内提出工程价款调整报告的,视为不涉及合同价款的调整。"2013年版《建设工程施工合同(示范文本)》19.1条款规定:"根据合同约定,承包人认为有权得到追加付款和(或)延长工期的,应按以下程序向发包人提出索赔:(1)承包人应在知道或应当知道索赔事件发生后28天内,向监理人递交索赔意向通知书,并说明发生索赔事件的事由;承包人未在前述28天内发出索赔意向通知书的,丧失要求追加付款和(或)延长工期的权利……"也就是在索赔期限内对于索赔事项未提出索赔的,则不能再主张合同价款调整,即使事后办理了签证。虽然实践中,法院一般不以此作为裁判标准,但该法律风险是显而易见的。

【典型案例】[①]

原告与被告在2011年10月28日签订了《安白高速新艾里49.5 MW风电场工程合同》,具体项目包括风机基础工程、风机安装工程、35 kV集电线路工程、220 kV升压站建筑及安装工程和道路工程,总造价为8 653.753 7万元,工期为2011年10月28日至2012年4月20日。

双方争议的误工费304.119 1万元,原告提交《会议纪要》《施工周报》等证据证明:因被告原因,造成误工,致使工程本应在2012年4月竣工,却延期至2013年5月8日竣工,在延期这段时间发生的实际费用合计304.119 1万元。被告质证:认可因己方原因造成窝工期间是2012年5月9日—7月4日、2012年8月6日—10月20日,但原告没有按照合同约定提交索赔通知,请求误工费已失权,同时认为产生304.119 1万元没有提交相关证据。所提交的《误工签证统计》中误工金额不具有真实性。法院认为,《会议纪要》《施工周报》《施工月报》《集电线路误工情况说明》不能证明因被告原因产生误工的事实,集电线路工程《单位工程开工报审表》中,有原、被告双方签字及监理单位吉林省吉能电力建设监理有限责任公司签字认可——2012年5月9日—7月4日、2012年8月6日—10月20日这两段期间,因为被告征地原因造成停工的事实,故本院对这部分事实予以确认,但被告没有提交这段期间产生误工费的证据,而是主张2012年4月至2013年5月8日这期间实际发生的费用,原告的该项主张没有事实和法律依据,本院不予支持。但原告提交的集电线路工程《工程签证单》

[①] 参见〔2016〕吉08民初3号民事判决书。

中,关于误工费 2.14.20、21 号签证单,合计金额为 19.007 1 万元,虽然被告没有签字认可,但有监理单位签字认可人员、机械窝工数量,又有原告的人员工资及租赁机械费用清单,故可认定本项工程发生误工费 19.007 1 万元。

本案中,被告认为"原告没有按照合同约定提交索赔通知,请求误工费已失权。"但法院最终还是根据原告提交的集电线路工程《工程签证单》,确认了误工损失金额为 19.007 1 万元。

【核心法条】
《建设工程施工合同(示范文本)》(2013 年版)

19.1 根据合同约定,承包人认为有权得到追加付款和(或)延长工期的,应按以下程序向发包人提出索赔:(1)承包人应在知道或应当知道索赔事件发生后 28 天内,向监理人递交索赔意向通知书,并说明发生索赔事件的事由;承包人未在前述 28 天内发出索赔意向通知书的,丧失要求追加付款和(或)延长工期的权利;(2)承包人应在发出索赔意向通知书后 28 天内,向监理人正式递交索赔报告;索赔报告应详细说明索赔理由以及要求追加的付款金额和(或)延长的工期,并附必要的记录和证明材料;(3)索赔事件具有持续影响的,承包人应按合理时间间隔继续递交延续索赔通知,说明持续影响的实际情况和记录,列出累计的追加付款金额和(或)工期延长天数;(4)在索赔事件影响结束后 28 天内,承包人应向监理人递交最终索赔报告,说明最终要求索赔的追加付款金额和(或)延长的工期,并附必要的记录和证明材料。

19.2 对承包人索赔的处理如下:(1)监理人应在收到索赔报告后 14 天内完成审查并报送发包人。监理人对索赔报告存在异议的,有权要求承包人提交全部原始记录副本;(2)发包人应在监理人收到索赔报告或有关索赔的进一步证明材料后的 28 天内,由监理人向承包人出具经发包人签认的索赔处理结果。发包人逾期答复的,则视为认可承包人的索赔要求;(3)承包人接受索赔处理结果的,索赔款项在当期进度款中进行支付;承包人不接受索赔处理结果的,按照第 20 条〔争议解决〕约定处理。

【防控建议】

1. 高度重视索赔期限,避免存在不适用索赔时效的侥幸心理。

2. 在索赔事件发生时,要同期搜集证据材料,按约定索赔期限要求追加价款,并保留好发包人签收的凭证。

3. 在按约定时限索赔基础上,督促发包人按期限签证。索赔时效对于承包人而言是一个陷阱,虽然在个别案件中不承认索赔期限,但从规范风险的角度出发,承包人应该在规定的索赔期限内提交索赔报告,化被动为主动。

四、监理无效签证的风险与防控

按照 2013 年版《建设工程施工合同(示范文本)》的规定,"工程实行监理的,发包人和承包人应在专用合同条款中明确监理人的监理内容及监理权限等事项。监理人应当根据发包人授权及法律规定,代表发包人对工程施工相关事项进行检查、查验、审核、验收,并签发相关指示,但监理人无权修改合同,且无权减轻或免除合同约定的承包人的任何责任与义务。"因此,监理的权限来源于发包人的授权,对于监理签证是否有效,承包需要审核、了解监理人的权限。

【法律风险】

监理人没有权限、超出权限签订签证,承包人无法向发包人主张工期顺延、费用增加。

【典型案例】[①]

2002年12月26日建工集团与杭州市城站广场改建工程指挥部签订《建设工程施工合同》,建工集团承包三里亭北地块r5组团标段的施工。合同约定:工程内容为r5组团12幢住宅及地下室车库,承包范围为施工图范围内的土建及安装。

另查明,杭州市城站广场改建工程指挥部与杭州市建筑工程监理公司签订的《建设工程委托监理合同》第十七条约定:"监理人在委托人委托的工程范围内,享有以下权利……(10)在工程施工合同约定的工程价格范围内,工程款支付的审核和签认权,以及工程结算的复核确认权与否决权。"投标文件《零星工作费用表》记载:试桩综合单价为每根40 000元。招投标文件《询标记录》记载:《零星工作费用表》中试桩费用40 000元"包括打桩及打桩设备的进退场费用,钢筋笼,绑扎,砼灌注(不包括试验费)"。招标文件《工程量清单与投标报价说明》第二条第十项约定:"零星工作费用,经业主签字后,方能按实计取。零星工作费用不计入投标报价。零星工作费用表中的'综合单价'作为零星工作发生费用时的决算依据。"

法院认为:本案二审主要争议试桩工程款数额为多少。

关于试桩工程款的确定。根据双方当事人在招投标过程中形成的相关文件,案涉试桩费用是列入零星工作费用计取的,未计入投标报价,而《零星工作费用表》中的"综合单价"作为零星工作发生费用时的决算依据。虽然案涉工程在招投标过程中确定了试桩费用为每根40 000元,在施工过程中,有监理、设计和勘察单位签字确认的试桩数量为48根,但根据《建设工程委托监理合同》的约定,总监理工程师只是在《建设工程施工合同》约定的工程价格范围内,具有工程款支付的审核和签认权,以及工程结算的复核确认权与否决权。而招标文件《工程量清单与投标报价说明》第二条第十项约定,零星工作费用只有经业主签字后,方能按实计取。所以,建工集团以《打试桩记录》均经监理签字为由,要求按每根40 000元计取总数为48根的试桩费用,缺乏依据。

本案中,案涉试桩费用是列入零星工作费用计取的,未计入投标报价,招标文件《工程量清单与投标报价说明》第二条第十项约定,零星工作费用只有经业主签字后,方能按实计取。因此,建工集团虽然拿到了监理签字的《打试桩记录》,但因未对合同文件进行审核,没有区分工程价格范围内和范围外监理不同的权限导致其主张未获支持。

【核心法条】

《中华人民共和国合同法》

第四十九条 行为人没有代理权、超越代理权或者代理权终止后以被代理人名义订立合同,相对人有理由相信行为人有代理权的,该代理行为有效。

《建设工程施工合同(示范文本)》(2013年版)

4. 监理人

4.1 监理人的一般规定

[①] 参见〔2008〕浙民一终字第229号民事判决书。

工程实行监理的,发包人和承包人应在专用合同条款中明确监理人的监理内容及监理权限等事项。监理人应当根据发包人授权及法律规定,代表发包人对工程施工相关事项进行检查、查验、审核、验收,并签发相关指示,但监理人无权修改合同,且无权减轻或免除合同约定的承包人的任何责任与义务。

4.3 监理人的指示

监理人应按照发包人的授权发出监理指示。监理人的指示应采用书面形式,并经其授权的监理人员签字。紧急情况下,为了保证施工人员的安全或避免工程受损,监理人员可以口头形式发出指示,该指示与书面形式的指示具有同等法律效力,但必须在发出口头指示后24小时内补发书面监理指示,补发的书面监理指示应与口头指示一致。

监理人发出的指示应送达承包人项目经理或经项目经理授权接收的人员。因监理人未能按合同约定发出指示、指示延误或发出了错误指示而导致承包人费用增加和(或)工期延误的,由发包人承担相应责任。除专用合同条款另有约定外,总监理工程师不应将第4.4款〔商定或确定〕约定应由总监理工程师作出确定的权力授权或委托给其他监理人员。

承包人对监理人发出的指示有疑问的,应向监理人提出书面异议,监理人应在48小时内对该指示予以确认、更改或撤销,监理人逾期未回复的,承包人有权拒绝执行上述指示。

监理人对承包人的任何工作、工程或其采用的材料和工程设备未在约定的或合理期限内提出意见的,视为批准,但不免除或减轻承包人对该工作、工程、材料、工程设备等应承担的责任和义务。

【防控建议】

1. 承包人应查阅《建设工程施工合同》《建设工程委托监理合同》、联系函等,确认待签证事项是否属于监理权限范围内。

2. 对于超出监理权限范围内的签证事项,承包人应及时要求发包人确认。

3. 对于超过监理权限范围内的签证事项,如果发包人在之前都予以确认的,承包人可以监理人构成表见代理为由,认为其有理由相信发包人事实上已经变更了监理人的权限,事后赋予了监理人该签证事项的权利。

> # 第七章
> 工程索赔的法律风险防控建议

当今,由于电力建设工程领域的竞争日趋激烈,承包人为承接工程采用低价竞标已成为常态,越来越多承包人的施工项目出现亏损情况,于是工程索赔逐渐被接受并重视,这是承包人在施工过程中保护自身经济利益、降低工程利润损失的重要手段。在我国,工程索赔没有明确统一的定义,但通常认为,工程索赔是指在合同履行过程中,对于并非自己的过错,应当由对方承担责任的情况造成的经济损失或权利损害,根据法律或合同约定,通过一定程序向对方主张权利的要求。这种权利要求,既可能包含经济损失的补偿,也可能包含合同工期的延长。在当前"僧多粥少"的中国建筑市场,在工程索赔处理当中,发包人经常处于优势地位,其可以通过从应付工程款中抵扣或者没收履约保证金等方式来实现索赔的目的。而在工程实践当中大量发生的、处理较为困难的是承包人向发包人提起的工程索赔,这对于大多数承包人来说依然是一个不敢触及的"烫手山芋"。综观大多数承包人在施工中索赔情况,工程索赔或多或少存在以下问题:(1)当工程索赔事件发生时,部分承包人会考虑到与发包人的进一步合作,而不愿提出;(2)项目部管理人员对可以索赔的事件没有充分认识,很多可以提出索赔的事件往往没有提出;(3)承包人往往只做到索赔意向的通知,没有重视工程索赔过程中相关材料的收集以及按照合同约定的索赔程序编制相应的最终索赔报告。所以正确认识工程索赔,对于维护承包人的正当利益、保障建设工程项目合理有序开展具有重要意义。本章即针对工程索赔与反索赔的风险与防控进行阐述。

第一节 发包人原因导致工程索赔的风险与防控

电力建设工程一般具有工期长、结构复杂、建基面广、投资大、施工中不可预见的事件多等特点,而发包人作为具有工程发包主体资格的当事人,在事实上与承包人地位不平等,在合同订立时,承包人只有很小的谈判议价空间。承包人往往会同意甲供材或者同意发包人指定供货商、指定分包或将工程肢解发包,更甚者发包人往往拖延支付预付款、进度款、结算款等,上述因素都可能导致承包人利益受损。针对上述情况,本节就发包人原因导致工程索赔进行风险提示及防控。

一、发包人逾期提供材料、设备导致工程索赔的风险与防控

建设工程施工过程中,经常会约定部分材料、设备由发包人提供。根据《必须招标的工程项目规定》的规定,工程相关的重要设备、材料等货物的采购,单项合同估算价在200万元人民币以上的,必须进行招标。这必然导致部分发包人提供工程材料的采购需要以招标的方式进行。鉴于招标采购模式耗时较长,很有可能出现因甲供材料、设备供应时间延误,造成承包人工期延误、窝工或其他损失的情况。

【法律风险】

1. 举证不能的风险。合同未约定或未明确约定发包人供应材料、设备的交货时间、交货地点和计划交货时间,这必然导致承包人在主张工程索赔时,无法举证导致工期延误的原因是由于发包人未按约定提供材料、设备进而影响承包人工程进度的事实。

2. 工期延误损失无法得到补偿的风险合同。约定承包人在发包人出现或可能出现甲供材料、设备提供逾期或地点变更的前提下,应予提示。若在该索赔事件发生时,作为承包人未及时尽到提示义务时,有可能导致后期工程索赔失败。

【典型案例】①

2011年6月8日,某新材料公司与四川电力建设A公司签订主合同,将"某新材料公司电厂全厂安装Ⅱ标段"工程的施工交由四川电力建设A公司负责,施工的范围包括2#机组安装工程和输煤系统,由某新材料公司提供安装材料,合同工期397天。2011年8月15日,工程正式开工建设。在施工过程中,某新材料公司将电厂建设的附属工程"110 kV以及矿山35 kV变电站安装工程"和"电厂110 kV及10 kV一期设备安装工程"的施工一并交由四川电力建设A公司负责施工,并分别于2011年8月9日、10月26日与四川电力建设A公司补充签订了0029合同和0113合同。

2011年11月23日,四川电力建设A公司完成0029合同的施工,将工程移交给某新材料公司投入使用。2011年11月23日,四川电力建设A公司完成0113合同的施工,工程试运行结束,经竣工验收移交给某新材料公司。由于在主合同的施工过程中,某新材料公司无法及时供应设备、材料,导致四川电力建设A公司陷于停工。四川电力建设A公司于2012年3月6日以工作联系单(CD2J-00-GC-015)的形式告知某新材料公司及监理公司关于现场停工待料事宜,其中载明:"项目部于2011年11月26日后一直处于停工待料的状态,项目部仍需对以下机具进行维护保养:350吨履带吊一台、50吨履带吊一台、25吨平板车一台、65吨汽车吊一台,现场还有施工管理人员共68人。"某新材料公司2012年3月10日回复"早已告知对方2#机组停建,启动日期将来以书面告知,请四川电力建设A公司根据情况自行安排"。现四川电力建设A公司向法院提起诉讼,要求某新材料公司赔偿各项窝工损失13 972 748元,利润损失2 396 587元。

经法院审理认为:某新材料公司应当向四川电力建设A公司承担的停工、窝工损失的数额应为3 479 427.1元。主要事实和理由:(1)从2012年3月10日某新材料公司向四川电力建设A公司作出的"早已告知对方2#机组停建,启动日期将来以书面告知,请四川电力

---

① 参见〔2015〕渝高法民终字第00173号民事判决书。

建设A公司根据情况自行安排"的回复内容可以看出,某新材料公司已经明确告知四川电力建设A公司2#机组停建,但四川电力建设A公司并未撤离相应人员和施工机械,造成了损失扩大,故对于2012年3月10日至2012年10月期间的停工损失4 186 011.9元(人工窝工费776 067.2元＋机械窝工费3 409 944.70元),由于四川电力建设A公司并未采取有效措施防止损失的扩大,应当由其自行承担。考虑施工现场需要人员看守,酌情主张2人工资,按照鉴定意见计算应为38 197.71元,对于其余4 147 814.19元,由四川电力建设A公司自行承担。(2) 四川电力建设A公司称某新材料公司并没有通知输煤系统停工,但四川电力建设A公司并未举示证据证明输煤系统需要的施工机械,且四川电力建设A公司于2012年3月6日向某新材料公司发出的工作联系单载明所有主要机械设备均处于停工状态。(3) 2012年1月29日至2月29日停工期间,虽然包含了春节放假,但是该法定节假日与整个工地停工并无必然联系,双方亦并未特别约定春节期间停工放假一个月,故某新材料公司关于该期间不应主张停工损失的理由并无事实和法律依据,应不予支持。

【核心法条】
《中华人民共和国合同法》

第二百八十三条　发包人未按照约定的时间和要求提供原材料、设备、场地、资金、技术资料的,承包人可以顺延工程日期,并有权要求赔偿停工、窝工等损失。

《最高人民法院关于审理建设工程施工合同纠纷案件适用法律问题的解释》

第九条　发包人具有下列情形之一,致使承包人无法施工,且在催告的合理期限内仍未履行相应义务,承包人请求解除建设工程施工合同的,应予支持:

(一) 未按约定支付工程价款的;

(二) 提供的主要建筑材料、建筑构配件和设备不符合强制性标准的;

(三) 不履行合同约定的协助义务的。

《标准施工招标文件》

5.2.2　承包人应根据合同进度计划的安排,向监理人报送要求发包人交货的日期计划。发包人应按照监理人与合同双方当事人商定的交货日期,向承包人提交材料和工程设备。

5.2.6　发包人提供的材料和工程设备的规格、数量或质量不符合合同要求,或由于发包人原因发生交货日期延误及交货地点变更等情况的,发包人应承担由此增加的费用和(或)工期延误,并向承包人支付合理利润。

《标准设计施工总承包招标文件》

6.2.1　专用合同条款约定发包人提供部分材料和工程设备的,应写明材料和工程设备的名称、规格、数量、价格、交货方式、交货地点等。

6.2.2　承包人应根据合同进度计划的安排,向监理人报送要求发包人交货的日期计划。发包人应按照监理人与合同双方当事人商定的交货日期,向承包人提交材料和工程设备。

6.2.6　发包人提供的材料和工程设备的规格、数量或质量不符合合同要求,或由于发包人原因发生交货日期延误及交货地点变更等情况的,发包人应承担由此增加的费用和(或)工期延误,并向承包人支付合理利润。

《建设工程施工合同(示范文本)》(1999年版)

27.4 发包人供应的材料设备与一览表不符时,发包人承担有关责任。发包人应承担责任的具体内容,双方根据下列情况在专用条款内约定:

(1) 材料设备单价与一览表不符,由发包人承担所有价差;

(2) 材料设备的品种、规格、型号、质量等级与一览表不符,承包人可拒绝接收保管,由发包人运出施工场地并重新采购;

(3) 发包人供应的材料规格、型号与一览表不符,经发包人同意,承包人可代为调剂串换,由发包人承担相应费用;

(4) 到货地点与一览表不符,由发包人负责运至一览表指定地点;

(5) 供应数量少于一览表约定的数量时,由发包人补齐,多于一览表约定数量时,发包人负责将多出部分运出施工场地;

(6) 到货时间早于一览表约定时间,由发包人承担因此发生的保管费用;到货时间迟于一览表约定的供应时间,发包人赔偿由此造成的承包人损失,造成工期延误的,相应顺延工期。

【防控建议】

1. 在签订工程施工时,应当在《发包人供应材料设备一览表》或其他相关材料中列明材料和工程设备的名称、规格、数量、价格、交货方式、交货地点和计划交货日期。

2. 当甲供材料、设备出现逾期提供的情况时,及时通过工程联系单等书面形式固定证据,并且在出现工期延误及窝工损失时按合同约定的索赔程序向发包人提出索赔。

二、发包人要求加速施工导致工程索赔的风险与防控

在建设工程施工过程中,有时会出现发包人要求承包人加速施工的情形。发包人要求承包人加速施工的原因有很多种,如政府工程为迎接上级领导的检查要求提前竣工,保障性安居工程由于回迁安置的原因要求提前竣工。针对电力建设工程而言,发包人可能急于建成投产营利或因发包人原因造成前序工期已经出现延误而要求承包人加速施工、抢工。

【法律风险】

1. 加速施工导致工程质量缺陷的风险。根据《建设工程质量管理条例》的规定,施工单位对建设工程的施工质量负责。作为有经验的承包单位,若根据发包人指令加速施工,最终造成施工质量缺陷的,承包人要承担主要责任,并不能因为抢工指令系发包人的意愿而获得免责。

2. 未要求发包人以书面形式下达赶工指令导致赶工的事实无法确认的风险。在工程实践当中,发包人或通过监理人就赶工采用口头指令的方式,在承包人按照指令进行赶工后向发包人主张赶工费用时,发包人则会提出赶工行为为承包人行为,不予补偿工程价款。

【典型案例】

2011年8月19日,A公司与B公司签订《吉林大安海坨风电场一期(49.5 MW)工程220 kV升压站工程施工合同》,合同约定:(1) 工程名称为大安海坨润风风电场220 kV变电站工程,合同金额为22 510 000元,竣工日期为2011年12月15日;(2) A公司不支付预付款,B公司垫资,开工后30日历天,进度付款按照施工实际完成的阶段性工程量支付至80%,

自检合格、送电验收前合同价款执行到95%,剩余5%作为质保金,本合同为固定价格合同,双方不再进行变更,本工程采取合同总价＋签证＋设计变更的竣工结算方式;(3) 开工日期为合同签订7日内开工,竣工日期至2011年12月15日验收合格,达到系统返送电条件。

现涉案工程已提前竣工验收,但因承、发包双方就赶工措施费部分达不成一致意见,B公司向当地人民法院提起诉讼。

后经法院审理认为,由于赶工的事实未经承、发包双方的共同确认,且根据合同约定的:施工中确需提前竣工,当事人双方应协商一致后签订提前竣工协议,作为合同文件的组成部分。提前竣工协议应包括承包人为保障工程质量和安全采取的措施、发包人为提前竣工提供的条件以及提前竣工所需追加的合同价款等内容。根据约定,赶工需要基于发包人A公司的书面指令,并且双方应对赶工的工期、赶工的措施和赶工的费用进行约定。B公司未能提出A公司要求赶工的证据,双方也未就赶工的事宜达成协议。因此认为没有赶工的事实发生,对于B公司主张的赶工费用不予支持。

【核心法条】

《建设工程质量管理条例》

第二十六条　施工单位对建设工程的施工质量负责。

施工单位应当建立质量责任制,确定工程项目的项目经理、技术负责人和施工管理负责人。

建设工程实行总承包的,总承包单位应当对全部建设工程质量负责;建设工程勘察、设计、施工、设备采购的一项或者多项实行总承包的,总承包单位应当对其承包的建设工程或者采购的设备的质量负责。

第二十七条　总承包单位依法将建设工程分包给其他单位的,分包单位应当按照分包合同的约定对其分包工程的质量向总承包单位负责,总承包单位与分包单位对分包工程的质量承担连带责任。

《标准施工招标文件》

第11.6款　发包人要求承包人提前竣工,或承包人提出提前竣工的建议能够给发包人带来效益的,应由监理人与承包人共同协商采取加快工程进度的措施和修订合同进度计划。发包人应承担承包人由此增加的费用,并向承包人支付专用合同条款约定的相应奖金。

《标准设计施工总承包招标文件》

第11.6款　发包人要求承包人提前竣工,或承包人提出提前竣工的建议能够给发包人带来效益的,应由监理人与承包人共同协商采取加快工程进度的措施和修订合同进度计划。发包人应承担承包人由此增加的费用,并向承包人支付专用合同条款约定的相应奖金。

《建设工程施工合同(示范文本)》(1999年版)

第14.3款　施工中发包人如需提前竣工,双方协商一致后应签订提前竣工协议,作为合同文件组成部分。提前竣工协议应包括承包人为保证工程质量和安全采取的措施、发包人为提前竣工提供的条件以及提前竣工所需的追加合同价款等内容。

《建设工程施工合同(示范文本)》(2013年版)

第7.9.1项　发包人要求承包人提前竣工的,发包人应通过监理人向承包人下达提前竣工指示,承包人应向发包人和监理人提交提前竣工建议书,提前竣工建议书应包括实施的方案、缩短的时间、增加的合同价格等内容。发包人接受该提前竣工建议书的,监理人应与发包人和承包人协商采取加快工程进度的措施,并修订施工进度计划,由此增加的费用由发包人承担。承包人认为提前竣工指示无法执行的,应向监理人和发包人提出书面异议,发包人和监理人应在收到异议后7天内予以答复。任何情况下,发包人不得压缩合理工期。

第7.9.2项 发包人要求承包人提前竣工,或承包人提出提前竣工的建议能够给发包人带来效益的,合同当事人可以在专用合同条款中约定提前竣工的奖励。

【防控建议】

1. 对于不合理的或可能影响工程质量的抢工指令应明确拒绝。在承包人接到发包人的指令后,首先应当衡量发包人的指令是否合理、有无可行性,在进行抢工的前提下是否会对工程的施工质量造成不利影响。如果承包人认为发包人要求抢工、要求提前竣工的指示不合理,无法执行的,则应本着负责任的态度明确将异议反馈给发包人及监理单位,回复最好是以书面的方式进行并对抢工可能造成的不利影响及不合理之处予以说明。

2. 如果承包人接受发包人抢工指令的,应要求发包人以书面方式下达抢工指令以便保留作为后期增加价款的依据。

3. 承包人应与发包人提前协商确定抢工方案。2013年版《建设工程施工合同(示范文本)》中对进行抢工有这样的约定:发包人要求承包人提前竣工的,发包人应通过监理人向承包人下达提前竣工指示,承包人应向发包人和监理人提交提前竣工建议书,提前竣工建议书应包括实施的方案、缩短的时间、增加的合同价格等内容。发包人接受该提前竣工建议书的,监理人应与发包人和承包人协商采取加快工程进度的措施,并修订施工进度计划,由此增加的费用由发包人承担。可见,比较科学且有利于减少后续争议的方式是由发包人与承包人在抢工开始前制定详细的抢工方案。这一方面将使抢工的开展有据可循;另一方面事先对于可能发生的费用进行测算也有助于发包人确认抢工的必要性,尽可能避免发包人在发布指令时因缺乏经验而未能预见可能产生的费用。另外,在抢工前明确可能增加的合同价款也将大大增加承包人后期索赔的成功率。

4. 周详计算抢工所额外增加的费用并据以向发包人主张。一般来说,赶工可能会从如下方面造成承包人成本上升:人工费用、安全防护费用、机械费用、材料费用。因此,承包人如果想要向发包人提出抢工索赔的,应至少从以上几个方面详细梳理费用支出的凭据并组织索赔材料。

三、发包人工程变更导致工程索赔的法律风险与防控

一般来说,建设工程施工需由发包人提供符合施工深度的设计图纸,并对可能影响工程施工质量、建设标准的材料、工艺提出具体明确的要求。穷尽提供前述施工依据性文件,一方面有助于建设工程施工的开展,使项目工程建设有据可循;另一方面有助于承包人充分预见后续的施工成本并提出准确的报价。在前述设计、施工、材料的质量标准确定后,如果发包人在施工过程中提出变更原合同标准的要求,就有可能导致承包人要求发包人给予工期及费用补偿,承、发包双方难以据此达成一致时,就有可能引起承包人的索赔。在实践中,发包人对工程设计、施工、材料的质量超出原合同的要求通常是基于工程变更,即在设计或者施工过程中,发包人改变了项目的定位,因而提出了不同的设计、施工、材料要求。

【法律风险】

1. 工程质量缺陷的风险。发包人基于节约成本、缩短工期的目的而违法向承包人发出工程变更指令。承包人作为项目具体施工人,根据《中华人民共和国建筑法》第六十条之规定"建筑物在合理使用寿命内,必须确保地基基础工程和主体结构的质量。建筑工程竣工时,屋顶、墙面不得留有渗漏、开裂等质量缺陷;对已发现的质量缺陷,建筑施工企业应当修复",对于工程质量承担着不可推卸的责任,在发包人违法、违规指令施工方变更设计进行施工的情形下,承包人按照发包人的指令进行施工最终导致质量问题的,承包人仍应承担责任。

2. 逾期失权的风险。承包人未按照合同约定程序向发包人提起索赔,并就索赔事项未保留相应书面证据。根据《建设工程施工合同(示范文本)》通用条款第31.2款规定,承包人在双方确定变更后14天内不向工程师提出变更工程价款报告时,视为该项变更不涉及合同价款的变更。由于承包人未充分注意此条款,施工中只知道按新的标准去施工,却未及时提出变更价款书面要求。等到竣工结算再提出时,已超过合同约定期限,不诚实的发包人往往抓住此点对此部分调增的工程价款不予支付,造成承包人的损失。

【典型案例】

发包人A公司为建设某大型商业广场与承包人B公司通过招投标签订《建设工程施工合同》,合同约定商场建筑面积20 000 m²,分五层建设,计划工期280天,A公司按约定向B公司提供了施工图纸。B公司进场施工后,A公司为了便于招商,增加商场建筑面积,要求B公司在原有楼层基础上增加夹层,并向B公司提供设计变更后的施工图纸,因A公司提供的施工图纸未经规划及审图机构确认,B公司暂停施工,A公司取得相关机构确认后B公司继续进场施工;B公司完成部分外立面施工时,A公司又要求将石材外立面变更为涂料外立面,为此,B公司将已完成的部分外立面石材拆除后改为外墙涂料。因发生上述事件,工程迟延50天竣工。B公司提交竣工结算报告时除要求A公司支付工程变更费用外,还要求A公司支付因增加夹层及变更外立面材料导致工程暂停施工期间的损失、其因返工增加的费用共计350万元并顺延工期。

A公司委托造价咨询单位对工程结算进行审核,造价咨询单位认为B公司已按合同约定的时间和程序就工程变更事件向A公司提出索赔申请,B公司要求支付的洽商变更费用应予给付。关于增加夹层及变更外立面材料导致暂停施工顺延工期问题,增加夹层、变更外立面材料均属于设计变更,增加夹层发生在关键线路上,对于关键线路上的暂停施工,B公司可以要求A公司承担停工损失(包括现场管理人员、劳动力待工期间的工资、机械设备的租赁费用等)及顺延工期;外立面材料变更并非发生在关键线路上,该事件发生后,B公司作为有经验的承包商并无暂停施工理由,该部分工期索赔不应支持,但对B公司因拆除外立面石材造成的人工损失、因更换材料向石材供应商支付的违约金、赔偿金等应由A公司承担。最终经双方协商一致,由A公司延长工期30天,并支付B公司因增加夹层暂停施工所增加的费用及更换外立面材料产生的赔偿款共计200万元。

【核心法条】

《中华人民共和国合同法》

第六十三条 执行政府定价或政府指导价的,在合同约定的交付期限内政府价格调整时,按照交付的价格计价。逾期交付的标的物的,遇价格上涨时,按照原价格执行;价格下降时,按照新价格执行。逾期提取标的物或者逾期付款的,遇价格上涨时,按照新价格执行;价格下降时,按照原价格执行。

第七十七条 当事人协商一致,可以变更合同。

法律、行政法规规定变更合同应当办理批准、登记等手续的,依照其规定。

第七十八条 当事人对合同变更的内容约定不明确的,推定为未变更。

《最高人民法院关于审理建设工程施工合同纠纷案件适用法律问题的解释》

第十六条 当事人对建设工程的计价标准或者计价方法有约定的,按照约定结算工程价款。因设计变更导致建设工程的工程量或者质量标准发生变化,当事人对该部分工程价款不能协商一致的,可以参照签订建设工程施工合同时当地建设行政主管部门发布的计价方式或者计价标准结算工程价款。建设工程施工合同有效,但建设工程经验收不合格的,工程价款结算参照本解释第三条规定处理。

第十九条 当事人对工程量有争议的,按照施工过程中形成的签证等书面文件确认。承包人能够证明发包人同意其施工,但未能提供签证文件证明工程量发生的,可以按照当事人提供的其他证据确认实际发生的工程量。

《中华人民共和国建筑法》

第五十八条第二款 建筑施工企业必须按照工程设计图纸和施工技术标准施工,不得偷工减料。工程设计的修改由原设计单位负责,建筑施工企业不得擅自修改工程设计。

《建设工程价款结算暂行办法》

第九条 承包人应当在合同规定的调整情况发生后14天内,将调整原因、金额以书面形式通知发包人,发包人确认调整金额后将其作为追加合同价款,与工程进度款同期支付。发包人收到承包人通知后14天内不予确认也不提出修改意见,视为已经同意该项调整。

当合同规定的调整合同价款的调整情况发生后,承包人未在规定时间内通知发包人,或者未在规定时间内提出调整报告,发包人可以根据有关资料,决定是否调整和调整的金额,并书面通知承包人。

第十条 工程设计变更价款调整:

(一)施工中发生工程变更,承包人按照经发包人认可的变更设计文件,进行变更施工,其中,政府投资项目重大变更,需按基本建设程序报批后方可施工。

(二)在工程设计变更确定后14天内,设计变更涉及工程价款调整的,由承包人向发包人提出,经发包人审核同意后调整合同价款。变更合同价款按下列方法进行:

1. 合同中已有适用于变更工程的价格,按合同已有的价格变更合同价款;

2. 合同中只有类似于变更工程的价格,可以参照类似价格变更合同价款;

3. 合同中没有适用或类似于变更工程的价格,由承包人或发包人提出适当的变更价格,经对方确认后执行。如双方不能达成一致的,双方可提请工程所在地工程造价管理机构进行咨询或按合同约定的争议或纠纷解决程序办理。

(三)工程设计变更确定后14天内,如承包人未提出变更工程价款报告,则发包人可根据所掌握的资料决定是否调整合同价款和调整的具体金额。重大工程变更涉及工程价款变更报告和确认的时限由发承包双方协商确定。

收到变更工程价款报告一方,应在收到之日起 14 天内予以确认或提出协商意见,自变更工程价款报告送达之日起 14 天内,对方未确认也未提出协商意见时,视为变更工程价款报告已被确认。

确认增(减)的工程变更价款作为追加(减)合同价款与工程进度款同期支付。

【防控建议】

1. 对于发包人影响工程质量的指令应明确拒绝。在承包人接到发包人的指令后,首先应当衡量发包人的指令是否会对工程的施工质量造成不利影响。如果承包人认为发包人指示无法执行的,则应本着负责任的态度明确将异议反馈给发包人及监理单位,回复最好是以书面的方式进行并对变更指令可能造成的不利影响予以说明。

2. 妥善保存发包人增加、减少合同中工作或追加额外工作或设计变更或要求修改图纸,进而导致工程量增加或减少的证据,比如洽商变更单、设计变更单甚至是承、发包双方工程人员在施工图纸上手绘的调整内容等。

3. 承包人应及时核算相应变更、修改事项可能对工程造价、工期及承包人利润产生的影响。

4. 如果建设工程合同对相应利益诉求的追索时限有约定的,承包人应按合同约定及时向发包人提出自身的利益诉求,即使合同没有相应约定的,承包人也应在合理期限内提出,尽量避免结算时索赔的情形。

第二节 承包人原因导致工程索赔的风险与防控

在合同履行过程当中,由于工程索赔具有双向性,不仅承包人可以向发包人进行索赔,因为承包人的原因使发包人的利益受到重大损失的,发包人也可以向承包人进行索赔。引起的发包人索赔事件有以下几个方面:承包人擅自变更工程范围、内容,非法转包、违法分包,借用资质,未尽管理义务或未安全施工,未通知监理人而私自覆盖隐蔽工程,无故拖延和拒绝复工,私自将材料、设备撤离施工现场,施工组织不当,出现窝工或停工待料现象,怠于执行或拒不执行工程师指令等。识别、分析引起发包人索赔的风险点,能有效帮助承包人做好风险防控,从而避免发包人索赔的事件的发生,最终保障承包人的利益不受损害。

一、承包人选定的分包人原因导致工程索赔的风险与防控

承包人选定的分包人是指承接承包人工程范围内的部分专业工程或劳务作业的专业分包单位或劳务施工单位。依据《中华人民共和国建筑法》第二十九条的规定,承包人可以将承包工程中的部分工程专业分包给具有相应资质条件的分包单位;但是,除总承包合同中约定的分包外,必须经建设单位认可。施工总承包的,建筑工程主体结构的施工必须由总承包单位自行完成。承包人可以将工程中的劳务作业分包给具有相应资质的劳务施工企业,无须经过发包人同意。

承包人选定的分包人原因导致工程索赔的原因主要有:工程质量缺陷、工期延误、非法转包、违法分包、实际施工人等。

【法律风险】

1. 工程质量缺陷及工期延误风险

根据《中华人民共和国建筑法》第二十九条第二款规定,"建筑工程总承包单位按照总承包合同的约定对建设单位负责;分包单位按照分包合同的约定对总承包单位负责,总承包单位和分包单位就分包工程对建设单位承担连带责任。"因此,在正常分包的情况下,总承包人应该就整个工程对发包人负责,分包人就其承包的工程与总承包人对发包人承担连带责任。总承包人要对分包工程质量缺陷与工期延误向发包人承担责任。

2. 分包人主体资格不合法的风险

分包方主体资格不合法将导致合同无效。分包人主体资格不合法一般有:一是分包人未取得建筑施工企业资质或者超越资质等级的(包括无营业执照的组织或个人);二是没有资质的实际施工人借用有资质的建筑施工企业名义的。由于分包方不具备建设工程分包的民事权利能力和民事行为能力,由此总包单位将面临以下几种风险:(1) 行政处罚。根据《建设工程质量管理条例》第六十二条规定,承包单位将承包的工程转包或者违法分包的,责令改正,没收违法所得,对勘察、设计单位处合同约定的勘察费、设计费25%以上50%以下的罚款;对施工单位处工程合同价款0.5%以上1%以下的罚款;可以责令停业整顿,降低资质等级;情节严重的,吊销资质证书。(2) 工伤责任。如分包人不具有用工资格的,根据劳动和社会保障部《关于确立劳动关系有关事项的通知》规定,作为工程发包方的总包单位还将承担该分包人招用的民工的工伤责任。(3) 管理费收缴。根据《最高人民法院关于审理建设工程施工合同纠纷案件适用法律问题的解释》第四条规定,总包单位由此收取的管理费则属于非法所得,将被人民法院依法收缴。

【典型案例】

2009年8月22日,A公司将位于普陀区光复西路的"某国际广场"的全部土建、安装工程交由B公司施工,双方签订《建设工程施工合同》。合同价款为1.95亿元;开工日期为2009年8月25日,竣工日期为2010年6月30日。

2009年8月30日,B公司与C公司签订《预拌混凝土买卖合同》,由C公司负责"某国际广场"混凝土供应,合同总价款为1 800万元。施工中,公司以其混凝土搅拌站前方修路为由中断混凝土供应20天。C公司混凝土供应不连续造成混凝土浇筑时出现冷缝,监理单位要求C公司进行整改,质量整改造成工期延误5天。

2010年8月30日,工程竣工验收,工期延误61天。工程结算时,A公司与B公司就工程结算价款产生纠纷,A公司向某仲裁委员会提起仲裁申请,要求B公司支付工期延误违约金、A公司增加部分管理费用、贷款利息损失及预期租金损失。B公司辩称,C公司搅拌站前方修路导致道路中断以致C公司无法供应混凝土,由此导致工期延误20天,因不可抗力原因延误的工期应予以顺延。因A公司设计变更导致工期延误41天,由此延误的工期也应顺延。B公司并未延误工期,A公司无权要求其支付违约金、增加部分管理费用、贷款利息损失及预期租金损失。

关于工期延误违约金,仲裁庭经审理认为,B公司作为总承包人,应按照施工合同约定的工期向A公司交付工程,第三人的违约行为不构成B公司工期延误违约责任承担的豁免事由。B公司对工期顺延事项负有严格举证责任,其提供的证据不足以证明A公司设计变更对其关键线路施工造成影响,进而导致工期延误,B公司应承担举证不能的不利后果,对A公司工期延误违约金的请求予以支持。

关于管理费用及贷款利息损失。根据《中华人民共和国合同法》第一百零七条的规定:"当事人一方不履行合同义务或者履行合同义务不符合约定的,应当承担继续履行、采取补救措施或者赔偿损失等违约责任。"仲裁庭对A公司要求B公司赔偿其管理费用及贷款利息损失的请求予以支持。关于预期租金损失。根据《中华人民共和国合同法》第一百一十三条的规定:"当事人一方不履行合同义务或者履行合同义务不符合约定,给对方造成损失的,损失赔偿额应当相当于因违约所造成的损失,包括合同履行后可以获得的利益,但不得超过违反合同一方订立合同时预见到或者应当预见到的因违反合同可能造成的损失。"仲裁庭对A公司要求B公司赔偿其预期租金损失的请求予以支持。

【核心法条】

《中华人民共和国建筑法》

第二十八条 禁止承包单位将其承包的全部建筑工程转包给他人,禁止承包单位将其承包的全部建筑工程肢解以后,以分包的名义分别转包给他人。

第二十九条 建筑工程总承包单位可以将承包工程中的部分工程发包给具有相应资质条件的分包单位;但是,除总承包合同中约定的分包外,必须经建设单位认可。施工总承包的,建筑工程主体结构的施工必须由总承包单位自行完成。

建筑工程总承包单位按照总承包合同的约定对建设单位负责;分包单位按照分包合同的约定对总承包单位负责。总承包单位和分包单位就分包工程对建设单位承担连带责任。

禁止总承包单位将工程分包给不具备相应资质条件的单位。禁止分包单位将其承包的工程再分包。

《中华人民共和国合同法》

第二百七十二条 发包人可以与总承包人订立建设工程合同,也可以分别与勘察人、设计人、施工人订立勘察、设计、施工承包合同。发包人不得将应当由一个承包人完成的建设工程肢解成若干部分发包给几个承包人。

总承包人或者勘察、设计、施工承包人经发包人同意,可以将自己承包的部分工作交由第三人完成。第三人就其完成的工作成果与总承包人或者勘察、设计、施工承包人向发包人承担连带责任。承包人不得将其承包的全部建设工程转包给第三人或者将其承包的全部建设工程肢解以后以分包的名义分别转包给第三人。

禁止承包人将工程分包给不具备相应资质条件的单位。禁止分包单位将其承包的工程再分包。建设工程主体结构的施工必须由承包人自行完成。

《中华人民共和国招标投标法》

第四十八条 中标人应当按照合同约定履行义务,完成中标项目。中标人不得向他人转让中标项目也不得将中标项目肢解后分别向他人转让。

中标人按照合同约定或者经招标人同意,可以将中标项目的部分非主体、非关键性工作分包给他人完成。接受分包的人应当具备相应的资格条件,并不得再次分包。

中标人应当就分包项目向招标人负责,接受分包的人就分包项目承担连带责任。

《建设工程质量管理条例》

第七十八条 本条例所称肢解发包,是指建设单位将应当由一个承包单位完成的建设工程分解成若干部分发包给不同的承包单位的行为。

本条例所称违法分包,是指下列行为:

(一)总承包单位将建设工程分包给不具备相应资质条件的单位的;

(二)建设工程总承包合同中未有约定,又未经建设单位认可,承包单位将其承包的部分建设工程交由其他单位完成的;

(三)施工总承包单位将建设工程主体结构的施工分包给其他单位的;

(四)分包单位将其承包的建设工程再分包的。

本条例所称转包,是指承包单位承包建设工程后,不履行合同约定的责任和义务,将其承包的全部建设工程转给他人或者将其承包的全部建设工程肢解以后以分包的名义分别转给其他单位承包的行为。

【防控建议】

1. 把好分包人的选择关。选择好的分包人是分包工程项目做好的关键。根据《中华人民共和国建筑法》《中华人民共和国合同法》《中华人民共和国招标投标法》等相关法律的规定,选择分包人必须注意以下问题:(1)必须经过业主同意许可;(2)建设工程主体结构和基础工程的施工必须自己组织施工;(3)不允许肢解分包;(4)分包人必须具有承建相应分包工程的资质要求;(5)分包工程不能再行分包。在注意以上问题的前提下,总承包人应根据分包工程的类型、技术特点,分包人的资质、资信、施工业绩等情况进行考察,通过上述资格审查,真正了解分包人的实力,判断分包人是否具有履行合同能力,有选择地确定两三家进行考察、筛选,选择适合自己的队伍。要严防工程分包给"包工头"和"包工头"挂靠的单位,对分包人的营业执照和资质要进行一一核对,必要时,经办人员要去工商管理部门、资质发放部门去查档调查,以防将工程分包给"皮包企业"施工。另外,根据以上法律规定,分包要经过业主的同意,这就要求承包企业从业主方承包工程时要与业主方先约定除主体结构和基础工程不能分包外,承包方可以将辅助工程进行分包。而大多数合同承包企业与业主都笼统约定了不准分包,如分包将要承担相应的违约金,可事实上承包企业没有经过业主的同意又在大量地分包,这是违反约定的,一旦业主提出,承包企业将要承担违约金。这就需要承包企业与业主洽谈、签订合同时,明确向业主提出对本合同辅助性工程允许分包条款。这是承包企业取得分包工程的前提,也可以因此避免承包企业分包工程而带来的违约风险。

2. 把好分包人的合同签订关。与分包人合同签订的好坏直接影响到分包工程完成的好坏,因此要把好合同签订关。承包人要改变过去一些常理性的认识,要提高法律意识,其实,合同就是"把丑话讲在前面"。不要简单认为自己为总包方,自己的要求分包人肯定执行,或者认为双方长期合作关系良好,只要分包人好好把工程干好,合同条款是否明确并不重要,所以在合同条款约定、签字盖章、代理权限等方面会出现各种各样的问题。正是由于上述问题认识的偏差,容易给分包工程带来很大的隐患。分包人在施工中一旦遇到涉及自身利益的事情,正好分包合同中又约定不明确,肯定往对自己有利的方向理解,达不成一致意见容易导致停工甚至诉讼的发生,会严重影响分包工程的正常开展。为避免发生上述问题,企业除做好一般性的管理,如使用合同范本、成立合同谈判组发挥集体智慧谈判合同、履行企业会签等手续外,还应做好如下几个具体工作:(1)明确工程分包范围要细。工程的分包范围要约定详细,要有一定的预见性,不能因为施工过程中增加了几粒钉子,分包人也要求增加合同金额。(2)分包合同中的质量、安全、工期等重要条款要比总包合同标准上有所提升和提前。为确保分包工程保质按期完成,可以要求分包人缴纳相应数量的保证金。(3)要有不准分包或转包的约定,并约定如有违反应承担违约责任,违约责任条款要约定可操作性条款。不能写有"按合同法规定"或"承担违约责任"这种不可操作性条款。(4)要有分包人保证支付其员工工资条款,并且要求分包人缴纳相应数量的农民工工资支付保证金。(5)要在分包合同中明确结算方法及应由分包人承担的费用。(6)要明确争议的解决方式条款。争议的解决机构最好约定在承包企业方有管辖的人民法院起诉处理。

3. 把好分包人的合同履行关。加强过程控制,确保分包合同认真履行。建立机构,明确人员对分包人的管理。完整的组织机构是企业控制分包人的基础,合同承办的部门和承办人应成为施工过程中加强对分包人主要管理的机构和人员,工程、质管、安监等部门作为配合部门。因为只有合同承办人才具体知道分包人要履行什么样的义务。同时要赋予合同承办人一定的职权与其工作的职责相适应。一是要加强分包人的安全管理。要求分包人聘请专职安全员,安全员要持证上岗,要求分包人必须增加合格的安全设施的投入,做到安全生产与经济奖罚挂钩。对合同签订时缴纳的安全保证金,经考核予以扣减。二是要加强对分包工程质量管理。《中华人民共和国合同法》已明确规定分包方与承包方就分包工程质量向业主负连带法律责任。工程质量的好坏,直接关系到承包人的信誉和利益。三是要加强对分包人工期管理,为此,总包人要按照合同的约定进行跟踪,要每天或每月按节点要求控制进度,发现问题及时督促和调整,对无力保证工期者,有权按合同约定解除合同并要求分包人承担违约责任。四是要加强对分包人工资发放的约束与监督。根据《建设领域农民工工资支付管理暂行办法》(劳社部发〔2004〕22号)等规定,建筑业企业必须依法按时足额支付农民工工资,不得拖欠或克扣,不得低于当地最低工资标准。企业应当按照约定的标准和日期按月将工资直接发放给农民工本人,严禁发放给"包工头"或其他不具备用工主体资格的组织和个人。企业支付农民工工资应编制工资支付表,如实记录支付单位、支付时间、支付对象、支付数额等工资支付情况,并保存两年以上备查。工程总承包企业应对劳务分包企业工资支付进行监督,督促其依法支付农民工工资。业主或工程总承包企业未按合同约定与建设工程承包企业结清工程款,致使建设工程承包企业拖欠农民工工资的,由业主或工程总承包企业先行垫付农民工被拖欠的工资。所以,作为承包人应监督分包人对其农民工工资发放,并要求其提供农民工工资保证金,总包人应要求分包人按月将其员工签名的工资发放表送审,对工程款支付进行控制,严禁超付资金,监管分包人资金的流向,这些措施均能有效防范分包人工资发放的法律风险。

4. 把好分包人的完工关。第一,加强对分包人的完工情况总结。当分包工程完工后,总包人应对分包工程情况作出总结,对管理中的经验教训及对分包人的法律索赔处理情况作出全面检查,这样不仅可为今后的分包工作提供借鉴,而且可以及时发现尚未解决的遗留问题,并预测相应的法律风险,为最终解决问题赢得时间。第二,完善对分包人的档案建立。完工后对分包人的施工能力、工程进度、工程质量以及资信等情况作出评价,并同以前考核的资料和现评价的资料一同存入分包人的档案数据库,作为下次是否使用该分包人的依据。第三，履行各项保证金与工程余款的支付。当分包工程完工或保质期过后，按合同约定处理各项保证金的使用和退还事宜，及时结清工程余款，以防分包人提出法律诉讼。

二、承包人擅自变更导致工程索赔的风险与防控

根据我国现行法律法规及相关司法解释的规定，招标人和中标人签订的施工合同的标的、价款、质量、履约期限等主要条款应当与招标文件和中标人的投标文件的内容一致，招标人与中标人不得再行订立背离合同实质性内容的其他协议。然而，在建设工程实际施工过程中，由于工程项目的建设周期一般较长，经常出现承、发包双方在签订施工合同时都无法预见的情况，比如前期勘察不到位引起变更、设计不合理引起变更、施工现场情况变化引起变更等等。但无论是何种原因引起的变更，其最终决定权都在发包人。承包人若擅自变更建设工程施工合同约定的范围或内容导致发包人蒙受损失的，发包人有权以此为由向承包人提出索赔请求。

【法律风险】

1. 工程变更引起的工程价款调增却得不到保护的风险。根据《中华人民共和国建筑法》第五十八条"建筑施工企业对工程的施工质量负责。建筑施工企业必须按照工程设计图纸和施工技术标准施工，不得偷工减料。工程设计的修改由原设计单位负责，建筑施工企业不得擅自修改工程设计"以及《建设工程质量管理条例》第二十八条"施工单位必须按照工程设计图纸和施工技术标准施工，不得擅自修改工程设计，不得偷工减料。施工单位在施工过程中发现设计文件和图纸有差错的，应当及时提出意见和建议"的规定，承包人擅自变更的，就变更部分引起的工程价款调整得不到法律保护。

2. 工程变更引起的工期延误得不到补偿、发包人损失需要赔偿的风险。根据示范文本中因承包人擅自变更设计所发生的费用和由此导致的发包人的直接损失，由承包人承担，延误的工期不予顺延。

【典型案例】

2006年1月18日，某二建建设集团有限公司（以下简称二建）与某市凯信生物科技有限公司（以下简称凯信公司）签订了《建设工程施工合同》，约定由二建承建凯信公司科研楼、办公楼施工工程，工程范围包括办公楼、科研楼、地下室、锅炉房土建安装（包括桩基），室外道路、下水道、水池；承包方式为包工包料；合同工期总日历天数190天（春节除外），开工日类2006年1月8日，竣工日期2006年7月31日；工程质量标准为一次验收合格；合同价款暂定为1330万元。《建设工程施工合同（示范文本）》通用条款第29.2款还约定，施工中承包人不得对工程设计进行变更。因承包人擅自变更设计发生的费用和由此导致发包人的直接损失由承包人承担，延误的工期不予顺延。

2006年5月20日，二建项目部出具《污水池定位情况说明》，载明施工单位根据设计图纸要求定位，碰到原建筑基础后，发现钢板桩无法施工，故安排施工人员电话联系设计单位征询本事宜未能接通。鉴于碰原基础施工工期较紧等原因，施工单位在未经发包人或监理准许的情况下擅自将原设计图纸中的污水池定位进行了方向性调整，而后继续进行钢板桩施工。

2006年6月10日,工程设计单位上海悦安环境工程有限公司向凯信公司发出《关于追加上海凯信生物科技有限公司废水处理工程技术服务费函》,指出:由于施工单位未按图施工,原设计图纸全部作废,需要对废水处理工程进行重新设计,造成我公司设计工作量成倍增加,我公司追加设计费5 000元。凯信公司遂将二建诉至法院,主张由于二建在污水池项目施工中改交原设计图施工,导致凯信公司多支付设计费5 000元,要求二建承担此项费用。

二建辩称,施工单位的义务是按图施工,生化污水池不按图施工问题客观上不存在,对废水处理工程进行重新设计系基于地质勘探等其他原因。

法院经审理认为,在工程建设过程中,由于二建在生化污水池项目施工中不按设计图施工,擅自改动水池方向,致使凯信公司不得不请设计方重新设计,并为此多支付设计费用5 000元。根据双方签订的《建设工程施工合同》的约定,二建未经凯信公司许可,擅自变更工程承包内容,应承担由此造成凯信公司的5 000元经济损失。

【核心法条】

《中华人民共和国合同法》

第六十三条 执行政府定价或政府指导价的,在合同约定的交付期限内政府价格调整时,按照交付的价格计价。逾期交付的标的物的,遇价格上涨时,按照原价格执行;价格下降时,按照新价格执行。逾期提取标的物或者逾期付款的,遇价格上涨时,按照新价格执行;价格下降时,按照原价格执行。

第七十七条 当事人协商一致,可以变更合同。

法律、行政法规规定变更合同应当办理批准、登记等手续的,依照其规定。

第七十八条 当事人对合同变更的内容约定不明确的,推定为未变更。

《最高人民法院关于审理建设工程施工合同纠纷案件适用法律问题的解释》

第十六条 当事人对建设工程的计价标准或计价方式有约定的,按照约定结算工程价款。因设计变更导致建设工程的工程量或者质量标准发生变化,当事人对该部分工程价款不能协商一致的,可以参照签订建设工程施工合同时当地建设行政主管部门发布的计价方式或者计价标准结算工程价款。建设工程施工合同有效,但建设工程经验收不合格的,工程价款结算参照本解释第三条规定处理。

第十九条 当事人对工程量有争议的,按照施工过程中形成的签证等书面文件确认。承包人能够证明发包人同意其施工,但未能提供签证文件证明工程量发生的,可以按照当事人提供的其他证据确认实际发生的工程量。

《中华人民共和国建筑法》

第五十八条第二款 建筑施工企业必须按照工程设计图纸和施工技术标准施工,不得偷工减料。工程设计的修改由原设计单位负责,建筑施工企业不得擅自修改工程设计。

《建设工程质量管理条例》

第二十八条 施工单位必须按照工程设计图纸和施工技术标准施工,不得擅自修改工程设计,不得偷工减料。

施工单位在施工过程中发现设计文件和图纸有差错的,应当及时提出意见和建议。

《建设工程价款结算暂行办法》

第九条 承包人应当在合同规定的调整情况发生后14天内,将调整原因、金额以书面形式通知发包人,发包人确认调整金额后将其作为追加合同价款,与工程进度款同期支付。发包人收到承包人通知后 14 天内不予确认也不提出修改意见,视为已经同意该项调整。

当合同规定的调整合同价款的调整情况发生后,承包人未在规定时间内通知发包人,或者未在规定时间内提出调整报告,发包人可以根据有关资料,决定是否调整和调整的金额,并书面通知承包人。

第十条 工程设计变更价款调整:

(一)施工中发生工程变更,承包人按照经发包人认可的变更设计文件,进行变更施工,其中,政府投资项目重大变更,需按基本建设程序报批后方可施工。

(二)在工程设计变更确定后 14 天内,设计变更涉及工程价款调整的,由承包人向发包人提出,经发包人审核同意后调整合同价款。变更合同价款按下列方法进行:

1. 合同中已有适用于变更工程的价格,按合同已有的价格变更合同价款;
2. 合同中只有类似于变更工程的价格,可以参照类似价格变更合同价款;
3. 合同中没有适用或类似于变更工程的价格,由承包人或发包人提出适当的变更价格,经对方确认后执行。如双方不能达成一致的,双方可提请工程所在地工程造价管理机构进行咨询或按合同约定的争议或纠纷解决程序办理。

(三)工程设计变更确定后 14 天内,如承包人未提出变更工程价款报告,则发包人可根据所掌握的资料决定是否调整合同价款和调整的具体的金额。重大工程变更涉及工程价款变更报告和确认的时限由发承包双方协商确定。

收到变更工程价款报告的一方,应在收到之日起 14 天内予以确认或提出协商意见,自变更工程价款报告送达之日起 14 天内,对方未确认也未提出协商意见时,视为变更工程价款报告已被确认。

确认增(减)的工程变更价款作为追加(减)合同价款与工程进度款同期支付。

【防控建议】

1. 凡涉及工程变更,均需在发包人书面告知承包人后方可组织实施。设计变更超过原设计标准或批准的建设规模时,发包人应报政府规划管理部门和其他有关部门重新审查批准,并由原设计单位提供变更的相应图纸和说明,随后由发包人或者监理单位向承包人发出书面设计变更通知单,承包人方可组织实施。作为承包人不能擅自对原工程设计方案进行变更。

2. 承包人须按合同约定时间,向发包人或监理单位提交已完工程量的报告并要求其签收。工程施工过程中,承包人须按照施工合同约定的时间,及时向发包人或监理单位提交已完工程量的报告,若发包人或监理单位对承包人提交的已完工程量报告签收后 7 天内仍未对工程量进行审核,则从第 8 天起,承包人报告中所开列的工程量即视为被确认,作为工程价款支付的依据。在确认计量结果后 14 天内,发包人应向承包人支付工程进度款。若发包人未能按期支付工程进度款,双方又未达成延期付款协议,导致施工无法进行,则承包人可以停止施工,并由发包人承担违约责任。在因发包人原因造成停工时,承包人一定要在合同约定期限内向发包人书面发函并说明停工理由。

3. 工程变更导致工期延误的,承包人应向发包人书面提出具体要求顺延的天数。在工程施工过程中,因设计变更和工程量增加导致承包人工期延误的,承包人必须按照合同约定与发包人履行相关手续,工期才能顺延,即承包人应在上述情况发生后14天内,就延误的工期以书面形式向工程师提出报告,工程师须在收到报告后14天内予以确认,逾期既不确认又不提出修改意见,视为同意顺延工期;如果承包人仅仅是在函件中指出上述事实并提出要顺延工期,但并未明确提出顺延的天数,则工期仍无法顺延。在现实中,不少承包人确实曾针对设计变更、工程量增加向发包人或者监理单位提出工期顺延的请求,但并未明确提出顺延天数,往往导致日后在诉讼过程中法院认定工期不应当顺延而判罚承包人承担高额逾期竣工违约金,致使承包人付出沉重的经济代价,教训尤为深刻。

三、承包人暂停施工导致工程索赔的风险与防控

暂停施工是指承包人在施工过程中暂时停止施工。因建设工程规模大、技术复杂、涉及的专业面广、项目建设周期长、参与主体众多、法律关系复杂等原因,在工程实施过程中,经常出现暂停施工的情况。引起暂停施工的原因有很多,一般来讲,暂停施工可能是由发包人原因引起,也可能是由承包人原因引起,还可能是因第三方或不可归责于发包人和承包人原因的不可抗力因素导致的。因承包人原因引起的暂停施工一般包括承包人违法引起的暂停施工和承包人违约引起的暂停施工。承包人违法引起暂停施工的情形包括承包人往运输到施工现场的混凝土罐车中加水导致混凝土强度不达标、承包人违反安全生产管理规定强令施工人员冒险作业等。承包人违约引起的暂停施工的情形包括承包人不按设计要求施工、施工过程中使用质量不合格的建筑材料等。因承包人原因引起暂停施工,发包人因此增加费用的,可依据法律规定及合同约定向承包人提起索赔。

【法律风险】

1. 工期延误的风险。因承包人暂停施工不当的,合同约定有违约条款,承包人需承担工期延误的违约责任。承包人在发包人催告的合理期间内仍未完工的,发包人还有权解除合同。

2. 赔偿发包人预期利益损失的风险。因承包人暂停施工不当的,承包人需赔偿发包人工程延期交付所造成工程使用营业或收入减少的损失、增加的工程管理费用开支、延期期间工程资金的利息支出等实际损失和费用。

【典型案例】

2008年3月15日,A公司与B公司签订《建设工程施工合同》,约定:由B公司承建A公司的1#、2#厂房。合同约定:工期为239日,开工日期为2008年3月21日,竣工日期为2008年11月15日;合同价款为8 200万元;工程质量标准为合格;混凝土由A公司负责供应;B公司逾期竣工的,每逾期一天,向A公司支付1万元违约金,违约金最高不超过合同价款的3%。

2008年3月21日,B公司进场施工。2008年6月15日,监理单位在检查时发现B公司往运输到现场的混凝土罐车中加水,监理单位将此情况告知A公司后,A公司通过监理单位责令B公司停工。A公司于2008年6月18日委托C检测中心对B公司已施工部位的混凝土进行抽样检测。检测结果显示部分混凝土强度无法满足设计要求的标准。A公司于2008年7月28日委托D研究院进行加固设计,于2008年8月12日委托E咨询公司对加固

图纸进行审核,于 2008 年 8 月 18 日委托 F 公司对混凝土强度不达标部位进行加固施工。2008 年 10 月 20 日,混凝土强度不达标部位加固施工完成后,A 公司通知 B 公司复工。2009 年 3 月 22 日,工程通过竣工验收,工期延误 127 天。

因 A 公司与 B 公司无法就工程结算价款达成一致,B 公司向某仲裁委员会提起仲裁申请,要求 A 公司支付剩余工程价款并赔偿其暂停施工期间产生的人员停、窝工费用、机械设备租赁费用及周转性材料租赁费用。A 公司提起仲裁反请求,要求 B 公司支付工期延误违约金,赔偿其因混凝土强度不符合设计要求支出的检测费、加固设计费、图纸审核费、加固施工费、工期延误增加部分管理费用。

关于 B 公司暂停施工期间的损失,仲裁庭经审理认为,B 公司违反《混凝土质量控制标准》第 6.1.2 项的规定"混凝土拌合物在运输和浇筑成型过程中严禁加水"与《混凝土结构工程施工规范》第 8.1.4 项的规定"混凝土运输、输送、浇筑过程中严禁加水;混凝土运输输送、浇筑过程中散落的混凝土严禁用于结构浇筑",擅自往混凝土罐车中加水,由此被 A 公司责令暂停施工。B 公司暂停施工期间产生的损失应由其自行承担。

关于 A 公司工期延误违约金。仲裁庭经审理认为,B 公司违反规范、标准施工被 A 公司责令暂停施工,由此导致工期延误,其应按合同约定标准向 A 公司支付工期延误违约金。

关于 A 公司暂停施工期间的损失及增加部分管理费用。仲裁庭经审理认为,B 公司擅自往混凝土中加水,A 公司责令其暂停施工后,委托检测中心对混凝土强度进行检测并因此支出检测费用,在确认混凝土强度不符合设计要求后委托 D 研究院进行加固设计、E 咨询公司进行加固图纸审核、F 公司进行加固施工,并因此支出加固设计费、图纸审核费及加固施工费。B 公司因暂停施工延误工期,导致 A 公司管理费用增加。依据《中华人民共和国合同法》第一百零七条的规定"当事人一方不履行合同义务或者履行合同义务不符合约定的,应当承担继续履行、采取补救措施或者赔偿损失等违约责任",B 公司应对 A 公司产生的检测费、加固设计费、图纸审核费、加固施工费及增加的管理费用予以赔偿。

【核心法条】

《中华人民共和国合同法》

第六十六条 当事人互负债务,没有先后履行顺序的,应当同时履行。一方在对方履行之前有权拒绝其履行要求。一方在对方履行债务不符合约定时,有权拒绝其相应的履行要求。

第六十七条 当事人互负债务,有先后履行顺序,先履行一方未履行的,后履行一方有权拒绝其履行要求。先履行一方履行债务不符合约定的,后履行一方有权拒绝其相应的履行要求。

第六十八条 应当先履行债务的当事人,有确切证据证明对方有下列情形之一的,可以中止履行:

(一)经营状况严重恶化;

(二)转移财产、抽逃资金,以逃避债务;

(三)丧失商业信誉;

(四)有丧失或者可能丧失履行债务能力的其他情形。

当事人没有确切证据中止履行的,应当承担违约责任。

《标准设计施工总承包招标文件》

第12.1.2项 由于承包人下列原因造成发包人暂停工作的,由此造成费用的增加和(或)工期延误由承包人承担:(1)承包人违约;(2)承包人擅自暂停工作;(3)合同约定由承包人承担责任的其他暂停工作。

《建设工程施工合同(示范文本)》(1999年版)

第12条 工程师认为确有必要暂停施工时,应当以书面形式要求承包人暂停施工,并在提出要求后48小时内提出书面处理意见。承包人应当按工程师要求停止施工,并妥善保护已完工程。承包人实施工程师作出的处理意见后,可以书面形式提出复工要求,工程师作出处理意见后,可以书面形式提出复工要求,工程师应当在48小时内给予答复。工程师未能在规定时间内提出处理意见,或收到承包人复工要求后48小时内未予答复,承包人可自行复工。因发包人原因造成停工的,由发包人承担所发生的追加合同价款,赔偿承包人由此造成的损失,相应顺延工期;因承包人原因造成停工的,由承包人承担发生的费用,工期不予顺延。

《建设项目工程总承包合同示范文本(试行)》

第3.1.4项 承包人有权根据4.6.4款承包人的复工要求、14.9款付款时间延误和17条不可抗力的约定,以书面形式向发包人发出暂停通知。除此之外,凡因承包人原因的暂停,造成承包人的费用增加由其自负,造成关键路径延误的应自费赶上。

第4.6.6项 因承包人原因所造成的部分工程或工程的暂停,所发生的损失、损害及竣工日期延误,由承包人负责。

《建设工程施工合同(示范文本)》(2013年版)

第7.8.2项 因承包人原因引起的暂停施工,承包人应承担由此增加的费用和(或)延误的工期,且承包人在收到监理人复工指示后84天内仍未复工的,视为承包人违约。

【防控建议】

1. 合同明确约定承包人有权暂停施工的情形。如发包人迟延支付工程预付款、进度款超过20天的,承包人有权暂停施工,由发包人承担由此造成的承包人损失,工期相应顺延,暂停期间的工地承包人不负责照管。

2. 对于发包人违法或违约的,因暂停施工可能对工程质量、进度、安全等产生重大影响,承包人应谨慎行使停工权。因此承包人在行使暂停施工权时应务必慎重,一定要按照有关施工合同的程序启动停工,并应当留存书面性的往来文件予以佐证,避免无合同依据、法律依据及事实依据而停工构成违约的不利后果。

3. 为了支撑后续的索赔请求,承包人应做好停工期间各项资源投入的数量、价格、支出的记录,如有可能,最好取得监理人、发包人的书面确认。最为重要的一点,承包人务必注意合同对于索赔期限的约定,避免逾期而丧失费用索赔权。

第三节 非人为原因导致工程索赔的风险与防控

除了发包人与承包人原因导致工程索赔的,还有很多非人为因素也会导致索赔。这是由于索赔并非是一种惩罚措施,而是为了补偿发包人或承包人在合同履行过程中所遭受的损失,而非人为因素也会导致损失的产生。常见的非人为因素有不利的自然条件或施工条件、法律变化、成本变动、情势变更、通货膨胀、货币贬值、不可抗力等。该类索赔虽非因当事人过错导致,但基于民法的公平原则,仍可能需要承发包双方风险共担。以法律变化为例,由于建设工程项目内外部环境的复杂性和多变性及项目建设周期较长的特点,建设工程施工合同履行过程中有可能会出现法律变化的情形,并引发合同价格的调整,使合同当事人之间的权利与义务发生变更。若法律变化导致承包人费用增加,则对承包人不利;若承包人费用大幅减少,则对发包人不利。本节就非人为因素导致工程索赔进行风险识别及防控。

一、情势变更导致工程索赔的风险与防控

所谓情势变更,是指合同生效后,因不可归责于合同当事人的原因发生了其在订立合同时无法预见的、非不可抗力造成的不属于商业风险的重大变化,致使合同之基础动摇或丧失,继续履行合同会明显不公平甚至导致合同目的无法实现,当事人可通过司法途径请求变更或解除合同的情形。在建设工程领域,承包人常常遇到建设工程合同按照固定价格结算工程款,后在合同履行过程中发生人工费、材料价格上涨,承包人风险增加,与发包人就工程价款结算发生争议,承包人向发包人提起索赔请求。

【法律风险】

1. 人工费、材料费价格暴涨使企业资金周转更加困难。工程项目的材料成本约占工程造价的 60% 以上,工程前期材料备料是工程顺利开展的关键。对于有材料预付款的工程项目,由于建材价格上涨,材料差价部分的备料款部分势必由承包人负担。对于没有材料预付款的工程项目,建材价格上涨,将使承包人需要投入更多的资金,加剧承包人的资金周转困难。如果承包人不能加大资金投入,则无法计划做好材料备料工作,影响后续施工,不但要增加后期备料因价格上涨的材料成本,而且会增加整个工程成本因工期延长的支出。

2. 工程成本增加、承包人利润减少或亏损加剧。目前,除部分政府投资的公共建筑和基础设施项目采取可调价合同外,大部分工程项目采用固定总价合同或固定单价合同。对于可调价合同来说,往往也只是当材料价格上涨超过原价格的 10% 以上才按当地工程造价主管部门提供的信息价进行调整,建材价格上涨很大部分增加了承包人的成本,减少了承包人原本就很少的利润空间。对于固定总价合同或固定单价合同,建材价格上涨的工程成本增加了承包人的负担,与发包人无关。

3. 引发承包人的各种经济纠纷。由于建材价格快速上涨,致使工程成本大幅增加,都超出发包人与承包人能够承受的范围。承包人希望发包人对建材上涨的差价给予补偿,而发包人往往会因种种原因无法解决,致使工程停摆。建材价格大幅上涨,承包人往往会拖欠材料供应商的材料款,而材料供应商一般要推翻原定单价的材料合同,承包人与材料供应商之间会因此发生材料款支付和材料停止供货的经济纠纷。

4. 引起工期延误和工程质量下降。承包人在无力承担的情况下,可能会放慢施工进度或停工,导致工期延误。有些干脆存在偷工减料的情况,最终可能导致工程质量的问题,为工程以后的交付使用埋下隐患。

【典型案例】

2011年5月6日,某房地产开发有限公司(以下简称A公司)与某建筑工程有限公司(以下简称B公司)签订《建设工程施工合同》,约定由B公司承建A公司开发的某花园小区工程合同采用固定总价模式,双方约定工程总价款为7 640万元,且同意合同执行期间的材料费、机械费、人工费涨跌因素已计入合同价,结算时不再调整;合同工期为2011年6月1日至2012年10月1日。合同签订后,B公司如约进场开工建设,并按期完成工程竣工验收。在双方进行工程结算时,B公司提出,因工程存在较多增项以及洽商变更内容,故应在合同总价的基础上相应增加工程款316万元;A公司对此表示认同,但同时也提出在施工期间因受多方因素影响,钢材价格发生重大变化,相比合同签订时已大幅下跌,且跌幅达3%以上,仅此一项,工程材料价格即节省500万余元,故在结算时应予扣除。因双方始终无法就此达成一致,A公司拒绝结算工程价款,B公司遂依约向某仲裁委员会提起仲裁,要求A公司按照合同约定支付剩余工程款。A公司以上述理由抗辩。

仲裁庭经审理后认为,双方签订的《建设工程施工合同》系双方真实意思表示,合法有效。尽管合同约定采用固定总价模式,对于材料费等的涨跌不再进行调整,但考虑到国际、国内钢材市场的巨幅震荡,导致钢材价格下跌超过30%,双方在订立合同时对此均无法预见,属于客观上发生了重大情势变更,如不对钢材价格进行适当调整,将出现一方当事人利益严重受损,而另一方当事人获得不当利益的情形,有违公平原则。基于此,仲裁庭依法适用情势变更原则,调减钢材价款150万余元。

【核心法条】

《中华人民共和国合同法》

第六十一条　合同生效后,当事人就质量、价款或者报酬、履行地点等内容没有约定或者约定不明确的,可以协议补充;不能达成补充协议的,按照合同有关条款或者交易习惯确定。

《最高人民法院关于适用〈中华人民共和国合同法〉若干问题的解释(二)》

第二十六条　合同成立以后客观情况发生了当事人在订立合同时无法预见的、非不可抗力造成的不属于商业风险的重大变化,继续履行合同对于一方当事人明显不公平或者不能实现合同目的,当事人请求人民法院变更或者解除合同的,人民法院应当根据公平原则,并结合案件的实际情况确定是否变更或者解除。

《最高人民法院关于正确适用〈中华人民共和国合同法〉若干问题的解释(二)服务党和国家的工作大局的通知》

第二条　为了因应经济形势的发展变化,使审判工作达到法律效果与社会效果的统一,根据民法通则、合同法规定的原则和精神,解释第二十六条规定:合同成立以后客观情况发生了当事人在订立合同时无法预见的、非不可抗力造成的不属于商业风险的重大变化,继续履行合同对于一方当事人明显不公平或者不能实现合同目的,当事人请求人民法院变更或者解释合同的,人民法院应当根据公平原则,并结合案件的实际情况确定是否变更或者解除。

对于上述解释条文,各级人民法院务必正确理解、慎重适用。如果根据案件的特殊情况,确需在个案中适用的,应当由高级人民法院审核。必要时应提请最高人民法院审核。

《最高人民法院关于当前形势下审理民商事合同纠纷案件若干问题的指导意见》

一、慎重适用情势变更原则，合理调整双方利益关系

1. 当前市场主体之间的产品交易、资金流转因原料价格剧烈波动、市场需求关系的变化、流动资金不足等诸多因素的影响而产生大量纠纷，对于部分当事人在诉讼中提出适用情势变更原则变更或者解除合同的请求，人民法院应当依据公平原则和情势变更原则严格审查。

2. 人民法院在适用情势变更原则时，应当充分注意到全球性金融危机和国内宏观经济形势变化并非完全是一个令所有市场主体猝不及防的突变过程，而是一个逐步演变的过程。在演变过程中，市场主体应当对于市场风险存在一定程度的预见和判断。人民法院应当依法把握情势变更原则的适用条件，严格审查当事人提出的"无法预见"的主张，对于涉及石油、焦炭、有色金属等市场属性活泼、长期以来价格波动较大的大宗商品标的物以及股票、期货等风险投资型金融产品标的物的合同，更要慎重适用情势变更原则。

3. 人民法院要合理区分情势变更与商业风险。商业风险属于从事商业活动的固有风险，诸如尚未达到异常变动程度的供求关系变化、价格涨跌等。情势变更是当事人在缔约时无法预见的非市场系统固有的风险。人民法院在判断某种重大客观变化是否属于情势变更时，应当注意衡量风险类型是否属于社会一般观念上的事先无法预见、风险程度是否远远超出正常人的合理预期、风险是否可以防范和控制、交易性质是否属于通常的"高风险高收益"范围等因素，并结合市场的具体情况，在个案中识别情势变更和商业风险。

4. 在调整尺度的价值取向把握上，人民法院仍应遵循侧重于保护守约方的原则。适用情势变更原则并非简单地豁免债务人的义务而使债权人承受不利后果，而是要充分注意利益均衡，公平合理地调整双方利益关系。在诉讼过程中，人民法院要积极引导当事人重新协商，改订合同；重新协商不成的，争取调解解决。为防止情势变更原则被滥用而影响市场正常的交易秩序，人民法院决定适用情势变更原则作出判决的，应当按照最高人民法院《关于正确适用〈中华人民共和国合同法〉若干问题的解释（二）服务党和国家工作大局的通知》（法〔2009〕165号）的要求，严格履行适用情势变更的相关审核程序。

《江苏省高级人民法院关于审理建设工程施工合同纠纷案件若干问题的意见》

第九条　建设工程施工合同约定工程价款实行固定价结算的，一方当事人要求按定额结算工程价款的，人民法院不予支持，但合同履行过程中原材料价格发生重大变化的除外。

【防控建议】

1. 加强对招投标工作的管理，改变最低价中标的做法。承包人采用的最低价已经是最低成本价，甚至是亏损价，其风险承受力很低。由此所面临的结果是在人工建材价格不断上涨的情况下，无法承担涨价的压力，资金周转困难，影响工期和质量。

2. 加强合同管理，在施工合同中对价格风险范围和解决办法加以约定，以免造成合同缺陷，导致合同纠纷。承发包双方应参照国家、省、市发布的有关规定协商确定具体的调整范围和方法。承发包双方建立共担建设工程价格风险机制。在合同履行期内，材料市场价格上涨时，承包人承担自主报价低于投标时材料基准价格的风险和双方约定材料市场价格波动幅度以内的风险；发包人承担双方约定材料市场价格波动幅度以外的风险。当材料市场价格波动幅度上涨超过约定风险范围的，可调整超过约定风险范围以上的价差，对报价的

调整最高调至材料市场价格。同样,材料市场价格下跌时,承包人承担自主报价低于投标时材料基准价格的风险和双方约定材料市场价格波动幅度以外的风险;发包方承担双方约定材料市场价格波动幅度以内的风险。当材料市场价格波动幅度下跌超过约定风险范围的,可调整超过约定风险范围以下的价差,对报价的调整,最低调至材料市场价格。这种风险共担的方式对承包人来说,降低了价格变化带来的风险,为自身的持续发展积蓄了能量、增加了后劲;对发包方来说,虽然自己承担了部分价格风险,但避免了因价格上涨而可能出现工程质量和安全风险,确保了工程项目的顺利实施。

3. 集中采购,并建立长期稳定的供应渠道。精心筛选材料供应商以后,承发包双方的若干个项目在原材料统一采购,形成规模采购量,获得好的价格和付款条件。在市场竞争越来越残酷的今天,长期战略伙伴关系显得越来越重要,频繁更换原材料供应商只能获得损害企业的利益,因此,应该从长期战略角度考虑选择稳定的供应商,不轻易更换。

二、不利物质条件导致工程索赔的风险与防控

在实际施工过程中,经常存在因现场施工条件与预期不同或出现不可预见的恶劣的自然条件导致工程施工受阻的情况,在此种情况下,承包人通常会据此向发包人提起索赔。这里面值得重点关注的是承包人有权获得相应费用及延误工期补偿的前提条件是:其一,不利物质条件的发生应当是承包人所不可预见的;其二,承包人采取的克服不利物质条件的措施应当是合理的。

【法律风险】

1. 工期延误的风险,作为专业的承包人在遇到不利物质条件时,如果该种条件并非无法克服的,承包人未采取合理措施继续施工导致工期延误的,就工期延误期间的损失无法向发包人进行主张,并且如合同中约定工期延误需承担违约责任的,还需向发包人承担违约责任。

2. 未履行现场踏勘义务导致风险自担的风险,作为专业的承包人应当对施工现场进行踏勘的义务,若承包人未履行踏勘义务即进场施工,出现不利物质条件,则该部分风险由承包人承担。

【典型案例】

2013年8月,A置业公司与ZX建工签订《建设工程施工合同》,约定:某某大厦由ZX建工负责,合同工期500日历天;工期须经监理单位审核,并经ZX建工代表确认后方可相应顺延;合同工期提前或延误的,每天奖罚合同价款的万分之三。

招标前发包人向承包人提供了《地勘报告》,说明"各孔均未见地下水,场地南部部分钻孔土层湿度较大"。同时,双方签订的《建设工程施工合同》在专用条款中表述"承包人在签订合同之前,应研究和分析发包人提供的水文、地质、气象等资料。承包人应对该资料的理解、判断和应用负责。承包人在签订合同之前,应视为已研究和查看工地及其四周环境;已清楚知道关于通往工地的道路和其他联络方法、土地及工地的外形和性质、损毁物业的风险、挖掘材料的性质、进行本工程所需材料的性质、所需的住宿;已取得影响其签订合同及进行本工程施工的资料。承包人不得以对上述事项了解不够充分为由而向发包人索赔,并不能免除其依据合同约定需承担的责任",投标前承包人应发包人的邀请也对现场进行了踏

勘。2013年8月ZX建工在完成了临时设施建设及施工准备工作后进行试开挖，开挖后发现地下土质湿润，有渗水现象，极有可能存在地下水。

考虑到在专用条款中的承诺和进行过现场踏勘的情形，承包人担心在未经发包人同意的情况下采用降水措施，相关费用及延误的工期将难以获得补偿，因此在申报发现地下水的情况和准备采用的降水方案后自行停工等待发包人的回复。后续双方就停工及因采用额外的降水作业所产生的费用及导致的工期延误责任产生争议，后诉至合同约定的仲裁委员会。

仲裁庭认为，相关的费用和工期应区分两种情况来讨论，一项是停工等待发包人答复期间发生的费用与工期延误，另一项是采用克服不利条件的合理措施所发生的费用与工期延误。其中，承包人无权向发包人主张等待期间的费用与工期延误，这是因为作为专业的承包人在出现不利的施工条件时，如果该种条件并非是无法克服的，承包人应当采用合理的措施继续施工，因此承包人由于担心申报的方案无法获得费用补偿而停工等待的期间及由此产生的停工损失，仅能自行承担。

关于确实为克服不利条件所发生的费用和因此导致的工期延长则更多地需要考虑该不利条件的具体情况和承包人采用措施的合理性。在前述案例中发包人就如承包人所料提出了承包人在《建设工程施工合同》中已经承诺不予主张费用并进行过现场踏勘的事由，拒绝对由于《地勘报告》错误所导致的额外降水费用进行补偿，仅同意按额外降水工作所造成的工期延误相应顺延工期。笔者认为，尽管承包人确如发包人所述的在投标前进行过现场踏勘并在《建设工程施工合同》中作出过就有关情形放弃工期及费用索赔的意思表示，但实际上因为施工条件客观存在的复杂情况，尤其是地下条件与《地勘报告》的差异在现场踏勘时确实无法知悉。因此，基于公平的原则，对于承包人确因地下条件与《地勘报告》存在差异而额外发生的费用，承包人有权要求发包人在合理范围内予以补偿。

双方最终经仲裁庭调解，对于停工等待工期及费用由承包人负责，对于克服不利物质条件的合理措施所发生的费用由双方各承担50%，工期相应顺延。

【核心法条】
《标准施工招标文件》

第4.11.1项　不利物质条件，除专用合同条款另有约定外，是指承包人在施工场地遇到的不可预见的自然物质条件、非自然的物质障碍和污染物，包括地下和水文条件，但不包括气候条件。

第4.11.2项　承包人遇到不利物质条件时，应采取适应不利物质条件的合理措施继续施工，并及时通知监理人。监理人应当及时发出指示，指示构成变更的，按第15条约定办理。监理人没有发出指示的，承包人因采取合理措施而增加的费用和（或）工期延误，由发包人承担。

《标准设计施工总承包招标文件》

第4.11.1项　不可预见物质条件，除专用合同条款另有约定外，是指承包人在施工场地遇到的不可预见的自然物质条件、非自然的物质障碍和污染物，包括地下和水文条件，但不包括气候条件。

第4.11.2项　承包人遇到不可预见物质条件时，应采取适应不利物质条件的合理措施继续施工，并及时通知监理人。监理人应当及时发出指示，指示构成变更的，按第15条约定办理。监理人没有发出指示的,承包人因采取合理措施而增加的费用和(或)工期延误,由发包人承担。

《建设工程施工合同(示范文本)》(2013 年版)

第 7.6 款 不利物质条件是指有经验的承包人在施工现场遇到的不可预见的自然物质条件、非自然的物质障碍和污染物,包括地表以下物质条件和水文条件以及专用合同条款约定的其他情形,但不包括气候条件。

承包人遇到不利物质条件时,应采取克服不利物质条件的合理措施继续施工,并及时通知发包人和监理人。通知应载明不利物质条件的内容以及承包人认为不可预见的理由。监理人经发包人同意后应当及时发出指示,指示构成变更的,按第 10 条〔变更〕约定执行。承包人因采取合理措施而增加的费用和(或)延误的工期由发包人承担。

【防控建议】

1. 承包人在投标时应客观地对所有可利用的地质条件进行合理的检查与分析,对模糊与错误的部分应主动要求发包人进行澄清,并对所有资料的解释结果负责。

2. 现场踏勘,承包人的现场踏勘不仅仅是到场就可说明其已履行,而是应该凭借承包人充分经验考察工程所在地及其周围的气象、交通、风俗习惯、特殊地质及其他任何与工程有关的资料。

3. 不利物质条件发生后,承包人应采取合理措施防止损失扩大,并及时通知发包人及监理人。

三、不可抗力导致工程索赔的风险与防控

根据《中华人民共和国民法通则》与《中华人民共和国合同法》的相关规定,不可抗力是指不能预见、不能避免并不能克服的客观情况。因不可抗力致使不能实现合同目的时,当事人可以解除合同。因不可抗力不能履行合同的,根据不可抗力的影响,部分或全部免除相应责任。当事人迟延履行后发生不可抗力的,不能免除过错方责任。

在建设工程施工合同履行过程中,如果遭遇到不可抗力事件客观上给承包人造成人员伤亡、财产损失、费用增加、工期延误等的,承包人有权以此为由向发包人主张工期、费用索赔。

【法律风险】

1. 工期延误期间的窝工损失得不到补偿的风险。部分承包人主张的免责或索赔不符合法律规定或合同约定中对不可抗力的界定,导致索赔时,工期延误期间的损失无法得到补偿。

2. 因不可抗力造成的财产损失及增加费用得不到补偿的风险。在合同约定当中对不可抗力的风险承担不合理,导致承包人在不可抗力事件造成的财产损失或增加的费用得不到补偿。

【典型案例】

2007 年 10 月 16 日,发包人 A 公司与承包人 B 公司就广州某办公楼项目签订《建设工程施工合同》。合同约定:钢筋、混凝土、电缆电线由 A 公司提供,B 公司应对 A 公司供应的材料进行妥善保管(保管费用 B 公司已在投标报价中予以考虑),因 B 公司原因导致前述材

料丢失、损坏的,由B公司负责赔偿。

2008年1月初,我国南方数省遭受了百年一遇的特大暴雪袭击,广东省为重灾区之一。当时,上述办公楼项目已基本完成地基基础施工,即将进入主体结构施工阶段,工程建设所需大量钢筋已运至施工现场并交由B公司保管。根据广州地区气候特点以及施工惯例,B公司本应将现场钢筋及时挪至钢筋棚内以防止钢筋被雨淋而受潮锈蚀,但B公司因人员不足并未安排专人负责此项工作。

特大暴雪袭击时,B公司在场施工人员措手不及未能及时对暴露在施工现场的钢筋进行覆盖保护或将其挪至钢筋棚内。该场暴雪持续了数日。暴雪过后,A公司和B公司共同清理现场并清点损失,A公司发现其提供的部分钢筋已锈蚀无法继续使用。A公司认为,特大暴雪虽为不可抗力,但如果B公司严格遵守合同约定,尽到其应尽的妥善保管之义务,暴雪袭击所造成的损失是可以避免的,正是因为B公司未尽到妥善保管之义务才导致钢筋锈蚀无法使用。此外,暴雪袭击时,B公司作为一个有经验的承包商也未及时采取有效防范措施保护钢筋,B公司的不作为是导致钢筋受损的重要原因,B公司应对A公司由此遭受的损失承担赔偿责任。A公司与B公司协商未果后,A公司向双方约定的仲裁机构提起仲裁,要求B公司赔偿其钢筋损失48.6万元,并提供了钢筋损失明细及相关证明材料。

仲裁庭经审理认为,B公司对A公司提供的钢筋等材料负有妥善保管的义务,因保管不善导致的损失应由B公司承担赔偿责任;此外,不可抗力事件发生后合同当事人均有义务及时采取措施避免损失的进一步扩大,否则,负有合同义务的当事人应对扩大的损失承担赔偿责任。因此,对于B公司未及时采取有效措施造成的钢筋损失,理应由其承担赔偿责任,故判令B公司赔偿A公司钢筋损失48.6万元。

【核心法条】
《中华人民共和国合同法》
第九十四条　有下列情形之一的,当事人可以解除合同:
(一) 因不可抗力致使不能实现合同目的;
(二) 在履行期限届满之前,当事人一方明确表示或者以自己的行为表明不履行主要债务;
(三) 当事人一方迟延履行主要债务,经催告后在合理期限内仍未履行;
(四) 当事人一方迟延履行债务或者有其他违约行为致使不能实现合同目的;
(五) 法律规定的其他情形。

第一百一十七条　因不可抗力不能履行合同的,根据不可抗力的影响,部分或者全部免除责任,但法律另有规定的除外。当事人迟延履行后发生不可抗力的,不能免除责任。

本法所称不可抗力,是指不能预见、不能避免并不能克服的客观情况。

第一百一十八条　当事人一方因不可抗力不能履行合同的,应当及时通知对方,以减轻可能给对方造成的损失,并应当在合理期限内提供证明。

《建设工程施工合同(示范文本)》(1999年版)
第39.1款　不可抗力包括因战争、动乱、空中飞行物体坠落或其他非发包人承包人责任造成的爆炸、火灾,以及专用条款约定的风雨、雪、洪、震等自然灾害。

第39.2款　不可抗力事件发生后,承包人应立即通知工程师,并在力所能及的条件下迅速采取措施,尽力减少损失,发包人应协助承包人采取措施。不可抗力事件结束后48小时内承包人向工程师通报受害情况和损失情况,及预计清理和修复的费用。不可抗力事件持续发生,承包人应每隔7天向工程师报告一次受害情况。不可抗力事件结束后14天内,承包人向工程师提交清理和修复费用的正式报告及有关资料。

第39.3款　因不可抗力事件导致的费用及延误的工期由双方按以下方法分别承担:

(1) 工程本身的损害、因工程损害导致第三人人员伤亡和财产损失以及运至施工场地用于施工的材料和待安装的设备的损害,由发包人承担;

(2) 发包人承包人人员伤亡由其所在单位负责,并承担相应费用;

(3) 承包人机械设备损坏及停工损失,由承包人承担;

(4) 停工期间,承包人应工程师要求留在施工场地的必要的管理人员及保卫人员的费用由发包人承担;

(5) 工程所需清理、修复费用,由发包人承担;

(6) 延误的工期相应顺延。

《建设工程施工合同(示范文本)》(2013年版)

第17.1款　不可抗力是指合同当事人在签订合同时不可预见,在合同履行过程中不可避免且不能克服的自然灾害和社会性突发事件,如地震、海啸、瘟疫、骚乱、戒严、暴动、战争和专用合同条款中约定的其他情形。

不可抗力发生后,发包人和承包人应收集证明不可抗力发生及不可抗力造成损失的证据,并及时认真统计所造成的损失。合同当事人对是否属于不可抗力或其损失的意见不一致的,由监理人按第4.4款〔商定或确定〕的约定处理。发生争议时,按第20条〔争议解决〕的约定处理。

第17.2款　合同一方当事人遇到不可抗力事件,使其履行合同义务受到阻碍时,应立即通知合同另一方当事人和监理人,书面说明不可抗力和受阻碍的详细情况,并提供必要的证明。

不可抗力持续发生的,合同一方当事人应及时向合同另一方当事人和监理人提交中间报告,说明不可抗力和履行合同受阻的情况,并于不可抗力事件结束后28天内提交最终报告及有关资料。

第17.3.1项　不可抗力引起的后果及造成的损失由合同当事人按照法律规定及合同约定各自承担。不可抗力发生前已完成的工程应当按照合同约定进行计量支付。

第17.3.2项　不可抗力导致的人员伤亡、财产损失、费用增加和(或)工期延误等后果,由合同当事人按以下原则承担:

(1) 永久工程、已运至施工现场的材料和工程设备的损坏,以及因工程损坏造成的第三人人员伤亡和财产损失由发包人承担;

(2) 承包人施工设备的损坏由承包人承担;

(3) 发包人和承包人承担各自人员伤亡和财产的损失;

(4) 因不可抗力影响承包人履行合同约定的义务,已经引起或将引起工期延误的,应当顺延工期,由此导致承包人停工的费用损失由发包人和承包人合理分担,停工期间必须支付的工人工资由发包人承担;

(5) 因不可抗力引起或将引起工期延误,发包人要求赶工的,由此增加的赶工费用由发包人承担；

(6) 承包人在停工期间按照发包人要求照管、清理和修复工程的费用由发包人承担。

不可抗力发生后，合同当事人均应采取措施尽量避免和减少损失的扩大，任何一方当事人没有采取有效措施导致损失扩大的，应对扩大的损失承担责任。

因合同一方迟延履行合同义务，在迟延履行期间遭遇不可抗力的，不免除其违约责任。

第 17.4 款　因不可抗力导致合同无法履行连续超过 84 天或累计超过 140 天的，发包人和承包人均有权解除合同。合同解除后，由双方当事人按照第 4.4 款〔商定或确定〕商定或确定发包人应支付的款项，该款项包括：

(1) 合同解除前承包人已完成工作的价款；

(2) 承包人为工程订购的并已交付给承包人，或承包人有责任接受交付的材料、工程设备和其他物品的价款；

(3) 发包人要求承包人退货或解除订货合同而产生的费用，或因不能退货或解除合同而产生的损失；

(4) 承包人撤离施工现场以及遣散承包人人员的费用；

(5) 按照合同约定在合同解除前应支付给承包人的其他款项；

(6) 扣减承包人按照合同约定应向发包人支付的款项；

(7) 双方商定或确定的其他款项。

除专用合同条款另有约定外，合同解除后，发包人应在商定或确定上述款项后 28 天内完成上述款项的支付。

【防控建议】

1. 重视合同条款，如果在合同签订时对风险没有全面地预期，对相关条款约定不明，会在合同的执行过程中造成相当大的困难和被动。建议在一开始就在合同中明确不可抗力风险事件发生后，就及时免除当事人的履约义务，并就不可抗力可能导致的损失进行合理分摊。

2. 不可抗力的确认，承包人应收集证明不可抗力发生及不可抗力造成损失的证据，并及时认真统计所造成的损失。

3. 不可抗力的通知，遇到不可抗力事件时，承包人履行合同义务受到阻碍时，应立即通知发包人和监理人，书面说明不可抗力和受阻碍的详细情况，并提供必要的证明。

4. 及时就不可抗力产生的损失编制索赔报告，向发包人提出索赔，避免逾期失权。

第八章
验收阶段的法律风险防控建议

电力项目建设工程验收,是电力建设工程质量管理的重要内容,也是评判建设工程项目合同当事人履约状况的重要依据。实践中,从电力建设工程的验收行为的发生阶段来看,包括分项、分部、隐蔽、单位工程质量等中间项目验收和工程项目竣工验收两大部分。根据《中华人民共和国合同法》的规定,发包人有按照合同约定和法律规定的要求进行检查等验收的权利,以确保建设施工质量符合要求,但同时这种验收也是发包人所承担的义务。当发包人不及时进行验收或者承包人的施工未能通过验收时,将会对合同当事人双方产生一系列不利的法律后果,这对于电力建设工程合同的各方而言,即是需要面临和应对的法律风险。但如何防控这些法律风险,本章将就其进行阐述。

第一节　不及时进行验收的风险与防控

在司法实践中,经常发生发包人起诉或反诉请求承包人承担逾期竣工违约责任的纠纷。从承包人预期竣工的原因来看,既有因承包人的原因造成的,也有因发包人的因素导致无法按照约定完成工程项目建设,还可能是因如"非典"、政府施工管制等不可抗力或其他不可归责于承包人的意外实践而导致工期延误等,但在其中,因不及时进行工程验收是造成工期延误的重要因素之一。据此,《中华人民共和国合同法》等法律法规均规定了建设工程合同当事人及时进行工程验收的义务,否则,将承担因不及时验收所产生的相关法律责任。

一、不及时进行中间验收的风险与防控

施工企业作为电力建设工程合同的承包人,保证工程施工质量及安全是其应履行的基本合同义务。因此,《建设工程质量管理条例》第二十六条直接明确规定了"施工单位对建设工程的施工质量负责"。为了保障其质量责任的落实,《建设工程质量管理条例》进一步规定了施工企业在施工过程中所应履行的质量担保责任。其第二十八条规定:"施工单位必须按照工程设计图纸和施工技术标准施工,不得擅自修改工程设计,不得偷工减料。施工单位在施工过程中发现设计文件和图纸有差错的,应当及时提出意见和建议。"第二十九条规定:"施工单位必须按照工程设计要求、施工技术标准和合同约定,对建筑材料、建筑构配件、设备和商品混凝土进行检验,检验应当有书面记录和专人签字;未经检验或者检验不合格的,

不得使用。"第三十条规定:"施工单位必须建立、健全施工质量的检验制度,严格工序管理,作好隐蔽工程的质量检查和记录。隐蔽工程在隐蔽前,施工单位应当通知建设单位和建设工程质量监督机构。"第三十一条规定:"施工人员对涉及结构安全的试块、试件以及有关材料,应当在建设单位或者工程监理单位监督下现场取样,并送具有相应资质等级的质量检测单位进行检测。"在施工过程中,施工企业应履行:对设计文件和图纸差错审查的义务;对建筑材料、建筑构配件、设备和商品混凝土进行检验的义务;隐蔽工程在隐蔽前,及时通知建设单位和建设工程质量监督机构检查的义务;对涉及结构安全的试块、试件以及有关材料,按要求取样并送检的义务,来保证其施工过程和结果符合其所承担的质量责任要求。否则,根据法律法规的规定,要承担对其不利的法律后果。

【法律风险】

由《建设工程质量管理条例》第二十八条、第二十九条、第三十条、第三十一条规定可知,施工企业在施工过程中应履行施工的设计文件和图纸、建筑材料、建筑构配件、设备和商品混凝土、隐蔽工程等是否符合约定和法律规定标准的中间验收义务,这是保证施工质量的基本环节。对于中间验收,应依照合同的约定和法律规定的标准,对需要进行中间验收的单项工程和部位以及材料和构配件等及时进行检查、试验,发包人应为检验和试验提供便利条件。如果施工企业没有按照要求及时进行验收,则将承受法律法规规定和合同约定的不利后果,如工期被拖延的延迟履行违约责任、修理、重做、更换,以及损失赔偿等法律责任。

1. 工期被拖延,承担违约责任。工期是建设工程合同的承包人按照合同约定和法律规定完成合同项下全部工作内容的合理期限。① 工期是建设工程合同的重要条款,也是作为承包人的施工方应承担的重要义务。《中华人民共和国合同法》第六十条规定:"当事人应当按照约定全面履行自己的义务。"对施工企业而言,其作为电力建设工程合同的承包方,按照合同约定日期完成建设工程,是其基本义务。如因施工企业未及时履行其所承担的中间验收义务,导致工期被拖延。例如,施工企业因更换不符合约定要求的设备、材料不符合引起的工期延误;因施工企业的原因致使工程质量达不到合同约定和法律法规规定的验收标准而返工引起的工期延误;承包人怠于通知发包方对已完成的隐蔽工程在隐蔽前及时进行验收,从而必须对其进行剥露检查,并在检查后重新隐蔽或者修复后隐蔽而导致的工期延误等。在电力建设工程合同中,这些工期被拖延是因作为承包方的施工企业的原因所致,且不属于免责的情形,根据《中华人民共和国合同法》第一百零七条"当事人一方不履行合同义务或者履行合同义务不符合约定的,应当承担继续履行、采取补救措施或者赔偿损失等违约责任"之规定,施工企业应对建设方承担违约责任,如延迟违约金、赔偿损失等。

当然,如果是由于电力建设工程合同发包方的原因导致作为承包方的施工企业无法及时履行中间验收义务的,如发包方未能及时提供检验由其提供的原材料、设备的相关资料,导致承包方无法验收这些原材料、设备是否符合要求而导致工期被拖延,或者是由于异常恶劣的气候条件以及不可预见的自然物质条件、非自然的物质障碍和污染物等不利物质条件影响到施工企业对中间验收义务的及时履行,即使工期被延误,也不应承担违约责任。

2. 无法及时申领进度款。工程进度款是指在施工过程中,按约定的单位时间(如月、

---

① 林立.工程合同:法律、规则与实践.北京:北京大学出版社2016年版,第289页。

季)或一定的工作任务完成的工程数量计算的各项费用总和。在实践中,一般情况下,是在施工过程中双方确认计量结果和合同约定对申请内容予以核实、确认后的14天内,按完成工程数量支付工程进度款,工程进度款的支付比例不低于工程价款的60%不高于工程价款的90%。对施工企业所完成的工程计划进度的工程数量进行核实时,验收其必要的环节。但如果因施工企业的原因导致无法及时进行中间工程的验收,也就意味着发包方无法按照合同约定对其申领进度款所申请的内容进行核实。由于无法根据对中间工程完成情况进行及时检查从而确认计量结果和对申请内容予以核实,工程进度款的支付条件就无法满足,发包方必然会根据《中华人民共和国合同法》六十七条"当事人互负债务,有先后履行顺序,先履行一方未履行的,后履行一方有权拒绝其履行要求。先履行一方履行债务不符合约定的,后履行一方有权拒绝其相应的履行要求"的规定,拒绝施工企业的支付工程进度款的请求。

3. 在其之后可能发生工程质量及安全问题,要承担赔偿责任。根据《建设工程质量管理条例》第二十八、二十九、三十、三十一条的规定,在施工过程中,施工企业应履行相关的检查或通知发包方进行中间验收的义务,来保证其施工过程和施工结果符合合同约定和法律法规规定的质量要求。如果施工企业未按要求及时履行中间验收义务,不仅可能产生工期被拖延而承担迟延履行的违约责任,还可能导致所施工的电力工程存在质量瑕疵甚至是影响到人身和财产安全的质量缺陷。《中华人民共和国合同法》第二百八十一条规定:"因施工人的原因致使建设工程质量不符合约定的,发包人有权要求施工人在合理期限内无偿修理或者返工、改建。经过修理或者返工、改建后,造成逾期交付的,施工人应当承担违约责任。"如果电力建设工程质量不符合约定是因施工企业未及时履行中间验收义务的原因所致,则应对作为发包方的建设单位承担违约责任,具体是在合理期限内无偿修理或者返工、改建;如果因此造成逾期交付的,则还应按照合同约定和法律规定承担迟延履行的违约责任。例如,作为承包人的施工企业未通知发包人检查隐蔽工程而自行进行隐蔽的,事后发包人有权要求对已隐蔽的工程进行检查,施工企业应当按照要求进行剥露接受检查,并在检查后重新隐蔽或者修复后隐蔽。如果经检查隐蔽工程不符合要求的,承包人还需要返工、重新隐蔽。在这种情况下检查隐蔽工程所发生的检查、返工、材料等费用由施工企业负担,且还应承担工期延误的法律责任。

此外,如因施工企业未及时履行中间验收义务而致使该电力建设工程在合理使用期限内造成人身和财产损害的,《中华人民共和国合同法》第二百八十二条规定了"承包人应当承担损害赔偿责任"。由于电力建设工程在合理使用期限内造成人身和财产损害的,也同时因成就了侵权责任的构成要件而承担期侵权责任。因《中华人民共和国产品质量法》第二条第三款规定了"建筑工程不适用本法规定",则对承包人的侵权责任的确认不得从该法寻求法律依据,而《中华人民共和国合同法》第二百八十二条的规定为工程质量侵权责任提供了法律依据。

4. 如引起相关工程的延误,还可能遭到索赔。电力建设工程建设施工中的中间验收义务的不及时履行还有可能导致与该电力建设工程相关的工程的延误。例如,该电力建设工程是某一工程中的分项或者单项项目,则该电力施工企业有可能通过分包合同取得该电力建设工程的施工资格。这时,就有可能因该电力施工企业未及时进行中间工程验收而完工延误,并导致其所属的整体工程完工延误。这时,其可能要对发包人,即工程建设方承担损害赔偿等法律责任。

根据《中华人民共和国合同法》第二百七十二条第二款的规定,总承包人经发包人同意,可以将自己承包的部分工作交由第三人完成,第三人就其完成的工作成果与总承包人向发包人承担连带责任。基于此,如电力施工企业通过分包的形式从总承包人处取得电力建设工程的项目后,履行并承担该分包合同所承包的工程建设内容,并不得将通过分包合同承包的工程进行转包或分包。在此,为保证分包单位正确适当地履行分包合同,促进建设工程的现场管理,也有利于强化对发包人利益的保护。《中华人民共和国合同法》第七十二条第二款和《建设工程质量管理条例》第二十七条突破了合同相对性,直接规定了分包单位对发包人的赔偿责任,即在电力施工企业通过分包合同取得电力建设工程项目后,如未能及时进行中间验收导致总的建设工程项目被延误或者质量不符合要求,发包人可直接对其索赔,这时作为分承包人的电力施工企业不得拒绝该项请求。

【典型案例】①

段园工业区将 35 kV 双回线和 6 kV 四回路毛庄变—祁庄变线路工程发包给中飞公司,后中飞淮北分公司与王连杰签订建设工程施工合同,约定:段园工业区将 35 kV 毛庄变—祁庄变双回路线路钢管塔基础工程承包给王连杰,工程竣工验收合格,中飞淮北分公司在一个月内付清工程款。王连杰签订合同后施工。2013 年初,王连杰完成 23 个钢管塔基础的施工。同年 2 月,王连杰申请中飞淮北分公司对其施工的工程进行验收,该部分工程款为 618 780 元。后王连杰索要其余工程款未果,遂诉至法院。又经查明,王连杰不具有工程施工的相关资质,双方签订的建设工程施工合同无效,但涉案工程已经交付使用,法院认为王连杰作为实际施工人有权主张工程款。

在本案中,双回路线路钢管塔基础工程作为变电线路的隐蔽工程,实际施工人在完成隐蔽工程后及时申请中飞淮北分公司对其施工的工程进行验收,由于涉案工程已交付使用,根据《最高人民法院关于审理建设工程施工合同纠纷案件适用法律问题的解释》(以下简称《施工合同纠纷司法解释》)第十四条"建设工程未经竣工验收,发包人擅自使用的,以转移占有建设工程之日为竣工日期",即视为验收合格,由此,施工人取得了工程款的结算根据,有权要求中飞淮北分公司结算工程款。可见,施工企业在隐蔽工程完工后及时通知发包人进行验收对维护自己合法权益有多么重要。

【核心法条】

《中华人民共和国合同法》

第二百七十八条 隐蔽工程在隐蔽以前,承包人应当通知发包人检查。发包人没有及时检查的,承包人可以顺延工程日期,并有权要求赔偿停工、窝工等损失。

第二百八十一条 因施工人的原因致使建设工程质量不符合约定的,发包人有权要求施工人在合理期限内无偿修理或者返工、改建。经过修理或者返工、改建后,造成逾期交付的,施工人应当承担违约责任。

《建设工程质量管理条例》

第二十九条 施工单位必须按照工程设计要求、施工技术标准和合同约定,对建筑材

---

① 参见〔2014〕相民一初字第 00179 号民事判决书。

料、建筑构配件、设备和商品混凝土进行检验,检验应当有书面记录和专人签字;未经检验或者检验不合格的,不得使用。

第三十条 施工单位必须建立、健全施工质量的检验制度,严格工序管理,作好隐蔽工程的质量检查和记录。隐蔽工程在隐蔽前,施工单位应当通知建设单位和建设工程质量监督机构。

第三十一条 施工人员对涉及结构安全的试块、试件以及有关材料,应当在建设单位或者工程监理单位监督下现场取样,并送具有相应资质等级的质量检测单位进行检测。

【防控建议】

根据对上述电力施工企业在电力建设工程中未及时进行中间验收所存在的法律风险的识别,我们认为电力施工企业应根据《中华人民共和国合同法》和其他相关法律法规的规定,采取以下措施来防控法律风险:

1. 施工企业应当严格按照合同约定及时履行中间验收。在施工中,电力施工企业按照合同的约定,根据《建设工程质量管理条例》第二十八、二十九、三十、三十一条的规定,应及时认真地对设计文件和图纸差错进行审查;对施工材料、构配件、设备和商品混凝土进行检验;隐蔽工程在隐蔽前,及时通知建设单位和建设工程质量监督机构检查;对涉及结构安全的试块、试件以及有关材料,按要求取样并送检,以防止基于这些有差错的文件、设计图纸施工带来的风险,避免因适用质量有瑕疵甚至缺陷的设备、材料带来的工程质量风险和未及时通知发包方验收带来的工程完工延误风险等风险发生。

2. 施工企业应当做好证据保全。首先,在隐蔽工程完工后施工企业应及时准备并向发包人提交书面验收申请和中间验收资料,保留好送达凭证,以防因延误通知验收带来的法律风险;其次,如因其他方原因导致中间验收延误,如第三方提供的设备、构配件、材料等质量问题或者因发包方的不协助、政府的施工管制等原因造成施工企业未能及时履行中间验收的,应及时取得相关证明、保全相关证据,并及时按约提交签证或索赔报告,做好签收记录,以便对发包方等主体所提出的以其未履行及时中间验收为由的责任主张和索赔主张提供有力的证据进行抗辩。

二、不及时进行分包工程验收的风险与防控

由于电力行业体制的特殊性和电力建设工程的日益复杂化以及专业化发展的趋势,电力建设工程分包变得非常有必要和盛行。一方面,基于作为承包人的电力建设施工企业自身的技术、成本、人员、资源等方面的综合考虑,电力建设工程分包有其存在和发展的必要;另一方面,也正因为分包人的介入,使得原先传统单向性的承发包关系变得更为复杂和多样。[①]《中华人民共和国合同法》第二百七十二条第二款规定:"总承包人或者勘察、设计、施工承包人经发包人同意,可以将自己承包的部分工作交由第三人完成。第三人就其完成的工作成果与总承包人或者勘察、设计、施工承包人向发包人承担连带责任。承包人不得将其承包的全部建设工程转包给第三人或者将其承包的全部建设工程肢解以后以分包的名义分别转包给第三人。"据此可知,根据合同相对性原则,在电力建设工程施工合同中,承包人(总

---

① 林立.工程合同:法律、规则与实践.北京:北京大学出版社2016年版,第194页。

包)要对分包人的履行行为向发包人负责,又因在承包人(总包)与分包人之间也存在一个分包合同关系,分包人对承包人(总包)负责。同时,根据《中华人民共和国合同法》《中华人民共和国建筑法》《中华人民共和国建设工程质量管理条例》等法律法规的规定,承包人(总包)与分包人对发包人承担连带责任,由此决定了在电力建设工程中,不及时进行分包工程的验收,致使工程被拖延或者工程质量出现问题的,将会使承包人(总包)与分包人承受一定的法律后果。

【法律风险】

如前所述,及时进行工程验收,包括中间验收和竣工验收是承包合同关系中发包方与承包方共同承担且需要协助履行的义务。在分包工程建设过程中,同样存在对分包工程建设的中间验收,由于在本节第一部分已经分析,在此不再赘述。本部分所讨论的只是分包工程竣工时的验收问题。但由于下面要对竣工验收进行详细的介绍,这里仅就分包工程竣工验收的风险问题作简单介绍。

分包工程是电力建设工程整体的一部分,分包工程的验收如果不及时进行,可能会致使电力建设工程整体延迟完工,以及工程质量难以保证,从而产生相关的法律责任。具体而言,分包工程竣工未及时验收的法律风险表现在:

1. 分包工程未及时验收,如影响到其他关联工程的进行进而导致电力建设工程建设整体不能按期完成,这就造成承包人(总包)的延期履行从而对发包人承担违约责任,如承担迟延履行的违约金、损害赔偿金等。

2. 分包工程未能及时验收,承包人(总包)对分包人违约责任。就分包工程竣工验收而言,及时经验收合格是分包人向承包人(总包)请求支付工程进度款的事实根据,如果因承包人(总包)的原因未能及时进行验收,则分包人的工程进度款将无法及时获得给付。根据《最高人民法院关于审理建设工程施工合同纠纷案件适用法律问题的解释》第十四条的规定,"承包人(总包)已经提交竣工验收报告,发包人拖延验收的,以承包人(总包)提交验收报告之日为竣工日期"。就分包工程而言,这时承包人(总包)作为分包合同的发包人,因其原因而不及时验收分包工程的,以分包人提交验收报告之日为竣工日期,分包人有权按照分包合同对工程进度款的约定要求其支付,逾期者,按照约定支付违约金甚至双倍违约金。

3. 分包工程未能及时验收的质量责任风险。分包合同的履行质量直接决定了主合同的履行质量,两者密不可分,通常在分包合同中会明确约定分包人对工程质量缺陷的责任。根据《中华人民共和国合同法》第二百七十二条第二款、《中华人民共和国建筑法》第五十五条的规定,总承包单位对分包工程的质量与分包单位承担连带责任。据此,如果当事人因建设工程质量遭受损害,可以向承包人(总包)和分包人索赔。具体到电力建设工程合同,分包工程如果未及时验收而影响到电力建设工程整体的质量,则承包人(总包)与分包人将对其承担连带责任,失去了通过及时验收明确责任归属的机会。

【典型案例】[1]

2010年3月18日,第三人亚泰公司与康腾公司签订了虾峙西白莲岛修船基地1#、2#船坞工程建造合同。2010年3月25日,康腾公司与利昌大地公司签订了施工分包合同,将

---

[1] 参见〔2014〕舟普民初字第343号民事判决书。

西白莲船坞坞室石方爆破、基坑式围堰内石方爆破工程分包给被告利昌大地公司,其中付款办法约定为按月结算,根据当月双方确认的工程量,在业主当月进度款到位后支付70%的工程款,完工后一个月内支付90%工程款,10%余款在坞墙浇筑完成后两个月内支付。2010年6月20日,西白莲修造船基地(船坞)爆破工程开始施工。利昌大地公司分包工程未经康腾公司竣工验收,即开始了后续工程施工,现全部工程业已完工并投入使用,康腾公司未对分包工程竣工验收应归责何方已难以确认。最后法院判决对康腾公司提出利昌大地公司分包工程施工过程存在质量问题的主张不予采纳。

在该案件中,作为总承包人的分包合同的发包人未及时组织对分包合同进行竣工验收就投入了下一个工序,且未保留分包人不当施工行为的证据,结果难以对分包工程施工过程存在质量问题进行判断,导致其承担不利后果的法律风险。所以,在分包合同中,作为总承包人,应及时对分包工程进行竣工验收,在验收未果的情况下不要进行下一道工序,否则,将由自己承担因分包工程可能存在的质量问题所带来的一切法律风险。

【核心法条】

《中华人民共和国合同法》

第二百七十二条　发包人可以与总承包人订立建设工程合同,也可以分别与勘察人、设计人、施工人订立勘察、设计、施工承包合同。发包人不得将应当由一个承包人完成的建设工程肢解成若干部分发包给几个承包人。

总承包人或者勘察、设计、施工承包人经发包人同意,可以将自己承包的部分工作交由第三人完成。第三人就其完成的工作成果与总承包人或者勘察、设计、施工承包人向发包人承担连带责任。承包人不得将其承包的全部建设工程转包给第三人或者将其承包的全部建设工程肢解以后以分包的名义分别转包给第三人。

禁止承包人将工程分包给不具备相应资质条件的单位。禁止分包单位将其承包的工程再分包。建设工程主体结构的施工必须由承包人自行完成。

《建设工程质量管理条例》

第二十六条　施工单位对建设工程的施工质量负责。

施工单位应当建立质量责任制,确定工程项目的项目经理、技术负责人和施工管理负责人。

建设工程实行总承包的,总承包单位应当对全部建设工程质量负责;建设工程勘察、设计、施工、设备采购的一项或者多项实行总承包的,总承包单位应当对其承包的建设工程或者采购的设备的质量负责。

第二十七条　总承包单位依法将建设工程分包给其他单位的,分包单位应当按照分包合同的约定对其分包工程的质量向总承包单位负责,总承包单位与分包单位对分包工程的质量承担连带责任。

【防控建议】

基于上述法律风险的识别,电力建设工程合同的当事人双方应根据《中华人民共和国合同法》等法律的规定,可采取以下措施来防控法律风险:

1. 分包人组织自检,并及时通知承包人(总包)验收。分包工程完成后,分包单位应对所承包的工程项目进行自检,自检应按照分包合同约定和法律规定的标准与要求进行,填写自检报告,整理所分包工程的质量控制资料和提请验收报告,及时通知承包人(总包)组织验收。分包单位在发现有不合格的情况后,要组织有关人员进行分析研究所承包建设工程部分质量不合格的原因,对其原因采取必要的纠正,有预防的措施,并注重日常的痕迹管理,以文字记录上报总包单位。通过组织自检和及时通知承包人(总包)验收,以防控未能及时通知验收所产生的迟延履行的违约责任,以及因分包工程质量问题所产生的质量责任。

2. 承包人(总包)及时组织验收。承包人应事先制定分包工程验收计划,包括具体的验收责任人、验收标准、验收的程序、验收要求。对于要求进行验收的分包工程,在接到分包人提请验收申请后,总包方应及时报告发包人,并按照验收计划及时组织验收,做好各项工作的衔接。

三、不及时提交竣工验收报告的风险与防控

《中华人民共和国合同法》第二百七十九条规定:"建设工程竣工后,发包人应当根据施工图纸及说明书、国家颁发的施工验收规范和质量检验标准及时进行验收。验收合格的,发包人应当按照约定支付价款,并接收该建设工程。建设工程竣工经验收合格后,方可交付使用;未经验收或者验收不合格的,不得交付使用。"《中华人民共和国建筑法》第六十条也做了同样的规定。据此,电力建设工程完工后,作为发包人的电力建设单位应当及时组织验收并在验收合格后接收该工程。又根据法律的规定,电力建设工程的竣工验收是以作为承包人的施工企业向作为发包人的建设单位提请验收为程序条件的,所以,在工程竣工后,施工企业及时提交竣工验收报告就非常重要了。

【法律风险】

由于电力建设工程竣工验收是以施工企业及时提交竣工验收报告及完整的竣工验收资料为条件,经验收合格后,方能交付给建设单位使用,并进行工程价款的结算。否则,如果施工企业未能及时按照要求提请验收,则不仅可能要承担逾期竣工的责任,还无法向作为发包人的建设单位交付使用,导致工程的保管责任等法律风险的产生。

1. 可能产生逾期竣工的违约责任。按照约定的竣工日期完成施工,是施工企业在电力建设合同履行中应承担的基本义务,否则,实际工期超过合同约定工期的,则会造成一定的损害。如因施工企业不及时提交竣工验收报告,工程验收无法在合同约定的完工日期内进行,则构成工期延误。工期延误,致使该电力建设工程不能按期交付使用,则不仅会造成发包人工程管理费用、投资成本增加,而且还导致其不能按计划实现投资效果,失去盈利机会,损失市场利润。发包方根据《中华人民共和国合同法》的规定,对由于作为承包方的施工企业的原因造成的延误损失,享有向其主张损害赔偿的权利。

2. 产生对延期交付工程的保管责任。施工企业未及时提交竣工验收报告,根据《合同法》第二百七十九条第二款和《中华人民共和国建筑法》第六十一条第二款的规定,建设工程竣工经验收合格后,方可交付使用;未经验收或者验收不合格的,不得交付使用。在未交付的情况下,该电力建设工程仍处于施工企业的占有之下。从法律属性上说,建设工程合同属于承揽合同的特殊存在形式,有关两者的合同立法就是特别法与一般法的关系,当特别法没有规定的情况下,应适用一般法的规定。对未交付建设工程的管理《中华人民共和国合同法》在"建设工程合同"这一章没有规定,但是《中华人民共和国合同法》却在"承揽合同"这一

章中对定作人对未交付承揽工作成果的保管义务作了规定,即第二百六十五条"承揽人应当妥善保管定作人提供的材料以及完成的工作成果,因保管不善造成毁损、灭失的,应当承担损害赔偿责任"。据此,因施工企业未及时提交竣工验收报告而不能交付所完成的电力建设工程,则应在交付前承担保管该电力工程的责任,如因保管不善造成毁损、灭失的,应当对作为发包人的建设方承担损害赔偿责任。

【典型案例】①

福州A电力工程有限公司(以下简称A公司)因与被申请人福建某某单位(以下简称社科院)建设工程施工合同纠纷一案,不服福州市中级人民法院〔2012〕榕民终字第3208号民事判决,向福建省高级人民法院申请再审。福建高院经审查认为经双方当事人在一审中确认A公司的停工时间为2010年6月份,并无证据证明当时讼争工程已经竣工,况且,即使该工程已竣工,根据《建设工程质量管理条例》《建设工程价款结算暂行办法》等规定,也应由施工单位A公司先向建设单位社科院递交竣工验收报告或竣工结算报告,建设单位在收到报告后组织竣工验收、提出审查意见。而且,A公司在停工后也可以自行进行现场证据保全或委托造价鉴定,甚至在诉讼中仍可申请法院委托造价鉴定或调查取证,但A公司未自行调查搜集证据或申请法院调查搜集证据,其申请再审主张社科院非法剥夺其委托鉴定的权利、社科院将未办理竣工验收手续的讼争工程强行投入使用致其不能提供完整的竣工证据材料等,理由不能成立,从而驳回福州A电力工程有限公司的再审申请

在该案中,施工企业未及时向建设单位提交竣工验收报告,并未有意识地保全相关证据,结果在诉讼中导致自己处于非常不利的地位。

【核心法条】

《中华人民共和国合同法》

第二百六十五条 承揽人应当妥善保管定作人提供的材料以及完成的工作成果,因保管不善造成毁损、灭失的,应当承担损害赔偿责任。

第二百七十九条 建设工程竣工后,发包人应当根据施工图纸及说明书、国家颁发的施工验收规范和质量检验标准及时进行验收。验收合格的,发包人应当按照约定支付价款,并接收该建设工程。

建设工程竣工经验收合格后,方可交付使用;未经验收或者验收不合格的,不得交付使用。

《中华人民共和国建筑法》

第六十一条 交付竣工验收的建筑工程,必须符合规定的建筑工程质量标准,有完整的工程技术经济资料和经签署的工程保修书,并具备国家规定的其他竣工条件。

建筑工程竣工经验收合格后,方可交付使用;未经验收或者验收不合格的,不得交付使用。

《最高人民法院关于审理建设工程施工合同纠纷案件适用法律问题的解释》

第十四条 当事人对建设工程实际竣工日期有争议的,按照以下情形分别处理:

---

① 参见〔2014〕闽民申字第2285号民事判决书。

（一）建设工程经竣工验收合格的，以竣工验收合格之日为竣工日期；

（二）承包人已经提交竣工验收报告，发包人拖延验收的，以承包人提交验收报告之日为竣工日期；

（三）建设工程未经竣工验收，发包人擅自使用的，以转移占有建设工程之日为竣工日期。

【防控建议】

因电力施工企业不及时提交竣工验收报告或未提供其他完整的竣工验收资料，致使不能及时进行竣工验收，从而可能会产生对其不利的逾期竣工的违约责任以及对未交付工程的保管责任。为此，根据法律法规的规定和工作实际，我们认为施工企业可以从以下两方面入手来防控该风险的发生：

1. 工程完成后应及时提交竣工验收报告。竣工日期是判断施工企业是否逾期竣工的重要标准。有约定日期的要严格按照合同约定的日期。对于没有明确约定或者约定不明的竣工日期，根据《施工合同纠纷司法解释》第十四条的规定[①]，承包人已经提交竣工验收报告，发包人拖延验收的，以承包人提交验收报告之日为竣工日期。及时提交竣工验收报告，可以预防逾期竣工责任的发生。提交竣工验收报告的方式可以是通过直接送达、快递送达、挂号信送达等方式，但必须制作签收记录，并保存好签收记录和快递、挂号信凭证等资料，以备在是否已提交争议发生时用来证明提交的事实。同时，为了保证能够及时完成竣工验收，施工企业需要严格按照规定提交竣工验收报告外，还应一并提交与该电力建设工程竣工相关的完整的竣工验收资料。

2. 做好施工过程中的资料归档管理。为了能够在工程完成后及时向发包方提交竣工验收报告，作为承包方的施工企业在日常施工过程中，就应按照竣工验收所需资料的要求，在日常施工过程中，注重资料收集整理工作，以保证在工程竣工后能够以最快的时间向发包人提交竣工报告和完整的竣工验收资料。这样一方面减少了收集整理与竣工验收相关的资料的时间消耗，降低了逾期提交的风险发生；另一方面也降低了因竣工验收资料不完整，造成发包人不能及时正常验收而可能产生的竣工结算被拖延、承担逾期竣工责任、承担对工程的保管责任等风险的产生。

四、竣工验收资料不完整的风险与防控

电力建设工程完工后，作为承包方的施工企业应先进行自检，自检合格后按照竣工验收的有关规定，向作为发包方的建设单位提交竣工验收报告和提供完整的竣工资料，提请建设单位及时组织竣工验收。竣工资料是工程竣工验收和质量保证的重要依据，一般来说，施工企业所需要向建设单位提交的资料除了施工企业自检报告、监理单位监理报告、工程竣工验收申请之外，还包括完整的技术档案和施工管理资料、材料、设备、构配件的质量合格证明；有关资料和试验、检验报告；勘察、设计、施工、工程监理等单位分别签署的质量合格文件；施

[①] 《最高人民法院关于审理建设工程施工合同纠纷案件适用法律问题的解释》第十四条："当事人对建设工程实际竣工日期有争议的，按照以下情形分别处理：（一）建设工程经竣工验收合格的，以竣工验收合格之日为竣工日期；（二）承包人已经提交竣工验收报告，发包人拖延验收的，以承包人提交验收报告之日为竣工日期；（三）建设工程未经竣工验收，发包人擅自使用的，以转移占有建设工程之日为竣工日期。"

工单位签署的工程质量保修书等。建设单位根据国家对电力建设工程规定的标准和竣工资料及验收报告进行验收,然后按照相关程序作出施工企业所完成的工程项目是否合格的决定。

【法律风险】

如上,在提请建设单位进行竣工验收时,施工企业应提交竣工验收报告和提供完整的竣工资料,以此来确认工程竣工是否符合质量要求。验收合格的,发包人应当按照约定支付价款,并接收该建设工程。但在验收中,因施工企业所提交的验收资料不完整而影响到竣工验收的按时完成,从而可能产生竣工结算被拖延等一系列对其不利的法律后果。

1. 竣工结算被拖延。作为建设合同的承包方的施工企业,其在电力建设施工合同中的主要预期是在工程竣工验收合格后获得工程价款。根据《中华人民共和国合同法》第二百七十九条第二款之规定,验收合格的,发包人应当按照约定支付价款,并接收该建设工程。可见,工程价款的支付是以工程竣工验收合格为前提的。当施工企业提供的竣工验收资料不完整,将会因资料的补充延长竣工验收过程,拖延竣工验收报告的作出,影响到工程价款的结算,甚至因竣工验收资料的欠缺部分无法补全而导致无法获得全部结算,从而使其面临合同预期无法完全实现的法律风险。

2. 承担逾期竣工责任。施工企业竣工日期超过合同所约定的完工日期,将构成逾期竣工,要向建设单位承担违约责任。对于竣工日期的确定,一般由双方签字确认,但如果双方协商不成,根据《最高人民法院关于审理建设工程施工合同纠纷案件适用法律问题的解释》第十四条的规定"当事人对建设工程实际竣工日期有争议的,按照以下情形分别处理:(一)建设工程经竣工验收合格的,以竣工验收合格之日为竣工日期……"可见,竣工验收合格决定的作出时间直接影响到竣工日期的判断。建设单位在组织竣工验收时,施工企业所提供的竣工资料是判断竣工是否合格的重要依据。施工企业提供的竣工验收资料不完整,将会拖延竣工验收报告的作出,甚至无法作出合格的判断,从而造成验收无法在合同约定的完工日期内完成,构成工期延误。工期延误,在无免责事由的情况下,施工企业将面临着对建设单位承担逾期竣工的法律风险。

3. 承担对工程的保管责任。施工企业提供的竣工验收资料不完整,会影响到建设单位及时组织竣工验收并作出验收合格的决定。根据《中华人民共和国合同法》第二百七十九条第二款和《中华人民共和国建筑法》第六十一条第二款的规定,施工企业对该电力建设工程就无法与建设单位完成交付,仍处于施工企业的占有之下。从法律属性上说,建设工程合同可以适用承揽合同的一般规定。《中华人民共和国合同法》第二百六十五条规定了"承揽人应当妥善保管定作人提供的材料以及完成的工作成果,因保管不善造成毁损、灭失的,应当承担损害赔偿责任"。据此,因施工企业未及时提供完整的竣工验收资料致使不能及时完成竣工验收,从而导致无法与建设单位进行工程交付的情况下,应承担保管该电力工程的责任。

【典型案例】①

原告 A 公司与被告 B 公司就工程款的结算纠纷向河北省唐山市中级人民法院提起了诉讼。被告所承包的 35 MW 节能发电工程于 2013 年 2 月 6 日完工,双方在完工后共同签

---

① 参见〔2015〕唐民初字第 40 号民事判决书。

署了《工程竣工验收证明书》,工程质量核定等级为"合格"。此后经过5个多月的调试,原被告于2013年7月28日联合签署《凯恒钢铁35 MW节能发电工程72小时运行报告》,载明该工程项目所有系统进行了调试及长期运行的考验,机组经过调试及运行的考验,已能完全满足正常发电的要求;绝大部分指标达到优良,故建议可以进入试生产阶段。被告将涉案工程投入使用至今,原告在调试期间及质保期内亦对一些设备故障进行了维修、处理。上述事实表明工程质量合格,且双方合同约定的工程款支付条件已完全成就,被告理应按约付款,并支付利息和相关工程款滞纳金。

从本案来看,被告作为施工企业在工程完工后及时向作为原告的建设单位提交了工程竣工验收报告和完整的验收资料,并在验收合格后将该电力工程移交给建设单位使用。同时,及时保全了相关凭证,向建设单位主张工程款的结算及迟延结算的利息、违约金等,维护了己方的合法权益。

【核心法条】
《中华人民共和国合同法》
第二百七十九条 建设工程竣工后,发包人应当根据施工图纸及说明书、国家颁发的施工验收规范和质量检验标准及时进行验收。验收合格的,发包人应当按照约定支付价款,并接收该建设工程。

建设工程竣工经验收合格后,方可交付使用;未经验收或者验收不合格的,不得交付使用。

《中华人民共和国建筑法》
第六十一条 交付竣工验收的建筑工程,必须符合规定的建筑工程质量标准,有完整的工程技术经济资料和经签署的工程保修书,并具备国家规定的其他竣工条件。

建筑工程竣工经验收合格后,方可交付使用;未经验收或者验收不合格的,不得交付使用。

《最高人民法院关于审理建设工程施工合同纠纷案件适用法律问题的解释》
第十四条 当事人对建设工程实际竣工日期有争议的,按照以下情形分别处理:
(一)建设工程经竣工验收合格的,以竣工验收合格之日为竣工日期;
(二)承包人已经提交竣工验收报告,发包人拖延验收的,以承包人提交验收报告之日为竣工日期;
(三)建设工程未经竣工验收,发包人擅自使用的,以转移占有建设工程之日为竣工日期。

【防控建议】
根据我国现行法律法规的规定,在电力建设工程竣工验收中,因施工企业所提交的验收资料不完整而影响到竣工验收及时完成,从而可能产生竣工结算被拖延等一系列对其不利的法律风险。为此,作为承包方的施工企业可以采取以下防控措施:

1. 施工企业严格按要求做好竣工验收的资料准备工作

首先,注意收集整理施工过程中的资料。为了能够在工程完成后及时提交竣工验收报告,作为承包方的施工企业在日常施工过程中,就应按照竣工验收所需资料的要求,在工程日常施工过程中,注意收集、整理相关资料。其次,严格按照合同约定并按照相应目录编制完整的竣工验收资料和竣工验收报告,装订成册。由此,最大限度地预防由于竣工验收资料不完整可能带来的竣工验收不能按时完成造成逾期竣工的不利后果,以及延迟竣工验收的工程保管责任等法律风险。

2. 注意竣工验收资料提交证据的保全

为了预防是否已按照合同的约定完整及时地向建设单位提交了竣工资料纷争的产生，施工企业在提交竣工验收报告和验收资料时应明确交接资料的文件清单，并请建设单位书面确认。

五、总包拖延进行竣工验收的法律风险和防控

这个方面涉及的问题在本节第二部分"不及时进行分包工程验收的风险与防控"已经讨论了，这里不再赘述。

第二节 发包人未能组织竣工验收的风险与防控

《中华人民共和国合同法》第二百七十九条规定："建设工程竣工后，发包人应当根据施工图纸及说明书、国家颁发的施工验收规范和质量检验标准及时进行验收。验收合格的，发包人应当按照约定支付价款，并接收该建设工程。建设工程竣工经验收合格后，方可交付使用；未经验收或者验收不合格的，不得交付使用。"据此可知，发包人及时组织竣工验收不仅是其根据电力建设合同所享有的权利，更是其应当承担的义务。作为发包人的建设单位收到工程竣工提请后，应及时组织验收，在验收合格后，与承包人完成工程交付，发包人应当按照约定支付价款，并接收该建设工程。建设单位如不及时组织竣工验收，将会使施工企业面临不能按时交付工程，从延期进行工程价款结算的不利局面。

一、发包人不组织竣工验收的风险与防控

作为发包人的建设单位如不及时组织竣工验收，不仅可能导致其对施工企业承担违约责任，还可能因竣工验收不能进行致使施工企业处于不利境地的法律风险。施工企业面对发包人不组织竣工验收所带来的风险，应积极采取相关措施予以化解。

【法律风险】

由《中华人民共和国合同法》第二百七十九条的规定可知，在接到施工企业的竣工验收报告后，发包人应及时组织竣工验收，验收合格的，与发包人完成工程交付，发包人应当按照约定支付价款，并接收该建设工程。但如果建设单位不积极组织竣工验收，则这些法律效果将难以实现，从而导致施工企业处于以下不利境地：

1. 施工企业可能被视为工期延误而难以进行工程价款的结算。根据《中华人民共和国合同法》第二百七十九条的规定，竣工验收合格，施工企业及时完成工程交付，则其主要合同义务方基本履行完毕，从而取得计算依据。因此，竣工日期是判断施工企业是否迟延履行的重要判断标准。从实践来看，竣工日期的确定一般以实际竣工日期作为判断依据。《最高人民法院关于审理建设工程施工合同纠纷案件适用法律问题的解释》第十四条规定："当事人对建设工程实际竣工日期有争议的，按照以下情形分别处理：

（一）建设工程经竣工验收合格的，以竣工验收合格之日为竣工日期；（二）承包人已经提

交竣工验收报告,发包人拖延验收的,以承包人提交验收报告之日为竣工日期;(三)建设工程未经竣工验收,发包人擅自使用的,以转移占有建设工程之日为竣工日期。"由此可知,一般情况下以竣工验收合格的日期作为竣工日期,除非承包人能够证明发包人拖延验收,或者发包人在未经竣工验收的情况下擅自使用,否则将由于发包人不及时组织竣工验收从而可能导致不能及时完成竣工验收,从而承受工期延误的不利后果。而且,由于竣工验收未完成,使施工企业无法取得以竣工验收合格为条件的工程价款的结算依据,不能按时取得工程价款。

2. 施工企业可能会额外承担对工程的保管责任。如上所述,在作为发包方的建设单位不及时组织竣工验收的情况下,因无法取得施工企业所完成的电力建设工程的竣工验收合格决定,而无法根据《中华人民共和国合同法》第二百七十九条的规定将其移交给建设单位。建设工程合同是承揽合同的特殊法律形式,根据《中华人民共和国合同法》第二百六十五条之承揽方在定作的工作成果未移交给定作人之前关于承揽工作成果保管责任的规定,在施工企业未将所承包的电力建设工程移交给建设单位之前,施工企业应承担该工程的保管责任。而且,在实践中,基于担保其工程价款的考量,施工企业一般也不会在建设单位未与其进行工程价款结算的情况下将工程移交给建设单位。由此,将导致施工企业仍应承担对该工程的保管责任,从而将面临因保管不善造成该工程毁损、灭失,并对建设单位承担损害赔偿的法律风险。

【典型案例】①

2004年6月28日,A公司与B公司签订《建设工程施工合同》,约定:A公司承建B公司位于新疆克拉玛依市独山子区的独山子花苑酒店土建、安装工程,建筑面积46 000 m²,框剪结构;开工日期2004年5月26日,竣工日期2005年9月28日,总日历天数490天;工程暂定价8 000万元,合同价款采用可调价,合同签订后,B公司组织人员进场施工。2007年5月,B公司完成合同约定的施工内容,A公司未组织竣工验收即将工程投入使用。后双方因对工程量、工程款的结算等发生了争议,向法院提起诉讼。新疆维吾尔自治区高级人民法院于2013年6月9日作出〔2012〕新民一初字第3号民事判决。B公司与A公司均不服该判决,向最高人民法院提起上诉。

在该案中,建设单位在施工企业施工过程中,对中间工程以及完成工程后未进行竣工验收即投入使用。虽然根据相关司法解释的规定,建设工程未经竣工验收,发包人擅自使用的,以转移占有建设工程之日为竣工日期②,但因为工程竣工验收合格是工程款结算的重要依据,建设单位不组织工程验收,引发在工程结算时对工程质量、工程量的确认纠纷,使结算无法及时进行,以及可能的违约责任等法律风险。

【核心法条】

《中华人民共和国合同法》

第二百七十九条 建设工程竣工后,发包人应当根据施工图纸及说明书、国家颁发的施

---

① 参见〔2014〕民一终字第57号民事判决书。
② 《最高人民法院关于审理建设工程施工合同纠纷案件适用法律问题的解释》第十四条:"当事人对建设工程实际竣工日期有争议,按照以下情形分别处理:(一)建设工程经竣工验收合格的,以竣工验收合格之日为竣工日期;(二)承包人已经提交竣工验收报告,发包人拖延验收的,以承包人提交验收报告之日为竣工日期;(三)建设工程未经竣工验收,发包人擅自使用的,以转移占有建设工程之日为竣工日期。"

工验收规范和质量检验标准及时进行验收。验收合格的,发包人应当按照约定支付价款,并接收该建设工程。

建设工程竣工经验收合格后,方可交付使用;未经验收或者验收不合格的,不得交付使用。

《中华人民共和国建筑法》

第六十一条 交付竣工验收的建筑工程,必须符合规定的建筑工程质量标准,有完整的工程技术经济资料和经签署的工程保修书,并具备国家规定的其他竣工条件。

建筑工程竣工经验收合格后,方可交付使用;未经验收或者验收不合格的,不得交付使用。

《最高人民法院关于审理建设工程施工合同纠纷案件适用法律问题的解释》

第十四条 当事人对建设工程实际竣工日期有争议的,按照以下情形分别处理:

(一)建设工程经竣工验收合格的,以竣工验收合格之日为竣工日期;

(二)承包人已经提交竣工验收报告,发包人拖延验收的,以承包人提交验收报告之日为竣工日期;

(三)建设工程未经竣工验收,发包人擅自使用的,以转移占有建设工程之日为竣工日期。

【防控建议】

基于对上述因发包人不组织竣工验收给施工企业所带来的拖延结算等法律风险,作为承包人的施工企业应立足于《中华人民共和国合同法》等法律法规和相关司法解释的规定,通过以下措施来应对:

1. 及时提请建设单位进行竣工验收

首先,施工企业应按照合同的约定和法律的规定完成合同范围内的工程,不留尾项,及时向建设单位提供完整的竣工验收报告和完整的竣工验收资料,防止建设单位以合同范围内的工程未完成、工程质量瑕疵、未及时提交竣工验收报告和提供竣工验收资料,或者提供的验收资料不完整等为由拖延验收。同时,保留好提交验收报告和及时有效送达验收资料的送达凭证,以在是否及时完整提交或提供资料上发生争议时能够提供有效证据。

2. 催促建设单位尽快组织验收

施工企业在向建设单位提交竣工验收报告和提供验收资料后,可发书面函件催促建设单位尽快验收,并说明其拖延验收的法定后果。这一方面有利于督促建设单位早日组织和完成竣工验收并作出竣工验收合格的决定,另一方面也有利于预防因时效的经过而产生的不利后果。同时,保留好发函的送达凭证。

3. 应积极谨慎处理建设单位的拖延验收

《中华人民共和国合同法》第二百八十六条规定了建设工程承包人就工程价款的优先受偿权①,对该优先受偿权的行使,最高人民法院在《关于建设工程价优先受偿权问题的批复》中规定了"建设工程承包人行使优先权的期限为六个月,自建设工程竣工之日或者建设工程合同约定的竣工之日起计算"的限制,即建设工程承包人的工程价款优先受偿权应自建设工程竣工之日或者建设工程合同约定的竣工之日起六个月内行使。由于在实践中约定的竣工

---

① 《中华人民共和国合同法》第二百八十六条 发包人未按照约定支付价款的,承包人可以催告发包人在合理期限内支付价款。发包人逾期不支付的,除按照建设工程的性质不宜折价、拍卖的以外,承包人可以与发包人协议将该工程折价,也可以申请人民法院将该工程依法拍卖。建设工程的价款就该工程折价或者拍卖的价款优先受偿。

之日与竣工验收合格后确定的竣工之日不一致,在双方对竣工日期有争议,建设单位又不及时组织竣工验收的情况时,根据相关司法解释的规定[①],以承包人提交验收报告之日或以转移占有建设工程之日为竣工日期。同时,施工企业还应在此六个月内积极发函催告建设单位,并保留好每次发函的送达凭证,以预防因建设单位不组织竣工验收可能导致施工企业无法行使优先受偿权的风险发生。

二、监理单位、设计单位、勘察单位不参加竣工验收的风险与防控

在实践中,当一项电力建设工程完工后,施工企业及时向建设单位提交工程竣工验收报告,并提供完整的验收资料,提请建设单位竣工验收。对实行监理的电力建设工程,竣工报告还须经监理工程师签署意见。建设单位收到竣工验收报告后,对符合竣工验收要求的,组织勘察、设计、施工、监理等单位和其他有关方面的专家组成验收组,制定验收方案,组织工程竣工验收。监理单位、设计单位、勘察单位等不参加竣工验收,将会影响到竣工验收的正常进行,给施工企业带来一些法律风险,需要采取措施予以应对。

【法律风险】

一项电力建设工程的竣工验收除了建设单位和施工企业参与外,还需要监理、勘察、设计等单位的参加。这是因为,根据《中华人民共和国建筑法》第五十八条第二款的规定:"建筑施工企业必须按照工程设计图纸和施工技术标准施工,不得偷工减料。工程设计的修改由原设计单位负责,建筑施工企业不得擅自修改工程设计。"由于施工企业组织施工是按照设计单位的设计进行的,故《中华人民共和国合同法》第二百七十九条规定了"建设工程竣工后,发包人应当根据施工图纸及说明书、国家颁发的施工验收规范和质量检验标准及时进行验收。"在此基础上,《建设工程质量管理条例》第十六条进一步规定了"建设单位收到建设工程竣工报告后,应当组织设计、施工、工程监理等有关单位进行竣工验收。建设工程竣工验收应当具备下列条件:(一)完成建设工程设计和合同约定的各项内容;(二)有完整的技术档案和施工管理资料;(三)有工程使用的主要建筑材料、建筑构配件和设备的进场试验报告;(四)有勘察、设计、施工、工程监理等单位分别签署的质量合格文件;(五)有施工单位签署的工程保修书。"

据此可知,建设单位在组织竣工验收时,勘察、设计、工程监理等单位的参与必不可少,如果缺少了勘察、设计以及监理单位的参与,则因验收主体不合格而影响到竣工验收的效力。由于竣工验收合格方能视为施工企业按照建设工程合同的约定完成了工程建设的任务,如监理、设计、勘察等单位由于种种问题未能或者故意不参加竣工验收,难以及时完成竣工验收,除非施工企业提出证据证明其及时提交了竣工验收报告和提供了完整的验收资料,且能在双方当事人约定的合同期限内完成竣工验收,否则,施工企业就可能被视为工期延误而承担违约责任。而且,还因未能取得竣工验收合格的决定而难以与建设单位结算工程价款,并因未能满足工程移交的条件,而要额外承担对工程的保管责任。

[①] 《最高人民法院关于审理建设工程施工合同纠纷案件适用法律问题的解释》第十四条 当事人对建设工程实际竣工日期有争议的,按照以下情形分别处理:(一)建设工程经竣工验收合格的,以竣工验收合格之日为竣工日期;(二)承包人已经提交竣工验收报告,发包人拖延验收的,以承包人提交验收报告之日为竣工日期;(三)建设工程未经竣工验收,发包人擅自使用的,以转移占有建设工程之日为竣工日期。

【典型案例】[①]

2007年3月份,宁波某建材公司为其年产3 000万 m^2 纸面石膏板生产线工程与浙江某实业公司在2007年4月16日签订《建设工程施工合同》,并约定竣工验收合格之日起满一年的一周内,退还全部保修金(无息)。合同签订后,该实业公司按约对九项子单位工程进行施工,并陆续于2007年12月20日、2008年1月25日通过子单位工程质量竣工验收。后来双方在结算过程中对钢结构材料价格发生争议,协商不成于2011年8月3日向法院起诉。某实业公司提供了有经建设单位、勘察单位、设计单位、施工单位、监理单位共五家单位签字并盖章确认的《单位(子单位)工程质量竣工验收记录》,以及经建设单位、监理单位、施工单位共三家单位签字并盖章确认的《单位工程竣工报告》。后来,法院判决某建材公司与某实业公司进行工程结算,并支付相关利息。

在该案中,正是因为原告某实业公司所提供的验收记录和竣工报告有监理、勘察和设计等相关单位的签字和盖章,即该工程竣工验收是在勘察、设计、施工和监理等单位参与下由建设单位组织实施的,验收主体合格,其主张方得到了法院的支持。所以,在实践中,电力施工企业在提请建设单位进行竣工验收时,除了提交验收报告和提供完整的资料之外,还须注意催促建设单位组织勘察、设计、监理等单位一同参加施工企业的施工竣工验收,以避免因验收主体不合格给自己带来法律风险。

【核心法条】

《中华人民共和国合同法》

第二百七十九条 建设工程竣工后,发包人应当根据施工图纸及说明书、国家颁发的施工验收规范和质量检验标准及时进行验收。验收合格的,发包人应当按照约定支付价款,并接收该建设工程。

建设工程竣工经验收合格后,方可交付使用;未经验收或者验收不合格的,不得交付使用。

《中华人民共和国建筑法》

第五十八条 建筑施工企业对工程的施工质量负责。

建筑施工企业必须按照工程设计图纸和施工技术标准施工,不得偷工减料。工程设计的修改由原设计单位负责,建筑施工企业不得擅自修改工程设计。

《建设工程质量管理条例》

第十六条 建设单位收到建设工程竣工报告后,应当组织设计、施工、工程监理等有关单位进行竣工验收。

建设工程竣工验收应当具备下列条件:

(一)完成建设工程设计和合同约定的各项内容;

(二)有完整的技术档案和施工管理资料;

(三)有工程使用的主要建筑材料、建筑构配件和设备的进场试验报告;

(四)有勘察、设计、施工、工程监理等单位分别签署的质量合格文件;

(五)有施工单位签署的工程保修书。

[①] 参见〔2011〕甬宁民初字第1201号民事判决书。

建设工程经验收合格的,方可交付使用。

【防控建议】

由于监理单位、设计单位、勘察单位等不参加竣工验收,将会影响到竣工验收的正常进行,可能致使施工企业面临逾期带来一些法律风险。对此,施工企业可采取以下措施予以应对。

1. 及时提请建设单位组织竣工验收。施工企业应根据合同的约定和法律的规定,按照工程设计图纸和施工技术标准施工,完成合同范围内的工程,及时向建设单位提交竣工验收报告并提供完整的竣工验收资料,防范建设单位以不符合竣工验收条件为由不组织竣工验收。同时,保留好提交验收报告和及时有效送达验收资料的送达凭证,以在是否提交验收报告或提供的资料是否完整上发生争议时能够提供有效的证据。

2. 催促建设单位尽快组织验收。由于竣工验收工作由建设单位组织负责,包括组织监理单位、设计单位、勘察单位等参加竣工验收。施工企业在向建设单位提交竣工验收报告和提供验收资料后,可发书面函件催促建设单位尽快验收,并说明其拖延验收的法定后果。这在一定程度上会督促监理单位、设计单位、勘察单位参加建设单位组织的竣工验收。同时,保留好发函的送达凭证。

3. 施工企业保全好向建设单位追究逾期竣工验收的证据。因监理、设计、勘察单位不参加竣工验收导致不能及时作出决定,可能使施工企业承受逾期竣工、无法取得工程价款的计算依据以及额外承担工程保管责任的风险。一方面施工企业应做好已经履行提请竣工验收的证据,以便为对建设单位的抗辩提供证据;另一方面,作为向建设单位索赔的依据,降低因监理、设计、勘察单位不参加竣工验收给自己带来的不利益。

第三节 竣工验收过程中的风险与防控

根据《中华人民共和国合同法》等相关法律法规的规定,竣工验收是由作为发包方的建设单位根据施工图纸及说明书、国家颁发的施工验收规范和质量检验标准及时进行的,其中当事人双方的约定是重要的验收依据。因此,施工企业就将面临是否因未能对签证进行全面确认,以及未能对工期进行确认而导致验收无法通过的法律风险。

一、未能对签证进行全面确认的风险及防控

所谓工程签证是指建设工程合同中的施工企业与建设单位双方当事人,或其授权的人员在合同订立后履行期间就涉及工期顺延或费用的变化等内容经协商一致,达成的协议。合同履行中所有发生工期延误、价款调整或损失发生的事实均应当签证,实践中常见的情形包括但不限于:开工延误的签证、工期延误的签证、价款调整的签证、窝工停工损失的签证、工程量确认的签证。通过工程签证,施工单位可以提出增加结算价款的请求;可以要求顺延工期,避免在逾期竣工的情况下向建设单位承担逾期竣工的违约责任。签证是判断施工企业严格按照合同约定进行施工的重要依据,是施工企业在竣工验收中用来维护自己合法权益、实现预期利益的重要手段。因此,施工企业提交竣工验收报告和提供的完整的竣工验收

资料,应包括所有的工作签证。

【法律风险】

虽然工程签证是竣工验收所依据的重要资料和依据,是施工企业维护自己合法权益的重要手段,但前提是这些工程签证获得建设单位所组织的验收组的确认和认可,否则将因签证证明的事实不存在而给施工企业带来竣工验收难以获得通过的法律风险。

1. 有可能使施工企业承受逾期竣工的违约责任

按期完成工程并在竣工验收合格后交付给建设单位是施工企业所应履行的基本义务。但在因建设单位原因或者自然灾害等原因导致开工延误,或者建设单位未能按约定提供图纸及开工条件;未能按约定日期支付工程预付款、进度款,致使施工不能正常进行;未按合同约定提供所需指令、批准等,致使施工不能正常进行;设计变更和工程量增加;一周内非承包人原因停水、停电、停气造成停工累计超过 8 小时;不可抗力等情形造成的工期延误,是否认定为开工延误签证或工期延误签证,尚需要结合合同约定以及其他证据材料予以综合认定。这样就为施工企业带来了如果未被认定为签证将因开工延误或工期延误承担逾期竣工的违约责任。

2. 有可能使施工企业的工程价款结算无法获得实现

虽然工程价款在电力建设工程合同有明确的约定,但是施工过程中工程量增加、质量标准提高、工程设计变更、施工条件变更等使工程施工成本增加,或者非因施工企业原因造成的窝工停工损失,一般施工企业会在经建设单位认可的前提下与其协商要求增加价款或者赔偿损失。但如果施工企业与建设单位虽然协商认定了成本增加或者窝工停工的损失等事实,但是并没有形成变更价款的合意,则难以在竣工验收中获得验收组的确认,从而失去了在工程竣工验收合格后作为工程价款结算的依据。

3. 有可能承受因工程质量不符合要求的质量责任风险

在竣工验收中,施工图纸及说明书是验收的重要依据与标准。但是在建设工程合同履行过程中,设计变更是一种较为常见的现象。一般情形下如工程设计变更,均须由发包人书面告知承包人设计变更的事实,承包人无权擅自对原工程设计方案进行变更。如果承包人擅自进行变更,则发包人有权对设计变更调整的工作量不予认可并追究承包人的违约责任。这决定了作为承包方的施工企业应对建设单位对工程设计变更的书面材料,包括图纸、要求变更施工的通知等做好保存以作为工程验收的重要依据。在竣工验收中,如果施工企业所提供的发包人提交给施工企业的工程设计变更未获得验收组的确认和认可,则将承受对建设单位的违约责任。

【典型案例】[①]

新疆某电力建设工程有限公司作为工程施工方,2014 年 3 月 25 日与被告新疆某公司签订了《新疆大剧院 10 kV 变配电工程施工合同》(以下简称工程合同),承接了新疆大剧院临时施工用电至中心配电室等多项电力工程。原、被告工程合同约定,原告承包被告公司位于昌吉国家农业科技园区的"新疆大剧院 10 kV 变配电工程",密集母线供应及安装暂定总价为 192 万元。工程合同还约定了密集母线的型号、规格及质量要求以及甲乙双方的责任。

---

① 参见〔2015〕昌民二初字第 1759 号民事判决书。

工程合同签订后,原告于2014年4月8日向江苏某电气有限公司订购了工程合同指定的西门子密集母线,经被告方验货认为非工程合同约定产品,原告后按被告方要求购买了镇江另一母线有限公司的浇筑型母线后,方才通过被告方提出的进场验收。为此原告增加了65万元成本,且合同暂定价192万元远远低于材料采购价233万元。原告向被告提出合同变更,被告方拖延直至工程竣工后,以合同约定不予变更为由拒绝进行变更。

由于施工过程中,施工企业按照建设单位要求变更了合同中所约定的施工材料的标准,从而导致施工成本增加,对其合同预期有实质性影响。但在该案中因材料标准增加的价款未得到建设单位的同意,即双方未就此达成合同签证,从而导致施工企业处于无法获得及时计算工程款的法律风险。故此,施工企业应严格遵循工程签证的要件进行工程签证,同时保留好相关凭证和证据。

【核心法条】

《中华人民共和国合同法》

第七十七条 当事人协商一致,可以变更合同。

法律、行政法规规定变更合同应当办理批准、登记等手续的,依照其规定。

第七十八条 当事人对合同变更的内容约定不明确的,推定为未变更。

《最高人民法院关于审理建设工程施工合同纠纷案件适用法律问题的解释》

第十九条 当事人对工程量有争议的,按照施工过程中形成的签证等书面文件确认。承包人能够证明发包人同意其施工,但未能提供签证文件证明工程量发生的,可以按照当事人提供的其他证据确认实际发生的工程量。

【防控建议】

从实践来看,工程签证未获得全面确认的主要原因是施工企业所提供的工程签证未能满足工程签证的全部要件,不能推定出作为发包人的建设单位对签证内容同意的意思,也就不能认可为当事人双方就合同内容变更经过协商一致达成了合意。因此,我们认为施工企业应严格遵循工程签证的构成要件,做到"勤签证",以提高工程签证在竣工验收中的被确认的程度。

1. 理性认识签证的重要性。施工企业要认识到签证是合同赋予承包人的权利,是承包人对合同变更得到发包方同意的有力证据,是其日常合同管理工作的重要内容,不是影响承包人与发包人之间关系的不合理行为。而且,在施工过程中及时办理签证保留证据,更容易降低竣工结算时争议的产生,有助于与建设单位建立良好的合作关系。

2. 规范进行签证。首先,在进行工程签证时,保证签证的主体是获得双方当事人授权的人员,同时要有权签字的人签收或是加盖公章;签证的内容必须是当事人双方对合同相关内容的变更达成的合意,而不仅仅是合同履行中相关事实的描述,签证内容要明确具体,不应模棱两可。其次,灵活进行签证。要注意提出签证的时机,如在双方关系融洽时提出签证;在对方不同意给予书面确认的情形下,灵活采取录音录像等方式。

3. 妥善保管好签证凭证。签证凭证是施工企业对建设单位要求其承担责任时提出抗辩的重要证据,也是工程结算的重要依据之一。故此,要妥善保管好所有的签证单、会议纪要、往来信函、月进度表、质量评定表等资料,以在竣工验收中降低竣工验收不通过的法律风险。

二、未能对工期延误进行确认的风险及防控

工期延误是指工程实施过程中的任何一项、多项工作或者整个工程项目的实际完工日期迟于合同约定或发包人批注的完工日期[①]。在实践中，造成工期延误的原因有多种，既有因当事人双方的原因造成的，也有非合同双方原因造成的。工期延误会造成工期顺延，也可能产生逾期竣工的违约责任等不利法律后果。对于施工企业而言，存在着因作为发包人的建设单位的原因造成工期延误或者因恶劣的气候条件、不可抗力等非合同双方原因等导致不能按期完成工程任务，但却可能被视为逾期竣工从而承担迟延履行的法律责任的风险。

【法律风险】

如因施工企业自身的原因造成工期延误，根据法律规定，由其承担逾期竣工的法律责任，是符合公平正义要求的。但如果施工企业想免除工期延误所产生的法律责任，则应提出有力的证据证明工期延误非出于其原因，而是由建设单位或者是不可抗力等非合同双方原因造成的。否则，同样会因施工企业行为的不当可能被视为逾期竣工从而承担违约责任。

1. 可能承担逾期竣工从而承担违约责任，赔偿建设单位损失

电力建设工程实践中，如果施工企业的工程实际工期超过合同日期，导致工期延长，造成不能如期竣工，则可能承担逾期竣工的法律责任。虽然造成工期延误的原因可能是建设单位一方的原因，或者是因不利物质条件、不可抗力等非合同双方原因造成的延误，施工企业可以以此为由对建设单位要求其承担逾期竣工的违约责任，但这种抗辩并非必然成立。这是因为根据《中华人民共和国合同法》第二百八十三条的规定，"发包人未按照约定的时间和要求提供原材料、设备、场地、资金、技术资料的，承包人可以顺延工程日期，并有权要求赔偿停工、窝工等损失"是"可以"顺延工期，而不是"应当"顺延工程日期，不能当然得出承包人可以顺延工期的结论。如果双方在建设工程合同中没有约定发包人应负的违约责任，或者承包人未按约定提出工期顺延或要求赔偿损失的相关抗辩主张，则承包人很难在工期延误问题上免责。也就说，即使工期延误非出于施工企业的原因，其也可能承担逾期竣工从而承担违约责任，赔偿建设单位损失。

2. 无法及时获得工程价款的结算

《中华人民共和国合同法》第二百七十九条规定了"验收合格的，发包人应当按照约定支付价款，并接收该建设工程"。如上所述，如果双方在建设工程合同中没有约定发包人应负的违约责任，或者承包人未按约定提出工期顺延或要求赔偿损失的相关抗辩主张，则不管是出于施工企业的原因，还是非出于施工企业的原因，在不能取得作为发包人的建设单位同意顺延工期的情况下，工期延误就可能要承担逾期竣工的责任。又因为验收合格时，发包人方才按照合同约定支付工程价款，在工期延误造成逾期竣工的情况下，施工企业就很难及时从建设单位获得工程价款的结算。这对于施工企业来说，不能及时获得工程价款的结算，将是其面临的重要风险之一。

3. 额外承担工程的保管责任

《中华人民共和国合同法》第二百七十九条"竣工验收合格后建设单位应当按照约定支

---

① 林立.工程合同：法律、规则与实践.北京：北京大学出版社2016年版，第318页。

付价款,并接收该建设工程"的规定,由于工期延误而不能工期顺延,将可能会发生逾期竣工的结果,则施工企业无法及时获得工程价款的结算,也难以将所承包的建设工程移交给建设单位。从性质上而言,建设合同属于承揽合同的特殊形式。根据《中华人民共和国合同法》第二百六十五条之承揽方在定作的工作成果未移交给定作人之前保管责任的规定,在施工企业未将所承包的电力建设工程移交给建设单之前,施工企业应承担该工程的保管责任,从而将面临因保管不善造成该工程毁损、灭失的,应对建设单位承担损害赔偿的法律风险。

【典型案例】①

甲方太原市某房地产开发有限公司在2009年5月14日与乙方某电力公司签订《送变电设备购置及安装合同书》,合同约定,由乙方承包甲方位于太原市长治路356号阳光银座项目的变配电工程。合同约定"乙方进场施工前应向甲方打开工报告,开工前需出正式的施工方案及设计图纸,经甲方及供电主管部门认可后方可施工。"在合同履行中,由甲方提供由太原明力达设计院设计的工程图纸。当事人双方于2009年5月14日签订合同,约定7月13日工程竣工。由于一直到2009年9月28日才拿到图纸,2009年10月13日供电部门审图后,乙方开始施工,工程实际竣工日为2009年11月25日,比约定60天工期延期135天。2009年12月17日工程验收,2010年1月21日,供电部门送电,前后计252天。施工期间,由于供电方案的变更、供电部门的审批、甲方提供的低压开关柜等问题也是导致工期延误的一些客观因素。双方因工期延误,甲方请求乙方赔偿因未能及时送电承担支付违约金等赔偿责任。

从该案件来看,在该建立建设工程合同施工期间,因设计图纸提供者的变更、供电方案的变更、供电部门的审批、建设单位提供的低压开关柜等问题导致工期延误,但是施工企业并没有及时与建设单位协商并达成工程延期的协议,从而使其处于逾期竣工的不利境地。

【核心法条】

《中华人民共和国合同法》

第二百八十三条 发包人未按照约定的时间和要求提供原材料、设备、场地、资金、技术资料的,承包人可以顺延工程日期,并有权要求赔偿停工、窝工等损失。

《最高人民法院关于审理建设工程施工合同纠纷案件适用法律问题的解释》

第十四条 当事人对建设工程实际竣工日期有争议的,按照以下情形分别处理:

(一)建设工程经竣工验收合格的,以竣工验收合格之日为竣工日期;

(二)承包人已经提交竣工验收报告,发包人拖延验收的,以承包人提交验收报告之日为竣工日期;

(三)建设工程未经竣工验收,发包人擅自使用的,以转移占有建设工程之日为竣工日期。

【防控建议】

1. 工期顺延的请求必须具体明确

在电力建设工程施工实践中,不少承包人在因建设单位原因向建设单位提出了工期顺

---

① 参见〔2010〕小民初字第2546号民事判决书。

延的请求,但顺延请求的天数不够具体明确,在司法实践中法院往往认定工期顺延不正当难以得到认可,从而被判处承担高额逾期竣工违约金。而且,由于未能及时进行工程验收导致无法及时获得工程价款的结算,且还要额外承担工程的保管责任。对此法律风险,施工企业在遇到因建设单位原因造成的开工延误和工期延误等情形时,施工企业向建设单位书面提出工期顺延的要求以及具体要求顺延的天数,并附上相关证据。

2. 对发包人造成工期延误的违约行为进行证据固定

施工企业在因发包人原因导致工期延误时,务必要固定下来发包人造成工期延误的违约行为的事实和证据,实践中可以通过发《工作函》等方式来进行。同时,承包人应注意建立与发包人联系的签收制度,对与施工相关的资料的传递,承包人可以通过邮政特快专递的方式送达,并保留好邮寄存根,以防止发包人故意不予签收或拒绝签收情形的发生,也有利于查询发包人的签收信息。对因发包人原因或者客观原因出现的重大变更,作为承包人的企业可以提请公证机构予以公证,以此固定相关证据,以求在有争议发生时的举证,维护己方的合法权益。

3. 及时提请建设单位组织验收

由于工期延误有可能给施工企业带来竣工逾期的违约责任,且面临无法计算工程款和额外承担工程保管责任等法律风险。为预防此法律风险的发生,施工企业可以依据《最高人民法院关于审理建设工程施工合同纠纷案件适用法律问题的解释》第十四条"承包人已经提交竣工验收报告,发包人拖延验收的,以承包人提交验收报告之日为竣工日期"之规定,在工程完工后应及时向建设单位提交竣工验收报告并要求发包人签收,以抗辩发包方要求施工企业承担竣工逾期违约责任的主张,维护自己的合法权益。同时,工程竣工后,承包人应及时向发包人提交竣工结算报告,发包人签收后逾期不予审定的,依照规定,视同认可,以保护自己的工程价款请求权的实现。

第四节 竣工验收后的风险及防控

一、未按发包人要求进行整改的风险与防控

《中华人民共和国合同法》第二百八十一条规定:"因施工人的原因致使建设工程质量不符合约定的,发包人有权要求施工人在合理期限内无偿修理或者返工、改建。经过修理或者返工、改建后,造成逾期交付的,施工人应当承担违约责任。"据此,施工企业在建设单位对竣工验收提出整改意见后,应及时组织整改,否则,将承担相关法律责任。

【法律风险】

《中华人民共和国合同法》第二百七十九条规定:"建设工程竣工后,发包人应当根据施工图纸及说明书、国家颁发的施工验收规范和质量检验标准及时进行验收。"这实际上也是对建设工程施工企业施工行为的质量要求。由此,建设单位对施工企业所完成的建设工程进行验收时,如发现施工企业所完成的工程任务不符合根据施工图纸及说明书、国家颁发的施工验收规范和质量检验标准,则根据《中华人民共和国合同法》第二百八十一条

的规定[1],有权要求施工人在合理期限内无偿修理或者返工、改建,经过修理或者返工、改建后,造成逾期交付的,施工人应当承担迟延履行的违约责任。由此可知,在竣工验收中,施工企业在建设单位对竣工验收提出整改意见时,应按要求及时组织整改,否则,将面临承担违约责任等法律风险。

1. 可能发生逾期竣工的违约责任,工程价款结算被拖延的法律风险

在建设单位对竣工验收提出整改意见后,施工企业应按照要求及时组织整改,以求早日通过竣工验收合格,完成合同约定的施工任务。根据《中华人民共和国合同法》第二百八十一条"经过修理或者返工、改建后,造成逾期交付的,施工人应当承担违约责任"的规定可知,整改期间不发生工期顺延,这就要求施工企业的整改应迅速,以求能够在合同约定的完工期内完成整改并经验收合格。否则,施工企业整改不及时,则极易造成无法在合同当事人约定的完工日期完成整改并验收合格,从而发生竣工逾期的违约责任。而且,由于不能在约定的完工日期整改完成并验收合格,建设单位必然以此为理由拖延工程款的结算。

2. 可能导致竣工验收不合格,无法获得工程价款的结算,并须承担工程保管责任等法律后果

竣工验收合格是以建设工程质量符合质量检验标准和验收规范为条件的。因施工企业的原因致使建设工程质量不符合约定的,显然无法通过竣工验收,故此需要在合理期限内无偿修理或者返工、改建。如果施工企业不及时组织修理或者返工、改建,则可能会导致该建设工程质量不符合约定的状况得以延续,将仍然满足不了竣工验收合格的条件,无法通过工程竣工验收。因为工程竣工验收合格是建设单位对施工企业进行工程款结算的依据和接收该建设工程的条件,故此,如果施工企业不及时组织整改,将可能导致竣工验收不合格,无法获得工程价款的结算,并须承担工程保管责任等不利法律后果的发生。

【典型案例】[2]

福建省某电力工程集团有限公司(以下简称 A 公司)与被告福清某塑胶有限公司(以下简称 B 公司)于 2010 年 4 月 30 日,就 B 公司开发的项目变配电系统工程签订了《供配电工程合同》,约定工程总造价为 1 300 000 元,后双方确定该工程结算总价为 1 059 734.88 元。A 公司未依约为 B 公司安装 2 台 1 600 kVA 变压器,实际仅安装了 1 台 1 600 kVA 变压器,没有依照合同约定在合同签订后 60 个工作日内完成送电的任务。虽经 B 公司多次催促,但 A 公司一直推托不安装另外一台 1 600 kVA 变压器。B 公司于 2013 年 1 月 9 日花费 350 000 元另行委托案外人福州桂冠电力发展有限公司安装了 1 台 1 600 kVA 的变压器。后在工程款结算中,B 公司将该 350 000 元在合同包干价 1 300 000 元中予以扣除。双方因此发生争议未达成协议,B 公司未依约向 A 公司支付剩余工程款,被后者起诉到法院,并要求支付违约金等。

在本案中,电力施工企业未按合同约定施工,竣工验收不合格,并未应建设单位的要求及时整改,由此面临着可能发生逾期竣工的违约责任、工程价款结算被拖延的法律风险,以

---

[1] 《中华人民共和国合同法》第二百八十一条 因施工人的原因致使建设工程质量不符合约定的,发包人有权要求施工人在合理期限内无偿修理或者返工、改建。经过修理或者返工、改建后,造成逾期交付的,施工人应当承担违约责任。

[2] 参见〔2013〕融民初字第 3233 号民事判决书。

及须承担工程保管责任等法律后果。因此,电力施工企业在出现施工质量不符合约定的情况下,应按照发包方的要求及时整改,以求通过竣工验收。

【核心法条】

《中华人民共和国合同法》

第二百八十一条 因施工人的原因致使建设工程质量不符合约定的,发包人有权要求施工人在合理期限内无偿修理或者返工、改建。经过修理或者返工、改建后,造成逾期交付的,施工人应当承担违约责任。

《最高人民法院关于审理建设工程施工合同纠纷案件适用法律问题的解释》

第十一条 因承包人的过错造成建设工程质量不符合约定,承包人拒绝修理、返工或者改建,发包人请求减少支付工程价款的,应予支持。

【防控建议】

1. 及时按照整改要求进行整改,并保留相关证据

为了防止建设单位以施工企业的整改未按照整改的要求进行整改从而拖延结算工程款,施工企业可要求发包人出具书面形式的整改清单及整改要求,以此为依据组织人员及时、全面进行整改,并拒绝发包人提出的没有依据的整改要求。同时,施工企业要保留好这些书面的整改要求等相关证据。对于因发包方的原因给施工企业造成损失的,应及时按照合同约定提出索赔要求。

2. 施工企业应按照工程所在地的竣工验收要求准备竣工资料

依照规定,竣工验收需要施工企业在提交验收报告的同时提供完整的竣工验收资料。为了防止施工企业因不及时组织整改可能导致竣工验收不合格的风险,施工企业应熟悉工程所在地竣工验收资料的要求,保证建设工程的资料的完整性,在整改后能够及时通过验收,从而及时获得工程价款的结算,并将建设工程移交给建设单位从而免除额外承担工程保管的法律责任。

二、验收通过后未及时办理工程移交手续的风险与防控

《中华人民共和国合同法》第二百七十九条和《中华人民共和国建筑法》第六十一条等法律法规均规定了验收合格的,发包人应当按照约定支付价款,并接收该建设工程。建设工程竣工经验收合格后,方可交付使用;未经验收或者验收不合格的,不得交付使用。据此我们可知,第一,工程竣工验收合格后,施工企业有义务将验收合格的建设工程按照约定移交给建设单位;第二,施工企业只能将经过验收或验收合格的建设工程交付给建设单位;第三,施工企业的交付应及时交付并办理移交手续。从法律的规定来看,在电力建设工程移交完成后,该电力建设工程承包合同的主要条款即告履行完毕,对该工程的诸多法律风险,自接收之日起,即由作为承包人的施工企业转移到作为发包人的建设单位[①]。

【法律风险】

工程验收通过后,施工企业应将建设工程移交给建设单位,并由后者及时接收。施工企业如未及时办理工程的移交手续,则将可能承担工程的保管责任或违约责任。

---

① 崔建远:合同法(第三版)、北京:北京大学出版社 2016 年,第 576 页。

1. 交付迟延的违约责任，可能遭受建设单位的索赔

施工企业在竣工验收合格后，应按照合同的约定及时将该电力建设工程移交给建设单位，并与其办理移交手续。如果施工企业在合同约定的期限内向建设单位办理工程移交手续并交付该工程，及时转移撤出施工现场，解除施工现场全部管理责任。反之，如果施工企业在合同约定的期限内未将工程移交给建设单位、移交工作的完成逾越了合同有关移交的期限，或者因手续的不完整影响到了建设单位对工程的使用，都将可能产生交付迟延的违约责任，如支付迟延履行违约金，如果给建设单位造成了损失，还将可能遭受建设单位的索赔。

2. 导致工程价款结算的拖延

施工企业的工程价款请求权与其将验收合格的建设工程移交给建设单位在法律上是对待给付关系。在工程验收合格后，施工企业未按照合同的约定及时将该电力建设工程移交给建设单位，并与其办理移交手续，建设单位极有可能以工程尚未移交为由或者移交手续未办理为由对施工企业办理工程价款结算的请求予以抗辩，从而产生施工企业面临工程价款结算拖延的法律风险。

3. 承担工程的保管责任

从《中华人民共和国合同法》第二百六十五条的规定来看，工作成果的保管责任及其风险，是随着工作成果完成后移交而转移的。基于建设工程合同是承揽加工合同特殊表现形式的判断，我们可知，电力建设工程的诸多法律风险，自接收之日起，即由作为承包人的施工企业转移到作为发包人的建设单位，其中包括保管责任及其法律风险。由于施工企业在竣工验收合格后未按照合同约定及时办理移交手续，按照《中华人民共和国合同法》的要求，要承担该工程的保管责任，并承担因保管不善造成毁损、灭失的法律风险。

【典型案例】①

再审申请人中国能源建设集团安徽电力建设第二工程有限公司（以下简称中国能源电建二公司）与被申请人安徽大树建筑工程有限公司因建设工程施工合同纠纷一案，已经淮南仲裁委员会作出淮仲裁字〔2015〕第449号仲裁裁决。申请人中国能源电建二公司不服，申请撤销淮仲裁字〔2015〕第449号仲裁裁决。申请人中国能源电建二公司诉称《竣工结算书》于2014年12月编制，但在所拍摄的工程完工图片中有2015年2月—5月的图片，认定案件的主要证据《竣工结算书》是被申请人伪造的证据。被申请人安徽大树建筑工程有限公司辩称：2014年12月，被申请人已向中国能源电建二公司提交《竣工结算书》，原本没有图片，图片是2015年工程已经完工交付使用后再补拍的，不存在伪造。法院经审查认为：结算依据的《竣工结算书》是经过中国能源电建二公司平圩项目部加盖印章认可，且印章在仲裁程序中经过鉴定为平圩项目部真实印章，作为结算依据的实际工程量也是经过中国能源电建二公司平圩项目部加盖印章认可的，而《施工图预（结）算书》并非是本案的结算依据。因此，不能认定安徽大树建筑工程有限公司有伪造和隐瞒证据的情形。仲裁庭仲裁裁决不违反《中华人民共和国仲裁法》的相关规定。驳回申请人中国能源建设集团安徽电力建设第二工程有限公司撤销仲裁裁决的申请。

从本案我们可知，作为施工企业在工程完工后应及时提请作为发包人的建设单位进行

---

① 参见〔2016〕皖04民特304号民事判决书。

验收和接收,并做好证据保全和资料提供,充分依据法律法规和相关司法解释的规定,及时向建设单位主张自己的工程款,否则将面临工程交付迟延的违约责任,可能遭受建设单位的索赔、工程价款结算的拖延和承担工程的保管责任等不利法律后果。

【核心法条】

《中华人民共和国合同法》

第二百七十九条 建设工程竣工后,发包人应当根据施工图纸及说明书、国家颁发的施工验收规范和质量检验标准及时进行验收。验收合格的,发包人应当按照约定支付价款,并接收该建设工程。

建设工程竣工经验收合格后,方可交付使用;未经验收或者验收不合格的,不得交付使用。

【防控建议】

工程验收通过,施工企业应及时办理建设工程的移交手续,将竣工项目移交发包人,并转移撤出施工现场,解除施工现场全部保管责任。施工企业可视情况采取下列措施:

1. 如果按合同约定应当移交,则应遵守合同的约定

在竣工验收合格后,施工企业应及时通知建设单位办理工程移交手续,将该电力建设工程交付给建设单位保管,同时按照工程竣工资料清单目录向发包人移交工程竣工资料,签署或补签工程质量保修书,按照计划安排在规定的时间内撤出施工现场。同时,注意移交过程中的签章手续,留存移交中的相关证据。施工企业在此应尽力避免移交的瑕疵,如未及时办理移交手续或者移交手续不符合约定,以防止由此所可能造成的工程款结算被拖延、承担对工程的保管责任,以及可能遭受建设单位逾期交付的索赔等风险。

2. 采取措施督促建设单位接收工程移交

验收合格工程的移交需要建设单位的接收配合为条件。如果建设单位不配合移交手续的办理,施工企业就可能会因迟延移交而承担违约责任的法律风险。对此,施工企业一方面做好移交准备,同时按照合同及时通知建设单位配合接收移交,如因发包人不接收导致不能移交,则应发催告函催促接收,或签订补充协议由施工企业代为保管,或及时向发包方提交索赔报告,办理索赔手续。同时,施工企业还应保留好这些函件和手续的送达凭证,以备举证使用。

3. 及时向不接收工程移交的建设单位主张权利

《中华人民共和国合同法》第二百七十九条规定了"验收合格的,发包人应当按照约定支付价款,并接收该建设工程。"第二百八十六条进一步规定了"发包人未按照约定支付价款的,承包人可以催告发包人在合理期限内支付价款。发包人逾期不支付的,除按照建设工程的性质不宜折价、拍卖的以外,承包人可以与发包人协议将该工程折价,也可以申请人民法院将该工程依法拍卖。建设工程的价款就该工程折价或者拍卖的价款优先受偿。"按照约定的条件和日期支付工程款是建设单位的基本义务。关于工程款的支付日期,《最高人民法院关于审理建设工程施工合同纠纷案件适用法律问题的解释》第十八条也作了规定:"当事人对付款时间没有约定或者约定不明的,下列时间视为应付款时间:(一)建设工程已实际交付的,为交付之日;(二)建设工程没有交付的,为提交竣工结算文件之日;(三)建设工程未交付,工程价款也未结算的,为当事人起诉之日。"针对实践中拖延工程款的支付而不及时组织

工程验收或不办理工程移交手续的建设单位,对有明确约定付款日期且该日期先于工程移交日期的,施工企业为保护自身工程款的债权获得实现可采取暂不移交措施,但应及时向建设单位发函主张自己的权利或者及时向法院起诉主张权利,并在恰当的时候移交工程,以免承担责任;对工程款支付日期没有约定或者约定不明的,如建设单位故意拖延竣工验收或者办理交付手续,则应及时发函催告建设单位予以验收或者办理交付,并保留送达凭证,作为向建设单位主张工程款及时支付的证据之一。

第九章
结算阶段的法律风险防控建议

第一节 发包人逾期不结算的风险与防控

电力建设工程中资金的需求很大,目前建设单位的资金来源渠道不断增加,企业的筹资能力增强,但是投资管理中容易出现问题造成建设中投资不足或难以按时到位,引发电力工程建设中的资金缺口。我国有关法律明文要求电力工程的建设必须保证工程资金,投资缺乏不能开工,也不允许通过垫资的方式来进行工程建设,也不允许其他一些违法资金的使用。但是实践中仍大量出现资金不足电力工程依然在建设的案例,因此,容易造成电力工程难以顺利完成,在工程结算中也易造成工程款项的拖欠,引发工程结算的一系列问题。实践中经常会出现发包人拖延支付预付款、进度款等逾期不结算的情形,对此应加强法律风险的识别和防控。

一、发包人拖延支付预付款的风险与防控

【法律风险】

1. 发包人拖延支付预付款,承包人救济方式行使的争议

发包人拖延支付电力工程的预付款,是一种合同违约的行为,按照法律规定是要承担相应的违约责任,但,承包人可以行使哪些救济方式,实践中容易产生争议。承包人是不是发现发包人拖延支付预付款后就可以停工,是暂时停工、长期停工,还是可以单方解除合同,能否将该建设工程进行折价或申请人民法院依法拍卖?《中华人民共和国合同法》第二百八十六条规定,发包人未按照约定支付价款的,承包人可以催告发包人在合理期限内支付价款。发包人逾期不支付的,除按照建设工程的性质不宜折价、拍卖的以外,承包人可以与发包人协议将该工程折价,也可以申请人民法院将该工程依法拍卖。建设工程的价款就该工程折价或者拍卖的价款优先受偿。另依据《最高人民法院关于审理建设工程施工合同纠纷案件适用法律问题的解释》第九条规定,发包人具有下列情形之一,致使承包人无法施工,且在催告的合理期限内仍未履行相应义务,承包人请求解除建设工程施工合同的,应予支持:(一)未按约定支付工程价款的。可见发包人拖延支付预付款的,承包人需要进行催告,催告后合理期限内发包人仍不支付的,承包人才可以采取其他救济措施。问题是,承包人怎样催告,催告的方式有无要求?什么样的期限是合理的?这些都未能明确,从而造成承包人是否可

以进一步采取其他救济方式引发争议。

2017年版《建设工程施工合同（示范文本）》第二部分通用合同条款第12.2款明确，预付款的支付按照专用合同条款约定执行，但至迟应在开工通知载明的开工日期7天前支付。预付款应当用于材料、工程设备、施工设备的采购及修建临时工程、组织施工队伍进场等。除专用合同条款另有约定外，预付款在进度付款中同比例扣回。在颁发工程接收证书前，提前解除合同的，尚未扣完的预付款应与合同价款一并结算。发包人逾期支付预付款超过7天的，承包人有权向发包人发出要求预付的催告通知，发包人收到通知后7天内仍未支付的，承包人有权暂停施工……

2017年版《建设工程施工合同（示范文本）》第二部分通用合同条款第16.1.1项规定，因发包人原因未能按合同约定支付合同价款的属于发包人违约，承包人可向发包人发出通知，要求发包人采取有效措施纠正违约行为。发包人收到承包人通知后28天内仍不纠正违约行为的，承包人有权暂停相应部位工程施工，并通知监理人。

根据住房和城乡建设部颁布的2017年版《建设工程施工合同（示范文本）》规定，发包人拖延支付预付款的，承包人的合理催告期限是7天，发包人支付预付款的合理期限是不超过7天，否则，承包人可以进一步采取的救济措施是暂停施工。但是其他条款又规定，发包人违约，承包人通知发包人采取有效措施纠正违约行为，否则28天后，承包人有权暂停相应部位工程施工，并通知监理人；且明确暂停施工满28天后，发包人仍不支付预付款并致使合同目的不能实现的，承包人有权解除合同。

而依据《建设工程价款结算暂行办法》第十二条第（二）项规定，在具备施工条件的前提下，发包人应在双方签订合同后的一个月内或不迟于约定的开工日期前的7天内预付工程款，发包人不按约定预付，承包人应在预付时间到期后10天内向发包人发出要求预付的通知，发包人收到通知后仍不按要求预付，承包人可在发出通知14天后停止施工，发包人应从约定应付之日起向承包人支付应付款的利息（利率按同期银行贷款利率计），并承担违约责任。

目前，我国的规章规定和示范合同文本关于合理催告期限，以及发包人经催告支付预付款的期限等规定存在差异。经催告，发包人仍未支付预付款后，承包人暂停施工的范围也有争议，是全部工程，还是相应部位？哪些是相应部位？暂停施工后，发包人仍未支付相应的预付款项，承包人是否可以行使合同解除权解除合同，能否就电力建设工程与发包人通过协议的方式进行折价，或向人民法院申请将该工程依法拍卖？

2. 发包人拖延支付预付款引发违约责任承担范围的争议

依据《建设工程价款结算暂行办法》第十二条第（二）项规定，在具备施工条件的前提下，发包人应在双方签订合同后的一个月内或不迟于约定的开工日期前的7天内预付工程款，发包人不按约定预付，承包人应在预付时间到期后10天内向发包人发出要求预付的通知，发包人收到通知后仍不按要求预付，承包人可在发出通知14天后停止施工，发包人应从约定应付之日起向承包人支付应付款的利息（利率按同期银行贷款利率计），并承担违约责任。

另依据《最高人民法院关于审理建设工程施工合同纠纷案件适用法律问题的解释》第九条规定，发包人具有下列情形之一，致使承包人无法施工，且在催告的合理期限内仍未履行相应义务，承包人请求解除建设工程施工合同的，应予支持：（一）未按约定支付工程价款的。

可见，发包人如果未按时给付预付款，承包人要履行通知义务，通知后仍未获得预付款项的，承包人根据法律规定可以行使合同解除权。

《中华人民共和国合同法》第二百八十三条规定，发包人未按照约定的时间和要求提供原材料、设备、场地、资金、技术资料的，承包要求赔偿停工、窝工等损失。第二百八十四条规定，因发包人的原因致使工程中途停建、缓建的，发包人应当采取措施弥补或者减少损失，赔偿承包人因此造成的停工、窝工、倒运、机械设备调迁、材料和构件积压等损失和实际费用。第二百八十六条规定，发包人未按照约定支付价款的，承包人可以催告发包人在合理期限内支付价款。发包人逾期不支付的，除按照建设工程的性质不宜折价、拍卖的以外，承包人可以与发包人协议将该工程折价，也可以申请人民法院将该工程依法拍卖。建设工程的价款就该工程折价或者拍卖的价款优先受偿。

【核心法条】

《中华人民共和国合同法》

第二百八十三条　发包人未按照约定的时间和要求提供原材料、设备、场地、资金、技术资料的，承包人可以顺延工程日期，并有权要求赔偿停工、窝工等损失。

第二百八十四条　因发包人的原因致使工程中途停建、缓建的，发包人应当采取措施弥补或者减少损失，赔偿承包人因此造成的停工、窝工、倒运、机械设备调迁、材料和构件积压等损失和实际费用。

第二百八十六条　发包人未按照约定支付价款的，承包人可以催告发包人在合理期限内支付价款。发包人逾期不支付的，除按照建设工程的性质不宜折价、拍卖的以外，承包人可以与发包人协议将该工程折价，也可以申请人民法院将该工程依法拍卖。建设工程的价款就该工程折价或者拍卖的价款优先受偿。

《建设工程价款结算暂行办法》

第十二条第（二）项　工程预付款结算应符合下列规定：（二）在具备施工条件的前提下，发包人应在双方签订合同后的一个月内或不迟于约定的开工日期前的 7 天内预付工程款，发包人不按约定预付，承包人应在预付时间到期后 10 天内向发包人发出要求预付的通知，发包人收到通知后仍不按要求预付，承包人可在发出通知 14 天后停止施工，发包人应从约定应付之日起向承包人支付应付款的利息（利率按同期银行贷款利率计），并承担违约责任。

【防控建议】

1. 合同中明确预付款的支付时间和方式

参照 2017 年版《建设工程施工合同（示范文本）》的规定，对于电力工程中约定预付款项的，发包人和承包人在合同中应通过专用条款的方式作出约定，明确发包人给付预付款项的数额和时间，避免出现争议。工程建设开工后按照双方约定的时间和数额比例进行逐次扣回，款项预付的时间应不迟于约定的开工日期前一定的天数，并约定支付或抵扣的方式。2017 年版《建设工程施工合同（示范文本）》第二部分通用合同条款第 12.2 款明确，预付款的支付按照专用合同条款约定执行，但至迟应在开工通知载明的开工日期 7 天前支付。预付款应当用于材料、工程设备、施工设备的采购及修建临时工程、组织施工队伍进场等。除专用合同条款另有约定外，预付款在进度付款中同比例扣回。在颁发工程接收证书前，提前解除合同的,尚未扣完的预付款应与合同价款一并结算。发包人逾期支付预付款超过7天的,承包人有权向发包人发出要求预付的催告通知,发包人收到通知后7天内仍未支付的,承包人有权暂停施工,并按第16.1.1项〔发包人违约的情形〕执行。12.2.2项还规定了"预付款担保"。发包人要求承包人提供预付款担保的,承包人应在发包人支付预付款7天前提供预付款担保,专用合同条款另有约定除外。预付款担保可采用银行保函、担保公司担保等形式,具体由合同当事人在专用合同条款中约定。在预付款完全扣回之前,承包人应保证预付款担保持续有效。发包人在工程款中逐期扣回预付款后,预付款担保额度应相应减少,但剩余的预付款担保金额不得低于未被扣回的预付款金额。

2. 合同中明确承包人行使救济的程序和方式

参照2017年版《建设工程施工合同(示范文本)》的规定对于实行工程预付款的,发包人未按照约定支付预付款的承包人可以进行救济的程序和具体的方式。

2017年版《建设工程施工合同(示范文本)》规定,发包人不按约定预付,承包人在约定预付时间7天后向发包人发出要求预付的通知,发包人收到通知后仍不能按要求预付,承包人可在发出通知后7天内停止施工,发包人应从约定应付之日起向承包人支付应付款的贷款利息,并承担违约责任。

合同中明确承包人在发包人未支付预付款后可以要求发包人预付的通知以及通知的方式,承包人在发出通知后一定期限内发包人未按要求预付的,承包人可以对怎样的工程进行停工。

承包人对于发包人不能及时支付预付款的,一是在不影响施工的前提下,承包人自己承担,但从合同约定支付之日起向发包人有权要求主张应付款项的利息,并要求发包人承担其他相应的违约责任;二是承包人暂停施工,并向发包人主张在此期间产生的工期损失和经济损失。

3. 合同中明确发包人延迟支付预付款应承担的违约责任范围以及方式

参照2017年版《建设工程施工合同(示范文本)》的规定对于实行工程预付款的,发包人未按照约定支付预付款的承包人要求发包人承担违约责任的范围和具体的方式。

2017年版《建设工程施工合同(示范文本)》第二部分通用合同条款16.1.2项规定,发包人应承担因其违约给承包人增加的费用和(或)延误的工期,并支付承包人合理的利润。此外,合同当事人可在专用合同条款中另行约定发包人违约责任的承担方式和计算方法。第16.1.3项规定,除专用合同条款另有约定外,承包人按第16.1.1项〔发包人违约的情形〕约定暂停施工满28天后,发包人仍不纠正其违约行为并致使合同目的不能实现的,或出现第16.1.1项〔发包人违约的情形〕第(7)目约定的违约情况,承包人有权解除合同,发包人应承担由此增加的费用,并支付承包人合理的利润。第16.1.4项规定,承包人按照本款约定解除合同的,发包人应在解除合同后28天内支付下列款项,并解除履约担保:(1)合同解除前所完成工作的价款;(2)承包人为工程施工订购并已付款的材料、工程设备和其他物品的价款;(3)承包人撤离施工现场以及遣散承包人人员的款项;(4)按照合同约定在合同解除前应支付的违约金;(5)按照合同约定应当支付给承包人的其他款项;(6)按照合同约定应退还的质量保证金;(7)因解除合同给承包人造成的损失。合同当事人未能就解除合同后的结清达成一致的,按照第20条〔争议解决〕的约定处理。承包人应妥善做好已完工程和与工程有关的已购材料、工程设备的保护和移交工作,并将施工设备和人员撤出施工现场,发包人应为承包人撤出提供必要条件。

发包人未按期给付工程预付款,达到了导致承包人无法施工的程度,才构成发包人违反了双方的合同约定或者法律规定,并因此造成建设工程延期,这属于发包人的原因造成建设工期延迟的,承包人据此可以向发包人要求工期顺延、费用索赔和利润索赔,承包人才可以要求发包人赔偿工期拖延费用、合理利润损失等费用。否则,承包人不能要求赔偿,反而可能要求承担相应违约责任。实践中,如果出现发包人未按期支付工程款项达到了无法施工的程度,但是如果承包人垫资继续进行施工,并未停工,承包人向法院主张要求工期顺延,并不一定可以获得法院的支持。发包人的违约支付行为如果没有造成工程的全面停工,法院在审理此类案件时会对工期是否应顺延以及承包人是否可以进行费用索赔进行合理性分析,承包人在提出索赔要求时,必须有证据证明自己所遭受的损失,否则即便到法院起诉,法院也会判决发包人不赔或少赔的,所以要注意先收集好充分的证据资料。

二、发包人拖延支付进度款的风险与防控

【法律风险】

1. 发包人拖延支付进度款,对于进度付款申请单的争议

承包人请求支付进度款,除双方当事人另有约定外,一般是和计量周期保持一致的,承包人需要编制进度付款申请单,按照约定的时间向监理人提交并附上已完成工程量报表和有关资料。实践中,发包人和监理人对承包人的进度付款申请单有异议的,如工程量的计算可能存在不同看法,对于进度款的给付就会出现分歧。

《最高人民法院关于审理建设工程施工合同纠纷案件适用法律问题的解释》第十九条规定:"当事人对工程量有争议的,按照施工过程中形成的签证等书面文件确认。承包人能够证明发包人同意其施工,但未能提供签证文件证明工程量发生的,可以按照当事人提供的其他证据确认实际发生的工程量。"这是我国关于工程建设对于签证以及索赔的相关法律规定。在工程项目管理中,签证以及索赔被广泛地运用,但是目前我国工程实施企业在签证以及索赔方面能力欠缺,这对工程价款的结算造成较大的影响。发包人与承包人通过双方协商明确签证条款,就工程费用的支付、工期的计算以及损失赔偿等达成一致意见,这些是电力工程建设后进行结算的依据。施工单位在对方违反约定或法律规定的时候可以主张索赔,但是需要有相关证件予以支撑。实践中,建设工程签证以及索赔具有非常复杂的行业惯例,也容易产生法律争议。

2. 发包人拖延支付进度款,承包人救济方式行使的争议

发包人拖延支付进度款属于因发包人原因导致工期延误的情形,应由发包人承担拖延款项给付造成的工期延误的损失以及由此增加的费用,还可包括向承包人给付合理的利润。对此承包人可以行使哪些救济方式,实践中容易产生争议。

《中华人民共和国合同法》第二百八十六条规定,发包人未按照约定支付价款的,承包人可以催告发包人在合理期限内支付价款。发包人逾期不支付的,除按照建设工程的性质不宜折价、拍卖的以外,承包人可以与发包人协议将该工程折价,也可以申请人民法院将该工程依法拍卖。建设工程的价款就该工程折价或者拍卖的价款优先受偿。另依据《最高人民法院关于

审理建设工程施工合同纠纷适用法律问题的解释》第九条规定:发包人具有下列情形之一,致使承包人无法施工,且在催告的合理期限内仍未履行相应义务,承包人请求解除建设工程施工合同的,应予支持:(一)未按约定支付工程价款的。

承包人是不是发现发包人拖延支付预付款后就可以停工,是暂时停工、长期停工,还是可以单方解除合同,能否将该建设工程进行折价或申请人民法院依法拍卖?

【典型案例】

基本案情:2013年7月,城发公司和中捷公司签订了《建设工程施工合同》一份,约定:承包范围:向山路10 kV外线工程、桥头新村小区供配电工程等。合同价款:金额(大写):肆仟肆佰柒拾捌万叁仟零叁拾伍元捌角肆分(人民币)(￥:44 783 035.84元)。合同价款及调整:本合同价款采用固定价格方式确定。工程款(进度款)支付双方约定的工程款(进度款)支付的方式和时间:本工程款按月报送合格工程进度,经监理、业主代表审核后支付月工程进度款的60%,每月支付一次,工程竣工验收合格、提交完整的竣工验收资料后并经马鞍山市审计局审核后付至最终审核价款的95%,余款5%作为质量保证金。

2013年7月28日,中捷公司(甲方)与陈钢(乙方)签订了《单项工程承包协议》一份,约定:乙方按照该项目产值上交0.3%的管理费。

2013年12月16日,涉案工程进行了验收,中捷公司和城发公司在竣工报告上盖章,但城发公司尚欠付工程款40 412 147.74元。

法院认为:陈钢无相应资质而以中捷公司的名义与城发公司签订建设工程施工合同,违反了法律和行政法规的强制性规定。建设工程施工合同无效,但建设工程经竣工验收合格,承包人请求参照合同约定支付工程价款的,应予支持。涉案工程价款经各方当事人确认均无异议,陈钢主张城发公司直接支付欠付工程款,中捷公司和城发公司对此均无异议。故原告陈钢要求城发公司直接给付欠付工程款的主张,不违反法律规定,予以支持。涉案工程总造价40 412 147.74元,扣除5%的质量保证金2 020 607元,尚欠工程款38 391 540.74元。判决如下:本判决生效后十日内,被告马鞍山市城发集团置业有限责任公司给付陈钢工程款38 391 540.74元。

【核心法条】

《中华人民共和国合同法》

第二百八十六条 发包人未按照约定支付价款的,承包人可以催告发包人在合理期限内支付价款。发包人逾期不支付的,除按照建设工程的性质不宜折价、拍卖的以外,承包人可以与发包人协议将该工程折价,也可以申请人民法院将该工程依法拍卖。

《最高人民法院关于审理建设工程施工合同纠纷案件适用法律问题的解释》

第九条 发包人具有下列情形之一,致使承包人无法施工,且在催告的合理期限内仍未履行相应义务,承包人请求解除建设工程施工合同的,应予支持:(一)未按约定支付工程价款的。

第十九条 当事人对工程量有争议的,按照施工过程中形成的签证等书面文件确认。承包人能够证明发包人同意其施工,但未能提供签证文件证明工程量发生的,可以按照当事人提供的其他证据确认实际发生的工程量。

《建设工程价款结算暂行办法》

第十三条 工程进度款结算与支付应当符合下列规定:

（一）工程进度款结算方式

1. 按月结算与支付。即实行按月支付进度款，竣工后清算的办法。合同工期在两个年度以上的工程，在年终进行工程盘点，办理年度结算。

2. 分段结算与支付。即当年开工、当年不能竣工的工程按照工程形象进度，划分不同阶段支付工程进度款。具体划分在合同中明确。

（二）工程量计算

1. 承包人应当按照合同约定的方法和时间，向发包人提交已完工程量的报告。发包人接到报告后14天内核实已完工程量，并在核实前1天通知承包人，承包人应提供条件并派人参加核实，承包人收到通知后不参加核实，以发包人核实的工程量作为工程价款支付的依据。发包人不按约定时间通知承包人，致使承包人未能参加核实，核实结果无效。

2. 发包人收到承包人报告后14天内未核实完工程量，从第15天起，承包人报告的工程量即视为被确认，作为工程价款支付的依据，双方合同另有约定的，按合同执行。

3. 对承包人超出设计图纸（含设计变更）范围和因承包人原因造成返工的工程量，发包人不予计量。

【防控建议】

1. 合同中明确进度款支付的时间节点和工程量计算

《建设工程价款结算暂行办法》第十三条第（一）项规定了工程进度款的结算方式，规定按月结算与支付。根据法律规定，电力工程进度款是按月进行支付、工程竣工后再清算的方式。如果出现合同工期不止一个年度，是两个年度及以上的，不能等工程竣工进行结算，仍应按年度结算，因此，需要每一年度终了时对此年度的建设工程进行盘点，按照当年的工程进度情况进行结算，给付相应的工程进度款。对于这些问题应在合同中明确规定，避免实践操作中产生分歧。

《建设工程价款结算暂行办法》第十三条第（二）项规定了工程量计算，明确承包人应当按照合同约定的方法和时间，向发包人提交已完工程量的报告。发包人接到报告后14天内核实已完工程量，并在核实前1天通知承包人，承包人应提供条件并派人参加核实，承包人收到通知后不参加核实，以发包人核实的工程量作为工程价款支付的依据。发包人不按约定时间通知承包人，致使承包人未能参加核实，核实结果无效；发包人收到承包人报告后14天内未核实完工程量，从第15天起，承包人报告的工程量即视为被确认，作为工程价款支付的依据，双方合同另有约定的，按合同执行；对承包人超出设计图纸（含设计变更）范围和因承包人原因造成返工的工程量，发包人不予计量。

据此，如果实施的是分段结算支付的，双方应在合同专用条款中明确分段制度的节点以及每段支付的数额。如果是采用工程量清单计价方式的，工程进度款最好采用按月计量的方式支付款项。双方在合同中应约定每个月提交前期工作量报告的时间要求，每个月支付以前工程款项的比例以及累计支付的进度款占工程总价款的比例（工程总价款包括合同约定价以及变更价）。

参照2017年版《建设工程施工合同（示范文本）》的规定，对承包人请求支付进度款的申请单以及审查方式和结果作出约定。2017年版《建设工程施工合同（示范文本）》第12.4.4项规定，除专用合同条款另有约定外，监理人应在收到承包人进度付款申请单以及相关资料后7天内完成审查并报送发包人,发包人应在收到后7天内完成审批并签发进度款支付证书。发包人逾期未完成审批且未提出异议的,视为已签发进度款支付证书。发包人和监理人对承包人的进度付款申请单有异议的,有权要求承包人修正和提供补充资料,承包人应提交修正后的进度付款申请单。监理人应在收到承包人修正后的进度付款申请单及相关资料后7天内完成审查并报送发包人,发包人应在收到监理人报送的进度付款申请单及相关资料后7天内,向承包人签发无异议部分的临时进度款支付证书。存在争议的部分,按照第20条〔争议解决〕的约定处理。

2017年版《建设工程施工合同(示范文本)》第12.4.5项规定了进度付款的修正,即在对已签发的进度款支付证书进行阶段汇总和复核中发现错误、遗漏或重复的,发包人和承包人均有权提出修正申请。经发包人和承包人同意的修正,应在下期进度付款中支付或扣除。

合同中明确工程进度款的支付方式。如果是分段结算的,需要合同中约定支付的节点以及每次支付的金额。如果是按月计量进行支付的,需要约定每月的计算方式,每月应以当月1日始至当月最后一日历日止(开工当月始日及工程结束当月最后日则除外),每月的工作量作为一期工作量,合同中明确承包人每期提交前期工作量报告的时间点,发包人确认的时间段,确认后多久发包人应按照承包人提交的工作量报告支付一定比例的金额,剩余多少比例并入下期工作量报告单。双方在合同中明确当工程款项的支付达到或超过工程总价款(包括合同价和变更的价款)的一定比例后,发包人有权暂停支付工程款项。

2. 合同中明确发包人延迟支付进度款应承担的违约责任

参照2017年版《建设工程施工合同(示范文本)》第12.4.4第二项规定,除专用合同条款另有约定外,发包人应在进度款支付证书或临时进度款支付证书签发后14天内完成支付,发包人逾期支付进度款的,应按照中国人民银行发布的同期同类贷款基准利率支付违约金。

发包人和承包人可以在合同中明确,发包人如果没有按照双方的约定支付相应的进度款项,当事人之间可以通过协商的方式达成补充协议约定延期付款的内容,如果造成无法继续施工的,承包人据此可以停止施工,发包人对此应承担相应的违约责任,当事人可以在合同中约定此种情况下发包人违约责任的范围。

《深圳市中级人民法院关于建设工程合同若干问题的指导意见》第10条规定,"发包人未按建设工程合同约定支付工程进度款致使停工、窝工的,承包人可顺延工程日期并有权要求赔偿停工、窝工等损失。承包人在发包人逾期支付工程进度款后继续施工的,在发生纠纷后,发包人要求承包人承担工期违约责任的,不予支持。"第11条规定,"施工过程中因发包人拖欠工程预付款、进度款、变更设计造成工程停工、窝工或因不可抗力因素造成工程停工的,工期顺延计算。"深圳市中级人民法院除了规定发包人逾期支付工程进度款应当承担相应的违约责任、赔偿责任及工期顺延外,还规定"承包人在发包人逾期支付工程进度款后继续施工的,在发生纠纷后,发包人要求承包人承担工期违约责任的,不予支持",这一规定对承包人是有利的。那么如果在发包人逾期支付工程进度款的情况下,承包人仍旧继续施工,承包人能否要求顺延工期呢?我们认为这种情况下不能,因为根据法律规定,由于发包人未能按期支付工程进度款必须是造成施工不能正常进行,工期才能顺延;在发包人逾期支付工程进度款的情况下,承包人如仍旧继续施工,实际上也就没有满足工期顺延的条件。

并非任何情况下发包人逾期支付工程进度款,承包人都可以主张停工。通常发包人逾期支付工程进度款,达到了导致承包人无法施工的程度,才构成发包人违反合同约定或者法定义务造成的工期延误。发包人原因造成的工期延误,可以向发包人主张工期顺延、费用索赔和利润索赔。承包人才可以要求发包人赔偿工期拖延费用、合理利润损失等费用。否则,承包人不能要求赔偿,反而可能要求承担相应违约责任。如果发包人逾期支付工程款项,造成工程无法继续施工,但是承包人如果并未停工而是垫资继续进行施工了,这种情形在实践中未必能获得工期顺延认定。发包人违反合同约定,如果没有造成全面停工,工期是否顺延,承包人主张索赔的费用范围,实践中也会进行合理性分析。承包人在提出索赔要求时,必须有证据证明自己所遭受的损失,否则即便到法院起诉,法院也会判据发包人不赔或少赔的,所以要注意先收集好充分的证据资料。发包人逾期支付工程进度款,达到了导致承包人无法施工的程度,才构成发包人违反合同约定或者法定义务造成的工期延误。

通过对规范性文件相关条款的分析,可以发现发包人逾期支付进度款时,承包人有权主张暂停施工和合同解除。当暂停施工导致工期延误时,承包人可向发包人索赔机会利润;当暂停施工但无工期延误时,承包人可向发包人索赔新增利润;当合同解除时承包人可向发包人索赔预期利润。

承包方要按照双方合同中专用条款约定的内容和期限要求,编制详细的施工进度计划以及施工方案的说明并报送监理人。监理人要在专用合同条款约定的期限内回复,否则,就推定承包人提交的进度计划获得批准。经监理人批准的施工进度计划就是合同进度计划,也是工程进展的依据。承包人还需要根据此合同进度计划,编制更加详细的各阶段的或分项的进度计划,然后报监理人批准。

可见,承包人面对发包人不能及时支付进度款的行为,在不影响施工的前提下,自己承担,继续施工,但是可以向发包人按照合同约定支付承包人应支付款项的利息(一般按照中国人民银行发布的同期同类贷款基准利率计算),并要求发包人承担相应的违约责任;承包人在发包人拖延支付进度款达到影响施工的程度可以选择暂停施工,并向发包人主张在此期间产生的工期损失和经济损失。

第二节 价款结算结果确定约定不明的法律风险与防控

一、不能视为送审价结算的风险与防控

【法律风险】

1. 对于送审价结算的条件理解存在不同,容易引发是否以送审价结算为准的争议

2017年版《建筑工程施工合同(示范文本)》通用条款第14.2条,"除专用合同条款另有约定外,监理人应在收到竣工结算申请单后14天内完成核查并报送发包人。发包人应在收到监理人提交的经审核的竣工结算申请单后14天内完成审批,并由监理人向承包人签发经发包人签认的竣工付款证书","承包人对发包人签认的竣工付款证书有异议的,对于有异议部分应在收到发包人签认的竣工付款证书后7天内提出异议,并由合同当事人按照专用合

同条款约定的方式和程序进行复核"。

实践中,发包人与承包人合同中约定完成一定步骤或时段作为付款条件,即约定附条件的时间点或时间段,合同双方最容易产生争议。这一问题往往体现为工程竣工后,承包人将竣工结算资料提交发包人,发包人怠于审核、借故拖延审核或者以双方不能达成一致意见为由,变相拖延付款。

2005年1月1日实施的《最高人民法院关于审理建设工程施工合同纠纷案件适用法律问题的解释》第二十条规定:"当事人约定,发包人收到竣工结算文件后,在约定期限内不予答复,视为认可结算文件的,按照约定处理。承包人请求按照竣工结算文件结算工程价款的,应予支持。"

实践中,因为是否以送审价为准产生争议,诉讼到法院,很多案件中因为以送审价为准的诉请不能满足司法解释第二十条适用的条件而被法院驳回。由于承包人不符合以送审价结算的条件,造成不能视为送审价结算,难以及时获得款项支付。

2. 承包人不符合送审价结算的条件,难以及时获得付款

实践中,承包人认为只要与发包人做出送审价结算的约定,到期提交竣工结算文件给发包人,就应该按照送审价结算,或者在双方约定的期限内,发包人没有作出回复,就推定认可了送审价结算条件,就可以要求发包人按照竣工结算文件结算工程价款。但是实践中,发包人和承包人关于送审价结算的合同约定内容各有差异,是否一定符合司法解释第二十条的规定,容易产生争议。

实践中发包人与承包人在合同的结算条款中仅约定"按国家规定执行"或者类似表述的,由于这样的条款约定不明确,因此,是否以"以送审价为准",就容易产生争议。

以送审价结算需要承包人举证证明其将竣工结算材料编制好并送给发包人签收,而且承包人编制的竣工结算文件是真实而完整的,要有能够标明工程计价依据的书面材料以及工程计量的材料,根据此竣工结算资料,可以计算出工程的总造价。但实践中,承包人送给发包人,发包人的接收是否是有效签收,发包人对于竣工结算文件的完整和真实可能有异议等等,这些都会引发事件中以送审价结算的争议。

【核心法条】

《最高人民法院关于审理建设工程施工合同纠纷案件适用法律问题的解释》

第二十条 当事人约定,发包人收到竣工结算文件后,在约定期限内不予答复,视为认可结算文件的,按照约定处理。承包人请求按照竣工结算文件结算工程价款的,应予支持。

【防控建议】

正确理解以送审价结算为准的条件,并在合同中做相关约定。

根据《最高人民法院关于审理建设工程施工合同纠纷案件适用法律问题的解释》以及2006年4月25日《最高人民法院民事审判庭关于发包人收到承包人竣工结算文件后,在约定期限内不予答复,是否视为认可竣工结算文件的复函》(〔2005〕民一他字第23号)对于《最高人民法院关于审理建设工程施工合同纠纷案件适用法律问题的解释》第二十条规定的适用进行了进一步的明确和规范。认为"适用该司法解释第二十条的前提条件是当事人之间约定了发包人收到竣工结算文件后,在约定期限内不予答复,则视为认可竣工结算文件。承包人提交的竣工结算文件可以作为工程款结算的依据。根据住建部制定的建设工程施工合

同格式文本中的通用条款第33条第3款的规定,不能简单地推论出,双方当事人具有如下一致意思表示:"发包人收到竣工结算文件一定期限内不予答复,则视为认可承包人提交的竣工结算文件",承包人提交的竣工结算文件不能作为工程款结算的依据。"

因此,实现"以送审价作为结算依据"需满足相应的条件:(1)发包方和施工方必须在合同条款里面有明确的约定,而不能仅以通用条款里面的约定,来适用"以送审价作为结算的依据";(2)约定的条款内容必须清晰明确,一般应明确发包人在收到竣工结算资料后,在约定的期限内如果发包人不予答复,就推定发包人认可竣工结算资料;仅约定答复义务,未明确约定不答复的法律后果,也会造成不符合以送审价结算的条件;(3)合同中要明确约定答复的具体期限;(4)合同中一定要明确约定,逾期不答复以送审价为结算依据;(5)应当提供完整的竣工结算文件;承包人应提供证据证明其已经将完整的竣工结算文件提交发包人,若未交付或交付不合格,如交付对象不当、资料不完整等,就难以符合此条件;(6)需通过合法有效的送达方式将竣工结算资料送达给发包方,比如公证送达。

因此,承包人与发包人在合同中可约定"发包人应在收到承包人送交的竣工结算材料后多少天进行审核,逾期未答复的,推定发包人认可竣工结算资料",或者类似的表述,审核期限必须是具体的天数,不能是模糊的表述,如约定"按国家相关规定执行"。承包人与发包人在合同中对需要提交的竣工结算材料作出约定,如可约定包括:招投标文件及相关资料、签订的施工合同及相关补充协议、工程竣工图纸、设计变更图纸、变更签证单、施工过程中形成的签证资料、工程结算书(需要加盖编制单位的公章,要有预算员的签章)、工程进度月报表、发包人预付工程款明细表以及其他材料。竣工结算材料应含有在施工过程中产生的能够反映发包人、承包人施工行为的全部资料。

二、承包人严格按照相关要求、方式履行相关程序,保证以送审价结算

承包人在完成竣工结算文件后,要按照约定提交给发包人,必须要有发包人及其代理人的有效签收,要有发包人的法定代表人或者合同中约定的工程师、项目经理等相关人员的签章,这是承包人应特别注意的。承包人如果是直接将竣工结算材料送给发包人,应注意要有相应的签收单便于发包方签章,要让有资格的人签章。实践中由于发包人对竣工结算材料的有效签收对于承包人而言非常重要,因此,签收单上应明确提交给发包人的竣工结算每份资料的名称以及页数、总造价等内容,事先就预留好给签章人签名的标示,如×××文件原件共××页已签收,后面是签收人签章处。签收单最好不仅有签收人的签章,还要有发包人的单位公章。签收人最好是发包人的法定代表人,如果发包人的法定代表人不能签收,事先双方当事人应在合同中明确相应的法定代表人的授权人进行签收。发包人如果拒绝接收竣工结算材料或虽然收取了竣工结算材料但是未在签收单上签章,对此,承包人为了能够获取相关证据,可以采用EMS邮寄的方式或其他有效方式。如果采用EMS邮寄方式,邮件邮寄单的"内件品名"要详细地记载竣工结算材料的情况,如名称、页数、总造价等,并注意邮件的收执情况。某些情况下可以通过公证的方式对材料的邮寄情况进行公证。对于竣工结算材料提交的谨慎有利于争议或诉讼中承包人举证,更好地维护自身合法权益。

双方约定"以送审价为准"的,发包人具有一个审核期,只有过了期限,发包人不予答复,根据法律规定,承包人提交给发包人被发包人签收的竣工结算材料就具有法律效力,以承包

人提交的总价作为工程款项给付的依据。因此，如果在审核期内发包人做出回复，提出异议，就会造成竣工结算进入异议阶段，所以，在此审核期限届满前，承包人避免向发包人催款，免除"提醒"了发包人，使竣工结算进入异议阶段，发包人可能因此可以拖延支付工程款项。

发包人签收承包人提交的竣工结算材料后的反应直接影响到工程款项结算的方式和依据，因此，准确认定发包人在收到竣工结算材料后是否予以答复就具有重要的意义。不予答复应是发包人签收竣工结算材料后，在双方约定的期限内，没有明确表示同意，也没有明确表示异议，是一种沉默状态。发包人在签收承包人提交的竣工结算资料后认为材料不完整或其他原因要求承包人补充材料或要求进行对账，这种情形就不属于不予答复，就不能推定采用"以送审价为准"。因为发包人对竣工结算材料的完整性或真实性提出了异议，双方进入竣工结算异议阶段。审核期限届满，发包人如果不予答复，按照"以送审价为准"的规定，承包人就可以向发包人发出竣工结算价以送审价为准的催款函。

承包人向发包人发出的以送审价为准的催款函应注意意思简单明了，就是要求发包人以送审价给付工程款项，不要在催款函中还包含其他意思表述，避免对其他意思表述双方产生争议，引发分歧，对承包人"以送审价为准"进行竣工结算款项的主张引发障碍。

承包人催款函的参照样式：

"×××公司：

我公司与贵公司于×年×月×日签订了×××工程的施工合同。合同签订后，我方按照约定完成了施工，工程竣工后，我于×年×月×日向贵公司提交了竣工结算文件，工程总造价为××元。施工合同第×条约定贵公司对我方提交的竣工结算文件的审核期为××天，迟至本函发出之日，已超过审核期×天，贵公司未给我方任何答复。根据相关法律规定和合同约定，工程造价应以我方提交给贵公司的竣工结算文件中载明的总造价××元为准，贵公司已向我方支付工程款××元，尚未支付××元，请贵公司接到本函后×日内付清。

×××公司×年×月×日"

三、以审计结果确定价款的风险与防控

【法律风险】

1. 双方结算价与审计结果不一致

根据《中华人民共和国审计法》第二十二条、《中华人民共和国审计法实施条例》第二十条、《政府投资项目审计规定》第八条规定，对国家建设项目必须进行审计。但实践中经常出现，当事人在合同中未约定以审计结果作为此工程价款结算的根据，导致双方结算价与审计结果不一致，对此应如何对待？实践中经常出现争议。

在办理工程竣工结算时，经常遇到在施工期间，发包人与承包人双方已经办理了认价签证，但最终审计时，审计单方面认为此价款偏高，不予认可，要重新进行审计认价，此时，作为承包人认为已经确认的价款是不能更改的，而发包人则表示尊重审计，按审计结果进行结算，那么到底审计有没有权利推翻双方在施工过程中的认价资料呢？如果审计发现审计结果与双方协议的结算价差异过大，又该如何处理？

双方当事人在施工合同中约定以审计结果作为工程价款结算的依据，则审计结果的性质如何确定？行政监督部门的审计结果是否可以优先于合同约定的工程审价？特别是在施工合

同价款不存在瑕疵的情况下,该如何处理?能否以国家审计结果否定合同确定的工程价款?

2. 审计有行政审计和社会审计,以谁为准

我国关于工程款结算依据,相关法律并没有直接明确审计结算时社会审计还是行政审计,如果当事人约定以审计结算,那这里的审计到底是社会审计还是行政审计?

如果委托了社会审计机构审计,是否需要对社会审计机构的资质提出要求?如果委托社会审计机构已经作出审计结果,后行政审计又出现不一致的结果,又该如何处理?

【核心法条】

《最高人民法院关于民事诉讼证据的若干规定》

第七十七条第(一)项 国家机关、社会团体依职权制作的公文书证的证明力一般大于其他书证。

《中华人民共和国审计法实施条例》

第二十条第二款 审计机关对前款规定的建设项目的总预算或者概算的执行情况、年度预算的执行情况和年度决算、总项工程结算、项目竣工决算,依法进行审计监督;对前款规定的建设项目进行审计时,可以对直接有关的设计、施工、供货等单位取得建设项目资金的真实性、合法性进行调查。

【防控建议】

1. 以审计结果确定价款与双方存在结算价并不矛盾

《最高人民法院关于建设工程承包合同案件中双方当事人已确认的工程决算价款与审计部门审计的工程决算价款不一致时如何适用法律问题的电话答复意见》(〔2001〕民一他字第2号)指出:"建设工程承包合同案件应以当事人的约定作为法院判决的依据。只有在合同明确约定以审计结论作为结算依据或者合同约定不明确、合同约定无效的情况下,才能将审计结论作为判决的依据。"最高人民法院〔2012〕民提字第205号民事判决书《重庆建工集团股份有限公司与中铁十九局集团有限公司建设工程合同纠纷案》〔载《最高人民法院公报》2014年第4期(总第210期)〕指出:"在双方当事人已经通过结算协议确认了工程结算价款并已基本履行完毕的情况下,国家审计机关做出的审计报告不影响双方结算协议的效力。"国家建设项目的施工承包合同是民事合同,应当遵循民事活动意思自治的原则,通常情况下应按双方结算价确定的工程结算价作为结算依据。

审计后的结果与双方当事人的协商价存在较大差距,如果发现有恶意串通、显失公平、重大误解等情况,根据《中华人民共和国合同法》的有关规定,协议结算价条款无效或者可撤销。审计结果作为工程价款的结算依据,但审计结果的性质存在不同认识。有的认为审计结果是一种证据,但是对于是民事诉讼中的哪一种证据也有不同认识。有的认为审计结果是一种鉴定意见。但是,根据《中华人民共和国民事诉讼法》的规定,鉴定意见是由双方当事人选择相应的鉴定机构出具的,而工程价款的审计结果是法定机构依职权作出的,因此,一般认为审计结果不是鉴定意见而是书证。且《最高人民法院关于民事诉讼证据的若干规定》第七十七条第(一)项规定:"国家机关、社会团体依职权制作的公文书证的证明力一般大于其他书证。"

根据《中华人民共和国审计法实施条例》第二十条第二款规定,"对前款规定的建设项目进行审计时,可以对直接有关的设计、施工、供货等单位取得建设项目资金的真实性、合法性

进行调查。"根据此条款并不能得出审计对设计、施工、供货等单位具有直接的约束力。发包人和承包人将工程结算交付给审计机关，不仅是由审计机关对建设单位进行款项结算而且对建设单位进行审计监督。根据《中华人民共和国审计法实施条例》的规定，被审计单位对审计不服的可以提请本级政府裁决或者提请行政复议或者行政诉讼。据此，建设单位对审计不服的可以通过行政复议或行政诉讼的方式行使救济。但在实践中，由于审计单位和被审计单位的关系，被审计单位一般不会通过此程序主张救济。施工单位对审计结果不服的，一般是在发包人和承包人的民事诉讼或仲裁中申请工程造价鉴定。

对于办理工程竣工结算时发包人与承包人已经办理了认价签证，但后面又进行审计，且审计结果认为此价款偏高，是否要重新进行审计认价？发包人与承包人容易产生争议。

《最高人民法院关于建设工程承包合同案件中双方当事人已确认的工程决算价款与审计部门审计的工程决算价款不一致时如何适用法律问题的电话答复意见》（〔2001〕民一他字第2号）中明确，审计是国家对建设单位的一种行政监督，不影响建设单位与承建单位的合同效力。建设工程承包合同案件应以当事人的约定作为法院判决的依据。只有在合同明确约定以审计结论作为结算依据或者合同约定不明确、合同约定无效的情况下，才能将审计结论作为判决的依据。因此，不能单纯地用国家审计结果来否定合同确定的工程价款。

对于必须要审计的国家建设项目，审计机构通过审计发现工程造价、决算审核有错误，应向有关部门提出建议，由主管部门复审后，认定原审定工程造价、决算确有错误，应通知工程发包人和承包人按照复审后的工程造价进行结算，并应给予发包人、承包人申请复审的救济权利。如果审计机构发现工程造价、决算的问题造成国有资产流失，应遵循法律规定的途径解决，而不是单方面否定工程结算价。

2. 合同中明确约定是行政审计还是社会审计，约定审计的条件和要求

由于使用国有资金的建设项目，原则上需要接受审计机关的审计监督。因此，对于使用国有资金的建设项目，发包人与承包人在合同中约定进行的是行政审计，并明确行政审计的地位和作用。

实践中，一般只有双方当事人在合同中明确约定以审计机关的审计结论作为结算依据的，才能以行政审计结果为准确定工程款。通过明确的约定，避免纠纷的产生。

实践中对于使用国有资金的发包方来说，要想把审计机关的审计结论作为工程款结算依据，就必须在合同中相应做出清晰而明确的约定。实务中也时常遇到的与此有关的一个问题是，发包方缺乏编制和审核工程造价的能力，通常要委托中介机构对承包方报送的结算价进行审核，一般称之为社会审计。基于这种情况，合同中的措辞就需要明晰、准确，要明确是审计机关的审计结论，而非双方委托的中介机构做出的审计结论，谨防因意思表示不清晰而未能达到目的。

四、以发包方审核结果确定价款的风险与防控

【法律风险】

1. 发包人审核义务不明确造成审核结果确定的价款出现争议

实践中，工程竣工验收后，承包人向发包人提出第一份竣工结算报告，结算工程款金额大大超出发包人的预算范围。发包人会向承包人提出书面修改意见，承包人收到发包人的

书面文件后，并未全部修改发包人提出的意见，而是只对计算过程和方式进行修改，工程价款几乎没有太大变化，然后承包人以此再次向发包人提交结算报告。发包人签收后认为第二份结算报告与第一份没有实质性区别，于是对第二份报告没有及时给予承包人答复，而是自行委托某造价咨询机构对工程造价进行鉴定，得出的鉴定价款较大地低于承包人的结算价额，对此鉴定结果，承包人不予认可，双方产生争议。承包人认为发包人未在审核期限对第二份结算报告予以答复，即推定为认可，应按照第二份结算报告的金额结算。对此，发包人不予赞同。发包人认为与承包人在合同中并没有明确约定"未修改即确认"，其对第一份结算报告已经在期限内提出修改意见，对第二份结算报告是否需要提出修改意见双方并未约定，发包人不同意以第二份结算报告价款作为结算金额，认为应该按照其委托的造价咨询机构的鉴定结论进行结算，或者再委托有关机构进行评估。双方对于结算金额分歧很大。

在以发包人审核结果确定价款的情况下，发包人对于承包人提交的结算报告是否具有约定的或法定的审核义务？如果未履行此项义务会导致怎样的法律后果？

2014年2月1日起施行的住房和城乡建设部《建筑工程施工发包与承包计价管理办法》第十八条对于工程结算程序的规定为："工程完工后，应当按照下列规定进行竣工结算：（一）承包方应当在工程完工后的约定期限内提交竣工结算文件。（二）国有资金投资建筑工程的发包方，应当委托具有相应资质的工程造价咨询企业对竣工结算文件进行审核，并在收到竣工结算文件后的约定期限内向承包方提出由工程造价咨询企业出具的竣工结算文件审核意见；逾期未答复的，按照合同约定处理，合同没有约定的，竣工结算文件视为已被认可。非国有资金投资的建筑工程发包方，应当在收到竣工结算文件后的约定期限内予以答复，逾期未答复的，按照合同约定处理，合同没有约定的，竣工结算文件视为已被认可；发包方对竣工结算文件有异议的，应当在答复期内向承包方提出，并可以在提出异议之日起的约定期限内与承包方协商；发包方在协商期内未与承包方协商或者经协商未能与承包方达成协议的，应当委托工程造价咨询企业进行竣工结算审核，并在协商期满后的约定期限内向承包方提出由工程造价咨询企业出具的竣工结算文件审核意见。（三）承包方对发包方提出的工程造价咨询企业竣工结算审核意见有异议的，在接到该审核意见后一个月内，可以向有关工程造价管理机构或者有关行业组织申请调解，调解不成的，可以依法申请仲裁或者向人民法院提起诉讼。发承包双方在合同中对本条第（一）项、第（二）项的期限没有明确约定的，应当按照国家有关规定执行；国家没有规定的，可认为其约定期限均为28日。"

2004年10月20日起施行的财政部、建设部《建设工程价款结算暂行办法》第十四条同样也有类似规定，"单项工程竣工后，承包人应在提交竣工验收报告的同时，向发包人递交竣工结算报告及完整的结算资料，发包人应按规定时限（按工程金额分别为20天、30天、45天、60天）进行核对（审查）并提出审查意见……发包人收到承包人递交的竣工结算报告及完整的结算资料后，应按本办法规定的期限（合同约定有期限的，从其约定）进行核实，给予确认或者提出修改意见"；第十六条则规定，"发包人收到竣工结算报告及完整的结算资料后，在本办法规定或合同约定期限内，对结算报告及资料没有提出意见，则视同认可"。此条款考虑到工程金额不同从而规定了不同的审核期限，发包人未在审核期限内答复则视为认可。

对于承包人提交的竣工结算文件，发包人审核义务如何履行，法律没有明确规定，如果双方当事人在合同中也未明确约定，发包人只要对结算报告不管是实体性还是形式上提出一些意见,然后书面交给承包人,是否就可以认定发包人履行了审核义务,就不能按照承包人提交的结算报告金额进行结算?由于对于发包人审核义务规定不明确,修改意见范围没有规定,实践中很容易成为发包人拖延支付款项的一个手段,由此引发争议,产生诉讼。承包人第一次提交结算报告后,发包人在审核期限内提出了修改意见,承包人进行了修改,又提交第二份结算报告,对第二份结算报告,发包人应如何对待,是否仍要在审核期限内作出答复?可能还会有第三份、第四份等结算报告,发包人是否都要履行同第一份结算报告一样的审核义务?

2. 双方当事人对审核内容约定不明确,造成审核结果确定价款产生争议

以发包方审核结果确定价款,如果没有明确发包人的审核内容,对于工程竣工材料的范围,平时的工程动态,是否发生图纸、工程变更,具体的工程量怎样,现场签证如何审核,发包人材料供应情况等是否也要审核,审核以后以怎样的方式出具审核结果,对于审核有异议如何解决等问题,都会影响发包人审核确定价款的结果。

【核心法条】

2014年2月1日起施行的住建部《建筑工程施工发包与承包计价管理办法》

第十八条　工程完工后,应当按照下列规定进行竣工结算:

(一) 承包方应当在工程完工后的约定期限内提交竣工结算文件。

(二) 国有资金投资建筑工程的发包方,应当委托具有相应资质的工程造价咨询企业对竣工结算文件进行审核,并在收到竣工结算文件后的约定期限内向承包方提出由工程造价咨询企业出具的竣工结算文件审核意见;逾期未答复的,按照合同约定处理,合同没有约定的,竣工结算文件视为已被认可。

非国有资金投资的建筑工程发包方,应当在收到竣工结算文件后的约定期限内予以答复,逾期未答复的,按照合同约定处理,合同没有约定的,竣工结算文件视为已被认可;发包方对竣工结算文件有异议的,应当在答复期内向承包方提出,并可以在提出异议之日起的约定期限内与承包方协商;发包方在协商期内未与承包方协商或者经协商未能与承包方达成协议的,应当委托工程造价咨询企业进行竣工结算审核,并在协商期满后的约定期限内向承包方提出由工程造价咨询企业出具的竣工结算文件审核意见。

(三) 承包方对发包方提出的工程造价咨询企业竣工结算审核意见有异议的,在接到该审核意见后一个月内,可以向有关工程造价管理机构或者有关行业组织申请调解,调解不成的,可以依法申请仲裁或者向人民法院提起诉讼。

发承包双方在合同中对本条第(一)项、第(二)项的期限没有明确约定的,应当按照国家有关规定执行;国家没有规定的,可认为其约定期限均为28日。

《建设工程价款结算暂行办法》

第十四条第(三)、(四)项

(三) 工程竣工结算审查期限

单项工程竣工后,承包人应在提交竣工验收报告的同时,向发包人递交竣工结算报告及完整的结算资料,发包人应按规定时限(按工程金额分别为20天、30天、45天、60天)进行核对(审查)并提出审查意见。

(四) 工程竣工价款结算

发包人收到承包人递交的竣工结算报告及完整的结算资料后,应按本办法规定的期限

(合同约定有期限的,从其约定)进行核实,给予确认或者提出修改意见……

第十六条第一款 发包人收到竣工结算报告及完整的结算资料后,在本办法规定或合同约定期限内,对结算报告及资料没有提出意见,则视同认可。

【防控建议】
1. 当事人合同中约定发包人的审核义务

电力工程竣工验收后,承包人有义务向发包人提交书面竣工结算报告,发包人应对竣工结算材料进行审核。因此,为了避免产生争议,当事人可以参照2017年版《建设工程施工合同(示范文本)》的有关规定,在合同中详细约定发包人的审核义务。

2017年版《建设工程施工合同(示范文本)》第14.1项规定了竣工结算申请,明确除专用合同条款另有约定外,承包人应在工程竣工验收合格后28天内向发包人和监理人提交竣工结算申请单,并提交完整的结算资料,有关竣工结算申请单的资料清单和份数等要求由合同当事人在专用合同条款中约定。除专用合同条款另有约定外,竣工结算申请单应包括以下内容:(1)竣工结算合同价格;(2)发包人已支付承包人的款项;(3)应扣留的质量保证金;(4)发包人应支付承包人的合同价款。

2017年版《建设工程施工合同(示范文本)》第14.2项规定了竣工结算审核,明确:(1)除专用合同条款另有约定外,监理人应在收到竣工结算申请单后14天内完成核查并报送发包人。发包人应在收到监理人提交的经审核的竣工结算申请单后14天内完成审批,并由监理人向承包人签发经发包人签认的竣工付款证书。监理人或发包人对竣工结算申请单有异议的,有权要求承包人进行修正和提供补充资料,承包人应提交修正后的竣工结算申请单。发包人在收到承包人提交竣工结算申请单后28天内未完成审批且未提出异议的,视为发包人认可承包人提交的竣工结算申请单,并自发包人收到承包人提交的竣工结算申请单后第29天起视为已签发竣工付款证书。(2)除专用合同条款另有约定外,发包人应在签发竣工付款证书后的14天内,完成对承包人的竣工付款。发包人逾期支付的,按照中国人民银行发布的同期同类贷款基准利率支付违约金;逾期支付超过56天的,按照中国人民银行发布的同期同类贷款基准利率的两倍支付违约金。(3)承包人对发包人签认的竣工付款证书有异议的,对于有异议部分应在收到发包人签认的竣工付款证书后7天内提出异议,并由合同当事人按照专用合同条款约定的方式和程序进行复核,或按照第20条〔争议解决〕约定处理。对于无异议部分,发包人应签发临时竣工付款证书,并按本款第(2)项完成付款。承包人逾期未提出异议的,视为认可发包人的审批结果。

发包人对于承包人的结算报告不断地提出修改意见,承包人修改后又再次提交结算报告,如此循环,双方只要对工程结算款项意见不一致或因为其他原因,此种情形就会不断出现,容易成为发包人拖延支付款项的一种方式,也难以解决当事人之间的分歧。发包人对于多份结算报告是否均应履行审查义务问题,当事人在合同中做出相应的约定,避免由于法律未明确规定、合同没有明确约定产生争议。

2. 当事人明确审核的具体内容以及对结算价款的影响

发包人确定审核结果,需要承包人提交真实及合法的编制的工程结算资料。发包人审核这些资料,为了避免发包人审核结果确定价款引发争议,双方当事人在合同中明确发包人的审核内容。由于施工中的工程量是费用计算重要的依据,对于工程结算总价有重要的影响,因此,合同中应明确发包人对工程量的审核内容,如工程量的计算规则、施工图纸、工程签证等。发包人审核工程量时应注意审查工程量计算单位是否前后一致,是否多计算或重复计算了,有无按照计算规则进行,现场签证是否符合要求,有无双方当事人的签字、意见,是否是真实的。发包人还应注重对使用材料的审核,如使用的材料品种、数量是否符合图纸和施工要求,价格是否真实,有无提高损耗率等,有必要时,可以审核施工单位的原始凭证。对施工周期长、主要材料价格浮动大的工程,当事人应在合同中约定材料价格的确认方法,避免发包人审核时产生异议。

如果有附属工程、追加工程,也要注意对这些工程审核的约定。在工程审价过程中,除非承包人具有明显的过错,发包人应在合同约定的期限内完成审价,否则发包人应承担不利后果。实践中还存在类似"工程审价完成后几天内付款"的简单约定,并没有约定具体的审核期限。当事人在合同中可以明确约定具体的审核期限。如可以参考财政部、建设部于2004年10月20日联合发布的《建设工程价款结算暂行办法》第十四条即"工程竣工结算报告金额为500万元以下的,审查时间为从接到竣工结算报告和完整的竣工结算资料之日起20天;500万~2 000万元的,审查时间为从接到竣工结算报告和完整的竣工结算资料之日起30天;2 000万~5 000万元的,审查时间为从接到竣工结算报告和完整的竣工结算资料之日起45天;5 000万元以上的,审查时间为从接到竣工结算报告和完整的竣工结算资料之日起60天"来确定审核结算报告期限。

第三节 竣工结算延迟的风险与防控

一、不及时提交竣工结算报告的风险与防控

【法律风险】

1. 承包人未按照合同约定及时提交竣工材料,造成工程结算款被延期支付。

实践中,经常出现承包人未按照合同约定及时提交竣工结算报告及完整的竣工结算资料,这可能出自承包人自身的管理问题,也可能是其他原因,导致竣工结算被拖延,工程结算款被延期支付,承包人还无法主张逾期提交竣工结算报告期间的工程款利息及逾期付款违约金。由于一般情况下,承包人的优先受偿权也以具备法律效力的结算文件为前提,因此,承包人的优先受偿权也将受到影响。

2. 承包人提交的竣工结算资料不完整及存在瑕疵,造成工程结算款被延期支付

承包人提交的竣工结算资料不完整或存在瑕疵,造成工程竣工结算不能正常进行或建设单位以此为借口故意拖延结算。实践中,双方对于提交的结算材料,如发票的开具问题,因合同中没有作出明确的约定,会引发争议。一方要求开具发票,才进行结算款项支付,另一方认为是否开具发票不能成为结算工程款项支付的抗辩事由。

【防控建议】

1. 明确竣工日期,及时提交竣工结算报告

对于工程实际竣工日期的确认,原则上以经双方签字确认的日期作为竣工日期。当事人对竣工日期有分歧的,则视情况分别处理:(1)工程经竣工验收合格的,以承包人送交验

收报告的日期为实际竣工日期。(2)工程按发包人要求修整后通过竣工验收的,以承包人修整后提请发包人验收的日期为实际竣工日期(同上)。(3)承包人已经提交竣工验收报告,发包人拖延验收的,以承包人提交验收报告之日为竣工日期。(4)建设工程未经竣工验收,发包人擅自使用的,以转移占有建设工程之日为竣工日期。(5)甩项竣工的,双方应另行签订甩项竣工协议,对双方责任和工程价款的支付方法做约定。

双方当事人在合同中明确结算报告需要提交的相关材料,包括票据的开具、要求以及其对竣工结算的影响。

2. 承包人做好结算工作,形成完整有效的结算资料

承包人内部可按基础、结构、装修三个阶段做好分阶段结算工作,以便及时做好总决算;承包人需要按照双方当事人合同约定的日期采用直接送达、快递送达、挂号信送达等方式向建设单位及时提交竣工结算报告及完整的竣工结算资料,并做好发包人的签收记录,保留提交结算材料以及发包人签收的相关证据材料。

承包人需要严格按照合同约定编制完整的竣工结算资料,并在内部建立对结算资料的检验制度。结算资料一般包括以下内容:工程招投标文件,施工合同及补充协议,图纸,开、竣工报告及工期延期联系单,施工设计以及变更单,技术核定单;现场签证单,与工程结算有关的通知、指令、会议纪要、往来函件、工程洽商记录等,甲供材料明细,竣工验收记录,竣工图纸,结算书。以上资料应准确、翔实、全面,能完整记录、反映、证明整个工程造价发生内容,并编制相应目录、装订成册,并让建设单位做好签收记录,签收记录需要能证明竣工结算资料的内容,施工企业保存好签收记录。

二、发包人拖延竣工结算的风险与防控

【法律风险】

根据《最高人民法院关于审理建设工程施工合同纠纷案件适用法律问题的解释》第二十条规定,当事人约定,发包人收到竣工结算文件后,在约定期限内不予答复,视为认可竣工结算文件的,按照约定处理。承包人请求按照竣工结算文件结算工程价款的,应予支持。《最高人民法院关于如何理解和适用〈最高人民法院关于审理建设工程施工合同纠纷案件适用法律问题的解释〉第二十条的复函》明确,适用该司法解释第二十条的前提条件是当事人之间约定了发包人收到竣工结算文件后,在约定期限内不予答复,则视为认可竣工结算文件。根据法律规定承包人向发包人提交的竣工结算文件在符合一定条件下可以作为工程款结算的依据。

《建筑工程施工发包与承包计价管理办法》第十六条规定,承包方应当按照合同约定向发包方提交已完成工程量报告。发包方收到工程量报告后,应当按照合同约定及时核对并确认。

2017年版《建设工程施工合同(示范文本)》第14.2项规定了竣工结算审核,明确除专用合同条款另有约定外,监理人应在收到竣工结算申请单后14天内完成核查并报送发包人。发包人应在收到监理人提交的经审核的竣工结算申请单后14天内完成审批,并由监理人向承包人签发经发包人签认的竣工付款证书。监理人或发包人对竣工结算申请单有异议的,有权要求承包人进行修正和提供补充资料,承包人应提交修正后的竣工结算申请单。发包人在收到承包人提交竣工结算申请书后28天内未完成审批且未提出异议的,视为发包人认

可承包人提交的竣工结算申请单,并自发包人收到承包人提交的竣工结算申请单后第29天起视为已签发竣工付款证书。除专用合同条款另有约定外,发包人应在签发竣工付款证书后的14天内,完成对承包人的竣工付款。发包人逾期支付的,按照中国人民银行发布的同期同类贷款基准利率支付违约金;逾期支付超过56天的,按照中国人民银行发布的同期同类贷款基准利率的两倍支付违约金。

可见,发包人拖延竣工结算,造成结算款项延期支付的,要支付迟付款项的利息,并承担违约责任。

【核心法条】

《最高人民法院关于审理建设工程施工合同纠纷案件适用法律问题的解释》

第十八条 利息从应付工程价款之日计付。当事人对付款时间没有约定或者约定不明的,下列时间视为应付款时间:

(一)建设工程已实际交付的,为交付之日;

(二)建设工程没有交付的,为提交竣工结算文件之日;

(三)建设工程未交付,工程价款也未结算的,为当事人起诉之日。

第二十条 当事人约定,发包人收到竣工结算文件后,在约定期限内不予答复,视为认可竣工结算文件的,按照约定处理。承包人请求按照竣工结算文件结算工程价款的,应予支持。

《建筑工程施工发包与承包计价管理办法》

第十六条 承包方应当按照合同约定向发包方提交已完成工程量报告。发包方收到工程量报告后,应当按照合同约定及时核对并确认。

【防控建议】

为了防止发包人拖延竣工结算,承包人应与发包人事先在合同中对于竣工结算的条件和要求以及程序进行明确约定,约定发包人拖延竣工结算的违约责任。

《江苏省高级人民法院关于审理建设工程施工合同纠纷案件若干问题的意见》第十五条规定,"发包人应及时审查承包人提交的工程竣工结算文件。发包人在合同约定的审核结算期限届满后,又以承包人提交的竣工结算文件不完整为由拒绝结算,承包人要求从合同约定的审核结算期限届满之日起计算工程价款利息的,人民法院应予支持。"

《广东省高级人民法院关于审理建设工程施工合同纠纷案件若干问题的意见》第(五)条规定,"发包人在工程款结算后不按期支付工程款,承包人请求发包人按照合同约定支付逾期付款违约金的,应予支持。当事人未结算需委托中介机构进行造价鉴定,如果双方在合同中约定了工程预算价或支付工程进度款的时间和数额的,在中介机构作出造价鉴定报告前,对超出合同约定的价款部分不计算违约金,但可按中国人民银行同期同类贷款利率计算未付工程款的利息;如果双方在合同中未约定工程预算价,也未约定支付工程进度款的时间和数额的,在中介机构作出造价鉴定报告后,按合同约定计算违约金。"

同时,承包人应认识到,《最高人民法院关于审理建设工程施工合同纠纷案件法律问题的解释》第二十条规定:当事人约定,在约定期限不予答复的,视为认可竣工结算文件。承包人要按照合同约定向发包人有效报送符合要求的竣工结算文件资料,对于发包人拖延竣工结算的,注意保留相关证据材料。承包人除了通过加强合同管理,充分利用合同约定,将发包人拖延竣工结算的有关责任及追究方式在合同中予以明确，使之成为具有约束力的文书。另外，承包人也要做好竣工验收工作，为结算打下基础。承包人要在约定的时间内向发包人提交完整的竣工资料和验收报告等，及时完成工程竣工结算资料的送审以及签收。发包人有效签收后法定或约定期限未予答复的，承包人应及时向发包人发送书面催款函要求以送审价进行结算。对于发包人审核期限届满后又向承包人提出意见或要求补充材料等，承包人要采用有效的方式表达自己不统一的意见，主张按照送审价进行结算。只有承包人按照法律和合同的规定履行了自己的义务，在竣工结算阶段才有理由和依据向发包人进行主张，通过协商、诉讼、仲裁等途径维护自己的合法权利，避免发包人拖延竣工结算。

根据《最高人民法院关于审理建设工程施工合同纠纷案件适用法律问题的解释》第十八条的规定，"利息从应付工程价款之日计付。当事人对付款时间没有约定或者约定不明的，下列时间视为应付款时间：（一）建设工程已实际交付的，为交付之日；（二）建设工程没有交付的，为提交竣工结算文件之日；（三）建设工程未交付，工程价款也未结算的，为当事人起诉之日。"承包人还可以主张发包人拖延竣工结算产生的有关利息。

第四节　造价鉴定的风险与防范

一、造价鉴定依据的风险与防范

【法律风险】

建设工程施工合同的当事人双方一般会明确约定工程价款的计价方法；但在工程实践中，经常出现当事人双方对合同约定理解不一致的情况，双方对工程价款的确定存在巨大争议，不能协商一致，也无法采取其他方式确定。这种情况下，只能求诸工程造价司法鉴定程序；在司法鉴定程序中，又经常出现双方当事人对鉴定机构采取的鉴定依据存在争议的现象。

1. 建设工程施工合同对计价标准或者计价方式有明确约定的情形

（1）合同有效的情形

《最高人民法院关于审理建设工程施工合同纠纷案件适用法律问题的解释》第十六条第一款规定："当事人对建设工程的计价标准或者计价方法有约定的，按照约定结算工程价款。"据此，工程造价司法鉴定机构应该要尊重发包人和承包人的合同约定，不能随意变更双方当事人的一致意见，应依据合同约定的计价标准或方法进行工程价款的鉴定。

2013年版《建设工程工程量清单计价规范》第14.3.1条也明确规定："工程造价咨询人在鉴定项目合同有效的情况下应根据合同约定进行鉴定，不得随意改变双方合法的合意。"因此，在施工合同对计价标准或方式有明确约定的情形下，进行鉴定的依据必须是按照合同的约定，不能随便改变双方当事人的合意。

（2）合同无效的情形

在司法实践中大量存在施工合同无效的情形，在建设工程施工合同无效的情况下，工程造价司法鉴定可否以无效合同的约定进行呢？在合同无效的情况下，如果合同约定的计价标准和方法对自己有利,则其可能要求按照合同约定进行鉴定;如果对自己不利,可能就会要求依照定额据实鉴定。对此,应按照怎样的标准和方法进行鉴定?

(3) 验收不合格的情形

不管建设工程施工合同的效力,如果建设工程竣工验收不合格,按照《最高人民法院关于审理建设工程施工合同纠纷案件适用法律问题的解释》第三条第一款的规定,修复后的建设工程经竣工验收合格,发包人请求承包人承担修复费用的,应予支持;修复后的建设工程经竣工验收不合格,承包人请求支付工程价款的,不予支持。

对于工程竣工验收不合格的,承包人有义务要进行修复,且承担修复费用,承包人有权主张造价给付,按照合同的约定作为依据进行鉴定。如果修复后仍不合格的,承包人无权请求支付工程价款,也就不存在对造价有异议需要造价鉴定了。

2. 建设工程施工合同对计价标准或者计价方式约定不明的

在建设工程施工合同中对建设工程价款的计价标准或者计价方式没有约定或者约定不明的情况下,对造价鉴定机构而言,有两种鉴定依据予以选择,即定额价和市场价,选择哪种作为造价鉴定的依据就会产生争议。

3. 工程造价鉴定范围存在争议

发包人与承包人对于工程造价产生争议,除非双方已经确定认可外,一般需要工程造价司法鉴定。但是进行全面鉴定,还是做部分鉴定,容易产生争议。如果合同已经约定了固定价,是否还可以做鉴定?没有争议的部分工程造价是否需要做鉴定?

【核心法条】

《最高人民法院关于审理建设工程施工合同纠纷案件适用法律问题的解释》

第二条 建设工程施工合同无效,但建设工程经竣工验收合格,承包人请求参照合同约定支付工程价款的,应予支持。

第二十二条 当事人约定按照固定价结算工程价款,一方当事人请求对建设工程造价进行鉴定的,不予支持。

第二十三条 当事人对部分案件事实有争议的,仅对有争议的事实进行鉴定,但争议事实范围不能确定,或者双方当事人请求对全部事实鉴定的除外。

【防控建议】

1. 吃透合同,了解合同条款规定,依法申请造价鉴定

根据合同订立的规定,工程投标行为是要约,中标确定是承诺,合同成立,中标价格应为合同约定价格。但实践中由于存在不规范操作,往往造成中标价格和合同约定价格不一致。对于两者不一致的情形,根据合同变更规定,发包人与承包人后来签订合同或补充协议的,是对原来约定内容的变更,应按照变更以后的合同内容履行。所以,司法鉴定要吃透合同,合同与其他条款有冲突的地方要提高警惕。

发包人与承包人对工程造价的数额产生分歧,一般是通过工程造价司法鉴定的方式解决。但是进行全面鉴定还是部分鉴定,则应看具体的情形。如果工程造价均未确定,则应进行全面鉴定,如果只是部分不确定,则对不确定的部分进行部分鉴定。《最高人民法院关于审理建设工程施工合同纠纷案件适用法律问题的解释》第二十二条规定,当事人约定按照固定价结算工程价款,一方当事人请求对建设工程造价进行鉴定的,不予支持。由于当事人约

定了固定价，而固定价是确定的，因此无需进行司法鉴定。《最高人民法院关于审理建设工程施工合同纠纷案件适用法律问题的解释》第二十三条规定：当事人对部分案件事实有争议的，仅对有争议的事实进行鉴定。因此，当事人对工程造价有争议的需要鉴定，没有争议的不需要鉴定。

对于双方已经达成结算，是固定价合同，发包人对承包人的单方结算未依约提出异议或一方单方委托鉴定，另一方未提出异议等情形就不需要申请造价鉴定。

2. 针对不同情形，依法申请造价鉴定

关于合同无效的情形。2013年版《建设工程工程量清单计价规范》第14.3.2条规定："工程造价咨询人在鉴定项目合同无效或合同条款约定不明确的情况下应根据法律法规、相关国家标准和本规范的规定，选择相应专业工程的计价依据和方法进行鉴定。"

《最高人民法院关于审理建设工程施工合同纠纷案件适用法律问题的解释》第二条规定："建设工程施工合同无效，但建设工程经竣工验收合格，承包人请求参照合同约定支付工程价款的，应予支持。"可见，即使施工合同是无效的，但建设工程经竣工验收合格的，合同价款可以参照合同约定予以确定；工程造价鉴定机构也应参照无效合同中约定的计价标准或者计价方法鉴定工程价款。

据此，在建设工程施工合同无效的情形下，承包人仍可以请求参照合同约定的结算标准和方法确定工程价款。由于实践中，施工单位投标时一般都会依据当地建设行政主管部门颁布的建设工程定额，以及当地的人工、材料、机械等要素价格的调价文件，根据自身的管理能力、技术水平，在定额造价基础上让利一定比例进行投标报价。因此，在合同无效的情况下，按照定额计算工程造价，会让一方获得额外利益，这是不公平的。因此，合同无效情形也委托鉴定时，也应参照合同约定的结算方式委托鉴定。因此，承包人申请造价鉴定时应注意审判实践中的这个倾向，否则可能不能获得法院的采纳。

可见，在建设工程施工合同中明确约定计价标准或者计价方法的情况下，工程造价的鉴定依据不受合同效力的影响，造价鉴定机构均应当按照合同约定予以造价鉴定。

3. 建设工程施工合同对计价标准或者计价方式约定不明的，应以市场价作为造价鉴定

除非施工合同中明确约定了工程价款套用工程定额予以确认，否则造价鉴定机构应以市场价作为工程造价鉴定的依据。首先，《中华人民共和国合同法》第六十二条规定："当事人就合同内容约定不明确，依照本法第六十一条的规定仍不能确定的，适用下列规定：（二）价款或者报酬不明确的，按照订立合同时履行地的市场价格履行；依法应当执行政府定价或者政府指导价的，按照规定履行。"可见，采用市场价作为工程造价鉴定的依据是有法律支持的。其次，建设工程定额标准是各地建设主管部门根据本地建筑市场建筑成本的平均值确定的，是政府指导价，属于任意性规范而非强制性规范。再次，以定额为基础确定工程造价未能顾及各个施工企业存在不同的技术优势、材料采购渠道、劳动力差异、管理水平高低等，此种计价方式不能体现各个不同施工企业的能力。最后，由于定额标准的滞后性、市场价格的波动性，市场价格更接近建筑工程的实际造价成本。

因此，以市场价作为造价鉴定机构进行造价鉴定的依据既符合法律规定，亦符合公平原则。鉴定机构分别按照定额价和市场价作出鉴定结论的，在确定工程价款时，一般应以市场价确定工程价款，这既符合《中华人民共和国合同法》的规定，也对双方当事人比较公平。

4. 司法鉴定依据材料的准备和归档

建设工程有关的技术资料和其他材料,如设计图纸、地质资料、施工日记、设计变更联系单、隐蔽工程验收记录、开竣工报告、质量等级评定表等涉及造价鉴定的资料应妥善收集和保管。

在司法鉴定中,需要有关资料作为鉴定材料,这些鉴定材料对工程造价鉴定会产生影响,一般要求提交原件,即使提交了复印件,鉴定人为了防止当事人伪造、变造证据材料,一般也会要求与原件核对,核对无误后在复印件上注明"经与原件核对无误"并签章。

二、鉴定结论有异议的风险与防范

当事人在确定造价、工程量等方面也容易产生争议,而这些争议往往与鉴定程序的合法性和鉴定结论的可靠性高度相关。除此之外,还会涉及资料移交、垫付款项的认定等问题。

【法律风险】

1. 当事人对鉴定结论有异议,可能会引发重新申请鉴定问题

根据《最高人民法院关于民事诉讼证据的若干规定》第二十七条规定,当事人对人民法院委托的鉴定部门作出的鉴定结论有异议申请重新鉴定,提出证据证明存在下列情形之一的,人民法院应予准许:(1)鉴定机构或者鉴定人员不具备相关的鉴定资格的;(2)鉴定程序严重违法的;(3)鉴定结论明显依据不足的;(4)经过质证认定不能作为证据使用的其他情形。对有缺陷的鉴定结论,可以通过补充鉴定、重新质证或者补充质证等方法解决的,不予重新鉴定。第二十八条规定,一方当事人自行委托有关部门作出的鉴定结论,另一方当事人有证据足以反驳并申请重新鉴定的,人民法院应予准许。

因此,对于一方当事人自行委托有关部门作出的鉴定结论,另一方当事人有证据可以反驳的,其可以申请重新鉴定。对于人民法院委托有关鉴定部门作出的鉴定结论有不符合法律规定的情形,当事人也可以申请重新鉴定。

2. 对鉴定初步意见有异议,可能引发复核问题

实践中,经常会出现双方当事人对鉴定初步意见有异议的情形,遇到这种情况,应如何处理?2013年版《建设工程工程量计价规范》第14.3.3项规定,工程造价咨询人出具正式鉴定意见书之前,可报请鉴定项目委托人向鉴定项目各方当事人出鉴定意见书征求意见稿,并指明应书面答复的期限及其不答复的相应法律责任。第14.3.4项规定,工程造价咨询人收到鉴定项目各方当事人对鉴定意见书征求意见稿的书面复函后,应对不同意见认真复核,修改完善后再出具正式鉴定意见书。

3. 鉴材与现场不符,容易对鉴定结论产生异议

实践中经常出现,承包人工程建设完工后,经验收已经合格,但发包人和承包人就结算无法形成一致意见,承包人因此起诉到法院,并向法院申请委托造价鉴定。法院接收委托后会要求承包人提交的经发包人质证的竣工图纸、工程联系单、现场签证单、变更通知单等转交给鉴定机构。鉴定过程中,如有必要鉴定机构会要求组织当事人勘察现场。鉴定机构的初步意见提出后,当事人经常会对初步意见有异议,如发包人会认为鉴定的工程造价太高,鉴定意见中的内容与实际现场不符合,应按现场实际情况计算,对此,承包人不予认可。因此,双方由于鉴材与现场不符,容易对鉴定结论产生异议。

【典型案例】

基本案情:2012年9月,嘎达云洲公司与天净公司中宁项目部达成协议,由嘎达云洲公司承包中广核宁夏中宁长山头项目110 kV输电线路工程。嘎达云洲公司于2012年10月1日开始施工。2013年1月12日,嘎达云洲公司与天净公司中宁项目部因故发生纠纷,天净公司中宁项目部通知嘎达云洲公司停工退出工地并将嘎达云洲公司未完成工程另行发包给案外人完成。天净公司中宁项目部向嘎达云洲公司共支付工程款119.5万元。

对于嘎达云洲公司提供的其单方委托宁夏永恒信建设工程咨询有限公司作出的《工程造价咨询报告书》,天净公司中宁项目部、天净公司不认可,申请对嘎达云洲公司已完工程量价款重新进行鉴定。后法院委托双方选定的宁夏华恒信工程造价咨询有限公司对工程造价进行分项司法鉴定。

法院认为:天净公司中宁项目部与嘎达云洲公司签订的《110 kV送电线路工程施工劳务分包合同》合法有效,因其他原因,案涉合同不能继续履行,已实际解除,嘎达云洲公司作为实际施工人,虽未完成全部工程,但案涉工程已由超高压公司(2013年7月4日,天净公司名称变更为超高压公司)管理,且投入使用,工程价款结算条件已成就,嘎达云洲公司就已完工程享有取得相应工程价款的权利。一审法院经当事人一致同意选定的鉴定机构,程序合法,经过征询当事人的意见,结合案涉工程作出的鉴定意见书客观真实,予以采信。

判决:宁夏超高压电力工程有限公司支付中卫市嘎达云洲矿业开发有限公司工程款541 516.9元;支付扣留中卫市嘎达云洲矿业开发有限公司的质保金56 936.6元。

【核心法条】

《最高人民法院关于民事诉讼证据的若干规定》

第二十六条 当事人申请鉴定经人民法院同意后,由双方当事人协商确定有鉴定资格的鉴定机构、鉴定人员,协商不成的,由人民法院指定。

第二十八条 一方当事人自行委托有关部门作出的鉴定结论,另一方当事人有证据足以反驳并申请重新鉴定的,人民法院应予准许。

【防控建议】

1. 申请鉴定按照合同约定或法律规定的要求委托符合资质的机构进行鉴定,保证鉴定的权威性

根据我国《最高人民法院关于民事诉讼证据的若干规定》第二十六条规定,当事人申请鉴定经人民法院同意后,由双方当事人协商确定有鉴定资格的鉴定机构、鉴定人员,协商不成的,由人民法院指定。第二十八条规定,一方当事人自行委托有关部门作出的鉴定结论,另一方当事人有证据足以反驳并申请重新鉴定的,人民法院应予准许。

2013年版《建设工程工程量计价规范》第14.1.1项规定,在工程合同价款纠纷案件处理中,需作工程造价司法鉴定的,应委托具有相应资质的工程造价咨询人进行。

2. 承包人在工程建设中发生事项变更注意保留证据

在电力工程施工中,经常会出现部分工程没有办法依设计图纸来进行施工,这时需要发包人下发变更通知,或者需要承包人对工程量发生改变请求发包人就工程联系单进行现场签证。不要在工程施工中出现变更时,双方当事人仅就变更事项只进行口头约定,没有书面的变更通知或现场签证,造成后来发包人要求按图纸进行结算,而承包人对自己额外的施工

工程量没有相关证据，造成后来举证困难。

　　发包人与承包人在合同中明确约定工程竣工结算按照书面签证、变更进行结算，则原则上应按照合同约定进行工程量计算，不应以工程实际做法或工程现场作为鉴定依据。当事人一方对此有异议，应当区别对待。当事人一方如果提出隐蔽工程做法与图纸不符，由于无法再看到实际做法，不能进行破坏性试验，故对此异议可以不予采纳，还是根据合同约定的书面资料计算工程量，异议人承担举证不能的后果。当事人一方提出从工程外观就可以看出书面文件与现场不一致的情形，也并非就按照实际做法作为鉴定依据。对于双方合同有明确约定按照书面文件计算工程量的，一方当事人提出要按图纸和现场实际情况分别计算造价数额并分别单列的，则应由当事人举证来证明应计入工程造价的数额。当事人一方提出按照实际做法计算，并提供了其已要求对方进行签证的通知或书面文件，对方未提出异议也没有认可，对此应当按照现场实际情况计算造价数额计入工程造价，否则异议方也要承担举证不能的法律后果。

　　可见，关于工程造价的鉴定结论，鉴定机构应当接受当事人的质询并提出对异议的处理意见，在此基础上，法院依法作出处理。对工程造价进行鉴定，从而将鉴定结论作为确定工程款的依据，是司法实践中常用的做法。但对于鉴定结论，当事人往往会以各种理由提出异议。针对当事人的异议，由鉴定机构进行解释并可以组织双方当事人及鉴定机构进行质证。鉴定机构有义务接受当事人的质询并对当事人提出的异议作出处理意见，在此基础上，法院依法作出处理。

第十章
建设工程价款优先受偿权法律风险防控建议

第一节 建设工程价款优先受偿权保护范围的风险与防控

一、建设工程价款优先受偿权债权范围的风险与防控

建设工程价款优先受偿权实质上是一种特殊的债权,其工程价款的组成一般包括成本(直接费和间接费)、利润和税金。2002年《最高人民法院关于建设工程价款优先受偿权问题的批复》(以下简称《批复》)规定,"建筑工程价款包括承包人为建设工程应当支付的工作人员报酬、材料款等实际支出的费用,不包括承包人因发包人违约所造成的损失"。实务中,对所谓实际支出的费用及违约损失的界定往往影响到优先受偿权的行使,一旦不适当主张优先受偿权,则会导致优先受偿权的丧失或得不到法院支持的风险。

(一)承包人就垫资款主张优先受偿权

垫资承包施工,是长期以来在建设工程施工领域存在的一种承包方式,是指承包人为了工程项目建设的顺利推进,而利用自有资金为发包人垫付部分工程项目费用,直至工程施工满足约定条件或全部工程施工完成后,再由发包人按约支付工程款的施工承包方式。垫资施工的方式一般包括带资施工、形象节点付款和工程竣工后付款等。除此之外,还有诸如承包人向发包人支付质量保证金、提供履约保证金、提供资金借贷等变相垫资形式。

【法律风险】

1. 垫资款不受法律保护的法律风险。《建设部、国家发展和改革委员会、财政部、中国人民银行关于严禁政府投资项目使用带资承包方式进行建设的通知》(建市〔2006〕6号)的规定,政府投资项目一律不得以建筑业企业带资承包的方式进行建设,不得将建筑企业带资承包作为招投标条件。因此,作为政府投资项目的带资不受法律保护,承包人的带资款不能优先受偿。

2. 在建设工程招投标过程中,有些招标文件中明确提出了承包人垫资的要求,并且在中标合同中有所体现。但现实中往往有些发包人在签订中标合同后,要求承包人就同一工程项目再签订一份包含垫资条款的与中标合同不一致的合同,也即"黑白合同"。届时发生纠纷,发包人通常主张援用"白合同",承包人对垫资款的优先受偿权主张会存在法律障碍。

3. 双方在合同中未就垫资款进行特别的约定，按照工程欠款处理。在这种情况下，法律上认定垫资等同于工程欠款，而承包人对工程款可以主张优先受偿权，但没有约定利息时，不支持支付利息。另外，即使约定了利息，就利息部分也不能主张优先受偿权。

4. 双方在合同中就垫资款及利息进行了明确约定，如作一般借贷关系处理，那么垫资款与被拖欠的工程款属于不同的民事关系，承包人就垫资款及利息不能主张优先受偿权。

5. 若垫资款并未被发包人用于建设工程项目，则此种垫资行为可能体现为一种借贷关系，由此形成的债权具有一般性，不应属于建设工程优先受偿权的涵盖范围，因而承包人的垫资款可能被认定为普通债权而不能主张优先受偿权。

6. 承包人如果以向发包人支付一定数量的货币、再由发包人支付形象进度款的方式进行垫资，容易造成发包人将部分资金挪用、不支付进度款，届时如果发生诉讼，承包人拟通过《合同法》第二百八十六条行使承包人的优先受偿权时，将存在法律障碍。

【核心法条】
《最高人民法院关于审理建设工程施工合同纠纷案件适用法律问题的解释》

第六条　当事人对垫资和垫资利息有约定，承包人请求按照约定返还垫资及其利息的，应予支持，但是约定的利息计算标准高于中国人民银行发布的同期同类贷款利率的部分除外。

当事人对垫资没有约定的，按照工程欠款处理。

当事人对垫资利息没有约定，承包人请求支付利息的，不予支持。

《江苏省高级人民法院关于审理建设工程施工合同纠纷案件若干问题的意见》

第二十一条　承包人的优先受偿权范围限于建设工程合同约定的工程价款，包括承包人应当支付的工作人员报酬、材料款、用于建设工程的垫资等实际支出的费用。

【防控建议】

1. 在黑白合同的情况下，承包人如果接受发包人提出的垫资要求，则必须将垫资及利息、返还时间甚至是优先受偿权等内容写进施工合同中，并及时报送备案，承包人的合法权益才能得到有效保护。

2. 垫资约定条款受法律保护，承包人与发包人应就垫资款项数额、垫资时间、利息标准以及垫资用途进行明确的约定，但利息部分不能高于央行发布的同期同类贷款利率。在特定情况下，承包人在实现其垫资部分的债权时，有两种选择：其一，将垫资款作为普通债权处理；其二，将其认定为工程款从而主张优先受偿权。一般而言，将垫资款作为普通债权处理，可以主张相应的垫资利息，但即使获得法院支持，也可能因发包人资金欠缺而难以落到实处；或者将垫资部分计入工程款从而主张优先受偿权，在发包人无力还款时，就工程项目折价或者拍卖的价款优先受偿。但在某种意义上，承包人主张优先受偿权，会导致较大数额的利息损失。至于哪种追偿方式更为有利，应当根据实际情况制定最佳的追款策略。

3. 为保护承包人合法权益，尤其是根据《中华人民共和国合同法》第二百八十六条承包人所拥有的优先受偿权，建议承包企业不能以支付货币给发包方的形式进行垫资。

4. 在以发包人支付形象进度款的方式垫资施工的情况下，承包人不能因自身资金困难而要求发包人支付合同没有约定的进度款。否则如果因为资金实力不够、无法按照垫资建设的进度进行施工，将承担违约责任。因此，签署有关垫资的施工合同，承包人必须考虑自身资金安排,并且在合同中明确约定发包人支付工程进度款的节点,防止发包人逃避责任,同时避免自身承担违约责任。

(二)承包人就工程利润主张优先受偿权

工程造价中的利润,是指施工企业在其施工项目范围内的盈利,通常由发包人以定额规定的差别利率计付给承包人。根据《建设工程施工发包与承包价格管理暂行规定》,工程价格包括成本、利润及税金三大部分,其中成本包括了直接、间接两项成本,利润则是工程价款的重要组成部分。

【法律风险】

关于利润是否属于优先受偿权所担保的债权范围内的问题,实务中存在两种不同的观点。第一种观点认为,利润是工程价款的组成部分,应当列入优先受偿权的范围。第二种观点认为,利润作为承包人的预期收益,不属于"实际支出费用"的范畴,不能主张优先受偿权。由于法院裁判不一,使得承包人是否享有对工程利润的优先受偿权存在不确定性,法律风险较大。

【典型案例】

原告丹阳市某建设工程有限公司与被告镇江某工具制造有限公司于2007年11月18日签订建设工程施工合同,约定由原告承建被告的1♯、2♯厂房及职工住宅楼工程,该工程于2009年9月15日竣工验收。双方于2009年9月17日对账,被告出具对账单,确认截止2009年9月17日尚欠原告工程款人民币4 950 000元,后原告向丹阳市人民法院起诉确认其建设工程优先受偿权。

丹阳市人民法院认为:承包人支出的员工报酬、材料款等费用已实际产生,应纳入建设工程价款优先权的范围内,其中应对承包人所获利润部分予以扣除,但由于竣工时间久远,原始施工资料不全,已不具备工程造价鉴定的条件,可酌情按照国家统计局公布的2009年建筑业企业平均产值利润率3.5%的标准,扣除利润173 250元。

【核心法条】

《最高人民法院关于建设工程价款优先受偿权问题的批复》

第三条 建筑工程价款包括承包人为建设工程应当支付的工作人员报酬、材料款等实际支出的费用,不包括承包人因发包人违约所造成的损失。

【防控建议】

司法实务中,工程利润既可以被认定属于工程价款优先受偿的范围,也可能被排除在优先受偿权的保护范围之外。事实上,承包人在投标时所报出的综合单价高低完全取决于企业自身管理水平,企业盈利或者亏损,均要通过对项目收入与支出进行完整详细的核算才能知道,这其中还包含了项目直接成本之外的企业管理费、风险费用等支出。在实践中,法庭或者仲裁庭根本无法从结算价中准确区分哪些是实际支出费用,哪些是利润。为了避免某些法院直接在建设工程优先受偿权范围内排除对承包人实际可得工程利润的计算,建议承包人在与发包人关于工程价款的结算上,尽量不区分乃至不能区分工程利润部分。如此,即使无法避免有些法院采取本地或者整个行业范围内的工程利润率将利润部分排除在优先受偿权的范围之外,但也能在相当程度上降低承包人优先受偿权严重受损的风险。

(三) 承包人就因发包人违约造成的停窝工损失主张优先受偿权

停窝工损失是指因停工而实际支出的人工、材料、设备、照管、管理等方面的成本费用。具体而言,承包人为实施一个工程项目的施工需要制定详细的施工组织设计,并按照计划组织相应的劳动力、材料设备、施工机具等资源,组建并派驻项目管理班子,这些资源都是按照原定工期和正常施工进度所作出的安排,一旦发生停工,原先已经落实的资源必然发生损失。比如,已经进场施工人员会发生窝工,在发包人明确表示承包人可以撤出施工人员或者恢复正常施工前,承包人仍需向施工人员支付相应报酬;工程材料、设备等若已进场就绪,则可能因停工而导致损耗或浪费;已经进场的大型机械设备,无论是否正常作业,均要向出租单位支付机械台班费,等等。

【法律风险】

因发包人违约造成的停窝工损失可能被认定为《最高人民法院关于建设工程价款优先受偿权问题的批复》中涉及的"承包人因发包人违约所造成的损失"不属于建设工程价款的范围,从而不能主张优先受偿权。

【典型案例】

2009年12月21日,中天公司与华成天宇公司签订工程施工合同,合同约定330天完工,中天公司已按合同约定进场施工,并完成工程款额28 121 456.72元,华成天宇公司已支付工程款20 146 504.00元,尚欠7 974 952.72元。经中天公司多次催要,华成天宇公司以种种理由拒不付款。另外,在中天公司施工过程中,由于华成天宇公司的原因,原本一年的工期,现已施工五年,各分包工种进进出出,有的要求终止合同,有的要求索赔,给施工带来极大的影响,同时提高了工程生产成本,管理人员和工人工资亦大幅增加,给中天公司造成了巨大的损失。中天公司遂诉请法院依法判令华成天宇公司立即支付所拖欠的工人工资及工程款7 974 952.72元并依据合同赔偿原告管理人员工资,工人误工工资及各项损失共计6 430 866.00元,同时,依法判令原告对上述工程款具有优先受偿权。

大连市中级人民法院认为:原告中天公司要求对其管理人员的误工损失和工人停误工损失共计6 430 866元确认优先受偿权,因该费用系基于华成天宇公司的违约行为而致使中天公司产生的损失,且中天公司未能提供充分的证据证明该笔费用已实际支出,故上述误工损失不属于法律规定的优先受偿范围。

【核心法条】

《最高人民法院关于建设工程价款优先受偿权问题的批复》

第三条 建筑工程价款包括承包人为建设工程应当支付的工作人员报酬、材料款等实际支出的费用,不包括承包人因发包人违约所造成的损失。

【防控建议】

审判实务中,停窝工损失既可能被认定为承包人因发包人违约造成的损失,也可能被认定为承包人实际支出的工程费用,而停窝工损失之所以被认定为承包人因发包人违约造成的损失而非承包人实际支出的工程费用,很大程度上是因为承包人无法证明该笔费用已经实际支出。因此,承包人应当加强对自身实际支出的费用的财务管理,并妥善保管相应的支付凭证。

二、发包人拖欠工程进度款情形下承包人主张优先受偿权的风险与防控

工程进度款,是指承包人在工程项目施工过程中以一定节点(如逐月、形象进度或控制界面等)完成的工程量计算的各项费用的总和。工程进度款的支付,一般按当月实际完成工程量进行结算,工程竣工后办理竣工结算。一般而言,发包人应在双方于施工过程中确认计量结果后的14天内,按所完成的工程量支付工程款的60%~90%给承包人。

【法律风险】

1. 在司法实践中,有观点认为,不能就工程进度款行使优先受偿权,只有在工程进度款转化为工程竣工结算款后才能行使该项权利,如果承包人起诉时尚未与发包人就工程进度款进行结算,承包人主张的工程进度款优先受偿权有可能面临不受保护的风险。

2. 如果发包人拖欠工程进度款,而承包人实际行使了优先受偿权,承包人主张工程进度款时,建设工程施工合同并未解除,尚需继续履行(需要指出的是,如果合同解除,承包人所主张的款项为结算款而非进度款。),而在行使优先受偿权的情况下,工程所有权将会易主,导致合同实际无法继续履行。因此,审判实务中有观点认为:承包人在未解除合同的情况下主张进度款的,不能行使优先受偿权;除非承包人依法解除合同并主张进度款,才可以行使优先受偿权。

3. 工程进度款仅为已完成工程量对应工程款中的一部分款项,一般为70%~80%,剩余部分须竣工结算后才支付。若承包人针对某一进度款行使了优先受偿权,那么工程的所有权已经易主,承包人很难就剩余工程款再次行使优先受偿权。

【典型案例】

2012年2月27日,苏中公司、阳光公司签订《施工合同》,约定由阳光公司将其开发的新桥阳光半岛项目发包给苏中公司建设施工,双方约定的工程款(进度款)支付的方法和时间为:项目各单体工程分批开工,即:别墅部分分批开工、分批垫资至外脚手架完全落地;高层部分分批开工、分批垫资至正负零以上十层;达到上述节点后,发包方按完成工程量的80%付款给承包人,以后按月进度的80%支付工程款等。合同签订后,苏中公司按合同约定组织施工,因阳光公司均未按约定的节点支付工程款,导致工程一再延期。在当地管委会的协调下,双方于2013年12月12日签订《备忘录》,载明:因阳光公司未能按合同履约,拖欠苏中公司工程款,苏中公司被迫停工,苏中公司无责任。至2013年11月30日,阳光公司拖欠苏中公司工程进度款、停工补偿等共计约4.5亿元等内容。

法院经审理认为,鉴于双方《备忘录》约定"如甲方不能按时支付,乙方有权对甲方所确认的全部工程款项一并主张全部权利并行使优先受偿权",且《备忘录》记载了阳光公司累计欠款4.5亿元,所以苏中公司要求阳光公司支付拖欠工程进度款4.5亿元的诉请,符合双方合同约定。扣除苏中公司起诉之后阳光公司委托管委会支付的3 000万元工程款,阳光公司应支付苏中公司工程款4.2亿元。因此,苏中公司在阳光公司欠付工程款4.2亿元范围内对涉案工程享有优先受偿权。

【核心法条】

《中华人民共和国合同法》

第二百八十六条 发包人未按照约定支付价款的,承包人可以催告发包人在合理期限

内支付价款。发包人逾期不支付的,除按照建设工程的性质不宜折价、拍卖的以外,承包人可以与发包人协议将该工程折价,也可以申请人民法院将该工程依法拍卖。建设工程的价款就该工程折价或者拍卖的价款优先受偿。

【防控建议】

1. 《中华人民共和国合同法》第二百八十六条仅规定,发包人未按照合同约定支付价款这一前提,并未将该价款限定为结算款,而排除进度款等应付款项。对于工程进度款,只要发包人应付工程款的条件已经成就,且具备其他行使条件,承包人就可以行使优先受偿权,如果工程进度款数额尚未确定,则可通过工程结算、第三方审价、司法鉴定等程序确定。同时,在工程停工、缓工、烂尾、中途解约以及约定办理中间结算等情形下,建议承包人在发包人拖欠工程进度款后及时组织结算,将进度款转化为结算款,在某种程度上可以减少承包人在诉讼中实现合法权益的障碍。

2. 为了防止部分法院对承包人主张的进度款优先受偿权不予支持,建议承包人在发包人拖欠工程进度款的情况下,尽快与其进行结算。

3. 承包人行使优先受偿权后,即便会发生工程的所有权易主而导致后续工程款难以得到保障等情形,但这不是否定承包人对进度款享有优先受偿权的理由。承包人对进度款行使优先受偿权的同时,可以选择解除合同,可以选择与工程的受让人重新签订施工合同,或者继续履行原合同。承包人可以基于与受让人形成的新的建设工程施工合同关系,对新形成的进度款或结算款,继续主张优先受偿权。

三、建设工程施工合同无效情形下承包人主张优先受偿权的风险与防控

实践中,建设工程施工合同无效的情形主要为:一是实际施工人因其无工程施工资质或工程超越其现有资质等级而借用有资质企业名义签订的建设工程施工合同;二是承包的建设工程必须招标而未招标或者中标无效的建设工程施工合同;三是违法分包、转包的建设工程施工合同;四是违反国家计划的建设工程施工合同。以上情形下的建设工程施工合同之所以无效,主要是因为其违反了法律、行政法规的强制性规定。

【法律风险】

1. 关于建设工程施工合同无效情形下承包人是否享有优先受偿权的问题,审判实务存在不同的做法。一种观点认为,从立法目的的角度来看,优先受偿权制度设立的初衷是为了解决承包方工人工资被拖欠的问题,为避免合同无效导致施工企业工人工资丧失法律保护依据,故例外规定承包人仍应就所建工程享有优先受偿权。另一种观点认为,优先受偿权依附于工程价款这一债权而存在。而在建设工程施工合同无效的情况下,依无效合同处理原则,双方应当互相返还财产。但是,承包人的投入已物化到工程中,无法返还。因此参照合同约定结算的工程款,是无法返还情形下的折价补偿方式,在性质上不属于工程价款。所以该观点认为,建设工程施工合同无效时,承包人对发包人享有的仅是财产折价返还请求权,而非工程款支付请求权,承包人不享有优先受偿权。

2. 最高人民法院司法解释尚未对建设工程施工合同无效时承包人的优先受偿权问题进行规定,但是我国地方各级人民法院相继出台了相关的解释性文件。例如,江苏省高级人民法院《建设工程施工合同案件审理指南》(2010)中指出,合同无效而取得合法的工程款优

先受偿权不符合立法精神,建设工程施工合同无效,承包人或实际施工人主张建设工程价款优先受偿的,人民法院不应当支持。持相同意见的文件还有《广东省高级人民法院关于在审判工作中如何适用〈合同法〉第286条的指导意见》(2004),以及《深圳市中级人法院关于建设工程合同若干问题的指导意见》(2006)等。如果依照上述文件进行优先受偿权的认定,承包人的权益将会严重受损。

【典型案例】

2003年9月8日,康福公司与东阳公司签订了《建设工程施工合同》一份,约定由甲方康福公司将其开发的"新城国际大厦"项目土建、安装施工工程发包给乙方东阳公司。2004年10月15日,西安市建委因涉案工程未办理施工许可证等手续,违反了《中华人民共和国招标投标法》等法律法规,向甲方康福公司下发停工通知。2008年5月30日,东阳公司对工程现场的机械设备和设施等进行了拆除。2010年4月9日,涉案工程验收合格。2010年9月27日,双方签署谅解协议,对工地移交等后续事宜进行了约定。2010年12月10日,双方移交工地。14日双方完成工程总决算书,决算价格得以确认。后东阳公司诉至陕西省高院,请求解除双方当事人订立的《建设工程施工合同》并确认东阳公司对工程价款享有优先受偿权。一审法院首先认为涉案工程违反《招标投标法》的规定未进行招标,双方签订的《建设工程施工合同》无效;而对东阳公司是否享有优先受偿权的问题,审理过程中存在两种意见:第一种意见认为,建设工程施工合同无效但工程经竣工验收合格的,承包人优先受偿权的主张可以成立;第二种意见认为,合同无效的情况下承包人仅可向发包人主张工程价款而不享有优先受偿权。最终一审法院采纳了第一种意见,并从立法解释的角度认为优先受偿权系为工程施工方工程款这一基本利益保障而设立的,属于法定优先受偿权。本案中,只要涉案工程价款的确定不违反法律规定,东阳公司就有权依法行使该项权利。后该案又诉至最高人民法院,最高院亦持同样意见。

【核心法条】

《中华人民共和国合同法》

第五十二条 有下列情形之一的,合同无效:

(一)一方以欺诈、胁迫的手段订立合同,损害国家利益;

(二)恶意串通,损害国家、集体或者第三人利益;

(三)以合法形式掩盖非法目的;

(四)损害社会公共利益;

(五)违反法律、行政法规的强制性规定。

《最高人民法院关于审理建设工程施工合同纠纷案件适用法律问题的解释》

第一条 建设工程施工合同具有下列情形之一的,应当根据合同法第五十二条第(五)项的规定,认定无效:

(一)承包人未取得建筑施工企业资质或者超越资质等级的;

(二)没有资质的实际施工人借用有资质的建筑施工企业名义的;

(三)建设工程必须进行招标而未招标或者中标无效的。

第二条 建设工程施工合同无效,但建设工程经竣工验收合格,承包人请求参照合同约定支付工程价款的,应予支持。

【防控建议】

1. 在建设工程施工合同无效的情况下,承包人的优先受偿权能否得以支持在审判实务中尚未形成统一意见,因此,首先应当尽量避免出现建设工程施工合同无效的情况。在司法实践中,建设工程施工合同无效的原因除了常见的上述四种情形外,还包括诸如"黑白合同""低于成本报价""违法建设"等导致合同无效的情况。承包人应对导致合同无效的常见情形和特殊情形有充分的认识,避免造成合同无效导致优先受偿权难以获得保障的情况。

2. 虽然审判实务中对建设工程施工合同无效情形下优先受偿权的认定存在差异,但在绝大多数情况下,只要建设工程质量合格且工程价款的数额能够确定,承包人的优先受偿权可以获得支持。因此,承包人即使是在转包、违法分包等情况下,也要严格把控工程项目的建设质量,并且就工程价款的数额及其支付情况进行全程监管。

3. 对于部分地方法院发布的有关工程款优先受偿权因合同无效而不受保护的规范性文件,一旦相关方主张援用,应当否认其适用效力。如果优先受偿权的主张仍然无法获得支持,可以通过上诉、引用最高法院胜诉判决等方式进一步争取自己的权利。

四、工程价款结算约定不明情形下承包人主张优先受偿权的风险与防控

工程价款结算是指承包人在工程施工过程中,依据双方签订的建设工程施工合同关于付款条款的规定和已完成的工程量,向建设单位收取工程价款的一项经济活动。工程价款结算是承包人资金周转的重要环节,也是保证其经济效益的关键指标,承包人应当就工程价款的结算与发包人进行明确约定。

【法律风险】

承包人主张建设工程优先受偿权的前提之一是发包人未按约支付建设工程价款,建设工程优先受偿权中的建设工程价款应当是确定的、实际发生的且已届清偿期的建设工程价款。如果承包人与发包人就工程价款的结算没有明确的约定,将会导致法院在查明事实上的困难,承包人的优先受偿权也难以获得保障。另外,即使工程价款可以通过评估鉴定确定,但相较于建设工程施工合同中关于工程价款结算的明确约定而言,显然承包人行使优先受偿权的价值不能得到最大化的体现。

【典型案例】

2011年10月20日鑫臻房开公司与黑龙江建工集团签订《建筑工程承包合同》,约定由黑龙江建工集团承建涉案工程,工程量结算方式为按实结算。2013年4月15日,鑫臻酒店与黑龙江建工集团签订《"鑫臻酒店"工程建筑工程承包合同》,约定由黑龙江建工集团承建涉案工程,工程量结算方式为按实结算。根据合同的约定黑龙江建工集团进场施工,后因鑫臻房开公司与黑龙江建工集团之间因涉案项目施工发生纠纷,经政府有关部门组织召开专题会议,就该纠纷进行了协调再处理,双方就此签订《纠纷处理协议》,同意涉案经评估后结算。后因鑫臻房开公司、鑫臻酒店未依据协议支付工程款,黑龙江建工集团遂提起本案诉讼,要求支付工程款同时主张享有优先受偿权。最高人民法院认为,发包人支付工程款的期限应遵循约定优于法定的规则。本案中双方约定案涉工程以第三方的评估结果作为结算依据,在评估结果未出来之前,不具备付款条件,也不具备主张优先受偿权的条件。

【核心法条】

《最高人民法院关于建设工程价款优先受偿权问题的批复》

第三条 建筑工程价款包括承包人为建设工程应当支付的工作人员报酬、材料款等实际支出的费用,不包括承包人因发包人违约所造成的损失。

《最高人民法院关于审理建设工程施工合同纠纷案件适用法律问题的解释》

第十六条 当事人对建设工程的计价标准或者计价方法有约定的,按照约定结算工程价款。

因设计变更导致建设工程的工程量或者质量标准发生变化,当事人对该部分工程价款不能协商一致的,可以参照签订建设工程施工合同时当地建设行政主管部门发布的计价方法或者计价标准结算工程价款。

建设工程施工合同有效,但建设工程竣工经验收不合格的,工程价款结算参照本解释的第三条规定处理。

第二十条 当事人约定,发包人收到竣工结算文件后,在约定期限内不予答复,视为认可竣工结算文件的,按照约定处理。承包人请求按照竣工结算文件结算工程价款的,应予支持。

第二十二条 当事人约定按照固定价结算工程价款,一方当事人请求对建设工程造价进行鉴定的,不予支持。

【防控建议】

在工程价款结算方面保障承包人的优先受偿权应遵循一个原则,也即工程价款能通过合同约定确定的,尽量避免直接适用法律或司法解释的规定,避免评估鉴定影响承包人原本能够享有的工程价款优先受偿权。承包人与发包人之间的建设工程施工合同中关于上述问题的约定,应注意以下几个方面:

1. 明确约定工程价款结算的具体时限以及发包人未按时限进行结算的责任。

2. 明确约定工程价款结算的方式,可以选择分段结算、竣工后一次结算、按月结算、目标结算等方式。

3. 约定工程价款为可调价格的合同,注意同时约定具有可操作性的价款调整的方法。

4. 约定采用固定价格的合同,应对风险范围、风险费用、风险以外的价格调整方法进行明确约定。

5. 采用定额结算方式的合同,需要明确定额编制单位或年份。

第二节 工程价款优先受偿权行使期限的风险与防控

一、已竣工情形下承包人行使优先受偿权期限的风险与防控

竣工工程,是指建设工程项目施工完毕后,发包单位与设计、施工、设备供应等单位以及工程质量监督部门,对该项目是否符合规划设计要求以及建筑施工和设备安装质量进行全面检验和验收,通过验收并取得竣工合格资料、数据和凭证的工程项目。

【法律风险】

1.《最高人民法院关于建设工程价款优先受偿权问题的批复》规定了建设工程承包人

优先受偿权的期限,即自建设工程实际竣工之日或者建设工程合同约定的竣工之日起计算,在审判实务中,法院通常会根据案件实际情况选择适用"建设工程竣工之日"或"建设工程合同约定的竣工之日"作为优先受偿权的起算点。承包人对此需要考虑并注意的是,在建设工程实际竣工之日与建设工程合同约定的竣工之日不一致的情况下如何确定已竣工建设工程优先受偿权起算点的问题。例如,在建设工程实际竣工日期早于合同约定的竣工日期且实际竣工之日与约定竣工之日相差6个月以上的情况下,如果承包人于约定竣工日期届满后才向发包人主张优先受偿权,法院很可能认定优先受偿权的行使期限应从建设工程实际竣工之日起计算,从而导致承包人的优先受偿权因过期行使而丧失。而在建设工程实际竣工日期晚于合同约定的竣工日期且二者相差6个月以上的情况下,大部分法院会以合同约定的竣工日期作为承包人优先受偿权行使期限的起算点,承包人又将面临丧失优先受偿权的风险。

2. 依据《最高人民法院关于建设工程价款优先受偿权问题的批复》,如果承包人与发包人未就建设工程竣工期限进行约定的,应当以实际竣工之日为承包人优先受偿权的起算点。在此情况下,如果承包人与发包人对建设工程实际竣工日期有争议,发包人一般会向法院主张对承包人优先受偿权的行使不利的竣工日期。

【典型案例】

2011年10月8日,博裕公司作为发包人与大经公司签订了一份《建设工程施工合同》,约定竣工日期为2014年5月17日。2012年5月3日,大经公司完成的工程经验收合格。2014年7月11日,大经公司向一审法院提起诉讼。大经公司诉称:博裕公司未按双方约定履行付款义务,尚欠大经公司工程款44 027 468.80元,请求法院判令被告博裕公司支付工程款及相应的利益、违约金等费用,并确认大经公司对涉案工程折价或拍卖的价款享有优先受偿权。一审法院经审理认为,原告承包施工的工程经验收合格,且施工合同亦为有效,原告主张其对本案建设工程折价或拍卖的价款享有优先受偿权,符合法律的规定。

博裕公司不服,上诉称:原审判决认定大经公司对本案工程价款享有优先受偿权,适用法律错误,因为涉案工程实际竣工日期为2012年5月3日,而大经公司于2014年7月11日才提起诉讼,已经超过了优先受偿权6个月的行使期限,大经公司在超过法定期间后主张建设工程价款优先受偿权,不应当支持。二审中,最高人民法院认为,根据《最高人民法院关于建设工程价款优先受偿权问题的批复》第四条之规定,优先受偿权六个月的行使期限应自建设工程竣工之日或建设工程合同约定的竣工之日起计算。而本案《建设工程施工合同》约定的竣工时间为2014年5月17日。据此,大经公司于2014年7月11日向一审法院提起本案诉讼主张优先受偿权,未超出六个月的期限。虽然大经公司施工的土建和水电安装工程已经完成并于2012年5月3日验收合格,但从保护债权人的立场出发,在本案中选择合同约定的竣工时间起算大经公司行使优先受偿权的期限,并无不当。

【核心法条】

《最高人民法院关于建设工程价款优先受偿权问题的批复》

第四条 建设工程承包人行使优先受偿权的期限为六个月,自建设工程竣工之日或者建设工程合同约定的竣工之日起计算。

【防控建议】

1. 若建设工程实际竣工之日与合同中明确约定的竣工日期不一致，承包人需要注意：第一，审判实务中关于已竣工工程优先受偿权的起算点是采用实际竣工之日还是合同约定的竣工之日存在争议。虽然上述案例中最高人民法院选择适用对承包人有利的起算点，但是多数法院认为已竣工工程应以实际竣工之日为优先受偿权的起算点。因此，承包人不能等约定的竣工之日经过以后才主张优先受偿权，而应该是在工程竣工后的六个月内及时主张优先受偿权。第二，考虑到实践中约定的竣工日期不能满足工程工期实际所需的情况，建议承包人在修改合同时将约定的具体竣工日期改为"以实际竣工日期为准"或者在约定的竣工日期后增加类似"因发包人的原因造成停工等情形而延误工期的，工程竣工日期应相应顺延"等内容。

2. "竣工之日"作为承包人行使优先受偿权的重要起算点，其在不同情形下的认定也会有所不同。主要有三种情况：其一，建设工程经竣工验收合格的，以该日期作为竣工之日；其二，发包人拖延办理验收程序，承包人已提交验收报告的，以其提交之日作为竣工之日；其三，建设工程尚未竣工验收，发包人擅自使用的，以工程转移占有之日作为竣工之日。承包人应根据上述不同情形，在对应的六个月内及时行使优先受偿权。

二、未竣工情形下承包人行使优先受偿权期限的风险与防控

未竣工工程一般是指工程项目已经完工，未组织验收或者验收不合格的工程。

【法律风险】

1. 在建设工程的实践中，承包人与发包人通常会约定工程项目的工期。如果承包人在约定竣工日期到来之前已提前完工，则承包人应自约定竣工之日起6个月内主张优先受偿权。但是，有些发包人往往通过委托有资质的审价单位进行工程审价的方式，恶意拖延工程结算时间。如果承包人对此没有足够的风险防范意识，其优先受偿权很可能会在等待审价结算的期间内因6个月行使期限届至而丧失。

2. 对于《最高人民法院关于建设工程价款优先受偿权问题的批复》第四条的规定，部分法院认为除了在"竣工之日"与"约定的竣工之日"之间选择适用外，还可以进行区分适用，即约定的竣工之日仅用于工程未竣工的情形，竣工之日则是指工程已竣工的情形。然而事实上，导致工程未竣工的原因较多，如果一律按照合同约定的竣工之日作为优先受偿权的起算点，显然不能很好地保护承包人的合法权利。

【典型案例】

2006年3月，房产公司就一商品楼开发项目与施工单位签订建设工程承包合同。该合同约定：由施工单位作为总承包商承建该商品楼开发项目，房产公司按工程进度付款，工程工期为一年半，合同约定的竣工日期为2007年9月30日，并约定由房产公司委托有资质的审价单位进行审价，没有约定审价的时间。后工程项目于2007年9月21日已实际完工，但房产公司一直拖延工程审价的时间，直至2008年3月23日才出具初审报告，但由于资金紧张，未能按期向施工单位支付工程款。施工单位多次索要无果，遂于2008年4月15日诉至法院，要求保全已完工的商品楼并确认其对该楼的优先受偿权。法院经审理认为，因该工程未竣工，故应以合同约定的竣工日期为优先受偿权的起算点，即2007年9月30日起6个月，而施工单位于2008

年4月15日才向法院提起诉讼,从时间上讲,已经超出了6个月的期限限制,因该6个月期限为不可变的除斥期间,过期行使不受法律保护,故施工单位已然丧失该项权利。

【核心法条】

《最高人民法院关于建设工程价款优先受偿权问题的批复》

第四条 建设工程承包人行使优先受偿权的期限为六个月,自建设工程竣工之日或者建设工程合同约定的竣工之日起计算。

《江苏省高级人民法院关于审理建设工程施工合同纠纷案件若干问题的意见》

第十九条 建设工程已经竣工的,承包人的工程价款优先受偿权的行使期限自建设工程竣工之日起六个月;建设工程未竣工的,承包人的工程价款优先受偿权的行使期限自建设工程合同约定的竣工之日起六个月。

《全国民事审判工作座谈会纪要》

非因承包人的原因,建设工程未能在约定期间内竣工,承包人依据《中华人民共和国合同法》第二百八十六条规定享有的优先受偿权不受影响;承包人行使优先受偿权的期限为六个月,自建设工程合同约定的竣工之日起计算;建设工程合同未约定竣工日期,或者由于发包人的原因,合同解除或终止履行时已经超出合同约定的竣工日期的,承包人行使优先受偿权的期限自合同解除或终止履行之日起计算。

当事人以《最高人民法院关于审理建设工程施工合同纠纷案件适用法律问题的解释》第十四条第(二)(三)项规定的竣工日期作为承包人行使建设工程价款优先受偿权期间起算点的,不予支持。

【防控建议】

1. 在工程未竣工的情况下主张优先受偿权,需要特别注意建设工程合同约定的竣工日期。临近或已经到期时,承包人可以就工程款的确认及其支付进行协商处理,若双方均表示可以延期竣工,未竣工工程也就转变为工程的正常交付使用;不能达成一致意见时,承包人应及时向法院提起诉讼请求依法拍卖工程并就该款项优先受偿。

2. 在建设工程合同的约定中,应当明确约定工程竣工日期,但承包人应当根据自身的施工能力以及施工过程中可能出现的情况来合理安排竣工日期,而不能受制于发包人的优势地位完全服从发包人的工程工期安排。除在合同中明确约定竣工日期外,还应明确约定工程进度款的支付时间,从而为在工程未竣工情形下及时行使工程拍卖权创造条件。同时,为了避免发包人通过寻找审价单位而拖延工程结算时间导致优先受偿权的期间经过的情况,建议承包人在合同中明确约定工程价款的结算方法以及结算时限。

3. 司法实践中,从保护承包人的合法权益出发,《最高人民法院关于建设工程价款优先受偿权问题的批复》第四条的规定实际上可以在一定范围内作扩大解释,承包人应对未竣工建设工程优先受偿权的不同起算点有更全面的认识并在相应的时限内主张优先受偿权,具体而言:

(1)非承包人原因导致建设工程未能在合同约定的竣工日期内竣工的,承包人行使优先受偿权的起算点为约定竣工之日;

(2)因发包人原因导致建设工程合同解除或者终止履行,且解除或终止履行合同时已经过合同约定的竣工时间的,承包人行使优先受偿权的起算点为合同解除或终止履行之日;

(3) 建设工程合同未约定竣工日期，因发包人的原因导致建设工程合同解除或终止履行，承包人行使优先受偿权的起算点为合同解除或终止履行之日；

(4) 建设工程合同虽未约定竣工日期但该合同约定了或双方另行书面约定了工程款给付时限，承包人行使优先受偿权的起算点为给付期限届满之日。

三、未完工情形下承包人行使优先受偿权期限的风险与防控

未完工工程，一般是指建设工程在合同约定的竣工日期届至后仍处于施工状态，且在诉讼时还未施工完成，实际竣工日期尚不确定的工程；或者因发包人资金链的趋紧而已停工，而承包人无力或不愿垫资完成工程建设，以后可能复工也可能不复工的"烂尾楼"工程。

【法律风险】

对于未完工的工程，由于没有实际竣工日期，不少法院直接认定以合同约定的竣工日期作为优先受偿权的起算点。然而事实上，工程未完工，往往是因为发包人未按时支付进度款，使得工程在约定的工期内停工造成的。因此，由于发包人的原因造成工期延误，仍以合同约定的竣工之日为优先受偿权行使期限的起算点对承包人明显不利，承包人需要防范未完工工程在不同情形下如何避免优先受偿权过期行使的风险。

【典型案例】

因发包人拖欠工程款，承包人停止施工，合同明确约定了竣工日期，为2005年5月31日，后工程又得以复工，承包人继续正常施工至2005年8月7日，双方又因工程款的支付产生纠纷，工程全面停工。承包人为了主张被拖欠的工程款，于2006年1月27日向法院提出了优先受偿权请求。法院认为，承包人行使优先受偿权的起算时间为合同约定的竣工日期，至承包人提起诉讼时已经超过了6个月，故其请求未得以支持。

【核心法条】

《最高人民法院关于建设工程价款优先受偿权问题的批复》

第四条 建设工程承包人行使优先受偿权的期限为六个月，自建设工程竣工之日或者建设工程合同约定的竣工之日起计算。

《江苏省高级人民法院关于审理建设工程施工合同纠纷案件若干问题的意见》

第十九条 建设工程已经竣工的，承包人的工程价款优先受偿权的行使期限自建设工程竣工之日起六个月；建设工程未竣工的，承包人的工程价款优先受偿权的行使期限自建设工程合同约定的竣工之日起六个月。

《全国民事审判工作座谈会纪要》

非因承包人的原因，建设工程未能在约定期间内竣工，承包人依据《中华人民共和国合同法》第二百八十六条规定享有的优先受偿权不受影响；承包人行使优先受偿权的期限为六个月，自建设工程合同约定的竣工之日起计算；建设工程合同未约定竣工日期，或者由于发包人的原因，合同解除或终止履行时已经超出合同约定的竣工日期的，承包人行使优先受偿权的期限自合同解除或终止履行之日起计算。

当事人以《最高人民法院关于审理建设工程施工合同纠纷案件适用法律问题的解释》第十四条第(二)(三)项规定的竣工日期作为承包人行使建设工程价款优先受偿权期间起算点的，不予支持。

【防控建议】

1. 未完工工程往往因发包人拖欠进度款造成，也可能随时因进度款的支付而继续施工，因此，该种情况下建设工程合同仍处于履行状态下，承包人还有继续施工的愿望和可能。而且现实中很少有承包人因发包人未按时支付某一笔工程款就向法院主张优先受偿权的情况，如果一律按照合同约定的竣工日期为优先受偿权的起算点，承包人的合法权益将会受到重大损害。因此，司法实践中有法院认为应当从工程停工之日起开始计算优先受偿权六个月的行使期限。也就是说，承包人在工程停工后，应当根据发包人的履约情况，在六个月内及时主张优先受偿权。

2. 鉴于司法实务中，可以认定承包人与发包人就结算事项达成协议的时间或协议终止履行的时间作为优先受偿权的起算点。故在因发包人原因导致工程未完工的情况下，建议承包人主动与发包人进行磋商，要求就工程款达成书面协议，明确其结算与支付方式，同时终止履行建设工程合同，并及时向法院主张实现优先受偿权。

四、合同解除、终止情形下承包人行使优先受偿权期限的风险与防控

在发包人拖延支付工程款构成违约后，承包人可以终止建设工程合同的履行，或者依照合同约定或者法律规定解除施工合同。

【法律风险】

建设工程合同解除、终止一般存在两种情形：一是发包人在工程正常竣工的情况下拖欠工程款，承包人选择解除合同或终止履行合同；二是因发包人拖欠工程款等原因导致工程未竣工，承包人选择解除合同或者终止合同的履行。对于建设工程合同解除、终止后，承包人能否行使优先受偿权的问题，审判实务中有三种观点：第一种观点认为，按照《最高人民法院关于建设工程价款优先受偿权问题的批复》第四条规定的字面理解，承包人必须等待建设工程合同约定的竣工之日到来后，方可行使优先受偿权收回工程款；第二种观点认为，解除、终止建设工程合同的情形下，不发生建设工程优先受偿权的问题；第三种观点认为，可以按照合同解除之日或者终止履行之日作为行使优先受偿权的起算点。由于审判实务做法的不一致，导致承包人的优先受偿权难以获得保障。

【典型案例】

发包人与承包人于2001年11月30日签订《建设工程施工合同》，约定工程竣工日期为2002年10月31日，该合同在履行过程中由于发包人拖欠工程款致使建设工程施工合同不能继续履行，承包人于2005年10月10日向发包人发出《关于解除合同的通知》。在此之前，承包人已提起诉讼，请求法院依法判决发包人支付工程款并确认承包人对涉案工程享有优先受偿权。发包人在诉讼中辩称，承包人无权单方解除合同，且承包人主张的优先受偿权应从合同约定的竣工日期2002年10月31日起算，承包人的优先受偿权已经丧失，不应予以支持。法院经审理认为，合同中有一方违约另一方可通知解除合同的条款，承包人在发包人拖欠工程款的情况下可以解除合同，考虑到该工程未竣工原因在于发包人拖欠款项，故承包人优先受偿权的行使期限应从合同解除时起计算，在此之前，承包人已提起诉讼，故其优先受偿权的请求成立。

如果仅仅从《最高人民法院关于建设工程价款优先受偿权问题的批复》第四条字面上来

理解建设工程承包人行使优先受偿权的期限的起算点,本案中承包人的优先受偿权的起算点应当是 2002 年 10 月 31 日,至承包人起诉时该优先受偿权早已因超过除斥期间而消灭,但是该判例认为案涉《建设工程施工合同》因发包人拖欠工程款等原因而迟延履行,优先受偿权应从合同解除之日起算,值得注意。

【核心法条】

《最高人民法院关于建设工程价款优先受偿权问题的批复》

第四条　建设工程承包人行使优先受偿权的期限为六个月,自建设工程竣工之日或者建设工程合同约定的竣工之日起计算。

《江苏省高级人民法院关于审理建设工程施工合同纠纷案件若干问题的意见》

第十九条　建设工程已经竣工的,承包人的工程价款优先受偿权的行使期限自建设工程竣工之日起六个月;建设工程未竣工的,承包人的工程价款优先受偿权的行使期限自建设工程合同约定的竣工之日起六个月。

《全国民事审判工作座谈会纪要》

非因承包人的原因,建设工程未能在约定期间内竣工,承包人依据《中华人民共和国合同法》第二百八十六条规定享有的优先受偿权不受影响;承包人行使优先受偿权的期限为六个月,自建设工程合同约定的竣工之日起计算;建设工程合同未约定竣工日期,或者由于发包人的原因,合同解除或终止履行时已经超出合同约定的竣工日期的,承包人行使优先受偿权的期限自合同解除或终止履行之日起计算。

当事人以《最高人民法院关于审理建设工程施工合同纠纷案件适用法律问题的解释》第十四条第(二)(三)项规定的竣工日期作为承包人行使建设工程价款优先受偿权期间起算点的,不予支持。

【防控建议】

1. 建设工程在约定的期限内竣工,发包人拖欠工程款的,承包人选择解除合同时应当慎重考虑,因为审判实务中有法院认为承包人的优先受偿权应以合法有效存在的建设工程合同为前提。若承包人解除合同,其优先受偿权可能会因此而丧失。

2. 如果建设工程施工合同因发包人拖欠工程款等原因而迟延履行,承包人选择解除合同的目的在于终止合同的履行并要求发包人就已完成的工程量结算工程款,此时,若解除的时间晚于约定的竣工时间且以约定的竣工日期起算已对承包人优先受偿权的行使不利,优先受偿权可以从合同解除之日起算,承包人对此应有足够认识并积极主张以合同解除之日作为优先受偿权的起算点。

3. 建设工程未能在约定期间内竣工,承包人享有的优先受偿权不受影响的前提是发包人拖欠工程款等原因造成的。如果因承包人施工不符合要求等情况导致工期延误,承包人的权利主张将会陷于被动,其优先受偿权难以得到支持。对此,承包人应严格把控建设工程质量并就工程质量问题要求发包人予以及时确认。另外,对于实践中发包人拖欠工程款后积极与承包人就延期支付工程达成协议的情况,承包人不能以发包人未支付工程款为由继续停工。建议此种情况下,承包人在补充协议中约定未支付工程款的结算方式、支付期限等,并约定优先受偿权起算点的顺延问题。

第三节 建设工程价款优先受偿权行使方式的风险与防控

一、合同中承诺放弃优先受偿权的风险与防控

放弃优先受偿权,是指建设工程施工合同签订或履约过程中,承包人受制于发包人的优势地位,因发包人办理银行贷款或降低风险等各种需要,而主动签署放弃工程款优先受偿权书面文件的行为。

【法律风险】

由于中国特殊的市场环境,建设工程发包人的自有资金率往往极低,故发包人需要向银行办理贷款,发包人办理贷款的条件则是以在建工程作抵押。在法律效力上,承包人的优先受偿权优先于银行贷款抵押权,如果承包人不放弃优先受偿权,银行无法发放贷款。因此,商业银行为了保障自身贷款债权的安全,会要求发包人提供承包人放弃优先受偿权的声明。如果承包人同意作出此类声明或保证等书面承诺,其享有的工程价款债权就会沦为一般债权,导致施工企业风险加大,甚至于最终无法收回工程款。

【典型案例】

2010年3月26日,住宅建公司、华叶公司签订《建设工程施工合同》一份,约定华叶公司将厂区内的车间三工程承包给住宅建公司施工,合同对其他相关事项均作了明确约定。2010年3月31日,原常山县规划建设局发给建设工程施工许可证,载明开工日期为2010年4月1日,竣工日期为2010年10月1日。2011年7月12日,住宅建公司、华叶公司又签订一份《建设工程施工合同》,约定华叶公司将附属配套工程承包给住宅建公司施工。2011年12月27日,住宅建公司向工行常山支行出具承诺函,承诺华叶公司厂区的车间三工程由住宅建公司承建,华叶公司已支付工程款3 100 000元,因华叶公司继续工程建设及日常生产经营周转需以该在建工程抵押向工行常山支行融资,住宅建公司承诺在剩余工程款范围内放弃工程款优先权。2012年8月以后,华叶公司停产歇业。经结算,住宅建公司施工完成部分工程包括车间三与附属工程的工程造价为4 965 476元。为追索尚欠的工程款,住宅建公司遂诉至法院。法院经审理认为,住宅建公司享有建设工程价款优先受偿权,但在其承诺放弃部分不得优先于工行常山支行的抵押权。

【核心法条】

《中华人民共和国合同法》

第五十四条 下列合同,当事人一方有权请求人民法院或者仲裁机构变更或者撤销:

(一)因重大误解订立的;

(二)在订立合同时显失公平的。

一方以欺诈、胁迫的手段或者乘人之危,使对方在违背真实意思的情况下订立的合同,受损害方有权请求人民法院或者仲裁机构变更或者撤销。

当事人请求变更的,人民法院或者仲裁机构不得撤销。

《广东省高级人民法院关于在审判工作中如何适用〈合同法〉第 286 条的指导意见》

第九条　承、发包双方当事人在建设工程承包合同中约定承包人不能行使建设工程价款优先受偿权,事后承包人以建设工程价款优先受偿权是法定权利为由向人民法院主张合同约定无效并要求行使建设工程价款优先受偿权的,人民法院不予支持。

《南京市中级人民法院关于审理涉及建设领域拖欠工程款和民工工资案件有关具体问题的指导意见》

第十八条　承包方可以书面承诺放弃合同法第二百八十六条规定的优先受偿权。

【防控建议】

1. 认为放弃优先受偿权的行为一律无效或可撤销的观念不可取

实践中,有些承包人为了顺利签订建设工程合同,或者考虑发包人贷款后能够及时支付工程款,便预先放弃优先受偿权,一旦纠纷发生,就主张放弃优先受偿权的行为并非其真实意思表示,认为其承诺属于无效或可撤销的法律行为。首先,承包人承诺放弃优先受偿权的行为并不符合《中华人民共和国合同法》规定的无效或者可变更、撤销行为的构成要件;其次,承包人单方面放弃优先受偿权的意思表示属于对自身权利的处分,符合私法自治原则;最后,由于我国法律并无明确规定,理论界及实务界争议较大,实践中极易产生纠纷,不同法院在审理类似案件时会出现内容迥异的判决。因此,在放弃优先受偿权时切勿妄下该行为无效或者可撤销的武断结论或者抱有侥幸心理。

2. 在恰当的情况和时机下积极主张放弃行为无效或者可撤销

如果承包人是为了获取其法定或合同约定的应得却被严重侵犯的合法权益,比如为了获取依照合同约定发包人应付而未付的工程款,又如为了获得增加工程量的发包人的书面签证,而被迫放弃优先受偿权等情况。这类情况下,承包人确实是违背其真实意思而作出的放弃优先受偿权的行为,其有权请求法院或者仲裁机构予以撤销。当然,这种主张并不必然得到支持。但是,承包人因为各种原因确实放弃了优先受偿权,则必须做好相应的证据收集和固定工作,主要目的是后期发生纠纷后,向法院或者仲裁机构证明弃权行为确实是显失公平或受胁迫为之。这些证据可以是发包人要求放弃优先受偿权的函件、承包人就放弃优先受偿权提出的书面异议等。另外,承包人行使该撤销权必须在相关合同签订或者出具承诺书 1 年内向法院或者仲裁机构提出撤销申请。

3. 承包人是否放弃、如何放弃优先受偿权讲究技巧

(1) 综合施工所处阶段、发包人的资金实力及信用状况等各方面因素,充分权衡利弊后作出是否同意放弃的决定。如发包人资信不良,完全依靠承包人垫资修建工程项目,此时保有优先受偿权至关重要,不能放弃,并应依法依约予以明确拒绝。

(2) 承包人出于各种考虑,必须放弃优先受偿权的,可以采取下列措施进行风险防范:第一,要求发包人提供有效担保,如有资金实力的第三方保证、土地房产抵押担保、银行保函、约定发包人的融资款只能用于支付承包人的工程款等等,以保障承包人工程款的实现。第二,承包方应争取相关承诺书或合同拟定的主导权,避免在权利实现上进一步陷于被动。同时,在拟定相关承诺书或合同时,不应出现类似于"不可撤销"的约定。第三,承包人应以合同相对性为由,就放弃优先受偿权的事项仅与发包人进行谈判,避免与商业银行或者其他第三方直接接触,尽量避免就该问题签订三方协议。这样一方面是为了减轻沟通以及确定

放弃优先受偿权相关事项的难度;另一方面则是为了避免发生纠纷后裁判机构认定该弃权行为效力时再考虑第三方利益,加大认定放弃优先受偿权行为无效的难度。

二、执行异议之诉行使优先受偿权的风险与防控

执行异议之诉,是指当事人一方或者案外人对执行标的的实体性权利产生争议的情况下请求执行法院解决争议而引发的诉讼。对此需要关注的是,在人民法院对建设工程采取强制执行措施的情况下,承包人能否作为案外人以其享有优先受偿权为由提起执行异议之诉以及如何恰当行使该项权利的问题。

【法律风险】

在承包人为案外人的情况下,其提起执行异议之的目的在于阻却进一步的执行行为,从而保有执行标的避免己方权益因此受损。通常只有在承包人对该执行标的享有足以排除法院强制执行的民事权益,才能获得不予执行的判决,否则应判决驳回其诉讼请求。如此,若案件当事人对涉案工程享有优先受偿权,承包人以其亦享有优先受偿权为由提起案外人执行异议之诉,按照足以排除强制执行的标准,由于各个优先权人的权利处于平等地位,其权利并不优先于其他申请执行人的优先受偿权,因而有无法达到阻却执行目的的风险。

【典型案例】

再审申请人廖明方因与被申请人刘家祥、宏大公司案外人执行异议之诉一案,不服辽宁省高院民事判决,向最高院申请再审。廖明方申请再审称,廖明方是涉案工程的施工者以及宏大公司以涉案房屋抵顶350万元工程款的事实。廖明方还明确表示其此次要求阻却强制执行涉案房屋的依据是,其作为装饰工程的承包人,对涉案房屋享有优先受偿权。

最高人民法院经审理认为:本案系廖明方提起的案外人执行异议之诉,核心问题是廖明方是否拥有阻却人民法院强制执行涉案房屋的法定事由。对于廖明方在再审申请中称其对宏达公司享有建设工程价款优先权,所以对涉案房屋有优先受偿权的主张,因建设工程价款优先受偿权仅具有在房屋变价款分配顺位上的优先性,即使其所称的建设工程价款能够成立,也并非是对物权期待权的优先权,依法不能阻却执行。总之,廖明方并不符合阻却执行措施的法定条件,一、二审判决驳回其诉讼请求正确。裁定驳回再审申请。

【核心法条】

《中华人民共和国民事诉讼法》

第二百二十七条 执行过程中,案外人对执行标的提出书面异议的,人民法院应当自收到书面异议之日起十五日内审查,理由成立的,裁定中止对该标的的执行;理由不成立的,裁定驳回。案外人、当事人对裁定不服,认为原判决、裁定错误的,依照审判监督程序办理;与原判决、裁定无关的,可以自裁定送达之日起十五日内向人民法院提起诉讼。

《最高人民法院关于适用〈中华人民共和国民事诉讼法〉的解释》

第三百零四条 根据民事诉讼法第二百二十七条规定,案外人、当事人对执行异议裁定不服,自裁定送达之日起十五日内向人民法院提起执行异议之诉的,由执行法院管辖。

第三百零五条 案外人提起执行异议之诉,除符合民事诉讼法第一百一十九条规定外,还应当具备下列条件:

(一)案外人的执行异议申请已经被人民法院裁定驳回;
(二)有明确的排除对执行标的执行的诉讼请求,且诉讼请求与原判决、裁定无关;
(三)自执行异议裁定送达之日起十五日内提起。

人民法院应当在收到起诉状之日起十五日内决定是否立案。

第三百一十一条 案外人或者申请执行人提起执行异议之诉的,案外人应当就其对执行标的享有足以排除强制执行的民事权益承担举证证明责任。

第三百一十二条第二款 案外人同时提出确认其权利的诉讼请求的,人民法院可以在判决中一并作出裁判。

第三百一十五条第一款 案外人执行异议之诉审理期间,人民法院不得对执行标的进行处分。申请执行人请求人民法院继续执行并提供相应担保的,人民法院可以准许。

【防控建议】

1. 虽然承包人不能在法院强制执行建设工程时以其享有优先受偿权为由获得阻却执行的效果,但承包人可以在提起案外人异议之诉的同时向执行法院提出确认承包人对涉案工程享有优先受偿权的诉请,在此种情况下,法院在其判决中会对执行异议以及是否享有优先受偿权的问题一并作出裁判。

2. 承包人请求在执行异议之诉中一并解决确认优先受偿权的问题之前,应当注意提出执行异议是提起执行异议之诉的前置程序,必须在执行异议申请已经被人民法院裁定驳回后,承包人才能提起执行异议之诉。

3. 在执行法院认定承包人不享有优先受偿权的情况下,承包人仍可向法院另行起诉要求确认并实现优先受偿权。由于优先受偿权属于建设工程价款主债权的从权利,其必须在主债权明确具体并符合该权利条件的前提下方可行使,因而在法院就另案作出处理前,执行法院应中止执行,从而达到阻却执行的效果。

4. 在实务中,涉案工程款不足以清偿所有优先受偿权时,原则上应当按照各自比例受偿。但目前实践中对于首先申请查封财产的债权会予以适当优待,以实现财产保全制度的目的。因此,如果承包人申请查封建设工程的优先受偿权,实务中有可能获得适当优待。

三、建设工程被转让承包人行使优先受偿权的风险与防控

建设工程转让是指已经获得批准立项的工程项目发包人将其拥有的在建工程或已经竣工验收的工程转让给建设工程施工合同之外的第三人,并由发包人与受让人明确该工程项目转让权利与义务关系的法律行为。

【法律风险】

发包人对建设工程的转让会导致项目业主发生变更,而建设工程施工合同的主体是承包人与发包人,如果建设工程受让人不同意继续履行原建设工程施工合同,原建设工程施工合同对受让人没有有拘束力。在这种情况下,承包人的优先受偿权将有落空的风险,如果发包人没有履行能力,承包人可能血本无归。

【典型案例】

2012年7月,上海某建筑公司与某房屋开发公司订立《建设工程施工合同》一份,约定由

承包人承包施工某个楼盘的土建和安装工程,合同价款5 791万元。2013年8月,发包人将在建工程转让给某置业公司(受让人)。某房屋开发公司并没有与某建筑公司办理解除施工合同的手续。此后,由于进度款支付问题双方发生纠纷,承包人将发包人起诉到法院,要求发包人支付工程款1 987万元,并请求确认承包人就该楼盘拍卖价款享有优先受偿权。法院经审理认为,本案的争议焦点为谁有支付工程价款的付款义务以及承包人是否享有优先受偿权的问题。根据合同相对性的原则,虽然工程已经转让,但原来的合同关系并未解除,承包人不应向受让人主张工程欠款。而建设工程优先受偿权行使的依据是《中华人民共和国合同法》第二百八十六条,其约束的是发包人与承包人,既然工程项目所有权已经易主,且受让人为取得工程已支付相应的对价,行使优先受偿权的条件已不具备,对承包人就该楼盘拍卖价款享有优先受偿权的诉讼请求,不予支持。

【核心法条】

《最高人民法院关于建设工程价款优先受偿权问题的批复》

第一条 法院在审理房地产纠纷案件和办理执行案件中,应当依照《中华人民共和国合同法》第二百八十六条的规定,认定建筑工程的承包人的优先受偿权优于抵押权和其他债权。

《中华人民共和国合同法》

第六十八条 应当先履行债务的当事人,有确切证据证明对方有下列情形之一的,可以中止履行:

(一)经营状况严重恶化;

(二)转移财产、抽逃资金,以逃避债务;

(三)丧失商业信誉;

(四)有丧失或者可能丧失履行债务能力的其他情形。

当事人没有确切证据中止履行的,应当承担违约责任。

第六十九条 当事人依照本法第六十八条的规定中止履行的,应当及时通知对方。对方提供适当担保时,应当恢复履行。中止履行后,对方在合理期限内未恢复履行能力并且未提供适当担保的,中止履行的一方可以解除合同。

第二百八十六条 发包人未按照约定支付价款的,承包人可以催告发包人在合理期限内支付价款。发包人逾期不支付的,除按照建设工程的性质不宜折价、拍卖的以外,承包人可以与发包人协议将该工程折价,也可以申请人民法院将该工程依法拍卖。建设工程的价款就该工程折价或者拍卖的价款优先受偿。

《中华人民共和国侵权责任法》

第六条 行为人因过错侵害他人民事权益,应当承担侵权责任。

【防控建议】

1. 一般而言,建设工程本身的转让并不会导致原建设工程合同关系的变更,所有的开发手续仍在发包人名下,发包人作为建设工程合同的相对方,仍应受到合同关系的约束。如果发包人转让建设工程未经承包人同意,承包人可以就建设工程转让价款主张优先受偿权(不是就建设工程本身主张优先受偿权)。同时依据《中华人民共和国侵权责任法》第六条的规定,以发包人侵犯承包人建设工程优先受偿权为由主张侵权责任,要求发包人赔偿相关损失。

2. 建设工程被转让后,建设工程合同并未解除,承包人仍应继续履行合同义务。但发包人转让建设工程的行为显然已对承包人的优先受偿权构成了严重的损害。为此,建议承包人行使先履行抗辩权,要求发包人提供支付担保,否则承包人可以停工甚至是解除合同。

3. 鉴于发包人转让建设工程已经或即将从受让人处获得相应的建设工程转让价款,为了防止发包人将这笔费用挪作他用致使承包人的工程价款无法追回的情况出现,建议承包人及时向法院申请财产保全措施。

4. 如果建设工程的转让是承包人与发包人合意的结果,建议承包人直接介入发包人与受让人之间的建设工程转让合同关系,并就工程转让款的用途进行明确限制,也可以争取让受让人将工程转让款以一定方式支付给承包人,防止发包人损害承包人的合法权益,承包人则实际上取得了行使优先受偿权的效果。

四、多个建设工程优先受偿权并存行使优先受偿权的风险与防控

通常情形下,同一个工程上只存在一个承包人,不会出现在同一工程上存在多个承包人的情况。但是,规模较大或结构设计复杂的建筑工程项目,可以由多个承包方联合承包。此时,总承包方可以分包部分工程项目,如专业分包中的土建、水电、装修装饰等。因此,依据上述法律规定,在共同承包和专业分包的情形下,就会出现多个承包人。在司法实践中,还存在着大量的转包、违法分包、借用资质、中途撤场进场等各种情况。如此,在发包人拖欠工程款且工程价值不足以抵偿全部工程款时,多个优先受偿权之间就产生了冲突。

【法律风险】

1. 一个工程上存在多个承包人的情况时有发生,各个承包人之间亦存在优先受偿权冲突的可能性,承包人的优先受偿权可能会因权利顺位问题而受到影响。

2. 在由两个以上的承包单位联合共同承包的情况下,虽然各个承包人负责建设施工的项目不同,但是各部分应当作为一个整体,若某一承包人行使了优先受偿权,可能是就整个建设工程进行拍卖以实现其工程价款债权。此时,则实际上承认了行使优先受偿权的承包人可以就其他承包人施工的工程主张优先受偿权,其他承包人的优先受偿权则不能得到保障甚至是受到严重损害。

3. 多个承包人享有优先受偿权时,实践中存在其中某一承包人利用其与发包人的特殊关系而虚构优先受偿权或者夸大优先受偿权数额的情况,从而损害其他承包人的优先受偿权。

【典型案例】

2009年3月12日,明园公司与申桥公司签订建设工程施工合同一份,约定由申桥公司承建明园公司开发的明园星都3#~10#楼及地下室工程,承包范围为土建、水电安装,开工日期为2009年3月28日,竣工日期为2011年3月28日,工期为730天,合同价款暂定为12 204.648 8万元。2009年3月18日,申桥公司与王文虎签订工程项目内部承包协议书一份,约定申桥公司将明园星都3#~10#楼及地下室土建、水电安装工程施工任务内部承包给王文虎施工。

2013年11月11日，王文虎以申桥公司、明园公司为被告就工程款支付等事宜向绍兴中院提起诉讼，要求：申桥公司支付其工程款 65 260 326.7 元并确认其对"明园星都 3♯～10♯楼及地下室"项目折价或者拍卖的价款有优先受偿权等。绍兴中院经审理后判决：申桥公司应于判决生效之日起三十日内支付王文虎工程款 12 724 187.6 元，并按中国人民银行发布的同期同类贷款利率四倍支付利息，王文虎就工程欠款 12 724 187.6 元对明园星都 3♯～10♯楼及地下室工程享有优先受偿权等。

2014年4月15日，申桥公司向无锡中院提起诉讼，要求判令：1. 明园公司支付其工程余款并依法确认其对"明园星都 3♯～10♯楼及地下室"项目折价或拍卖的价款享有优先受偿权等。该院判决确认，王文虎作为实际施工人已主张了工程价款优先受偿权，绍兴中院在判决中也认定了其就工程价款 12 724 187.6 元对涉案工程享有优先受偿权，故在认定申桥公司的优先受偿权范围时对该部分应予扣除。因此，申桥公司可就工程价款 67 671 828.4 元（80 396 016 元－12 724 187.6 元）在涉案工程折价或拍卖的价款中优先受偿。

【防控建议】

1. 关于多个建设工程优先受偿权之间的权利顺位，审判实务中存在分歧：其一，按优先受偿权成立的时间先后受偿。在这种情况下，由于建设工程在变现时会出现"贱卖"现象，承包人只能收回部分工程款，如果按照优先受偿权成立的时间顺序受偿，则对后续承包人有失公平。其二，按照各承包人的债权比例平等受偿。由于工程价款优先受偿权涉及实际施工人的工资，属于生存权的范畴，应当平等对待，故可按各承包人享有的债权比例行使。基于上述，如果建设工程上存在多个承包人，若我方优先受偿权成立在先，应当积极主张按照第一种方式优先受偿；若我方优先受偿权成立在后，应以第二种方式争取各承包人之间的平等受偿。

2. 为了避免部分承包人因其施工工程部分的工程价款未按时结清而对整个建设工程行使优先受偿权，各承包人需要就其负责施工的部分与发包人分别签订建设工程施工合同，并约定各自的工程价款数额、竣工时间、结算方式等内容，特别是在工程价款的结算上，建议承包人与发包人单独进行核算。当然，如果对部分建设工程行使优先受偿权并不能满足我方承包人的工程价款债权，我方在条件满足的情况下，也可以积极主张对建设工程的全部行使优先受偿权。

3. 为了防止发包人与其他承包人之间因特殊关系虚构优先受偿权或夸大优先受偿权的数额，建议承包人主动了解发包人与其他承包人之间是否存在上述损害自身合法权益的情况，并提请裁判机构在仲裁和审理中认真审查。

第四节　建设工程价款优先受偿权其他问题的风险与防控

一、装修装饰工程中行使优先受偿权的风险与防控

装修装饰工程，是指使用一定的装修装饰材料对建筑物本身及其空间范围实施装饰处理以达到美化、环境质量提升等要求的工程建设活动。在实践中，业主或相关权利人拖欠施

工企业工程款的情形不断涌现，而关于装修装饰工程是否适用优先受偿权也存在着不同的处理意见，导致装修装饰工程承包人的工程价款债权难以得到切实保障。

【法律风险】

承包人对装修装饰工程行使优先受偿权的前提一般为发包人系该工程项目或者说建筑物的所有权人，但实践中发包人既可以是所有权人，也可以是租赁、联营、实际占有与使用该建筑的权利人，后一情形下，承包人行使优先受偿权难以获得保障。

【核心法条】

《最高人民法院关于装修装饰工程款是否享有合同法第二百八十六条规定的优先受偿权的函复》

装修装饰工程属于建设工程，可以适用《中华人民共和国合同法》第二百八十六条关于优先受偿权的规定，但装修装饰工程的发包人不是该建筑物的所有权人或者承包人与该建筑物的所有权人之间没有合同关系的除外。享有优先权的承包人只能在建筑物因装修装饰而增加价值的范围内优先受偿。

【防控建议】

1. 承包人在签订装修装饰合同之前，应对发包人的资信、履约能力进行必要的调查，同时注意装修项目建筑主体本身的立项、建设用地规划许可证、土地使用权证、建设工程规划许可证以及项目产权是否在发包人名下，承包人应尽量选择建筑物所有者作为建设工程合同的相对方。

2. 在发包人并非装修装饰工程所依附建筑物的所有权人的情况下，装修装饰工程承包人应当征得建筑物所有权人的同意并要求其提供相应的担保，以免承包人优先受偿权的行使受到限制。

二、商品房出售情形下优先受偿权的风险与防控

实践中，在第三人已经与拖欠工程款的发包人签订房屋买卖合同的情况下，会导致承包人优先受偿权与第三人房屋债权之行使发生冲突。

【法律风险】

1. 根据《最高人民法院关于建设工程价款优先受偿问题的批复》第二条的规定，消费者支付购买商品房的全部或大部分款项后，承包人就该商品房享有的工程价款优先受偿权不得对抗买受人，承包人的优先受偿权将会面临权利落空的风险。

2. 由于上述规定基本采纳了消费者权利优先的观点，实践中发包人可能会与第三人串通签订虚假购房合同，此时承包人的优先受偿权有受到严重损害的风险。

3. 根据《中华人民共和国物权法》第二十条的规定，当事人为防止其不动产权益受损，可以按约向登记机构申请预告登记，从而使一切违背其真实意思的处分行为不发生物权效力。基于此，若建筑工程依法设立预告登记，则承包人不能以其优先受偿权对抗预告登记权利人。

【典型案例】

2009年2月20日，恒滨建设公司与重庆某房地产开发有限公司南充分公司签订《华诺国际广场项目工程施工承包合同》，该房产公司将其位于四川省南充市高坪区江东新区老桥

至三桥A地块的"华诺·国际广场"项目承包给恒滨建设公司修建,开工日期2009年4月8日,竣工日期2010年7月8日,合同工期总日历天数455天,合同暂定总价为8 969万元。合同签订后,恒滨建设公司依照约定进场修建"华诺·国际广场"项目。"华诺·国际广场"1号、2号商业楼及酒店施工过程中,恒滨建设公司与该房产公司于2012年11月5日签订了《协议》一份,《协议》对工程量及工程价款进行了结算。《协议》签订后,该房产公司主张已向恒滨建设公司共支付工程款43 724 437.44元,尚欠工程款4 275 562.56元。后因该房产公司债务问题,公司瘫痪,"华诺·国际广场"项目工程中途全面停工,楼盘至今未竣工验收。恒滨建设公司遂诉至法院,要求被告支付工程欠款并要求确认其对涉案工程享有优先受偿权。法院经审理认为,恒滨建设公司对于其承建的南充"华诺·国际广场"1号、2号商业楼及酒店享有建设工程价款优先受偿权,但原审判决生效之日前已签订拆迁产权调换合同、已办理商品房预售登记、变更登记或消费者已交付超过50%购房款的房屋部分除外。

【核心法条】

《最高人民法院关于建设工程价款优先受偿权问题的批复》

第二条 消费者交付购买商品房的全部或者大部分款项后,承包人就该商品房享有的工程价款优先受偿权不得对抗买受人。

《中华人民共和国消费者权益保护法》

第二条 消费者为生活消费需要购买、使用商品或者接受服务,其权益受本法保护;本法未作规定的,受其他有关法律、法规保护。

【防控建议】

1. 并非所有类型的购房消费者都能适用《最高人民法院关于建设工程价款优先受偿权问题的批复》第二条的规定,从而排除承包人优先受偿权的实现。对于购房"消费者"的含义,应当根据《消费者权益保护法》第二条的规定进行认定,也即应从合同签订目的也即是否为生活需要这一标准来衡量是否属于消费者的范畴。重庆市高级人民法院于2003年3月24日作出的《关于对〈最高人民法院关于建设工程价款优先受偿权问题的批复〉应如何理解的意见》也认为,购房消费者与消费者权益保护法中关于"消费者"的界定应当保持一致,也就是购房者作为消费者购买房屋有且仅可为基本生活消费的需要,排除了经营所需的可能性。因此,若购房者所购房屋性质上为写字楼、商铺,或者购买住宅用于出租、投资,承包人应对此进行相应的抗辩。

2. 关于消费者购买商品房是否已经支付全部或者大部分款项的认定问题,与承包人的优先受偿权可否行使密切相关,承包人要结合实际情况予以判断并进行相应的抗辩。对此,承包人需要注意:现实中购房通常有全额付款和按揭付款两种方式,支付全款的情况下争议不大,而在按揭贷款的情况下,小部分房款为购房者直接支付,剩余房款由银行一次性放款,也就意味着开发商实际收取了全额购房款,如此是否与上述"已经支付全部款项"一致?持肯定观点的认为,若认定为已支付全部款项还需要在工程竣工之前就完成首付款及贷款;持相反观点的则认为仅首付款可以作为已经支付的房款部分,即使开发商基于贷款而收受了全部款项,也不能因此认定消费者已全部支付。基于这种考虑,承包人可以积极主张适用第二种观点进行抗辩。另外,鉴于消费者在按揭贷款的情况下仅支付20%~30%的首付房款,承包人可以以此为由否定消费者已经支付了"大部分款项",从而在某种程度上保护承包人优先受偿权的实现。

3. 从《最高人民法院关于建设工程价款优先受偿权问题的批复》第二条的规定来看,预告登记并不是消费者取得对抗承包人优先受偿权的必要条件。从上述分析来看,消费者对抗承包人优先受偿权的条件有:一是符合"消费者"的认定标准;二是必须已经实际支付了全部或大部分款项。这就意味着未支付大部分款项的预告登记权利人,以及非消费者的预告登记权利人,或者建设工程抵押预告登记权利人均均不能对抗承包人行使优先受偿权。承包人不能受制于消费者主张的《中华人民共和国物权法》第二十条关于预告登记效力的规定,而必须紧扣《最高人民法院关于建设工程价款优先受偿权问题的批复》第二条的规定进行抗辩。

4. 为了避免发包人与第三人恶意串通签订虚假合同损害承包人优先受偿权,承包人需要考虑以下几个方面的内容:其一,商品房购买合同签订的实际时间,即是否存在不符合商品房预售条件进行房屋出售的情况。其二,商品房的销售是否是按照正常程序进行的,一般来说,在发包人拖欠工程款的情况下,没有征求承包人的意见并达成支付工程款方面的协议,发包人难以处分商品房的部分或者全部产权,所以如果签订虚假的商品房买卖合同,应当在隐蔽的条件下进行。其三,考察购房消费者是否仅交付了少量购房定金、是否已经联系银行办理按揭贷款手续等情况。

三、以房抵工程款情形下优先受偿权的风险与防控

以房屋抵付工程款,是指在发包人不能按约向建筑承包人支付工程款的情况下,直接以其在建或已建成工程的所有权转移给承包人进行抵债的债务履行行为。

【法律风险】

1.《中华人民共和国合同法》第二百八十六条规定建设工程价款优先受偿权可以通过协议折价、拍卖的方式行使。"以房抵款"行使优先受偿权应属于协议折价的范畴,但对于具体如何实现建设工程折价,司法实践中存在争议:第一种观点认为,只要符合优先受偿权的行使条件,发包人可以将全部或部分工程折价出卖给承包人用以抵偿工程款,也可以就该工程建筑协议出卖给第三人并由承包人对出卖价款优先受偿。第二种观点认为,承包人只能就建设工程的折价价款优先受偿,不能以取得折价工程所有权的形式优先受偿,因为后者违反了禁止流押、流质的强制性规定,该约定无效。在此种观点下,承包人的优先受偿权的行使将存在法律障碍。

2. "以房抵债"的情况具体包括以下几种:其一,承包人在招投标阶段作出"以房抵款"承诺,例如招标文件中的相关承诺或者招标文件所附合同中设置相关条款,同意以工程建筑抵偿工程款。其二,在施工过程中承包人与发包人签订以房抵债协议。其三,工程项目竣工结算且付款期限届至发包人无法支付工程款的情形下双方签订以房抵债协议。其四,承包人因发包人拖欠工程款诉讼至法院后,双方在诉讼过程中达成以房抵债协议。在招投标以及施工过程中达成此类协议需要特别注意的是,由于工程款债权尚未到期,工程建筑的实际价值可能与工程欠款相差较大,此时若认定协议有效,承包人的优先受偿权可能因此而受到损害。

3. 发包人以其他建设工程抵付工程款的,非涉案工程可能同样存在拖欠工程款或者已经存在其他承包人优先受偿权的情况,从而导致承包人优先受偿权难以实现的风险。

4. 在执行案件实务操作中,并非所有法院都会严格并准确区分普通债权和优先债权,从而造成优先债权如承包人的优先受偿权混同于普通债权中予以执行;或者不能正确区分已采取保全措施财产的清偿顺序,这都会对承包人优先受偿权的行使造成不利影响。

【核心法条】

《中华人民共和国担保法》

第四十条　订立抵押合同时,抵押权人和抵押人在合同中不得约定在债务履行期届满抵押权人未受清偿时,抵押物的所有权转移为债权人所有。

《中华人民共和国物权法》

第三十一条　依照本法第二十八条至第三十条规定享有不动产物权的,处分该物权时,依照法律规定需要办理登记的,未经登记,不发生物权效力。

《最高人民法院关于适用〈中华人民共和国物权法〉若干问题的解释(一)》

第八条　依照物权法第二十八条至第三十条规定享有物权,但尚未完成动产交付或者不动产登记的物权人,根据物权法第三十四条至第三十七条的规定,请求保护其物权的,应予支持。

【防控建议】

1. 承包人需要注意,以房抵款协议仅表明一种债权关系,并不意味着工程建筑确定性地发生了物权变更的法律效果,为避免房产企业毁约导致超过优先受偿权行使的法定期限,建议承包人在工程竣工后6个月内通过电子邮件或者函件的方式主张优先受偿权。

2. 为防止以房抵款协议因违反流押、流质等法律禁止性规定而归于无效,建议承包人在签订此类协议前务必对双方工程款的应付与欠付问题进行规范梳理,例如,避免工程进度款、结算款及质保金在协议约定或是支付方式上的混同,而应进行准确区分,并细致列出每笔债权的期限。对于到期债权,可以通过办理中间结算等方式固定己方权益,对于工程结算款,须在合同中明确载明支付日期以及付款条件,并对已付款部分进行准确甄别。对于工程质保金,则应明确其债权到期时间,避免出现某一计算节点不明确造成到期日有争议的情况。为防止以房抵款协议无效损害债权人利益,并及时解决发包人欠款问题,可以积极与相关方签订补充协议甚至是解除合同,促使己方债权提前到期从而有效止损。

3. 在签订以房抵款协议前,承包人有必要对所涉工程建筑作全面的尽职调查,主要体现在以下几个方面:一是关注工程建设依附的土地的行政审批状况;二是对该工程建筑的他项权利或者权利瑕疵进行调查;三是对工程建筑本身的价值进行评估,避免出现房产价值距债权数额差距过大的情况;四是考察该工程项目是否涉及其他主体工程款或者是优先受偿权的情况。

4. 承包人在签订以房抵款协议时,应注意以下几个方面:

(1) 协议约定的房屋位置、地址、房间号、面积、权属均应明确载明,必要时可以附图佐证,有房产证书的要求由承包人留存,避免就房产本身产生争议。

(2) 明确抵偿房产的价值,约定具体的计算方式,也可以协商要求开发商给予合理的优惠,避免房产价值贬损的情况,同时还应就房产增值部分的处理进行约定。另外,考虑到面积计算方面涉及建筑面积和使用面积的区别,建议予以明确减少争议的可能性。

(3) 在房屋价值上,无论其高于抑或是低于工程款债权,为防止我方债权不能全部受偿或是发包人追讨溢出价值的情况,同样应对差额部分的处理予以明确约定。

(4) 建议明确约定交房期限以及违反期限产生的违约责任,防止发包人拖延交付时间,或者因预告登记、产权过户不及时而造成物权附属方面的争议。

5. 在执行程序中,承包人应当提请法院注意优先受偿权与其他债权的权利顺位问题,即第一顺位是建设工程价款优先受偿权,第二顺位是担保物权,第三顺位是采取保全措施的债权,第四顺位是普通债权。

四、司法查封情形下优先受偿权的风险与防控

实践中,经常出现对建设工程享有优先受偿权的承包人在进入执行程序后,发现建设工程此前已被其他法院在先查封、扣押或者冻结(以下简称在先查封)的情形,导致优先受偿权与在先查封债权之间的冲突。

【法律风险】

1. 《最高人民法院关于人民法院执行工作若干问题的规定(试行)》(以下简称《执行规定》)第九十一条的规定,在先查封法院对查封工程享有处分权,如果在先查封法院因某些原因不启动或者拖延处分查封工程,则承包人优先受偿权的实现将受制于在先查封案件的进展,因为优先受偿权只有待在先查封案件审结并且进入执行程序后才有可能实现。

2. 因受制于在先查封案件的诉讼进展情况,实现优先受偿权的时间成本可能会增加。由此,也会导致在建设工程的变现过程中出现"贬值"的情况,承包人的优先受偿权可能因此无法获得全部实现甚至于受到严重损害。

3. 由于查封工程的拍卖程序应根据在先查封债权人之申请,在先查封法院才可能启动,这就为在先查封债权人在与优先受偿权人协商处置查封工程谈判过程中增加了要价砝码,使在先查封债权人敢于向优先受偿权人"漫天要价",甚至催生出部分普通债权人恶意抢先查封,以便向优先受偿权人索要"让渡费"。当在查封工程无法清偿被执行人的全部债务时,这样的方案使得优先受偿债权人虽享有法律上的优先受偿权,但在事实上却与普通债权人无异。

【典型案例】

舟山市普陀区人民法院在执行申请执行人恒尊集团有限公司(以下简称恒尊集团)与被执行人舟山普陀中顺置业有限公司(以下简称中顺置业)建设工程施工合同纠纷一案中,案外人中国东方资产管理股份有限公司浙江省分公司(以下简称东方公司)对本院拍卖被执行人名下位于舟山市普陀区东港街道望湖街24号现代君苑6幢104室、8幢104室不动产提出书面异议。案外人东方公司称,舟山定海区法院判决确认某银行对涉案不动产享有抵押权。2016年12月,案外人东方公司与中国建设银行股份有限公司签订《债权转让协议》,受让中国建设银行股份有限公司舟山城关支行对中顺置业的上述抵押权,并已在浙江法制报刊登债权转让催收公告,故案外人东方公司对上述不动产享有抵押权。现贵院拍卖上述不动产的行为损害案外人东方公司的抵押权,请求法院中止对涉案不动产的拍卖。

法院经审理认为，根据《最高人民法院关于首先查封法院与优先债权执行法院处分查封财产有关问题的批复》，执行过程中，应当由首先查封、扣押、冻结法院负责处分查封财产，而上述被拍卖的不动产系本院首先查封，故对其进行拍卖符合规定。而且，根据《最高人民法院关于建设工程价款优先受偿权问题的批复》，建筑工程承包人的优先受偿权优于抵押权和其他债权，故也不存在案外人主张的建筑工程优先权与其抵押权相冲突的事实。因此，本院对于案外人的异议请求不予支持。

【核心法条】

《最高人民法院关于首先查封法院与优先债权执行法院处分查封财产有关问题的批复》

第一条　执行过程中，应当由首先查封、扣押、冻结（以下简称查封）法院负责处分查封财产。但已进入其他法院执行程序的债权对查封财产有顺位在先的担保物权、优先权（该债权以下简称优先债权），自首先查封之日起已超过60日，且首先查封法院就该查封财产尚未发布拍卖公告或者进入变卖程序的，优先债权执行法院可以要求将该查封财产移送执行。

【防控建议】

建设工程优先受偿权属于法定优先权，其权利顺位优先于普通债权，由于现行法律并未赋予在先查封人以优先受偿的地位，在先查封申请执行人的债权应属于普通债权，承包人有理由积极主张其对被查封工程的优先受偿权。实务中，优先受偿权的执行法院可以向在先查封法院提出移送执行的说明，但应满足以下条件：一是承包人的建设工程优先受偿权已为生效法律文书所确认；二是该优先受偿权已经进入了执行程序；三是自首先查封之日起已经超过了60日；四是首先查封法院尚未就该查封工程发布拍卖公告或者进入变卖程序。因此，承包人为了争取对查封工程处分的主动权，应从以下几个方面权利协助和配合优先受偿权执行法院，从而最大限度地实现自己的合法权益：

1. 及时跟踪在先查封工程的执行进展，包括：其一，在先查封法院联系方式；其二，询问在先查封时间及相关手续流程；其三，关注查封工程是否已经着手处分。

2. 提交申请书并提供证据线索等材料。为了防止出现执行拖延导致的不利后果，建议承包人积极向优先受偿权执行法院主张及时启动。

3. 当优先受偿权执行法院收到在先查封法院的移送执行函件后，承包人应积极配合执行法院工作，例如提示查封期限、计算优先受偿数额以及利息、罚息等。

4. 协助提交申诉材料解决移送争议。两方法院对执行案件移送有争议的，应该逐级报请上级法院进行指定。承包人此时可以积极协助本案执行法院逐级进行申诉。